张靖　周旖　陈定权　主编
肖鹏　林芊里　副主编

图书情报专业硕士培养研究与实践

Research and practice on the education of professional master of library and information science

社会科学文献出版社
SOCIAL SCIENCES ACADEMIC PRESS (CHINA)

目　录

第二篇 中山大学图书情报专业硕士培养改革实践

序言

图书情报专业硕士人才培养八年探索

改革开放以来，中国图书情报与档案管理学科的研究生教育不断升级、发展和创新，历经四个十年，其中第四个十年（2011—2020 年），以图书情报专业学位授权点的设立为标志①；而中国图书情报专业硕士学位教育，也标志着图书情报与档案管理学科领域高级人才培养模式和管理体制的新一轮变革。②

2010 年 1 月，国务院学位委员会第 27 次会议审议通过了金融硕士等 19 种硕士专业学位设置方案，决定在中国设置图书情报等硕士专业学位，3 月印发金融硕士等 19 种硕士专业学位设置方案③；2011 年 3 月，图书情报专业学位研究生教育指导委员会成立并在北京召开第一次会议，审议了全国专业学位研究生教育指导委员会章程，研究制定了图书情报专业学位研究生指导性培养方案（建议稿）④；2011 年，18 家获得图书情报硕士专业学位授予权的培养单位中的 16 家开始招生⑤，并于下半年正式开始图书情报

---

① 陈传夫，陈一，司莉，冉从敬，冯昌扬．我国图书情报研究生学位授权“四个十年”研究［J］．中国图书馆学报，2017，43（01）：17－28．

② 沈固朝，周志远．图书情报硕士“双学位”教育的一点思考［J］．中国图书馆学报，2011，37（01）：24－31．

③ 中华人民共和国教育部学位与研究生教育发展中心．关于印发金融硕士等 19 种硕士专业学位设置方案的通知［EB/OL］．［2019－01－25］．http://www.cdgdc.edu.cn/xwyyjsjyxx/gjjl/zcwj/268310.shtml．

④ 笔谈·关于图书情报专业学位研究生教育的讨论［J］．图书情报知识，2011（5）：4－19．

⑤ 段宇锋，董菲菲．图书情报硕士专业学位（MLIS）教育发展状况调查报告（2013 年）［J］．图书情报知识，2014（01）：121－127．

专业硕士人才培养的实践和探索，至本书成稿（2019 年 8 月），时逾八年。

作为全国首批开展图书情报专业硕士人才培养的单位，中山大学也与全国同行一道，在实践中探索这一全新的人才培养模式。

一　中国专业学位研究生人才培养

为弥补中国早期博士研究生培养规模小，周期长的问题，中国研究生教育曾一度以长学制的学术学位研究生培养为主，为向高校输送人才。随着社会经济发展水平的提高，对于短学制研究生的需求日益增强。① 中国在培养专业学位研究人才之前，曾在学术学位研究人才培养过程中发展在职研究生，尝试培养应用型研究生，但仍然是采用学术学位人才的培养方式。② 伴随着知识经济时代的到来，经济社会发展对人才的素质和类型要求不断提高，整个社会需要越来越多高素质高层次的应用型专门人才。③ 以学术学位研究人才为主的单一的培养模式受到了很大挑战④，如何进一步完善中国专业学位教育体系，增强专业学位教育能力，成为高等教育改革和发展的重大课题。⑤

中国专业学位研究人才培养以 1991 年设立工商管理硕士为起点，经过近 30 年的发展，基本形成了以硕士学位为主，博士、硕士、学士三个学位层次并存的专业学位教育体系。其中硕士层次专业学位 40 种，博士层次专业学位 5 种，学士层次专业学位有建筑学 1 种。⑥ 在 20 世纪 90 年代以前

① 别敦荣，陈亚玲．论我国硕士研究生教育学制及其改革［J］．教育研究，2005（11）：49－54.

② 别敦荣．专业学位研究生教育的特性及其质量标准的学理探析［J］．教育科学文摘，2013（4）：77－79.

③ 研究生专业学位总体设计研究课题组．开创我国专业学位研究生教育发展的新时代——研究生专业学位总体设计研究报告［M］．北京：中国人民大学出版社，2010：1.

④ 阮平章．分类培养是研究生教育发展过程的必然选择［J］．学位与研究生教育，2004（8）：21－24.

⑤ 研究生专业学位总体设计研究课题组．开创我国专业学位研究生教育发展的新时代——研究生专业学位总体设计研究报告［M］．北京：中国人民大学出版社，2010：1.

⑥ 中华人民共和国教育部学位与研究生教育发展中心．硕士专业学位全解读［EB/OL］．［2019－05－19］．http://www.cdgdc.edu.cn/xwyyjsjyxx/gjjl/.

中国实行的是单轨制的学位授予制度，主要为研究机构和高校培养理论型人才；1991—2008年，专业型学位授予制度逐步建立且稳步发展，以培养特定职业领域高层次专业人才，满足社会分工和职业分化的需求[①]；2009年至今，全面的全日制硕士专业学位研究生教育开展，中国专业型学位授予比例大幅度提升，学术性学位授予比例大幅度降低，学术型与专业型双轨并行的学位授予制度建立。[②] 2010年1月，国务院学位委员会第27次会议审议通过新增19种硕士专业学位，是改革和完善我国学位与研究生教育培养制度的重要措施。自此，我国的专业学位教育发展进入全新阶段。[③]

和欧美发达国家与地区相比，中国专业学位研究人才培养起步较晚，但是发展较快。在吸收国外经验的基础上，中国各高校在学术学位研究生教育的基础上形成各有特色的专业学位研究生培养模式，不同的专业根据社会职业需求提出了相对基本的培养目标[④]，学习方式分全日制和非全日制两种，教学管理采用学分制，且重视学位论文写作。2009年起，教育部《关于做好全日制专业学位研究生培养工作之若干意见》中提出“健全校内外双导师制，以校内导师指导为主，校外导师参与实践过程、项目研究、课程与论文等多个环节的指导工作”，各高校也在探索“双导师制”培养模式以发挥高校和企业的内外优势[⑤]，此外案例教学也是专业学位研究人才培养关注的重点。总体而言，从招生要求、培养过程以及考核标准看，中国的专业学位研究人才培养模式“理论化”倾向明显，导致其培养模式与社会需求无法完全匹配，社会认可度不高。[⑥] 学科知识中心化、理

① 别敦荣，赵映川，闫建璋．专业学位概念释义及其定位［J］．高等教育研究，2009（6）：52－59.

② 田贤鹏．解构与重构：高校研究生教育制度变革40年回顾［J］．现代教育管理，2018（11）：26－32.

③ 研究生专业学位总体设计研究课题组．开创我国专业学位研究生教育发展的新时代——研究生专业学位总体设计研究报告［M］．北京：中国人民大学出版社，2010：29－33.

④ 中华人民共和国教育部学位与研究生教育发展中心．40种硕士专业学位概览［EB/OL］．［2019－05－19］．http://www.cdgdc.edu.cn/xwyyjsjyxx/gjjl/szfa/267348.shtml.

⑤ 亓瑶．专业学位研究生教育“双导师制”研究［D］．广西师范大学，2017.

⑥ 别敦荣，万卫．论我国专业学位研究生教育人才培养模式改革［J］．研究生教育研究，2011（4）：80－83.

论学习与专业实践脱节、校内指导教师与校外专家协同效果差以及教育过度和教育投机等问题是其面临的主要挑战[①]，围绕着“培养什么人、用什么培养人、怎样培养人”这三个核心问题[②]，制定内外保障机制，建立专业学位研究生教育质量评价指标体系、质量保障和监管体系，提升人才培养整体质量[③]；推进专业学位研究生教育与职业资格认证制度相互衔接；创新专业学位研究生培养模式，促进产学合作[④]等是我国专业学位研究人才培养的当务之急。

二　中国图书情报专业硕士的设置与发展

从 2001 年开始，武汉大学信息管理学院就着手图书情报专业硕士的申办，2009 年 3 月受国务院委托再次展开调研，提交《关于设置图书情报硕士（MLIS）专业学位的申请报告》，并于 9 月就中国设置“图书信息管理硕士”（暂定）专业学位进行论证，10 月方案定稿上报[⑤]，经过近十年的努力，终于在 2010 年获得国务院学位委员会的批准，也开启了中国图书情报与档案管理学科领域高级人才培养模式新篇章。

2010 年 5 月国务院学位办发布《关于开展新增硕士专业学位授权点审核工作的通知》，宣布新增的 19 项专业硕士学位，其中包括图书情报专业硕士（Master of Library and Information Studies，MLIS），自此中国图书馆情报专业硕士正式设立[⑥]，并从 2011 年开始招生，培养单位也从最初的 18 家发展到 2017 年的 31 家（北京大学一直未参与招生，实际 30 所），招生

---

① 商政亭．我国硕士专业学位研究生培养模式研究［D］．东北师范大学，2011.

② 陶学文，别敦荣．我国专业学位研究生培养模式及其创新研究［J］．高等教育研究，2013（2）：66－66.

③ 别敦荣，陶学文．我国专业学位研究生教育质量保障体系设计［J］．现代教育管理，2009（8）：100－103.

④ 陶学文．我国专业学位研究生培养模式及其创新研究［D］．华中科技大学，2011.

⑤ 柯平，张文亮，何颖芳．对我国图书情报专业学位教育若干问题的思考［J］．情报资料工作，2012（6）.

⑥ 关于印发金融硕士等 19 种硕士专业学位设置方案的通知［EB/OL］．［2019－05－19］．http://www.cdgdc.edu.cn/xwyyjsjyxx/gjjl/zcwj/268310.shtml.

人数每年呈增长趋势，除开始招生第一年外，每年实际招生大于计划招生数，到 2017 年，累积招生 4053 人。[①]

从 2011 年至今 8 年，中国图书情报专业硕士的招生和培养规模不断扩大，2010 年有包括武汉大学、南京大学、北京大学、中山大学等在内的 18 家培养单位获得学位授予权，2014 年有包括复旦大学、华中师范大学、华中科技大学等在内的 13 家获得学位授权，在 31 所获得授权的培养单位中，“211 工程院校”占总数的 74%，“985 工程院校”占总数的 45%。[②] 与公共管理等先设专业硕士[③]和旅游管理等新设专业硕士[④]培养单位分布相比，我国图书情报专业硕士的培养单位数量偏少，且分布不均衡，主要在华东、华中和华北地区，西部仅四川大学和云南大学两所。中国图书情报专业硕士分全日制研究生和在职研究生两种，学制一般为 2 到 3 年，由于不同培养单位在师资、生源、人才培养特色等方面存在的差异，全日制学制统一问题还存在争议。根据由全国图书情报硕士专业学位教育指导委员会秘书处指导和华东师范大学经济与管理学部信息管理系实施的 2013—2017 年的“图书情报硕士专业学位（MLIS）教育发展状况”系列调查报告，我国图书情报专业硕士培养单位师资力量和招生人数在稳步增长，但是部分院校师资力量薄弱，截至 2017 年有 14 所培养单位师资力量总数少于 20 人，且随着招生规模的扩大，生源质量也难以得到保证，来自“985”“211”院校的生源比例呈下降趋势，且跨专业考生 2016 年和 2017 年都达到 70% 以上，跨专业比例较高导致学生专业基础薄弱，整体生源综合素质有待提高；图书情报专业硕士毕业生选择企业任职的比例逐年提高，就业单位和岗位类型的分布越发分散。大多数培养单位都针对专业学位特点形

---

① 宇锋，赵楠．图书情报硕士专业学位（MLIS）教育发展状况调查报告（2017）［J］．图书情报知识，2019（02）：60 - 73.

② 段宇锋，尹冠钧，吴晨宸．图书情报硕士专业学位（MLIS）教育发展状况调查报告（2014）［J］．图书情报知识，2015（04）：96 - 105.

③ 截至 2017 年已有 6 批共 228 所成为 MPA 培养单位，培养单位的地域范围覆盖了除西藏自治区以外的所有省、自治区和直辖市。

④ 截至 2014 年，招收旅游管理专业型硕士研究生的院校已达 73 所。

成各自特色，如武汉大学针对不同学科背景的学生进行个性化培养，允许学生根据自己的特长和就业意向设计学习和研究计划，构建合理的知识和能力结构；华东师范大学和华中师范大学都形成了以数据管理为特色的人才培养，培养商业分析和大数据信息管理方面的人才；华中科技大学和山西医科大学依据自身的医学优势，侧重培养医药卫生信息分析、健康和医疗大数据挖掘的专门人才，景德镇陶瓷大学依托江西省知识产权局，培养以专利分析为特色的人才，中山大学和复旦大学培养文献保护与修复方向的人才，形成了各具行业和领域特色的培养模式；各种类型的联合培养也是图书情报硕士专业人才培养的一大特点，华中科技大学实行“校企联合”培养模式①，中国人民大学推动国际交流，使更多学生有机会赴国外知名大学学习，天津师范大学与韩国世翰大学联合培养应用型信息分析与决策人才。② 和大多数专业学位人才培养一样，“差异化培养”“双导师制”“案例库建设”也是图书情报专业学位培养单位关注的重点问题，此外中国图书情报界无行业准入制度和行业资格考试制度，专业学位研究生教育与职业资格认证制度相互衔接面临更大的挑战。

三　中山大学图书情报专业硕士培养实践

中山大学于 2009 年开始探索类专业硕士研究生的培养。2011 年 9 月正式招收和培养图书情报专业硕士研究生。2013 年 10 月，着手开展专业学位硕士研究生教育综合改革试点工作并于 2014 年 1 月获批成为校级改革试点；4 月，完成改革试点实施方案的设计和专家论证工作。2016 年 12 月，开展图书情报专业硕士课程体系建设项目，并于 2019 年 2 月完成。开办期间，根据学校统一安排，每两年对培养方案进行审查、修订和完善。

---

① 段宇锋，赵佳慧．图书情报硕士专业学位（MLIS）教育发展状况调查报告（2016）［J］．图书情报知识，2017（4）：47－58.

② 段宇锋，赵楠．图书情报硕士专业学位（MLIS）教育发展状况调查报告（2017）［J］．图书情报知识，2019（02）：60－73.

四　本书结构

本书分专题研究和教改实践两个篇章整理中山大学的图书情报专业硕士培养探索。

其中第一篇“图书情报专业硕士培养专题研究”，分“国际情况调研”“文献保护与修复人才培养研究”“素养培育研究”“难点热点探讨”四个专题收录了中山大学团队与图书情报专业硕士较为相关的19篇专业教育研究论文。

其中《图书情报学教育调查与国际图书情报学教育的世纪变革》原文由张靖、肖鹏、李凌慧完成；《美国专业化职业教育发展背景下的图书情报学教育观察》原文由张祎完成；《国际图书情报专业硕士学位培养中的实践教学与案例教学》原文由张靖、张祎、黄诗莹完成；《iSchools图书情报学的数据科学课程体系设置》原文由苏日娜、杨沁完成；《中国文献保护与修复教育现状及其与美国之比较》原文由何祯完成；《美国得克萨斯大学文献保护与修复课程体系分析》原文由张靖、林明完成；《美国高校文献保护与修复通论课程教学设计研究》原文由周旖、林明完成；《文献保护与修复职业资格认证模式调查与分析》原文由张靖、张盈、韦力丹、孙欣、滕斐、孙佳琳完成；《中国内地及港澳地区图书馆西文古籍保护与修复情况调查》原文由张靖、张盈、林明、邱蔚晴完成；《中国内地文献保护与修复人才培养情况调查研究》原文由裴莹权完成；《古籍修复技艺现代传承之传习导师机制研究》原文由张升炼完成；《批判性信息素养及其教育实践》原文由张靖、林佳萍、彭秋平、曾文完成；《数据素养能力模型研究》原文由张靖、何靖怡，肖鹏完成；《中国图书馆员职业的数据素养要求》原文由张靖、林芊里、肖鹏完成；《中国大学人文社科研究者数据素养能力模型建构》原文由张靖、何靖怡、林佳萍、林琳完成；《硕士专业学位人才培养存在的问题：基于元分析的新设与先设学位比较研究》原文由张靖、汪超敏、任佳艺完成；《图书馆学专业教育与公共图书馆员职业资格制度建设研究》原文由林芊里完成；《公共文化服务专业人才培养策略研究》原文由徐晓莹完成。

第二篇则是 4 篇“中山大学图书情报专业硕士培养改革实践”相关教改论文。其中《实践教学探索之服务研习》原文由周旖、肖鹏完成；《实践教学探索之古籍整理实践教学》原文由王蕾、雷腾飞、蔡琪完成；《案例教学探索之数字化学习环境下的图书情报专业硕士翻转课堂研究》原文由聂勇浩、武佳钰完成；《特色方向改革实践之中山大学文献保护与修复人才培养十年》原文由张靖、林佳萍、张盈完成。

经上述原文作者同意，本书作者在统稿时对各篇论文进行了修改和补充。

第一篇
图书情报专业硕士培养专题研究

本篇分为“国际情况调研”“文献保护与修复人才培养研究”“素养培育研究”“难点热点探讨”四个专题，收录中山大学教师和研究生与图书情报专业硕士较为相关的专业教育研究论文19篇。

专题一

国际情况调研

2010 年，国务院学位委员会通过了图书情报硕士专业学位的增设，培养目标的细化是图书情报学教育研究的一个重要课题。缪园等尝试通过英国高等教育质量保证机构的《图书馆学与情报管理标准》、英国图书馆与信息专业学位的《图书馆学情报学教育的整体评估标准》、美国图书馆学会的《图书馆与信息研究硕士课程认可标准》，及国际图联发表的《图书情报专业人员教育计划指南》为参考，尝试构建图书情报硕士胜任特征指标体系。[①] 后续，曲皎等在缪园等建立的指标体系上，利用层次分析原理，建立了以基础知识能力、专业知识能力、扩展知识能力、职业发展能力、管理领导能力为框架的三层次评价等级指标体系。[②]

“信息学院运动（Information School Movement，iSchool 运动），目前已成为国外图书情报教育领域发展的新趋势。”[③] 为了不断探索更符合国际发展趋势的图书情报学教育模式，多位学者以 iSchools 成员院校[④⑤]、iSchool 运动[⑥]

---

① 缪园，马利荣．图书情报硕士胜任特征模型的构建［J］．大学图书馆学报，2011，29（01）：104－109.

② 曲皎，王筠．图书情报专业硕士培养目标的多层次灰色综合评价分析［J］．图书情报研究，2015，8（02）：83－87.

③ 安琳．国外 iSchool 运动与图书情报教育变革［J］．图书馆建设，2010（10）：109－112.

④ 李金芮，肖希明．iSchools 人才培养模式研究［J］．图书情报工作，2012，56（23）：6－10，23.

⑤ 司莉，王思敏．美国 iSchools 课程设置与能力培养的调查与分析［J］．大学图书馆学报，2014，32（01）：102－109.

⑥ 任建英．iSchool 运动对我国图书情报学研究生教育的启示［J］．现代情报，2015，35（02）：133－136.

为研究对象，以探究适用于我国图书情报学教育发展的变革路径。iSchool运动的扩展对国外的图书情报学教育也有着一定的影响，“信息”这一概念开始影响着该学科的意义，并拓宽了其应用领域，图书情报学依然是该学科的核心，但“信息科学”的引入则增加了发展图书情报事业的手段。[①]

目前，由于美国的图书情报专业硕士（Master of Library and Information Science）发展历史悠久，而且发展情况较为成熟，所以在图书情报专业硕士的国际调研上，主要集中于调研美国的图书情报专业硕士教育模式。王知津等对美国的培养模式进行调查，在2007年对美国图书情报学专业排名前32所院校进行了培养目标、模式及研究方向的分析，总结出了美国图书情报专业硕士的教育与培养特点。[②] 师资力量是图书情报专业教育的灵魂所在，充足的、符合资质的教师资源是培养目标的保障因素，陈传夫对美国的图书情报师资力量做了多个维度的统计分析，包括教师的年龄和职称结构、师资素质及其学科背景等。[③] 教育特征呈现个性化特点也是美国教育的一个重要特征，唐思慧对2006年排名前9的图书情报学硕士研究生院校进行网络调查，从学位设置、培养模式、培养目标、课程设置、跨校区选课情况进行分析，探析美国图书情报硕士教育个性化的表现形式及实现方式。[④] 方婧等把学者讨论的图书情报专业硕士教育保障因素分为内部和外部保障体系，并通过对15所美国iSchools联盟学院进行硕士教育质量保障体系调研，了解这些学院的内部保障体系（包括培养目标、学制及学习形式、课程设置、实习及就业资源、设施、资助资金）及外部保障体系（包括行业协会及学院联盟、评价机制、跨校合作平台），总结出美国图书

---

① 张晓娟．iSchool视野下加拿大图书情报学教育的分析与思索［J］．图书情报工作，2007（04）：16－19，33.

② 王知津，谢瑶，严贝妮，李彤．美国图书情报学硕士教育与培养模式研究：研究方向实证分析［J］．图书馆学研究，2008（10）：2－8.

③ 陈传夫．中美图书馆与情报学师资队伍的比较与启示［J］．图书情报工作，2000（04）：82－85.

④ 唐思慧．美国图书情报学硕士研究生个性化教育及启示［J］．图书情报工作，2007（10）：56－59，76.

情报硕士教育质量保障的共性。①

研究方法上，中国学者较常利用网络文献调研法，对国外图书情报院系的培养方案进行统计分析和对比分析；或利用国外现有的标准或指南，尝试构建适用于我国的指标模式。

本专题收录论文 4 篇。

《图书情报学教育调查与国际图书情报学教育的世纪变革》：梳理了 Williamson 调查与 KALIPER 调查相关资料，两项调查及它们前后 LIS 教育的转变，直接反映并推动了 19—20 世纪、20—21 世纪两个时间段里 LIS 教育的发展与变革情况。在此基础上，进一步探讨了它们的作用与影响，并提出两者在调查范围、文本组织等方面的差异是由于它们有着不同的定位：Williamson 调查所开展的是图书馆行业内部的阶段性改良，而 KALIPER 调查则关乎整个学科的重新定位，作为教育调查报告，两者在推动人才培育、学科转型和形成行业共识方面均发挥了重要的作用。

《美国专业化职业教育发展背景下的图书情报学教育观察》：采用历史研究法梳理出美国专业化职业教育及图书情报学教育发展过程中的大事记，通过对比研究二者发展历程时间轴，确定三个观察分析点进行分析。总结出美国专业化职业教育发展对图书情报学教育的影响方式，并通过对美国先进的图书情报学教育的研究，提出对中国刚刚起步的图书情报专业硕士研究生培养在吸引社会各界参与、建立政策保障、加强实践性教学方面的启示。

《国际图书情报专业硕士学位培养中的实践教学与案例教学》：分别从美、英、日三国选取设有 MLIS 培养计划的教育机构，对其实践和案例教学情况进行网络调查，内容包括教学理念、总体设计和具体实施等三个方面。通过对比分析，发现其特色之处，如面向具体实践领域设置培养方向和课程、实践实习的远程实施和虚拟仿真、安排实践机构和实践专家走进校园等。可为我国开展实践与案例教学提供参考和借鉴。

《iSchools 图书情报学的数据科学课程体系设置》：选取开设 Data Sci-

① 方婧，桂思思，陆伟，徐晴．美国图书情报硕士教育质量保障体系调查与分析［J］．图书情报知识，2016（02）：39－47.

ence 研究生项目的 6 所 iSchools 高校作为调研对象，采用内容分析法和文献调研法，从专业学科优势、学科体系划分、课程目标、核心课程设置、课程制度等方面研究数据科学（Data Science）课程体系。讨论了图书馆与信息科学（LIS）学科下的 Data Science 定位、与传统 LIS 课程结合、LIS 人才培养等问题，旨在探索我国 LIS 学科下适合图书情报学科的 Data Science 课程教育路径。

1. 图书情报学教育调查与国际图书情报学教育的世纪变革*

永远不变的唯有变化本身。自诞生之日起，图书馆学学科、图书馆学情报学教育（虽然早期仅仅是图书馆学教育，但为保持术语的一致，下文统一简称 LIS 教育）在三个世纪的时间里一直“在变革中前进”[1]。从民主运动影响服务社群的极大拓展、冷战激发科技文献的爆炸并导致情报学的分离，直到今日互联网浪潮挑战图书馆本身的存在，图书馆学的种种变革几乎从来都能找到学科外部的推力，然而更加值得关注的是，这些外部的因素如何转化为学科内部的动因？

纵观图书馆学教育史，在这一“转化”的过程中，教育调查发挥了一定的作用，其中实施于 20 世纪初的 Williamson 调查（1918—1923 年）和 20 世纪末 21 世纪初的 KALIPER 调查（1998—2000 年）便是两次从学科内部影响学科变革的典型事例，我们虽然不能高估这两个调查报告产生的实际影响，但它们无疑是国际 LIS 教育转型的两个重要拐点。对这两大分水岭及其前后变革的具体研究，将从另一个视角探索欧美图书馆学界对学科和职业转型的认识、诉求及其实现，了解实施于关键时刻的调查报告是如何作为桥梁沟通学界与实践界，并以科学、严谨的方式论证转型，最终推动转型。

---

* 本文内容首刊于论文《LIS 教育调查与国际 LIS 教育的世纪变革——以 Williamson 调查和 KALIPER 调查为中心的观察》（载于《图书情报知识》2015 年第 6 期第 20 ~ 27 页，作者：张靖，肖鹏，李凌慧）。收录时经作者同意，有所修改。

一 研究内容与文献综述

Williamson 调查（1919—1923 年）。1915 年以后，美国图书馆学校在人才培养上的不足渐渐暴露，课程缺少统一规范和标准，教师及毕业生质量不能满足图书馆业界的要求。“早期美国的图书馆学教育更像是职业培训，而不像科学知识的传授与科学研究规范的训练。”[2] 这一问题引起了自 19 世纪末至 20 世纪初大规模介入图书馆事业的卡内基财团的重视。他们于 1919 年 3 月 28 日，委托威廉姆森博士（Charles C. Williamson）对美国图书馆（学）教育进行调查。这一调查的根本目的在于建立综合而统一的图书馆（学）教育。[3] 史称“Williamson 调查”。在 Williamson 调查的影响下，经由卡内基财团、美国图书馆协会和芝加哥大学三方的共同努力，1928 年，世界上首次具有博士学位授予权的图书馆学教育的专业学院芝加哥大学图书馆学研究生院正式开学，“图书馆学教育和研究翻开了新的一页”[4]。

Williamson 调查的结果，主要内容见 Williamson 在 1923 年发布的 Training for Library Service：A Report Prepared for the Carnegie Corporation of New York，周玉玲的《美国图书馆学教育史上第二个里程碑——威廉姆森报告》一文，主要重述了这一报告的内容。周认为，Williamson 报告和杜威创办哥伦比亚大学图书馆学校一样，在美国甚至全世界图书馆学教育史上具有划时代意义[5]，但国外对类似的观点并不完全认可，Eugene H. Wilson 等人指出，Williamson 之所以能在短时间内完成此项意义深远的调查，是因为 Sarah K. Vann 在此前的相关调查研究，以及加利福尼亚州三位学者的研究做了铺垫。[6] 尽管如此，但在 Williamson 调查前后图书馆学教育产生了巨大的改变，却是不争的事实。目前的 LIS 教育相关的文献中，大多仅对威廉姆森报告做出简单的介绍，以作为 20 世纪初图书馆学改革的背景材料。

KALIPER 调查（1998—2000 年）。20 世纪最后 10 年，受到信息化浪潮的冲击，全球范围的图书馆事业和图书馆学出现自 19 世纪中后期公共图书馆运动以来最为彻底的一次变革。[7] LIS 教育对于图书馆业界、信息业界的适应性问题再次引起关注。1998 年，美国图书馆与信息科学教育协会（Association for Library and Information Science Education，ALISE）在凯洛格基金会（W. K. Kellogg Foundation）的资助下，对北美地区的 LIS 教育实施调查，这一调查的规模为当时 LIS 教育史之最，史称“KALIPER 调查”。引导 KALIPER 调查的咨询委员会主席及委员由来自密歇根大学、伊利诺伊大学等多所学校的 LIS 学院院长或教授组成。[8]2003 年，上述各大学的 LIS 学院的院长齐聚北卡，共同讨论并提出了“信息学院运动”，即深刻影响 21 世纪国际 LIS 教育的 iSchools 运动。[9]

KALIPER 报告发布后，有学者在 KALIPER 报告的基础上又做了另一份 Delphi 研究，旨在探讨信息技术影响下图书馆员和图书馆是否会消亡的问题，并涉及“远程教育”等方面的讨论。[10] KALIPER 报告的作者之一 Joan C. Durrance 也曾发表数篇文章，详细介绍了 Williamson 报告和 KALIPER 报告的内容，并追踪调查之后 LIS 教育的发展趋势。[11][12] 国内学界的关注点多放在报告之后诞生的 iSchools 上，对 KALIPER 报告本身的研究和反思非常稀缺，邹永利曾将这一报告与日本的 LIPER 项目、英国 CILIP 课程认可标准等一起评介，讨论了图书情报学教育向信息科学教育的转型问题。[13]

从上文可见，Williamson 调查与 KALIPER 调查及它们前后图书馆学教育的转变，直接反映并推动了 19—20 世纪、20—21 世纪两个时间段里 LIS 教育的发展与变革情况，对以上内容的梳理为本文试图考察的第一个重点。然而本文注重探讨：此两份报告是如何发挥其具体影响力的，其思路来自何处，最终又是如何引导 LIS 教育和学科的整体变革的。在这一过程中，笔者将主要采用历史研究的方法，以相对微观和细节化的考察，探讨涉及 ALA 和当时各个 LIS 教育机构的具体情况。

二 Williamson 调查与 19 ~20 世纪的 LIS 教育变革

（一）Williamson 调查之前的 LIS 教育模式

19 世纪至 20 世纪 20 年代，图书馆（学）教育包括专业职业教育

(professional training，以下简称“专业教育”）和职业技术培训（clerical training，以下简称“技术教育”）两种模式。前者是指在正规的图书馆学教育机构开展的，为期至少五年（四年大学和一年职业培训）的教育，这一模式要求学生对图书馆学知识进行深入的学习；后者通常由图书馆开设，多为以提高馆员职业技能从而提高日常工作效率为目的的短期培训。在 Williamson 实施调查之际，美国共有 15 所①图书馆（学）教育机构及 2 所②正在建设发展的机构。[14] 与专业教育和技术教育两种教育模式相对应的，是大学学院和专门学校两类教育机构。相关机构中，仅伊利诺伊大学、威斯康星大学、雪城大学和华盛顿大学提供专业职业教育，其他皆因馆员培训的需要而成立，可见，提供职业技术培训是当时主流的教育模式。图书馆专门学校的经费大多来自所附属的图书馆或卡内基财团，学校的校长通常是图书馆的馆长。这一教育模式，在教员资质、教学能力、课程时间、经费、规模等方面均存在局限，正是 Williamson 报告所批评的主要对象。

（二）Williamson 调查的建议与评论

1919 年 3 月 28 日，Williamson 受卡内基基金会的委托，对美国图书馆（学）教育进行调查。这一调查最根本的目的是建立综合而统一的图书馆（学）教育。Williamson 及其团队首先走访并调查了当时美国所有的图书馆学校，了解业界的专业态度，然后对这些观点进行分析比较并形成最终报告。报告内容分为 18 个部分，详细阐述了当时图书馆（学）教育形式、课程设置、入学资格、涉及领域、指导方法、教师工资等问题[15]，下文提炼其中主要的建议，总结其观点、思路和具体措施（值得注意的是，原报

---

① 分别是纽约州立图书馆学校（1887）（年份为该机构创建时间）、普拉特图书馆学院（1890）、伊利诺伊大学图书馆学院（1893）、匹兹堡市卡内基图书馆学校（1900）、西蒙斯大学图书馆学院（1902）、西储大学图书馆学院（1904）、亚特兰大市卡内基图书馆学校（1905）、威斯康星大学图书馆学院（1906）、雪城大学图书馆学院（1908）、纽约公共图书馆学校（1911）、华盛顿大学图书馆学院（1911）、滨江图书馆服务学校（1910）、洛杉矶公共图书馆学校（1914）、圣路易斯图书馆学校（1917）和加利福尼亚大学图书馆学课程（1919）。

② 分别是布法罗大学（1919）和得克萨斯大学（1919）。

告并没有直接划分和点明这些内容，这部分是笔者的分析结果、未必完全等同于报告原意，若要考察原文，除了查阅最终报告之外，以师承 Williamson 的严文郁在相关论文中的翻译比较贴近原意[16]），并做出评介。

（1）核心观点：图书馆学校应该开展的是图书馆学专业系统教育，而非馆员职业技术培训。这一观点作为报告的核心，为报告的策略建议奠定了基调，后续的所有内容在某种程度上均是为了达到这一目的而实施的具体措施。

（2）改革思路：专业教育对技术教育内容的充分吸收与渐进式过度。报告认为，专业教育第一年的课程需要一个最低标准来限定主修和选修的范围及其内容，保留原有的基础知识教育，第二年以后要逐步深入开展专业教育，专业细分到中小学校图书馆、大学图书馆、少儿图书馆、城镇图书馆、乡村图书馆、企业图书馆以及图书馆管理、分类、编目等类别。在接受专门化教育之前，学生应该具有图书馆工作实践经验。学校在开展专门化教育时，需要考虑与同类型的其他学校合作，以借鉴经验和实现资源共享；也需要考虑与不同类型的学校合作，如教育学校、商业学校等；还要注意其开展的教育是否与需求相吻合。同时，教育标准应该因时制宜，以适应图书馆服务的不断更新以及学校对课程的必要性进行反复审查。

在图书馆学教育从技术培训、事务性培训转向专业化教育的过程中，图书馆职业的需求仍然是这一教育体系的核心，专业教育是从更高的层面（包括理论和职业相关的系统性知识等）满足图书馆职业的需求，因而即便是强调改革，但仍在很大程度上包容并发展技术教育已有的内容。这也是 Williamson 报告和 KALIPER 报告的最大区别，前者引导的是图书馆学范畴内的改革，而后者则直接将图书馆学、情报学推向更广阔的信息科学领域。

（3）实现专业教育的主要措施：从“生源”到“就业”的全流程专业化。全流程的专业化包含着对招生、教育质量、学生就业等三个方面的改革，虽然报告中并没有直接点出，但我们可以发现，对三个方面的改革建议是互动的，也正是这种互动体现了 Williamson 报告的视野宽广。

一是招生。从入学考试开始，就需要拔高图书馆学校的入学标准，图书馆专业教育应该建立在大学及其同等学力的基础上，与此同时，实现统一的入学考试，学校不应该太看重性格测试，而需要通过教学实践来丰富学生的学识。

二是教育质量。从宏观的管理层面来讲，图书馆学校需要联合其他专科学校，像大学里的各个学院一样组织起来，其管理者应该是大学，而不是公共图书馆。公共图书馆的任务是为用户提供信息利用，而不是给馆员提供专业教育。此外，也要与专业机构和大学的权威机构合作，并设立奖学金的激励机制。从微观的教学工作来讲，通过提高教员工资的方式吸引资深图书馆员加入教学团队，针对图书馆学教育缺乏教材和相关论文的情况，学校和政府应该拨出经费让图书馆学校的教员完成科研工作，以提高专业水平。

三是资格认证与就业环境。应当建立被普遍认可的馆员资格认证标准和图书馆学校标准，并尽快在全国各地区实现统一。此外在就业环境方面，除了表达对图书馆员薪资的诉求，报告也同时关注很多城乡小型图书馆的服务困境。对这部分图书馆服务潜力的开发，既保障了社会底层的图书馆权利，也将成为毕业后各个专业图书馆员，乃至于见习图书馆学生的重要去处。只有全面疏通和改良“入学资格—学习质量—毕业去向”这样一条人才培育的通道，图书馆学校的整体发展才有可能走入良性循环。

三　Williamson 调查的作用与影响[17][18]

在 Williamson 调查发布之后的一段时间里，美国 LIS 教育情况发生了较大的改变，由于美国图书馆界在世界上的影响力，国际的 LIS 教育也随之走上专业化的道路。评议这一专业化进程中 Williamson 调查的作用，以往的研究往往过于强调它对后来图书馆学教育改革的影响，事实上，报告撰写之前威廉姆森和卡内基财团等对图书馆教育的改革方向已经有了较为成熟的想法，在此前威廉姆森就曾连续撰文批评当时图书馆（学）“教育不健全，办理培养专才机构的弱点，更提出自己的主张和理想“[19]。尽管这份报告被认为“并没有提出什么新东西”[20]，但其真正价值，在于通过严谨的数据和可行的案例展示了改革的必要性与可行性，为威氏教育改革思路奠定了理论基础。以下将分为三个部分来探讨这一问题。

（一）在图书馆界内外对专业教育的改革主张进行了充分的舆论宣传

在 Williamson 调查之前，威廉姆斯就已经与卡内基基金会和洛克菲勒基金会等保持着密切关系，在这一时期，威氏就已经认为这些公益慈善基金会对馆舍和设备的资金投入应该逐步转移到图书馆教育上来，且以“教育模式之争”中较为弱势的“专业职业教育”模式为主。当时不少著名的图书馆学家也都属意于这一模式，并发表了一些议论，但直到 Williamson 调查，图书馆界的从业者、学校的管理者才真正注意到模式差异所导致的问题。

对这些问题的陈述，Williamson 调查是数据化、且充满说服力的，这一点恐怕与威氏操持过“美国化方法的研究”不无关系。例如对主导技术教育的图书馆学校师资的批评，威氏指出：在所有的图书馆学校中，只有 52% 的教员有大学学历，42% 的教员在其母校教学，93% 的教员没有受过专业的教学训练，80% 的教员之前完全没有教学经验，32% 的教员没有丰富的图书馆工作经验；另外，由于图书馆学校与图书馆有密切联系，在缺乏全职教师的时候，馆员同时担任教员的角色，这种双重角色虽能给学生以实践指导，但也不能保证足够的时间与学生有太多的交流。在这样的情况下，威廉姆森认为图书馆学校应设置在大学中。在调查发布之后，哥伦比亚大学图书馆服务学院便是受到 Williamson 调查影响的 LIS 教育机构的典型案例，1926 年纽约州立图书馆的图书馆管理学校重新归入哥伦比亚大学，更名为图书馆服务学院（School of Library Service）[21]。该学院原本从哥伦比亚大学迁至纽约州立图书馆，此时又再次回归。虽然这一案例中，合并后的首任院长正是 Williamson 调查的主角威廉姆森博士[22]，但这并非孤例，20 世纪 40 年代，图书馆界进行了一连串的调查与研究工作，发现并入大学、接受规范化管理的图书馆学校已经成为当时的普遍情况。[23]

（二）总结并推广了纽约图书馆学校和伊大的专业教育经验

在 Williamson 调查之前，纽约图书馆学校和伊利诺伊大学图书馆学校都是当时专业教育模式的拥护者，比其他的学校拥有相对优越的教育资源，例如前文中提及的师资问题，在调查的15所学校中，只有伊利诺伊大学有独立的教学团队。Williamson 调查的主要建议方向是专业教育，因而其具体的建议策略绝非空中楼阁，而是在已有最佳实践的基础之上，并再向前一步。

例如学位改革方面，调查前只有7所学校能够为学生授予学位。不同学校授予的学位不同，纽约州立图书馆学校和伊利诺伊大学是仅有的两所能授予图书馆学学士学位（Bachelor of Library Science，B. L. S.）的学校。调查之后，卡内基基金会根据威廉姆森的调查，于1925年拟订了一项为期10年的图书馆发展计划，在继续资助原有图书馆学校的同时，在芝加哥大学设立了一所新的图书馆学校，授予硕士及博士学位，用以培养图书馆高级人才及研究图书馆学术。这即是以“原有经验”（从原来的学士学位）到“向前一步”（走向研究生教育）的改革路线。

（三）促使美国图书馆教育界开始寻求职业的共识和标准的统一

根据 Williamson 调查，当时迫切需要建立的标准包括教育标准和馆员标准，1924年在卡内基基金会资助下，ALA 成立了图书馆（学）教育委员会（The Board of Education for Librarianship，BEL），负责研拟各项标准及评定图书馆（学）教育计划，为图书馆教育界的对话和职业共识的建立构建了基础。

在1926年间，BEL 根据威廉姆森的建议制定了各项教育标准，其中包括图书馆学研究所、学校、暑期班、见习班及学校图书馆工作各科课程。1932年，凡非正规训练课程如暑期班、见习班等一律停止办理。1933年 ALA 公布一项新的标准《图书馆学校之最低条件》（Minimum Requirements for Library School），仅承认了三类的图书馆学校。第一类：授予硕士学位，开设高级研究课程的学校；第二类：授予第二个学士学位，仅提供两年研究课程的学校；第三类：不授予学位，仅实施一年的图书馆学训练，不以大学毕业生为入学资格限制的学校。1939年后，所有经协会通过的图书馆学校均成为授予学位的机构。

除了学校层面的标准，还包括课程的统一。调查前 ALA 没有规定必修课程的目录，当时 15 所学校所教授的课程各有侧重，同一课程名称在不同学校有不同的定义。教员容易把工作中遇到的问题设置成课程，但教员缺乏对课程的总结和创新。调查后这种情况逐渐得到改善，并逐步进行核心课程等的设置，这种课程的规范化也提高了教师和机构的要求。

四　KALIPER 调查与 20 至 21 世纪的 LIS 教育变革

（一）KALIPER 调查之前的 LIS 教育趋势

Williamson 调查之后，虽然 LIS 教育也曾经历过不同时代背景下的低潮，但还没有遇到过堪比信息技术浪潮的严峻挑战。20 世纪末，随着技术环境的变化，图书馆学教育的关注点渐渐向信息领域扩散。教育理念不再是培养图书馆学领域高素质的专业人才，而是培养具有信息素养的高素质综合人才。然而，图书馆（学）教育开始收缩。由于政府财政对高等教育的压缩，图书馆学校资金匮乏，学生就业压力大，许多图书馆学院纷纷关闭。图书馆学领域还仅仅停留在传统的书目采集、编目、分类等课程上，信息学的扩展部分取代了图书馆学的作用。

信息技术与图书馆学的交叉开始对学生的知识结构有了更高的要求。首先，硕士和博士学位点不断增加，学科交叉使得双学位的现象越来越普遍。在硕士教育阶段，图书馆学不同的研究方向分离。在 1997 年，多伦多大学将图书馆学硕士学位（Master of Library Science）和情报学硕士学位（Master of Information Science）合并起来，形成信息研究项目硕士学位（Master of Information Studies Program），分三个研究方向：图书馆学情报学研究、档案研究和信息系统研究。

其次，作为培养专业人才的一部分，学校要求学生要有实践经验。雪城大学的硕士生必须完成实习或者独立研究才能顺利毕业。

（二）KALIPER 调查的结论与评论[24][25]

20 世纪 90 年代中期，凯洛格基金会为德雷塞尔大学、佛罗里达州立大学等数所大学的图书馆学信息学创新项目提供资金支持，研究主题包括扩大学科研究范围、增强学科交叉性、开设技术课程、提供远程教学等。KALIPER 项目是凯洛格基金会对图书馆学信息学教育改革资助的延续，也是自 1923 年 Williamson 调查以来规模最大的图书馆学信息学课程调查研究项目。KALIPER 研究团队分为 5 个小组，采用问卷调查、案例研究、访谈等方法收集数据，主要对图书馆学情报学教育的课程大纲、课程描述、课程设置的变化进行研究。KALIPER 的报告还对图书馆学情报学教育以 10 年为单位进行梳理，并制作成年表。年表记录了新课程的设立、第一次远程教学的开展、教师和管理人员的贡献、学院名称的变更等。

从上述的报告内容可以看出，比之 Williamson 调查的建议导向，KALIPER 调查更侧重实际情况的反映，它尝试“客观地”呈现趋势而不是作为推动改革的舆论工具。即便它对其后日本 LIPER 项目以及全球性的 iSchools 运动产生了至关重要的影响，但它们之间的关联度远没有 Williamson 调查与其后的组织性改革来得明显。

KALIPER 调查的核心结论是在确认 LIS 教育仍然必要的基础上，展现了当时图书馆学情报学领域教育变革的六大趋势。笔者认为，这六大趋势可以大致总结为三个方面，即教学内容、教学手段和教育体制。

首先是教学内容。LIS 教育开始广泛地涉及信息环境和信息问题，并强调人在信息环境中的中心地位，用户为中心的理念更加凸显。由于技术的变通性，应用在图书馆的技术同样也能应用到其他信息环境中。编目、分类等传统的课程出现了重组。此外，编目和数据处理等课程也日益关注用户模式，信息检索的指导旨在提高用户检索信息的查全率和查准率。以用户为核心的理念是学院设置课程的标志并将长期存在，这也成为区分图书馆学情报学与其他同样涉及信息的学科的标志。

其次是教学手段。关注对信息技术的接受，强调信息基础设施的建设能够增强学生在网上学习的观念，丰富网上学习的经验，如学习不同的软件程序、上网搜寻资料、网页设计等，在这样的基础上，远程教育成了调查报告关注的一个焦点。

最后是教育体制。LIS 教育的课程结构、跨校合作模式、学位系统都在逐步向情报学靠拢并试图给学生更多的选择，培养能够面向更多信息职业的复合人才而不再是纯粹的图书馆专业人员。例如不少学校在完成必修课程的基础上，让学生根据自己的兴趣定制选修课表，并提供修读双学位的机会；相关学院均开始通过授予不同类型的学士、硕士及博士学位来对其课程体系进行拓展。

可以说，上述三个方面都体现了信息科学影响力在传统 LIS 教育中的提高，甚至逐渐占据统治地位，也体现了传统 LIS 教育的“生存焦虑”。例如许多图书馆学情报学学院和相关教育项目的名称也把“图书馆”改成“信息”，以示研究领域的扩展，同时也通过这种方式争取更多的经费和支持。

五　KALIPER 调查结论的作用与影响

与 Williamson 调查的性质不同，KALIPER 调查所发挥的是一种更为明显的“中介”和“参考”性质的作用，然而在某些方面也发挥了类似的行业影响。

（一）成为 LIS 教育进行调整的重要标志，推动了图书馆学向信息学的彻底转变

KALIPER 调查对六大趋势的“确认”使得当时许多图书馆学院相继掀起更名的热潮，代之以情报学院，引发了图书馆员的讨论和反思。不仅如此，其他国家和地区纷纷效仿 KALIPER 做类似研究，如 2003 年日本的 LIPER 调查。在这些运动中，我们都可以发现相关 LIS 教育研究对“图书馆员”这一本源行业的关注，但这种关注力度越来越低，如果说 LIPER 调查还强调了日本本土对图书馆员职业存在的信心，那么到了 iSchools 运动中，图书馆职业已成为信息职业中仍有较重分量却并不值得特别强调的

一员。

KALIPER调查对于这些趋势的增强有多大的影响是难以测量的，但它确乎是一个分水岭，成为所有“转型”性研究中不可回避的一个拐点。KALIPER调查之后，远程教学的数量超过报告前的三倍，LIS领域新的学位不断涌现，衍生出了医药信息、媒体信息、法律信息乃至于数据科学等方向。六大趋势随着KALIPER调查的论证而逐步获得业界的全面认可，并逐步成为学科调整的方向性指南，至今大部分相关研究仍未跳出这几个趋势论述的基本框架。

（二）总结并推广了LIS学院的改革经验

KALIPER报告作为不同的图书馆学院重新修订课程体系的参考，也成为学者研究图书馆学情报学课程改革的重要参考。与Williamson调查类似，KALIPER调查也呈现了一些相关的改革经验，更重要的是，由于报告“呈现趋势”的目的性，对这种改革案例的论述要远比Williamson多。虽然这种“论述”并不等同于“坚定的认可”，但对各个学院不同措施的罗列与梳理，对那些还坚守着原有教学模式的LIS学院（尤其是北美之外的）而言，无疑是另一种形式的实践指南。

伊利诺伊大学（以下简称“伊大”）LIS学院就是一个重要的“被推广”对象。1994年，早于KALIPER调查之前，伊大LIS学院便参与了凯洛格基金会资助的HRISM项目。该项目所得出的关于LIS教育发展趋势的结论与后来的KALIPER调查极为相似。1998年，时任院长Leigh Estabrook作为咨询委员会委员引导并参与了KALIPER调查。在参与这两个项目（调查）的过程中，伊大LIS学院除了在课程范围和课程体系进行调整，还于1996年着手开展网络远程教学——图书馆实验教育项目（Library Experimental Education Program，LEEP），旨在通过网络课程的方式为学生提供研究生教育，这一项目在2001年获得斯隆奖（Sloan-C award），被公认为最杰出的LIS网上学习项目。[26] 以伊大、雪大等代表性LIS学院的改革经验通过KALIPER调查被进一步放大，并成为“六大趋势”的佐证者，这使得它们后来的改革成效更受瞩目（在LEEP的支持下，伊大的远程教学项目的学生人数也翻倍。而学院得到的学校财政支持为原来的 3 倍，达到 560 万美元，得到的社会捐赠则翻了 10 倍[27]），并最终发展为 iSchools 运动。

六 Williamson 调查与 KALIPER 调查的对比分析

正如上文所说，前者所开展的是图书馆行业内部的阶段性改良，而后者则关乎整个学科的重新定位。从表层数据和效果的对比看来，Williamson 调查与 KALIPER 调查的差异化恰恰体现了 LIS 教育不同发展阶段的不同特征。

一方面，Williamson 调查和 KALIPER 调查体现了组织主体的不同意图，前者更侧重引导改革的方向，而后者则是为了探索改革的可能性。例如从调查范围看，为了提供一个可以面向所有学校的标准，Williamson 调查覆盖了当时所有 15 所图书馆学校；但 KALIPER 调查仅覆盖了 27 所，虽然数量高于前者，由于不是全部覆盖，不能了解到所有学校的具体情况，KALIPER 报告本身希望体现的是这部分学校的“趋势性”。

另一方面，由于意图的不同，调查报告的研究方法与文本的组织方式也大有不同。从最终结论看，Williamson 报告中从课程、教员情况、学校资金等方面，用数据的形式客观地揭示了当时图书馆学校的情况，侧重对当时“糟糕情况”的展现，以说服读者，让人们既从整体也从个体上了解各个图书馆学校的状况；KALIPER 调查则采用复合的数据采集方式，项目内部也存在不同的统计手段与计量标准，尝试以不同的路径阐释图书馆学信息学教育变化的趋势。

然而，或许这种差异背后的一致性更值得学界关注。

首先，Williamson 调查和 KALIPER 调查都是行业协会在一个关键的转型时期通过一项大规模的调查引起关注，这种方式虽然对资源的要求极大，但比之行政会议和论坛等具有另外的一番价值，如大规模数据的长期参考性、普适性的价值重申等，由此引发的话题和舆论争议也可以成为学界“自我更新”的一个重要契机，这种调查后的一段时间，往往也是行业共识的形成时期，如 Williamson 调查后的标准化和系统化，KALIPER 调查后 iSchools 浪潮等。

其次，这两项调查相隔甚久，但它们都不约而同选择了行业人才作为其主要关注点，并正面切入社会的需求与教育现状之间的矛盾，通过人才培养的转型来撬动学科和职业的转型。更重要的是，它们同时关注到当时的优秀实践并加以推广，使得所谓的"转型"没有停留在空泛的讨论之上，即便 KALIPER 调查的"趋势论"是悬而未决的，但它依然给出了一些可以跟随的标杆性案例。可以想见，两份调查报告从其启动之日起就没有将自身单纯地定位为一份"行业调查"，它们也是一个打破学界隔阂，实现交流的平台。

随着 LIS 教育的触角继续向信息科技领域延伸，这一阶段的转型还将延续下去，如何培养专业人才、推动学界的深层次互动、形成行业共识，仍将是长远的问题。本文对 Williamson 调查和 KALIPER 调查的研究，正是希望探索一种可能的解答，以助于国内与图书馆相关的专业学会、行业组织、研究机构重新认识相关调查研究的价值，积极关注重塑行业的可行措施。

参考文献

[1] 陈传夫．专题：iSchool 运动与图书馆学情报学教育变革［J］. 图书情报工作，2007（4）：5.

[2]［4］［7］范并思．20 世纪西方与中国的图书馆学——基于德尔斐法测评的理论史纲［M］. 北京图书馆出版社，2004（6）：31，33，123.

[3] Pritchett H S. Foreword//Charles C. Williamson. Training for Library Service：A Report Prepared for the Carnegie Corporation of New York［M］. New York：D. B. Updike · The Merrymount Press · Boston，1923.

[5] 周玉玲．美国图书馆学教育史上的第二个里程碑——威廉森报告及其影响［J］. 广东图书馆学刊，1989（3）：61－64.

[6] Wilson E H，Vann S K. Training for Librarianship before 1923：Education for Librarianship Prior to the Publication of Williamson's Report on "Training for Library

Service" [J]. The Library Quarterly. 1961 (4).

[8] KALIPER Advisory Committee, Association for Library and Information Science Education. Educating Library and Information Science Professionals for a New Century: The KALIPER Report (Executive Summary) [R/OL]. [2013 - 02 - 05]. http://durrance. people. si. umich. edu/TextDocs/KaliperFinalR. pdf.

[9] School of Information and Library Science, University of North Carolina at Chapel Hill. Deans discuss "Information Schools Movement" [EB/OL]. [2012 - 12 - 02]. http://sils. unc. edu/news/2003/deansdiscuss.

[10] Baruchson-Arbib S, Bronstein J. A View to the Future of the Library and Information Science Profession: A Delphi Study. Journal of the American Society for Information Science and Technology [J]. 53 (5): 397 - 408.

[11] Durrance Joan C. "Crisis as Opportunity: The Shaping of Library and Information Science Education in the United States" [J]. Journal of Japan Society of Library and Information Science, 2004, 49 (3).

[12] Durrance J C. Competition or Convergence? Library and Information Science Education at a Critical Crossroad [J]. Advances in Librarianship, 2004, 28 (04): 171 - 198.

[13] 邹永利．图书情报学教育的转型——国外图书情报学教育改革研究之观察 [J]. 图书馆, 2007 (6): 25 - 28.

[14] 顾烨青．也说 Williamson 调查时的美国图书馆（学）教育机构数——对张靖等人研究的补充完善 [J]. 图书情报知识, 2016 (01): 41.

[15] Williamson C C. Training for Library Service: A Report Prepared for the Carnegie Corporation of New York [M]. New York: Carnegie Corporation of New York, 1923.

[16] [19] 严文郁．查理·威廉逊博士小传 [J]. 图书馆学与资讯科学, 1994 (10): 33 - 39.

[17] Grotzinger L. Remarkable beginnings: The first half century of the Graduate School of Library and Information Science//W. C. Allen & R. F. Delzell (Eds.), Ideals and Standards: The History of the University of Illinois Graduate School of Library and Information Science [M]. Urbana-Champaign: University of Illinois, 1992.

[18] Williamson C C. Training for Library Service: A Report Prepared for the Carnegie

Corporation of New York [M]. New York: Carnegie Corporation of New York, 1923.

[20] 程焕文 . 美国图书馆学教育史 [J]. 四川图书馆学报, 1990 (2): 110.

[21] Williamson C C. Training for Library Service: A Report Prepared for the Carnegie Corporation of New York [M]. New York: Carnegie Corporation of New York, 1923.

[22] Williamson C C. Training for Library Service: A Report Prepared for the Carnegie Corporation of New York [M]. New York: Carnegie Corporation of New York, 1923.

[23] 王振鹄 . 各国图书馆教育制度 [M]. 台北: 学生书局 . 1974: 448.

[24] Pettigrew K E, Durrance J C. KALIPER: Introduction and Overview of Results [J]. Journal of Education for Library and Information Science, 2001 (3): 170 - 180.

[25] KALIPER Advisory Committee, Association for Library and Information Science Education. Educating Library and Information Science Professionals for a New Century: The KALIPER Report (Executive Summary) [R/OL]. [2013 - 02 - 05]. http://durrance. people. si. umich. edu/TextDocs/KaliperFinalR. pdf.

[26] Big Ten Network. History of GSLIS [EB/OL]. [2013 - 01 - 25]. http://www. lis. illinois. edu/about-gslis/overview/history.

[27] Anonymous. GSLIS building on its success. Information Outlook [EB/OL]. [2013 - 01 - 25]. http://www. highbeam. com/doc/1G1 - 62214010. html.

2. 美国专业化职业教育发展背景下的图书情报学教育观察*

我国图书情报学（Library and Information Science，LIS）教育始于20世纪20年代——韦棣华女士创办的武昌文华大学图书科，由于该校的创办人为美国图书馆学家，我国早期的图书馆学家也多数留学美国，因此，我国图书馆学教育更多地受到美国图书馆学教育的影响，不论是从历史渊源还是从20世纪80年代之后的持续性借鉴和模仿，中国的LIS教育均与美国的LIS教育密切相关。

目前有关于LIS教育的研究，大都围绕LIS教育本身进行，对于LIS教育所遭遇的挑战、危机、变化等，均是从LIS教育的内因加以分析。作为一门源于具体职业的应用型学科，LIS教育（尤其MLIS教育）属于专业化职业教育（Professional Education，以下简称PE）的范畴，其发展与变化必然与PE发展变革的大背景有一定的联系。本文拟从LIS教育之外的或者说之上的美国PE切入，做独特视角的观察。

一　文献综述

关于美国高等职业教育的研究，中文文献主要从两种角度进行：研究美国高等职业教育相关内容，辅以分析我国高等职业教育现状与不足，结

* 本章内容经作者同意，根据中山大学图书情报专业硕士学位论文《美国专业化职业教育发展背景下的LIS教育观察》改写（作者：张祎；指导教师：张靖）。

合美国先进经验，提出提高我国高等职业教育质量的建议；以研究我国高等职业教育相关内容为主线，辅以分析美国高等职业教育的先进经验，提出改进措施。外文文献主题较为分散，大多从职业教育中的某个领域、方面进行分析。

关于 LIS 教育的研究，国内学者研究领域更为广泛，同样从上述两种角度进行。国外学者研究领域相对集中在发展沿革、教学及 iSchools 运动三方面。从 1991 年《美、苏与我国的情报教育比较研究——从美、苏情报特点看我国情报教育》[1]一文至今，中国内地学者已对图书馆学、情报学、档案学等 LIS 相关领域教育有了一定的关注，其研究成果主要体现在对美国 LIS 教育教学现状、所遭遇的挑战、危机、变化等内因方面的分析。国外学者关于 LIS 教育的研究主题与中国内地学者基本相似，多为对 LIS 教育本身进行分析。但是，其研究领域过于内部化，从外因考察 LIS 教育发展变化的影响因素仍有待研究与探索。

二　研究方法

本文主要采用了历史研究和比较研究两种研究方法。

美国 PE 及 LIS 教育的产生和发展是一个历史性的事件，是在长期的历史发展过程中形成的，其产生、发展和完善必然具有前后连续性的特征。论文采用历史研究法通过对文献的调查追溯美国 PE 及 LIS 教育的发展源头，在社会变迁、PE 发展改革的背景下，分析 LIS 教育发展的特征及演变过程，并分析其是否受到 PE 的影响。其中对美国 PE 及 LIS 教育发展历程重要事件的整理和分析则是采用历史研究中常用的大事记的方法。本文从历史的时间跨度来考察美国 PE 及 LIS 教育的演变，更加清晰地厘清其发展动因，把握特征，揭示两者发展过程的相互影响关系，发现其发展的基本规律。

比较法是教育科学研究的一种重要方法，是通过在不同时期、地点、或历史文化背景下对同类教育现象的分析，揭示该教育现象的内在发展规律或生成因素。本文选择美国 PE 作为美国 LIS 教育比较研究的对象，观察两者在发展变化过程中是否有相应的联系，同时结合美国 LIS 教育的先进经验，为我国 LIS 教育及 MLIS 培养的改革提供启示与借鉴。

三 美国 PE 沿革的三个观察点

笔者通过对比 PE 及 LIS 教育的发展历程，归纳出以下三个时间段，又因 PE 与 LIS 教育发展改革表征相似，故选此三个阶段作为本文的观察点，观察 PE 改革与发展背景下 LIS 教育的发展演变情况。

（一）“赠地学院”与 19 世纪中后期 LIS 教育的建立

1862 年《莫雷尔法案》通过，美国政府首次把经费用于职业教育，开始参与管理教育工作，促进了“赠地学院”的发展，高等职业教育开始孕育与起步。19 世纪中后期也是美国 LIS 教育的起步时期——从学徒制转向设计与建立图书馆学院的过程。1887 年，杜威（Melvil Dewey）在哥伦比亚大学创办了世界上第一所图书馆学院——图书馆经营学院（The Columbia College School of Library Economy），正式将图书馆学教育纳入大学教育中，宣布图书馆学正规教育的开始，强调图书馆员业务技能的训练，其课程呈现出明显的技术性倾向。[2] 图书馆学院的产生改变了以往的图书馆内部“师傅教徒弟式”的知识和技能传授方式，是图书馆学发展史上的一个重大进步。此阶段 PE 与 LIS 教育发展过程处于同步阶段，发展演变历程相似，课程属性相似，职业教育中“赠地学院”的发展引起了图书馆数量的增加，图书馆实践的发展必然会推动 LIS 教育的发展。故选此阶段作为观察点之一。

（二）职业导向与 20 世纪 70—80 年代 LIS 教育的技术应用转向

70 年代初，美国出现了从幼儿园到研究生的“生计教育”，融合了普通教育与职业教育，大学教育的技术应用性和就业相关性得到加强，高等职业教育的学制不断延伸，高等职业教育中的本科和研究生学制在普通大学中逐步发展，教育质量逐渐提高，职业教育经历了由教育到职业的转变。与此同时，美国 LIS 教育教学计划发生转变，普遍增加了计算机方面的课程，不断强调技术应用，学科的名称也开始发生变更，逐渐加上“情报”。美国图书馆协会（American Library Association，以下简称 ALA）通过一个政策性声明《图书馆教育与人才》把 LIS 硕士学位规定为图书馆员的第一职业学位，图书馆工作对学生的学历要求逐渐提高。此阶段 PE 与 LIS 教育均发生了变革，笔者认为改革方向表现出的相似性可作为分析二者关系的切入点。

（三）高层次专业化与 20 世纪末 LIS 教育的学术回归

20 世纪末美国高等职业教育开始强调高层次专业化教育（即 PE），建立了相对完整的教育体系，强调学术和职业能力培养的一体化；而此时美国 LIS 教育也开始完善教育体系，开始了偏向职业技术教育的课程改革，以培养高水平应用型人才。90 年代开始，传统的课程名称、课程描述、课程设置均发生了变化。一些专业组织确定了 LIS 专业人才未来需要的各种能力，如 1994 年 ALA 起草的一份“2000 年目标”表达了“ALA 将重新定义 LIS 教育，对专业馆员提供为期五年的培训以更新技能，适应新的信息时代的要求”的教育思想。图书馆馆藏与技术服务协会（Association for Library Collections and Technical Services，ALCTS）提出“学生要接受到毕业时仍不会过时的教育，鼓励运用现有的和正在出现的技术提供对文献信息和知识的利用”[3]。此阶段 PE 与 LIS 教育均转向高层次专业化发展，培养目标均为复合应用型人才，共同的发展趋势可作为探究二者之间联系的观察点。

四 “赠地学院”与 19 世纪中后期美国 LIS 教育的建立

（一）PE 与 LIS 教育建立过程趋同

如前所述，职业教育建立之初以艺徒制教育形式呈现，伴随美国工农业的发展及机械工人才的紧缺，在机械工讲习所和科学知识普及讲座运动广泛开展的基础上，职业教育开始向高层次发展。为了使教育适应当时工程和农业相关职业及经济形势发展的需要，各州农业促进会、园艺协会的成员及一些大学教授强调科学技术及职业教育的重要性，发起了“机工学校运动”，同时希望得到政府及立法方面的支持。国家法律法规与政策的陆续出台，使得职业教育逐步向高等层次发展，最终形成中高等职业教育与 PE 等形式并存的教育格局。与之相同，图书馆从业人员的培养最早也是从学徒制开始的。伴随着图书馆事业的发展，一些较大的图书馆开设训练班培训图书馆工作人员，受训者结业后有的留在训练班所在馆工作，有的到其他图书馆工作。[4] 19 世纪中期开始，经济不断发展、教育逐渐普及，人口城市化转向，建立免费公共图书馆的条件渐趋成熟。1848 年，马萨诸塞州议会首先通过一项法案并在波士顿建立了公共图书馆，此后各州公共图书馆纷纷出现，形成了一场全国性的“公共图书馆运动”，公共图书馆数量增加对图书馆从业人员提出了迫切的需要。此时期正值各类职业学校和专业学院不断兴起，图书馆界许多有识之士不约而同地想到了创建培养图书馆员的学校。[5]《莫雷尔法案》的颁布促进了“赠地学院”的发展，学校图书馆数量伴随着“赠地学院”的广泛建立也迅速增加。公共图书馆和学校图书馆的迅速发展，需要大量的图书馆工作人员，而当时从事图书馆工作的兼职馆员数量稀少（过去美国的图书馆工作一直是由少数非全日制的人员兼任）无法满足需求，一些全日制的专职图书馆管理员开始出现，然而，任何一种类型的图书馆员都缺乏必要的图书馆职业训练和专业知识，亟须培养具有专业知识及实践操作技能的图书馆员，在这种历史条件下美国的图书馆员职业培训应运而生：由富有学识和实际工作经验的图书馆馆长带领本馆的职员在工作的同时传授业务工作知识和技能。随着这种培训的发展，1870 年以后，少数学院和师范学校开设了图书管理课程。[6] 1876 年 ALA 成立，为广大图书馆学者及图书馆工作者提供了交流的平台，推动了图书馆正规教育学校的建立，同时也为图书馆员教育体制的改革奠定了基础。1887 年，杜威在哥伦比亚大学创办了世界上第一所图书馆学院——图书馆经营学院，图书馆学正规教育初见端倪。随着经济、科技、文化等背景因素的变化及行业需求，图书馆学教育逐步分离出情报学、档案学等信息学教育（此类信息学教育并称 LIS 教育），LIS 教育逐步产生与发展起来。

如此可见，PE 与 LIS 教育建立发展过程均经历了“改革运动—职业人才需求—教育机构建立—教育起步与发展”（即 PE 经历“工业革命—机工职业人才需求—农业、机工、专科学校—职业教育起步与发展”，LIS 教育经历了“公共、学校图书馆发展—职业图书馆员需求—图书馆员学校创建—图书馆学教育起步与发展”）这一发展脉络，且二者的产生均针对特定行业/职业的技术应用人才需求，产生渊源均为学徒制的延续，推动其发展的因素均包括行业协会的参与、经济文化及科技背景的影响、法律法规及政策的推动。因此，笔者认为二者自其产生建立之初即打上趋同性发展的烙印，为其发展改革历程呈现出的参照借鉴性奠定了基础。

（二）“赠地学院”推动 LIS 教育发展

美国的教育学院自其设立之初就有图书馆，南北战争前，美国教育学院中的图书馆是外围而非核心，原因之一为图书馆管理员多半由教授或校长兼任，他们忙于履行本身的职责而少有余暇开放图书馆；二为当时学生的学习活动大量集中在背书上，图书馆不被视为研究知识的场所。[7]《莫雷尔法案》于 1862 年生效，该法案为设立农业和工艺学院提供资金资助，“赠地学院”随之兴起，学院在进行科学和古典研究的同时增设了农业和机械操作等相关方面的专业，以促进工人从事现实生活中的各类职业。法案指出的新方针包括：教育应结合理论学科和实际学科，把农业、机械等职业教育提高到大学一级水平并提高其教学质量等。联邦政府以拨赠公地的方式对职业教育学院提供补助这一政策使得各州立学府的数量，尤其是农学院和工学院的数量有了显著的增加。初期建立的大学教学水平及图书馆、实验室设备均较差。但从 1876 年约翰·霍普金斯大学建立后，美国大学开始模仿德国大学强调科学研究和研究生学习。[8]同年，图书馆员作为一种专业人员在费城成立了 ALA。此时正值“赠地学院”不断增加与扩大，各学区迫切需要学校图书馆的发展，图书馆的发展必然引起对图书馆职业工作人员的需求，从而引发对图书馆学教育的需求。在这种背景下，杜威意识到建立图书馆培训学校的必要性。1879 年，杜威在《图书馆杂志》第 4 期发表题为《图书馆员的训练》的文章，他指出："医生、律师、牧师、甚至厨师都有了专门的培训学校，而图书馆的专业地位已得到如此大的提高，也应该通过实践和经验来学习"，"图书馆工作是一项专业工作，图书馆学的理论必须与实践相结合，为此有必要创办一些能实施集中训练的图书馆学校，采用'先学后做'的教育方式来训练图书馆人员。"[9] 1883 年，他在 ALA 会员大会上声称："图书馆员宣称其职业为专业的时代已经来临!"[10] 杜威对图书馆学教育方式的看法从职业教育（或称"职业训练"）转向专业教育（或称"学科教育"），认为要在一所正规的学校中以正规的教学方式来培养图书馆专业人才。[11] 1887 年《哈奇法案》规定联邦政府可不通过所在的州直接向"赠地学院"提供财政方面的资助，支持农业学科的教学及科研，同时主张建立科技成果推广实验站。联邦政府直接向大学资助的方式将美国高等教育体制与美国政治经济体制联系起来。同年，图书馆经营学院建立，正式将图书馆学教育纳入大学教育的范围，宣布图书馆学正规教育开始。[12]

美国的高等教育从仅重视学术性逐渐转向学术性与职业性并重。殖民地时期，大学仅为学术性机构，与职业教育无交叉，工科大学也保持完整的学科体系，在不降低学术水准的前提下，吸收适当的生产经验，"赠地学院"的产生将职业技术教育纳入美国高等教育体系中，打破了单一的学术化倾向。[13] "赠地学院"使教育应用观点成为普遍观念，公立教育学校逐渐接受职业技能教学，高等职业教育得到了发展。图书馆学正规教育是一种职业教育，产生于"赠地学院"奠定职业教育成为一种正式教育体制的背景下，也正是由于"赠地学院"使职业教育被大众所认知与接受，学校数量的不断增加促进了学校图书馆数量的增加，从而引起图书馆职业馆员的需求，激发了图书馆学正规教育的产生。

杜威在他所处时代率先把图书馆教育引入高等学府是一个伟大的创举，其创办正规图书馆学教育的基本思想是："将图书馆工作视作一项专业工作，图书馆教育应是专业教育，图书馆专业教育必须在大学中的图书馆学校中系统地完成。”[14]从杜威的图书馆学教育思想中可发现，其将理论与实践结合，在大学中创办学院的思想受到了《莫雷尔法案》相关规定的影响。哥伦比亚大学图书馆经营学院首届招生的20名学生中17名为女性，而哥伦比亚大学一贯只招收男生，笔者推测杜威坚持要招收女生这一点受到“赠地学院”对妇女开放的思想的影响。

综上，笔者认为图书馆学正规教育是在“赠地学院”产生及发展的条件下、职业教育模式及思想的影响下产生与创办的，“赠地学院”的产生与发展推动了LIS教育的发展。

（三）LIS借鉴“赠地学院”教学

“赠地学院”职业教育倾向着重表现于工农业技术人才的培养，教学内容及教学方法与社会生产、生活实际的需要密切相关。[15]在办学方向上，“赠地学院”强调“为本州经济建设服务，解决本州在工农业发展中遇到的各种实际问题，为本州的生产提供指导和咨询，改变了传统大学脱离社会、穷究学术的单一化、封闭式的办学格局，使得教育面向工农业生产的第一线”[16]；在培养目标上，“赠地学院”主要培养适应各类职业的专门技术性人才；其办学特色呈现了明显的实用主义，将人才的培养与社会、经济发展的需求相联系；其教学方法摆脱了传统院校及学科以书本诵读、课堂讨论为中心的古典方法，取而代之的是走出学校观察自然、考察工农业生产现场，同时主张亲自动手实验。“赠地学院”还结合工农业生产实际设立了示范农场、示范车间及农业、工程实验站，为实践性教学奠定了基础；在课程设置上，实用性课程取代了古典及宗教课程，教学内容更贴近现实生活。“赠地学院”的学期设置多种多样，包括正规培训班及为社区居民开设的补习班，还根据地方工农业及公众事务的实际需要，设置了一些短期的课程培训，以推广并传播农业科技和机械工艺知识。[17]“赠地学院”的教学方式从根本上改变了以往“死记硬背”的传统方法，更能满足生产事业发展的需求。同时，在教学上表现出极大的灵活性，强调制图技能及参与实习，在教学之余经常组织各种课外活动，鼓励学生在寒暑假参加一些生产实践，将教学和生产实践结合起来。[18]

哥伦比亚大学图书馆经营学院建立之初首批培训计划为：学生进行4个月的课程学习，课程主要倾向图书馆操作技术，如分类、编目、图书选择、装订和打字等。授课教师主要由杜威和学校的几名图书馆员兼任，同时也邀请一些著名的图书馆专家及学者来授课，学习过程中学生在参观图书馆的同时，教师指导学生阅读及参加图书馆的实际工作。哥伦比亚大学图书馆经营学院的培养目标是“完全实践的”，其认为教学成果应建立在图书馆工作的经验之上，目的是培养图书馆实际工作所需要的熟练的操作人员。可以说，杜威所创立的图书馆学教育模式基本是一种由一年在校正规学习和一年实践训练（毕业后一边工作一边学习）二者兼而有之的两年制教育。此后建立的图书馆学院均仿效哥伦比亚大学图书馆经营学院，课程偏重于图书馆经营、目录著录、图书保管、书目、分类法、图书馆管理和参考咨询等，以培养图书馆馆员为主要目的，强调学生的实践技术操作性。至19世纪末，图书馆办学者办学思想均显现出明显的实用主义，将图书馆学院视为传授图书馆实践工作经验与技术的场所，课程反映图书馆的实际工作内容，学生在学习中熟悉图书馆的各项工作程序，其培养学制从3个月至1年不等，非全日制学生的比例较大。

由此可见，图书馆学正规教育建立之初无论从办学思想方向、培养目标、课程设置、培训方式上均表现出与“赠地学院”教学模式的极为相似性。笔者认为由于图书馆学教育是在“赠地学院”产生发展中建立的，因此教学模式所表现的相似性即为对其的借鉴与创新。

五　职业导向与20世纪70—80年代美国LIS教育的技术应用转向

（一）二战后至20世纪60年代趋同发展

二战后，美国PE经历了发展与兴盛时期。同样，美国图书馆事业经过10年复苏，1956年到70年代初出现了黄金时代。《国防教育法》与《高等教育法案》（Higher Education Act）的颁布是推动两者迅速发展的因素之一。1958年美国联邦政府颁布了《国防教育法》以应对1957年苏联发射人造地球卫星的挑战。《国防教育法》规定:“联邦政府需对初等至研究生教育的各级各类学校进行财政援助,不断培养科学技术人才,并加强‘天才教育’和职业教育。”[19]《国防教育法》颁布后,各州纷纷建立了社区学院,培养了大批的技术工作人员,以满足本社区的职业需要,美国社区学院在此时期发展迅速。1965年《高等教育法案》颁布后,社区学院获得了“引进新课程与培训教师”“推进与商业和雇主合作活动”等资金。图书馆和图书馆学教育作为整个科研和教育的一个组成部分,同样受益于有关的法律条文。图书馆获得了联邦政府的拨款,图书馆事业的巨大发展对LIS教育的发展提出了迫切需要。图书馆数量与规模的不断扩大,使图书馆学专业毕业生长期处于供不应求的状态,从社区学院到大学图书馆学院,图书馆学教育计划都得到了扩大。《高等教育法案》又巩固了图书馆学教育,规定了学校图书馆资源、图书馆培训和研究计划、研究图书馆计划(用于文献加工和保护)等,许多图书馆员又得以重返研究生院攻读博士学位,促进了图书馆学教育的发展。

一方面,PE与LIS教育发展过程中的重要变革及重要事件表现出了时间上的趋同性。1963年《职业教育法案》及其修正案的实施,社区学院规模不断增加,职业教育体系日趋完备,高等教育的地位逐步确立,完成了规模拓展和功能转变,呈现出从中等层次向高等职业教育层次转化的趋势。[20]同年的《高等教育设施法》(The Higher Education Facilities Act),“规定向公私立及非营利大学设施提供联邦补助金和贷款,促进自然科学、数学、现代外语和工程学为对象的教学、研究和图书馆建设”[21]。此法案既推进了高等教育的发展同时也对图书馆建设予以推动。另一方面,1963年ALA成立“全国图书馆学教育计划委员会”(Commission on a Nation Plan for Library Education)开始对专业人员的需求进行调查以对图书馆学教育进行规划。三年后,ALA又成立图书馆学教育处(Office for Library Education),对图书馆学教育进行研究和实验,以促进其发展。笔者认为,自20世纪60年代开始,PE与LIS教育的发展均蕴育着70年代各自开始的改革。

（二）PE 与 LIS 教育改革方向趋同

1. PE 的职业导向改革

面对 20 世纪 70 年代美国经济及社会需求变化导致的失业人口剧增、80 年代第三次产业革命浪潮中国际竞争态势、高技术发展引发的实用技术人才需求等诸多变化，美国 PE 开展了“生计教育”以增加学校培养与社会职业的相关性，加强了课程与工作就业需求的联系，开始发展高等职业教育的本科和研究生学制。1974 年《生计教育法》的颁布促使美国开始了从幼儿园到研究生的“生计教育”改革。“生计教育”以职业和劳动为中心，重视大学教育的技术应用性和就业相关性，2 万种以上不同职业被归纳为 15 个职业群，通过学校、家庭和企业三方面进行合作教育。1979 年开展由教育到职业转移的措施“JAG 计划”，1982 年颁布《职业训练合作法》，1983 年颁布《国家在危急中：教育改革势在必行》，1984 年颁布《卡尔·D. 柏金斯职业教育法案》（Carl D. Perkins Vocational Educartion Act）、《一项未完成的事业——职业教育在高中的作用》，1988 年颁布《美国经济竞争力强化教育训练法》，这些法案使美国高等职业教育体制进一步完善，终身职业教育体系以及生计指导实验加强，开始转向关注教育质量的提高[22]，强调“终身教育观”及“从学校到工作”（School-to-Work，STW）的发展。80 年代末 90 年代初，美国的一些州、学区或学校针对存在的问题在局部范围内进行了一些改革，推出了“技术准备”项目、“生计学校（Career Academies）”“学校到学徒计划（School-to-Apprenticeship Programs）”“校办企业（School-Sponsored Enterprises）”“企业 - 学校合作（Business-Education Compacts）”及专门帮助辍学生的“前途策略（Promising Strategies）”等模式。[23]美国 PE 于 70—80 年代展开了以职业为导向的教育变革，强调提高教学质量，主张技术应用与就业衔接。

2. LIS 教育的技术应用倾向

1970 年，美国出现经济停滞、通货膨胀的局面，政府对教育和公益事业的投资额度减少，公共图书馆首当其冲，图书馆就业市场出现疲软，而图书馆学院仍在逐年增加，毕业生就业困难，1978 年 26% 的学生不能就业。[24]另外，随着计算机技术的发展，计算机联机检索、联机目录、集成化的图书馆管理系统等技术在图书馆领域的广泛应用，图书馆的工作方式发生了彻底性的改变。这个过程使得许多计算机科学领域的人才进入图书馆工作领域，图书馆职业呈现出鲜明的计算机技术偏向。信息科学作为一门科技性学科与图书馆学、计算机科学、管理、工程及其他学科产生了关联。

70 年代初，ALA 通过了《图书馆教育与人才》的政策性声明，LIS 硕士学位成为所有图书馆工作人员的第一职业学位，“图书馆员” 这个称呼不再适用于所有在图书馆工作的人，并明确规定了各类型图书馆人才所需要的知识和操作技能。1972 年 ALA 的鉴定标准提出在课程中应包括“对各类图书馆和图书馆服务共有原则与计划的学习”，图书馆学院需在确定最少的核心课内容的前提下尽可能地减少必修课，扩大选修课的数量，以适应图书馆学教育专业化的需要，可以说，在“图书馆学通才教育的基础上实行专业化是 70 年代以来美国图书馆学教育的特征”[25]。为适应信息时代的要求，哥伦比亚大学图书馆学院和芝加哥大学图书馆学院进行了专业调整，引发了图书馆学专业的调整运动：较多大学将图书馆学院更名为图书馆学情报学院或情报学院；图书馆学情报学的硕士生、博士生层次教育合而为一；教学培养计划中增加了计算机相关方面的课程教学，包括信息管理、联机检索、信息科学、数据库建设、程序语言等计算机技术相关课程，一些院校开设了硬件课程或成立计算机实验室以培养学生的计算机技能。LIS 教育在 70—80 年代开始强调技术应用，主张通才教育，学科外延逐渐拓宽至计算机技术领域。

3. PE 与 LIS 教育发展关联分析

纵观 PE 与 LIS 教育在 70—80 年代的变革情况，其在美国经济衰退引起的教育资助减少、信息产业革命引起的技术人才需求增加的大背景下出现相同的情况：一般教育毕业生大于就业市场需求，失业率提高；职业与技术专业人才贫瘠，亟须变革。面对危机，二者须做出的应对表现也极为相似，PE 推行的“生计教育” 的理念是“终身教育”，以职业为导向，结合普通教育与技术教育，不断提高教学质量，终身化培养能够适应社会理念变化和科技发展的人才。同时，还强调学校与就业的联系，课程围绕着人谋生所具备的各种能力，以保证学生所学的技术能够应用到实际工作中去，教育方向逐渐向职业转移。而 LIS 教育改革中情报学的融入以及针对信息科学（LIS）所进行的课程改革表现为技术应用转向，其增加信息技术相关课程，并增加选修课种类，以扩大知识范围，培养技术操作及综合性应用人才。在“生计教育”中提出的职业群概念，将职业按照其宽泛的共同特征进行分组，将数种性质相近的职业归纳为一个职业群，分析该职业群所需的共通的知识和技能，对其进行组合，以此作为课程计划编制的出发点和基础。学生在此指导下有计划地、系统地学习某一职业群共同的学术、技能、知识和该职业群包含的相关职业入门技术，对学生未来宽泛就业奠定了基础。[26]这促进了人才对各种职业的适应性，在一定程度上弱化了职业区分的边界，这与 LIS 教育所显现的通才教育理念契合，使得教育能适应各种职业，达到教育向职业转移的目标。可以说，20 世纪七八十年代 LIS 教育初步呈现出的专业化通才教育即为职业导向的技术应用教育。

PE 自 1963 年《职业教育法案》开始，逐步向高层次教育转移，“生计教育”更是展开了一场从小学到研究生层次的综合教育，不断强调提高教育质量。LIS 教育于 70 年代初将硕士学位规定为图书馆员的第一职业学位，职业对人才学历及素质的要求进一步提高，自然激发了教育质量的不断提高。

笔者认为，20 世纪七八十年代，PE 与 LIS 教育改革所表现出种种相似的应对方式，在受到大背景环境影响的同时，二者之间也应该存在着 LIS 教育发展对其所属的职业教育发展的参照性与借鉴性。

六　高层次专业化与 20 世纪末的美国 LIS 教育的学术回归

（一）高层次专业化转向

20 世纪 90 年代后，经济竞争的全球化及信息技术的广泛采用，企业信息处理效率明显提高，职业结构发生了变化，生产性职业减少，服务性职业增多。美国职业教育开始重新创建“工业后经济”的职业教育系统。1990年《职业应用技术法案》提出学术与职业教育集成，推进学术和职业能力一体化培养等方针，同时要求加强技术教育以应对知识经济和网络时代对高技术人才的需求。随之推出的“技术准备计划”期望通过其实现整合就业、升学、终身发展、提高技术水平和教育效率等多个目标。“技术准备计划”不是一类学校，也不是一项课程，是“美国政府为发展经济而设计的一套宏观的职业教育发展指导方针，各州和地方教育部门需要在这一方针的指导下开发适合自己的实施方案”[27]。这一计划要求社区学院、地方职业技术学校、综合中学、四年制的学院或大学、各类学徒组织以及私立教育机构共同参与计划的实施。[28]同时，通过“一揽子生计中心”（one-stop career center）①、《从学校到工作机会法》及《2000年目标：美国教育法》这三大基础工程，进一步提高高等职业教育的质量。“从学校到工作”（School-to-Work，STW）的职业教育主题逐渐被“从学校到生涯”（School-to-Career，STC）所取代，高等职业教育开始以学生个体生涯发展为出发点，为其“继续的学习”及“更好的就业”奠定基础。STW与STC发展重点均为学校本位学习与工作本位学习的整合、学术课程与职业课程的整合。

90年代美国LIS教育发生了较之70～80年代更为巨大的变化：美国已没有一所纯粹的图书馆学院系，大多数的院系名称更改为“情报科学（Information Science）学院（或系）”或“信息管理（Information Management）学院（或系）”。[29]信息技术与图书馆学的交叉对学生的知识结构提出了更高的要求，硕士和博士学位教育点不断增加，学科不断交叉促使LIS学生申请双学位的现象越来越普遍。1994年ALA提出了为改善信息从业人员素质教育的“2000年目标”计划，提出ALA将重新规范LIS教育并对工作人员进行5年职业培训，以更新他们的职业技能，适应信息时代的要求。美国图书馆与信息科学教育协会（ALISE）在谈到LIS教育改革

① 为就业人员提供综合性服务。

时强调教育应达到“争取毕业生所获得的知识在他们毕业时还不会过时”[30]的目的。1998 年，ALCTS 开展了“KALIPER 调查”，对 LIS 教育的课程大纲、课程描述、课程设置等的变化进行了研究，以促进 LIS 教育向更高层次发展。

由此可见，美国高等职业教育开始提高教学质量以培养高水平人才，高等教育体系逐渐完善，强调学术和职业能力一体化培养，并转向高层次专业化的培养方向。而 LIS 教育也表现出教学质量不断提升，硕、博士教学培训点不断增加，以培养适应时代需求、具备职业技能的人才，转向高层次专业化。美国高等职业教育延续“生计教育”终身化教育的理念，转向“生涯教育”主题。笔者认为这也影响 LIS 教育的观念，从 ALCTS 的表述中能够反映出 LIS 教育也逐步趋向终身化教育理念，将“生涯教育”作为培养人才的方向。

（二）能力本位与素质培养

美国 PE 主张能力本位的教学思想和培养模式，以此为基础确立职业教育的教学模式和课程开发方法，重视培养职业技术人才的综合职业能力和素质。[31]职业教育综合素质培训五种“基本能力”（合理利用与支配各类资源的能力、处理人际关系的能力、获取并利用信息的能力、综合与系统分析的能力、运用各种技术的能力）与三项“基本素质”（技能、思维能力与个人品质），强调学生的基础知识、基本能力和基本素质，要求专业面宽，以适应技术进步与劳动力市场不断变化的需要。[32]美国 PE 将技术引入职业课程，将生活和技术课程建立在职业群的基础上，课程框架更宽广；美国 PE 重视提高职业人才的教育训练水平，强调提高实践教学的比重，把培养学生技术应用能力、动手能力作为教学的中心环节；美国 PE 重视通过企业产学、产教的合作，培养理论与实践、专业知识与职业技能并重的企业一线人才。[33]

LIS 教育开始转向素质培养，其培养目标为：既能适应传统图书馆的收藏利用工作，又能适应新型信息中心的信息存取工作；既能促进图书馆的发展，又能向他们所在社区的居民介绍图书馆的作用与价值，为社区成员的继续教育和终身教育提供更多的途径和机会；具备规划的基本知识及信念及基本的印刷型和电子型参考源的知识，掌握一些电子搜索的技能，并能够根据工作需要组合上述知识与技能；直面图书馆中的新技术适应各种挑战的应用型人才；对自己的继续教育负责，通过文献、实践研究、校园网络以及更为正式的教育等途径继续学习，以期能够在自己选择的职业领域中做出不凡的业绩；能够利用各种变化，不再是变化的奴隶，而是变化的主人。[34]

LIS 教育素质培养的转变趋向于美国 PE 固有的能力本位的培养方向，LIS 教育确立其未来发展方向为培养学生综合能力及素质以应对职业、生活的各种挑战及变化，体现出其向 PE 培养的逐步回归。

（三）LIS 教育学术回归

20 世纪 90 年代 LIS 教育课程结构发生了变革：信息存储和检索类课程取代了传统的编目与分类课程，一般管理和管理战略课程取代了图书馆管理课程，参考咨询课程转变成参考和信息包装课程，计算机技术类的课程占很大比重。课程设置上由静态转向动态设置，通过设置核心课程加强学生的专业基础知识教育，结合不断更新的选修课以及专题讲座将学科建设的最新成果充实到教学之中。按照信息社会对信息人才的需求特点和图书馆学的内在本质特征进行专业设置，即对信息的管理设置专业，摆脱了传统图书馆学单纯以作为机构的图书馆为研究主体的狭义框架。[35]图书情报院系的合并与调整，加强了其与其他学科、专业之间的合作与交流，通过合作办学等方式，培养更适合社会需要的新型信息技术人才。另外，在其向高层次不断转化的过程中，可授予博士学位的院系也有了明显的增加，6 年制的博士教育逐渐流行。在改革过程中，有些院系侧重于技术教学，增开了情报学（或信息科学）等系列课程；有些院系进行了教学计划的重组，将教学重点放在技术应用、设计和交流等方面；有些院系通过加强学生对新技术及新型服务模式应变能力的培养，以达到学生能够运用技术来实现图书馆的组织与检索功能的效果；还有些院系结合政策研究、高等教育、新闻学、商业管理、历史教育等方面的知识形成了组合式的教学计划，以培养适应面较宽的复合应用型人才。[36]

90 年代 LIS 教育的种种改革方式似乎又回到了最初图书馆学院创建时的技术操作实践应用性教育，LIS 教育在经历一段时期理论研究热潮后回归于职业技术教育，是其在发展变化与完善过程后的必然趋势，究其原因在于 LIS 教育的基本属性为 PE，其源自专业化职业，过于强调理论研究并不能满足具体职业对从业人员的需求，容易造成理论与实际脱轨的局面。另外，LIS 教育创立之初即为培养实践操作人才以满足职业的需求，创立的根本原因必然会为其后续发展的宏观方向奠定一定的基础。LIS 教育的学术回顾，能够推进 LIS 泛学科化发展，结合行业需求，培养出能够应对环境变化，掌握图书情报各种专业知识和操作技能的复合性、应用型人才，从而满足社会需求。

目前，美国大学通过设置学术型与专业型两种硕士培养方式以求达到学术与实践的平衡。笔者认为 LIS 教育在未来的发展过程中仍将伴随着 PE 的实践性、技术性、应用型人才培养的发展方向逐渐借鉴与创新，同时强调学生学术与实践能力的综合培养，通过科学研究和实践能力相结合的培养过程，让学生参与科研，在实践中把握学术前沿，推进学术研究和专业实践的共同发展。

七　对中国图书情报专业硕士培养的启示

（一）吸引社会各界参与

无论是 PE 还是 LIS 教育，在其发展过程中社会各界的参与均占有重要地位。美国的社区学院校董会（或管委会）一般由政府官员、企业代表、技术专家、社会知名人士、学院教工和学生代表组成，主要职能是加强与协调同社会各界的联系等。[37] LIS 教育在发展过程中卡内基基金会的资助，ALA 的广泛参与及支持对其宏观发展及教学模式的确立等都起了重要的作用。对于职业技术类教育，社会各界的参与不仅可以促进教育的发展，同时还可以保证办学与教学不脱离实际，适应行业、企业发展的需要和方向，为各类职业培养出应用型人才。中国 MLIS 强调专业能力的培养，吸引社会各界的广泛参与能够真正了解市场及行业需求，提高教学质量，以保证不脱离实际地培养复合应用型人才。

（二）建立政策保障

美国政府十分重视通过综合利用法律、制定政策、直接财政拨款及必要的行政手段，给予 PE 更多的扶持和鼓励，同时成立了相关机构加以推行和监督。[38]美国 PE 发展的每一步均伴随着一系列的法律、法规及政策，这些政策在影响 PE 的同时也在一定程度上影响着 LIS 教育。另外，LIS 教育界也不断地推出各类政策及规定以促进其发展。教育相关的立法在美国 PE 及 LIS 教育发展与变革中起到了基本保障和推动作用。中国针对 LIS 教育及 MLIS 教育的法律政策类文件相对较少，通过法律政策来推动 LIS 的培养值得中国 MLIS 教育借鉴。

（三）加强实践性教学

中国 2011 年开设 MLIS 学位，受师资、教学成本、认知度等因素的限制，目前 MLIS 专业型的人才培养与科学型人才培养未见明显差异，设置 MLIS 的培养单位大多根据自身的师资力量设置相应的理论课程，除研究生必须完成的实习外，在课程中很少涉及实践操作的讲授，也很少有实践性课程。而 MLIS 教育属于 PE 教育，其培养应表现出实用性及技术应用性等特点，其教学应借鉴 PE 能力本位特点，采用校企合作等方式与实习单位建立联系。中国的 MLIS 应朝 PE 教育方向进行改革，在此过程中可借鉴美国 LIS 教育及 MLIS 教育发展的先进经验，吸引社会各界参与，制定政策规定，加强实践教学，同时结合中国教育自身的特色，培养适应中国市场与行业需求的复合型、实践应用型图书情报人才。

参考文献

[1] 谢先江．美苏与我国的情报教育比较研究——从美苏情报特点看我国情报教育［J］．情报科学，1991（4）：48－52.

[2] 尚月. 中美图书馆学情报学教育比较研究 [D]. 四川大学, 2004.

[3] 初景利, 周庆山. 变革中的西方图书情报学教育 [J]. 大学图书馆学报, 2000 (5): 39 - 43, 48.

[4] 王知津, 谢瑶, 等. 美国图书情报学硕士教育与培养模式研究: 研究方向实证分析 [J]. 图书馆学研究, 2008 (10): 2 - 8.

[5] Linderman, Winifred. "Dewey, Melivil" in Allen Kent and Harold Lancour, eds [J]. Encyclope clia of Library and Information Science , 1972 (7): 143.

[6] 程焕文. 美国图书馆学教育史 [J]. 四川图书馆学报, 1990 (2): 106 - 115.

[7] 李素敏. 美国赠地学院发展研究 [M]. 河北大学出版社, 2004. 7: 31.

[8] 陈剑光. 美国图书馆学教育的历史与现状 [D]. 南开大学, 1992. 6.

[9] 尚月. 中美图书馆学情报学教育比较研究 [D]. 四川大学, 2004.

[10] 谢阳群. 从杜威的图书馆学教育思想看今日美国的图书馆情报教育危机现象 [J]. 四川图书馆学报, 1994 (5): 29.

[11] 陈剑光. 美国图书馆学教育的历史与现状 [D]. 南开大学, 1992. 6.

[12] 王玮. 美国图书情报学教育的发展历程 [J]. 高校图书馆工作, 2001 (4): 4.

[13] 石伟平. 比较职业技术教育 [M]. 华东师范大学出版社, 2001. 1: 127 - 128.

[14] 谢阳群. 从杜威的图书馆学教育思想看今日美国的图书馆情报教育危机现象 [J]. 四川图书馆学报, 1994 (5): 28 - 33.

[15] 雷新华, 李冬梅, 连丽霞. 美国赠地学院对我国高等农业教育的启示 [J]. 高等农业教育, 2007 (9): 81 - 85.

[16] 徐继宁. 赠地学院: 美国高等农业职业教育的开拓者 [J]. 职业技术教育, 2008 (22): 85 - 89.

[17] 李素敏. 美国赠地学院发展研究 [M]. 河北大学出版社, 2004. 7: 163.

[18] 徐继宁. 赠地学院: 美国高等农业职业教育的开拓者 [J]. 职业技术教育, 2008 (22): 85 - 89.

[19] 刘庆斌. 美国高等职业教育法制化研究 [D]. 西北师范大学, 2004 .

[20] 安艳. 美国高等职业教育模式及启示 [D]. 河北大学, 2010.

[21] 张维平, 马立武. 美国教育法研究 [M]. 中国法制出版社, 2005. 1: 35.

[22] 瞿葆奎, 马骥雄. 教育学文集 · 美国教育改革 [M]. 人民教育出版社, 1990. 8: 579 - 609.

[23] 刘庆斌. 美国高等职业教育法制化研究 [D]. 西北师范大学, 2004.

[24] Conant, Ralph W. The Conant Report: A Study of the Education of Librarians, Cambridge, Mass [M]. the MIT Press, 1980: 166.

[25] Stueart, Robert D. Education for Librarianship: The Way it Is in the ALA Yearbook of Library and Information Services: A Review of Library Events 1983 [C]. Chicago, ALA, 1984 (9): 2 -4.

[26] 陈晶晶，朱国清. 基于职业群模式的美国职业教育终身化实践评析 [J]. 教育与职业，2007 (17): 65 -67.

[27] 严雪怡. 高职与中职衔接中学制与课程问题探讨 [J]. 职教通讯，1998 (1): 16 -18.

[28] 张莉. 中美高等职业教育比较研究 [D]. 西安工业大学，2008.

[29] Miller M. What to Expect from Library School Graduates [J]. Information Technology and Libraries, 1996 (1): 45 -47.

[30] 王玮. 美国图书情报学教育的发展历程 [J]. 高校图书馆工作，2001 (4): 4.

[31] 高职教育材料汇编. 美国高等职业教育的沿革和特点 [EB/OL]. [2015 -03 -01]. http://www.docin.com/p -794540432.html.

[32] 郭健. 国际职业教育的新观念与新举措 [J]. 中国职业技术教育，2002 (20): 56 -57, 59.

[33] 高职教育材料汇编. 美国高等职业教育的沿革和特点 [EB/OL]. [2015 -03 -01]. http://www.docin.com/p -794540432.html.

[34] 霍国庆. 美国图书情报学教育的变化与进展 [J]. 大学图书馆学报，1998 (3): 10 -12.

[35] 尚月. 中美图书馆学情报学教育比较研究 [D]. 四川大学，2004.

[36] 姚秀敏. 美国高校情报学专业教育研究 [D]. 河北师范大学，2008.

[37] 高职教育材料汇编. 美国高等职业教育的沿革和特点 [EB/OL]. [2015 -03 -01]. http://www.docin.com/p -794540432.html.

[38] 高职教育材料汇编. 美国高等职业教育的沿革和特点 [EB/OL]. [2015 -03 -01]. http://www.docin.com/p -794540432.html.

3. 国际图书情报专业硕士学位培养中的实践教学与案例教学*

1887 年哥伦比亚大学图书馆管理学校创办之前，图书馆以“师傅教徒弟”的方式传授技能和知识。[1]然而，“早期美国的图书馆学教育更像是职业培训，而不像科学知识的传授与科学研究规范的训练”[2]。1923 年“威廉姆森报告”出版，在其影响下，芝加哥大学图书馆学研究生院于 1928 年正式设立，“图书馆学教育和研究翻开了新的一页”[3]。20 世纪的最后 10 年，受到信息环境变化的影响，全球范围的图书馆事业出现自 19 世纪中后期公共图书馆运动以来最为彻底的一次变革；与此同时，图书馆学理论也进入了一个动荡与理论全方位变革的时期。[4]MLIS 教育对于图书馆业界、信息业界的适应性问题再次引起关注。1998 年“KALIPER 调查”的实施[5]，2003 年“信息学院运动”的提出[6]，均是影响深远的事件。作为一门源于具体职业的应用型学科，图书情报学教育的每一步发展均与实践密切相关，其学科的科学属性要求其与职业培养相区别，学科的应用属性要求其与业界发展相适应。

图书情报专业硕士学位（以下简称“图情专硕”）正式设立之前，中国的图情档教育，特别是硕士和博士研究生教育层次，在理论素养和应用能力两个学生培养目标上，应该说更倾向于前者，“掌握学科的基本理论、

---

* 本文内容首刊于论文《美、英、日图书情报专业硕士学位培养中的实践教学与案例教学》（载于《大学图书馆学报》2016 年第 1 期第 88 – 95 页，作者：张靖，张祎，黄诗莹）。收录时经作者同意，有所改写。

研究方法、学术动向，具备独立从事科学研究的能力”是有关培养目标的常见表述。单一的科学型学位研究生的培养，也使得国内外图情档教育的对话有欠对等。目前，图情档教育的国际合作主要形式是博士研究生的联合培养，而要在国内占主体的大学本科和硕士研究生教育层面推动有效的合作则相当困难。图情专硕的设立以及后续教育部对于专业学位研究生培养模式的改革，一方面从制度上保障了图情档在科学化进程[7]中依然能够保持与实践的密切相关，另一方面也为国内外的图情档教育接轨创造了条件。

2013 年 11 月，教育部、人力资源社会保障部联合出台《关于深入推进专业学位研究生培养模式改革的意见》，“加强实践基地建设”“加强案例教学”是重要的指导性意见。强调实践教学和案例教学，均是从专业学位面向实践领域培养高层次人才这一基本目的出发所提出的必然要求。那么，图情专硕的实践教学和案例教学应如何开展？调查国外较成熟的 MLIS 培养方案和教学方法可为我们提供有益参考。

一　文献综述

自 2010 年图情专硕在中国设立以来，国内图书情报学界开始关注图情专硕的培养问题。《图书情报知识》2011 年第 5 期邀请 8 位图书情报专业学位研究生教育指导委员会委员，以笔谈的形式就中国图情专硕教育展开了一次集中的“大讨论”，论及理想与现实的差距、培养目标、培养特点、培养方式、教学内容、课程设置、教学模式、质量评价、与行业准入制度及行业资格考试制度的接轨等等，明确了中国图情专硕的开局重点和难点、科学与可持续发展规划。① 后续的研究主题主要包括图情专硕培养模式、专业型硕士与学术型硕士的区别培养以及培养经验总结等。此外，关

---

① 包括：程焕文《在理想与现实之间踌躇徘徊》，柯平《以职业为中心的图书情报专业学位教育》，张向先《解析图书情报专业硕士职业核心能力》，贺德方《图书馆学与情报学研究生职业核心能力构建》，孙建军《图书情报专业学位教育的整体规划与可持续发展》，卢小宾《关于图书情报硕士专业学位研究生的培养问题》，周庆山《图书情报专业硕士学位教育的实施》，陈传夫《专业学位应面向宽广的图书情报职业需要》。

于图情专硕实践教学的研究则相对较多，对实践教学的重要性和实施途径等均有所论述[8][9][10][11]。但至今未见关于图情专硕案例教学的专门研究，一些论文[12]中提及应开展案例教学，但未述及具体的方式方法。

二　调查设计

（一）设定调查对象

自1951年美国图书馆协会通过的《ALA认证标准》（*American Library Association's Standards of Accreditation*）算起，国外的MLIS教育发展比中国要早半个多世纪，其经验或可为中国所借鉴。为此，笔者分别选取了美[13]、英[14]、日[15]三国的31所（NO. 1－31）、5所（NO. 32－36）和3所（NO. 37－39）设有MLIS培养计划的教育机构（表1），对其实践教学和案例教学情况进行网络调查。

表1　调查对象

NO. ①	学校名称②	院系名称	初设MLS/MLIS时间③
1	伊利诺伊大学厄巴纳－香槟分校	图书馆和信息科学研究生院	1893
2	华盛顿大学	信息学院	1926
3	雪城大学	信息学院	1928
4	罗格斯大学新伯朗士威校区	通信与信息学院	1956
5	西蒙斯学院	图书馆和信息科学研究生院	1902
6	德雷赛尔大学	计算机与信息学院	1892
7	匹兹堡大学	信息科学学院	1926
8	佛罗里达州立大学	信息学院	1969
9	加州大学洛杉矶分校	信息研究系	1958（系成立）
10	威斯康辛大学密尔沃基分校	信息研究学院	

① 下文的分析采用该列序号代替学校和院系。

② 学校和学院中文名称采用中山大学图书馆与资讯科学研究所“世界图书馆学专业教学资源”（http://202.116.65.84/research/homepage.html）译法。

③ 通过官网查询或邮件咨询获得；部分教育机构的MLIS继承自原MLS（Master of Library Science），则采用初设MLS时间。

续表

NO.	学校名称	院系名称	初设 MLS/MLIS 时间
11	威斯康星大学麦迪逊分校	图书馆与信息研究学院	
12	南卡罗来纳州立大学	图书馆与信息科学学院	
13	肯特州立大学	图书馆与信息科学学院	1961 - 1962
14	亚拉巴马大学	图书馆与信息研究学院	1972
15	肯塔基大学	图书馆与信息科学学院	1918
16	北卡罗来纳州立大学 格林波若分校	图书馆与信息研究系	
17	韦恩州立大学	图书馆与信息科学学院	1987
18	俄克拉荷马大学	图书馆与信息研究学院	1990
19	南佛罗里达大学	信息学院	1970
20	路易斯安那州立大学 巴吞鲁日分校	图书馆与信息科学学院	1986
21	夏威夷大学马诺阿分校	图书馆和信息科学计划	1987
22	多明尼加大学	图书馆和信息科学研究生院	1949
23	美国天主教大学	图书馆与信息科学系	1911
24	普拉特学院	信息与图书馆学学院	1890
25	圣何塞州立大学	图书馆与信息科学学院	1994
26	爱荷华大学	图书馆与信息科学学院	1965（学院成立） 1971（ALA 认证）
27	亚利桑那大学	信息资源与图书馆学学院	1969
28	密苏里大学	信息科学与学习技术学院	1997
29	丹佛大学	研究方法与信息科学系	
30	长岛大学波斯特分校	帕尔默图书馆与 信息科学学院	
31	圣约翰大学	图书馆与信息科学部	
32	伦敦大学学院	信息研究系	
33	阿伯里斯特维斯大学	信息研究系	
34	曼彻斯特城市大学	新闻、信息与通讯系	1975
35	城市大学	图书馆与信息科学系	1961
36	罗伯特戈登大学	信息管理系	1969
37	骏河台大学	现代情报文化研究生院	1994
38	庆应义塾大学	文学院	1967
39	筑波大学	图书馆情报研究生院	2002

（二）调查内容

参考教育学领域关于实践教学和案例教学的研究，结合 MLIS 培养的实际情况，确定调查内容，拟定调查编码如表 2 所示。

表 2　MLIS 培养计划调查分析编码

<table>
<tr><td>所在国家</td><td colspan="2"></td><td colspan="2">所在学校</td><td colspan="2"></td></tr>
<tr><td>所在院系</td><td colspan="6"></td></tr>
<tr><td>初设时间</td><td colspan="2"></td><td colspan="2">国内排名</td><td colspan="2"></td></tr>
<tr><td>学制</td><td>学分制</td><td></td><td>学年制</td><td></td><td>基本年限</td><td></td></tr>
<tr><td>学习方式</td><td>全日制</td><td colspan="2"></td><td colspan="2">非全日制</td><td></td></tr>
<tr><td>指导方式（注 1）</td><td colspan="6"></td></tr>
<tr><td rowspan="2">学分要求</td><td>总学分</td><td></td><td>必修学分</td><td></td><td>选修学分</td><td></td></tr>
<tr><td colspan="2">实践实习学分</td><td></td><td colspan="2">其他</td><td></td></tr>
<tr><td>培养目标（注 2）</td><td colspan="6"></td></tr>
<tr><td>培养方向（注 3）</td><td colspan="6"></td></tr>
<tr><td rowspan="2">课程体系（注 4）</td><td colspan="2">必修（核心）课程</td><td colspan="4"></td></tr>
<tr><td colspan="2">实践实习课程</td><td colspan="4"></td></tr>
<tr><td colspan="3">实践实习实施模式（注 5）</td><td colspan="4"></td></tr>
<tr><td colspan="3">实践实习场所</td><td colspan="4"></td></tr>
<tr><td colspan="3">实践实习课程的教学方案</td><td colspan="4"></td></tr>
<tr><td colspan="3">其他课程教学方案中的实践实习环节</td><td colspan="4"></td></tr>
<tr><td colspan="3">课程教学方案中的案例教学环节</td><td colspan="4"></td></tr>
<tr><td colspan="3">案例教学素材的建设（注 6）</td><td colspan="4"></td></tr>
<tr><td colspan="3">获得学位的其他要求</td><td colspan="4"></td></tr>
<tr><td colspan="3">其他（注 7）</td><td colspan="4"></td></tr>
</table>

注 1：关注是否实行导师制，双导师制；是否安排实践实习导师
注 2：摘录其中强调实践或案例的内容
注 3：摘录培养方向
注 4：摘录课程名称
注 5：如校企合作、在职培养、参与横向课题等
注 6：如案例的收集和案例库的建设
注 7：其他与实践教学或案例教学有关的情况

三　调查结果分析

以下分别从实践和案例教学在调查对象教学理念中的体现、调查对象关于实践和案例教学的总体设计和具体实施等几个方面对调查结果进行分析。

（一）教学理念层面

首先，调查对象中共有 12 家机构（4，6，7，9，11，12，13，22，24，28，30，31）在其官网上对其 MLIS 的培养目标加以明确表述。相关表述大多论及理论知识储备、跨学科通才培养、信息相关工作的实践操作技能、信息技术与系统设计能力、需求分析及服务与评估能力、管理与解决多元问题能力、组织领导与政策决策能力、教育事业人才培养、职业道德与发展及社会责任等方面。有些机构也在培养目标中明确了其实践教学理念。如普拉特学院特别强调了实践教学，主张超越课堂，要求学生在多元文化机构或合作项目中通过实习、自主学习、田野调查、参观访问等方式与教员、专家近距离交流学习经验，拓宽视野，加强对理论知识的理解，将知识与技能应用到实际工作中。[16]

培养目标之外，三个国家的调查对象大多在其 MLIS 培养计划文本的概述中对其培养实践性人才的理念加以强调：充分结合理论与实践，积极调动创造力，培养具备信息管理等专业知识和技术的、适应发展与变化的、能在图书馆等信息产业及其他机构中发挥领导作用的高度专业化的人才。如加州大学洛杉矶分校在其培养计划概述中提出：通过指导项目（Mentoring Programs）、个人导师（Individual Advisors）和超过 250 个机构的实习机会开展实践教学，让学生在专业的环境中应用其理论知识和实践技能，在各种信息机构中锻炼领导能力、增长团队经验。[17]

部分调查对象要求学生在入学前具备一定的实践经验，如伦敦大学学院希望课程开始之前学生有至少一年图书馆或信息服务机构工作的经验。[18]

对于案例教学的强调则较少出现在培养目标或计划概述的表述中（案例教学更多与具体课程的教学方案相联系）。调查对象中只有阿伯里斯特维斯大学强调通过案例研究的方式来加强实践教学：课程是实践性的，建立在各种报告、文章、展示以及案例研究之上，使学生能够将理论知识与实践工作联系起来。[19]

培养机构在具体 MLIS 专业或方向设置上，体现了对于实践的重视。调查对象中共有 18 家机构设有明确的培养专业或方向，表 3 对之进行了分类总结。

表 3　所设专业/方向（Concentration or Specialty）情况

专业或方向	设有该方向的机构 NO.	机构总数
中小学图书馆与媒体中心/学校图书馆	4，5，6，7，18，27，30，31	8
高校图书馆	7，8，10，18，27，30，31	7
公共图书馆	7，8，10，18，27，30，31	7
专门图书馆（法律图书馆、健康科学图书馆等）	1，8，10，18，27，30，31	7
信息服务/参考咨询	1，5，6，7，8，12，18	7
儿童服务/青少年服务	1，5，6，7，8，12，18，22，27，31	10
图书馆服务	17	1
特色馆藏	27，30	2
信息系统/技术	1，5，7，8，10，18	6
信息管理	17，20，31	3
数字图书馆	4，6，7，10，27	5
情报资源管理	4，6，22，38	4
医学资源服务	7	1
文化情报/法学文化情报	10，37，	2
档案事业/档案学/档案与文化遗产/档案和数字内容管理	5，6，7，9，10，12，17，18，20，22，27，31	12
文献保护管理	5	1
博物馆理论与实践	8	1
信息学	7，8，9，22，27	5
图书馆与情报学	5，9，20，38	4
管理与领导	5，8	2
社交媒体	4，27	2
个性化	7	1

表3前6行是调查对象中设置最为普遍的培养专业或方向，而它们均面向特定的实践领域，如“中小学图书馆与媒体中心/学校图书馆”培养的是针对在中小学图书馆或媒体中心工作的图书馆员，“儿童服务/青少年服务”培养的是在公共图书馆从事未成年人服务的图书馆员。此外，医学资源服务、文化情报、法学文化情报等则是通过资源主题的限定指明了这些专业或方向所培养人才的实践针对性。

（二）总体设计层面

美英两国的调查对象大多采用学分制，且强调实践是获得学位的必要条件。部分学校将实践课设置在必修（核心）课程中，或作为硬性要求计入学分，总学分与实践学分的比例大致为12∶1，必修课与实践学分的比例大致为4∶1，如28。部分学校将实践环节作为硬性要求，但不计入学分，如5、6要求学生完成实习方能获得学位，但实习不计学分。还有部分学校设置实践选修课，对学生进行分类要求，如4要求无图书馆或信息中心工作经验的同学选修实践课程。也有少部分学校在培养方案中未对实践做出要求，如35。日本的调查对象全部采用学分制，但学分均为选修学分，且无实践要求，如38，学生从所开课程中选修，修满32学分即可开始学位论文的撰写。美英的全日制学生最快需要一年至一年半时间获得MLIS学位，期间可能需有100、120或150个小时的无薪实习时间，如11、14和19。日本的学生则需要两年时间完成学业。调查对象对实践学分和学时的具体要求见表4。

表4　实践学分及学时要求情况

要求	机构NO.	代表机构情况
实践学分作为必修学分	9，13，28，30	28：总学分42，必修18学分，其中实践2－3学分； 30：总学分36，必修15学分，其中实习3学分
实践学分作为选修学分	4，16	16：总学分36，必修13学分，选修15学分，其中实习3学分
其他实践学分要求	3，4，8，14，19，24，27，29，31，36	8：总学分19，必修7学分，选修6学分，实习6学分； 14：总学分36，实习2－3学分； 3：要求3学分实习或自主学习； 36：总180学分，实习15学分

续表

要求	机构 NO.	代表机构情况
实践学时	3，11，14，19，24，29，30，36	29：全日制完成学位 18 个月到 2 年时间，实践 100 小时； 36：全日制完成学位 12 个月，实习 4 周（20 个工作日）

在案例教学方面，调查对象的实施模式则包括专家讲座（4，16，29，33，34）和专题研讨会（4，19，35，36，37，39）两种。

此外，调查对象中有一部分（2，3，10，14，19，25，29，30，31）聘请了实践领域工作人员（如图书馆员或是信息管理人员）作为实践导师，帮助学生制定实践计划，指导、监督和评估其实践工作。也有一些机构（14，19，28，29）设置了实习协调者，他们负责与学生共同确定实习目标和责任，安排实习项目并将学生介绍给实践导师，有时还与实践导师一起对学生的实践情况进行考评。

一些调查对象还在其他方面规定了实践要求。如 2、4、16、29 规定学生需完成顶点项目（Capstone Projects）方可获得学位。该类项目类似于毕业设计，要求学生从实践领域发现问题，并综合运用所学的理论、方法和技能进行调查、研究和实践，最终设计出解决问题的方案并加以展示。5、10、11、15、16、20、23 等则对学生的计算机基本能力、办公软件的操作能力等提出要求。

（三）具体实施层面

在专门的实践实习课程中，如 19[20]、28[21]，通常首先由学生自主确定实践实习的方向和目标，然后学生与指导教师在课堂会议中对所定方向和目标进行讨论，指导教师为学生制定实践实习的计划和方案，并为其安排实践实习场所；课程内容由课堂会议、实践实习以及实践实习报告组成；指导教师为学生提供全程的指导和监督，并在课程结束时予以考核。

除了专门的实践实习课程外，在其他课程的教学计划中也常见对于与课程内容相关的实践能力的强调。如 4 的“政府信息资源”课程要求学生实际参与政府信息服务管理工作。[22]有些学校还将非实践实习课程安排在相关工作场所中进行，以使学生获得直观的学习体验并积累实践经验。如

24 将许多课程安排在纽约的图书馆、博物馆和档案馆等公共文化机构进行，通过参与实践领域的具体项目引导学生将所学的理论知识转化为技术创新。[23]

实践实习基地建设方面，不少调查对象相当积极地与图书情报档案机构及一些企事业单位建立合作关系，寻求学界和业界的双向交流，为学生提供更多的实习机会。随着基地建设的发展，实践实习的地域、场所、形式和内容都逐渐丰富与多样。如 25 建立实践实习基地数据库，每学期提供接近 225 个实践实习机会供学生选择；该数据库有专人维护，随时更新，学生可通过 RSS 订阅所需信息，也可以通过检索系统，根据实习方式（现场或虚拟）、组织类型、机构名称、地点、任务类型、报酬、学期、关键词、职位状态等要求检索合适的实践实习机会。[24] 34 的实践实习场所包括图书馆、信息机构、大学、商业公司、政府部门、研究协会和医院等。[25] 3 的学生可以选择在本地或美国境内或其他国家进行实践实习。[26] 29 的实践实习项目协调人每年举办实践实习机会汇展（Showcase of Opportunities），聚集实践实习基地，让学生更好地了解和选择实践实习场所。[27]

案例教学方面。调查对象主要在实践实习、管理类、法律类和应用类课程中采用案例教学，结合小组讨论和展示使用案例是常见的方式，另外也有部分课程以案例研究作为考核内容。如 4 的“图书馆智识自由”课程，采用实践领域的案例加深学生对于信息获取权利、图书馆权利等问题的理解，还围绕图书馆法律案例开展系列讨论。[28] 又如 39 的“网络与法律”“知识产权的管理与利用”等课程，通过实际法律案例进行相关内容的讲授；“信息学特论”则以各种信息服务为案例，分析信息的获取方法、特性、累积方法、利用的可能性。[29]

四　可借鉴的特色之处

（一）面向具体实践领域设置培养方向和课程

以图书馆工作为例，调查对象大多针对不同类型的图书馆工作设置了特定的培养方向和课程，如表 3 第 1 至第 6 行。获得 MLIS 学位不仅是对图书馆员的资质要求，MLIS 学生——未来的图书馆员，还需要根据具体的就业意向选择相对应的方向以修习有针对性的课程。例如虽然同样以未成年人为服务对象，但希望在中小学图书馆或媒体中心就业的学生和希望在公共图书馆就业的学生，就需要选择不同的培养方向，修习不同的课程。希望在法律图书馆、医学院图书馆等专业图书馆就业的学生，也要选择设置了相应方向的图书情报院系学习。国内目前图情专硕的培养方向，更多还是与培养单位的师资教学研究方向相配合，基本上不能与具体的实践领域相对应。与此同时，实践机构已经向培养单位提出了设置针对具体实践的培养方向和课程的要求。中山大学资讯管理学院和复旦大学图书馆拟于 2015 年招收和培养“文献保护与修复”方向的图情专硕，或可成为对于这一问题的突破。

（二）实践实习的远程实施和虚拟仿真

实践实习教学强度的增加，常常受限于外部的实践实习资源和学生自身的学习时间。调查对象所采用的远程实施和虚拟仿真两种“非常规”的实践实习方式，正是解除上述限制的有效措施。为了使得一些远程学习的学生完成实践实习，36（罗伯特根德大学）为他们提供了可远程实施的虚拟实习项目，如使用 Web 2.0 改善某个图书馆网站，或者为其他学生提供基于信息检索的课程学习帮助等；而对于一些在职学生，36 则鼓励他们结合当前工作寻找与课程有关的实际问题并加以解决；另外，36 还在课堂教学中通过虚拟仿真实际工作中的情境来开展实践和案例教学。[30]

（三）安排实践机构和实践专家走进校园

将学生送出校园送进相关机构是实践实习的常见思路。调查对象中既将学生送出又将实践机构和实践专家请进的双向交流方式值得我们借鉴。如 4 每学期举办实践研讨会，邀请实践领域专家讲授其工作内容及实践领域的热点问题。[31] 如 16 每学期组织职业日在线活动，邀请来自不同图书馆和信息机构的工作人员以及应届毕业生讲授求职的总体情况和工作中的一些案例。[32] 再如 29 每年举办实践实习机会汇展，期间，实践机构代表通过这一平台，与学生们交流机构情况以及可供选择的实践实习工作内容和要求，双方由此建立联系。[33]

国内受师资、教学成本、认知度等因素的限制，培养单位大多是在原来图书馆学硕士、情报学硕士培养方案的基础上形成图情专硕的培养方案。专业型人才培养相较于科学型人才培养的特点少有体现。许多单位甚至存在两套方案、一套课程的情况，所谓“分类培养”并未真正推行。当然，这也是专业学位人才培养在其起始阶段所普遍存在的问题。教育部于2013年出台《关于深入推进专业学位研究生培养模式改革的意见》，2015年进行专业学位授权点评估，体现了对这些问题的重视。图情专硕的改革应该围绕加强其与图书情报工作实践之间的关系展开。而美、英、日 MLIS 培养在这方面可为我们提供有益的借鉴和参考。

参考文献

[1] 严文郁．查理·威廉逊博士小传［J］．图书馆学与资讯科学，1994（10）：33－39.

[2] 范并思等．西方与中国的图书馆学——基于德尔斐法测评的理论史纲［M］．北京：北京图书馆出版社，2004：31－123.

[3] 范并思等．西方与中国的图书馆学——基于德尔斐法测评的理论史纲［M］．北京：北京图书馆出版社，2004：31－123.

[4] 范并思等．西方与中国的图书馆学——基于德尔斐法测评的理论史纲［M］．北京：北京图书馆出版社，2004：31－123.

[5] KALIPER Advisory Committee，Association for Library and Information Science Education. Educating Library and Information Science Professionals for a New Century：The KALIPER Report（Executive Summary）［R/OL］.［2013－02－05］. http://durrance. people. si. umich. edu/TextDocs/KaliperFinalR. pdf.

[6] School of Information and Library Science，University of North Carolina at Chapel Hill. Deans Discuss “Information Schools Movement”［EB/OL］.（2003－11－03）.［2012－12－02］. http://sils. unc. edu/news/2003/deansdiscuss.

[7] 于良芝．图书馆学导论［M］．北京：科学出版社，2003：135－147.

[8] 卢小宾. 关于图书情报硕士专业学位研究生的培养问题 [J]. 图书情报知识, 2011 (5): 15.

[9] 白才进, 王红. 图书情报专业硕士与图书馆学情报学学术硕士的培养模式探讨 [J]. 图书馆, 2012 (3): 92 - 94.

[10] 李月琳, 闫慧, 柯平. 打造 LIS 领域的 MBA: 关于图书情报专业硕士 (MLIS) 学位教育的思考 [J]. 图书情报工作, 2011, 55 (13): 24 - 27, 120.

[11] 徐敏, 李刚. 论图书情报硕士 (MLIS) 培养模式的若干问题 [J]. 图书情报工作, 2011, 55 (13): 28 - 31, 36.

[12] 柯平, 张文亮, 何颖芳. 对我国图书情报专业学位教育若干问题的思考 [J]. 情报资料工作, 2012 (06): 91 - 96.

[13] U. S. News & World Report LP. Library and Information Studies [EB/OL]. [2014 - 04 - 03]. http://grad - schools. usnews. rankingsandreviews. com/best-graduate-schools/top-library-information-science-programs.

[14] Higher Education Funding Council for England. UOA 37 Library and Information Management [EB/OL]. [2014 - 04 - 03]. http://www. rae. ac. uk/results/qualityProfile. aspx? id = 37&type = uoa.

[15] 图书馆与资讯科学研究所. 日本图书馆学教育 [EB/OL]. [2014 - 04 - 03]. http://202. 116. 65. 84/research/japan. htm.

[16] Pratt. Mission, Vision, and Goals [EB/OL]. [2014 - 05 - 22]. https://www. pratt. edu/academics/information-and-library-sciences/about-sils/mission/.

[17] UCLA Department of Information Studies. Information about the Masters of Library & Information Science (MLIS) Program [EB/OL]. [2014 - 05 - 22]. https://is. gseis. ucla. edu/programs/mlis.

[18] University College London. Requirements [EB/OL]. [2014 - 05 - 22]. http://www. ucl. ac. uk/dis/taught/pg/lis.

[19] Aberystwyth University. MA Information and Library Studies [EB/OL]. [2014 - 05 - 22]. http://courses. aber. ac. uk/postgraduate/information-and-library-studies-masters/? accordion = keyfacts.

[20] University of South Florida. Fieldwork-an Opportunity for Professional Development [EB/OL]. [2014 - 05 - 22]. http://si. usf. edu/graduate/fieldwork/general/.

[21] University of Missouri-Columbia. 7381 Practicum Guide [EB/OL]. [2014 - 05 -

22]. http://lis. missouri. edu/wp-content/uploads/2011/05/practicum-guide. pdf.

[22] Rutgers, the State University of New Jersey. Government Information Resources [EB/OL]. [2014-05-22]. http://comminfo. rutgers. edu/images/syllabus_541. pdf.

[23] Pratt. Mission, Vision, and Goals [EB/OL]. [2014-05-22]. https://www. pratt. edu/academics/information-and-library-sciences/about-sils/mission/.

[24] San José State University. Master of Library and Information Science (MLIS) [EB/OL]. [2014-05-22]. http://ischool. sjsu. edu/programs/master-library-and-information-science-mlis.

[25] Manchester Metropolitan University. Placement Options [EB/OL]. [2014-05-22]. http://www2. hlss. mmu. ac. uk/information-communications/.

[26] Syracuse University. Exit Requirement [EB/OL]. [2014-05-22]. http://ischool. syr. edu/future/grad/lis. aspx.

[27] University of Denver. Program Overview [EB/OL]. [2014-05-22]. http://morgridge. du. edu/programs/library-and-information-science/.

[28] Rutgers, the State University of New Jersey—New Brunswick. Program Information& Curriculum Overview [EB/OL]. [2014-05-22]. http://comminfo. rutgers. edu/master-of-library-and-information-science/curriculum-overview. html.

[29] 筑波大学. 图书馆与情报研究生院 [EB/OL]. [2014-05-22]. http://www. slis. tsukuba. ac. jp/eindex. html.

[30] Robert Gordon University. Placements and Accreditations [EB/OL]. [2014-05-22]. http://www. rgu. ac. uk/information-communication-and-media/information-communication-and-media-study-options/postgraduate/information-and-library-studies.

[31] Rutgers, the State University of New Jersey—New Brunswick. Program Information& Curriculum Overview [EB/OL]. [2014-05-22]. http://comminfo. rutgers. edu/master-of-library-and-information-science/curriculum-overview. html.

[32] The University of North Carolina at Greensboro. Online Education [EB/OL]. [2014-05-22]. http://lis. uncg. edu/academic-programs/online-education/.

[33] University of Denver. Program Overview [EB/OL]. [2014-05-22]. http://morgridge. du. edu/programs/library-and-information-science/.

4. iSchools 图书情报学的数据科学课程体系设置*

数据科学（Data Science）围绕数据展开，可以延伸到多重领域。在大数据时代，似乎任何领域都有数据的一席之地，由此 Data Science 成为一门独立的学科。Data Science 缘起于计算机科学领域，1960 年由彼得·诺尔提出[1]，真正作为一门学科则是 2000 年前后。美国率先开启 Data Science 成为一门学科，哈佛大学、哥伦比亚大学、加州大学伯克利分校从开设 Data Science 课程开始，逐步设立相应的硕士研究生专业（教育项目）。本文以 Data Science 课程设置作为研究核心，在图书馆与信息科学领域背景之下，分析 iSchools 高校① Data Science 课程设置情况，梳理图书馆与信息科学领域中 Data Science 学科教育体系的发展态势。

一　调查设计

（一）调研范围

笔者调查 25 所 iSchools 核心成员高校数据，其中有 6 所 iSchools 核心

* 本文内容首刊于论文《LIS 学科中数据科学课程体系设置研究——以 iSchools 高校课程调研为中心》（载于《图书馆论坛》2019 年第 4 期，作者：苏日娜，杨沁）。收录时经作者同意，有所改写。

① iSchools 联盟发起于 2003 年的“信息学院运动”，之后由北美 19 所图书情报学学院和相关院系共同创建 iSchools 项目。2007 年，北美 19 所 iSchools 成员宣布成立 iCaucus 联盟，并使用 iSchools 作为联盟名称。目前 iSchools 联盟共有 72 个来自各国的高校图书馆与信息学院成员。

成员高校在研究生培养阶段开设了 Data Science 研究生项目，为此，本文对这 6 所 iSchools 高校的 Data Science 课程体系进行文献调研和内容分析。在 iSchools 高校 72 个成员中，开设 Data Science 研究生项目的学科背景略有差距，集中在计算机科学与技术、电子与通信、传播与媒介、图书情报与档案管理 4 个主要学科领域，本文主要在图书情报与档案管理的学科背景下展开分析。

（二）调研方法

梳理 25 所 iSchools 核心成员的 LIS 学科建设情况，根据是否开设 Data Science 研究生项目（及其相关方向项目）筛选出 6 所高校（见表 1）。

表 1　开设 Data Science 研究生项目（及其相关方向项目）的 iSchools 高校

学校	国家	U. S. News①	QS②	Times③	院系（本国学科排名）④
University of Sheffield（谢菲尔德大学）	英	150	84	109	Information School（第 1 名）
University of California, Berkeley（加州大学伯克利分校）	美	3	28	10	School of Information（第 2 名）
Indiana University（印第安纳大学伯明顿分校）	美	329	550 +	251 +	School of Information Studies（第 4 名）
Syracuse University（雪城大学）	美	109	291	150	School of Informatics and Computing（第 8 名）
Carnegie Mellon University Heinz College（卡内基梅隆大学海因茨学院）	美	71	58	23	School of Information Systems and Management
Rutgers, The State University of New Jersey（新泽西州立罗格斯大学）	美	60	651 +	141	School of Communication and Information（第 6 名）

①参见：Best Global Universities Rankings. （2015 - 10 - 29）. ［2016 - 09 - 13］. http://www.usnews. com/education/best-global universities/rankings? page = 8。

②参见：QS World University Rankings. （2016 - 09 - 06）. ［2016 - 09 - 13］. http://www. toipunversities. com/university-rankings/world-university-rankings/2016。

③参见：World University Rankings（2016 - 2017）. ［2016 - 09 - 13］. https://www. timeshighereducation. com/world-university-rankings/2016/world-ranking #! /page/1/length/25/sort_ by/rank_ label/sort_ order/asc/cols/rank_ only。

④参见：23 Great Schools with Master's Programs in Data Science. ［2016 - 09 - 13］. http://www. mastersindatascience. org/schools/23 - great-schools-with-masters-programs-in-data-science/。

二　文献综述

笔者通过查阅文献、梳理文献的研究方法、研究内容和研究结论，简略总结评价相关研究。由于 Data Science 属性既随着学科体系发展、学校培养方案甚至国情而有所变化，也深受不同学科不同学者的研究积累影响，因此分析结果有所差异。文献综述重点在于我国 Data Science 教育基础理论研究、国内外高校 Data Science 课程设置研究两方面。

（一）Data Science 教育基础理论研究

杨旭等的《数据科学导论》是我国第一部系统阐述数据科学理论的著作，其对数据科学的讨论从基础理论切入，重点论述数据科学在不同学科领域中的应用和未来发展。该文献认为，数据科学的最终目的是从数据中挖掘有用的信息，让数据增值；作为一门蓬勃发展的新学科，数据科学关注的是在大数据背景下，如何运用各种与数据相关的技术和理论服务于社会。[1]该文献将数据科学教育的重点放在计算机科学领域，认为该学科所需的技术和才能包括数据工程、科学方法、数学、统计学、高级计算、可视化技术、黑客思维模式、领域专长，其与计算机科学人才有较为一致的培养目标。赵国栋等在《大数据时代的历史机遇——产业变革与数据科学》中强调并系统梳理了数据科学的教育体系[2]，关于数据科学应用的研究集中于编程方面。王仁武在《Python 与数据科学》一书中论述了如何利用 Python 进行数据分析、数据挖掘、数据获取与预处理等。[3]刘潇等在《基于数据科学的复杂元网络方法及应用》一书中提出复杂元网络模型具体处理数据的应用案例并进行分析。[4]

在师资建设方面，肖希明等对我国 37 所具有“图书馆、情报与档案管理”一级学科硕士学位授权点的教育机构展开网络调查和问卷调研，调研重点是教师的学科背景、研究方向和国际化水平。在与 iSchools 高校对比后，提出加强我国 LIS 教育师资建设的建议：根据教学机构发展特点，调整教师队伍结构；注重教师的跨学科能力和对外交流，提高教师队伍的整体素质。[5]

在专业人才培养方面，Data Science 教育有助于学生掌握适应就业市场需求的有形技能。司莉等讨论了科学数据管理专家的职业要求，将其与图书情报教育的课程内容进行对比分析，考察两者的匹配程度。[6] 唐义等通过对我国 75 所 LIS 教育机构人才培养的网络调查，分析我国 LIS 人才培养的制度设计，包括学位设置、招生方式、培养目标、质量评估与认证制度；研究我国 LIS 教育人才培养的过程管理，包括专业与课程设置、培养方式和要求；从专业细分、加强学生社会实践和改革研究生导师培养制度等方面对我国 LIS 人才培养提出建议。[7]

（二）Data Science 课程体系研究

Data Science 最初以专业课程出现在美国高校计算机科学学院，后逐渐独立为一门学科，Data Science 课程体系设置领域的研究者多来自计算机科学领域。许嘉、吕品调研了哈佛大学 Data Science 课程教育，从教师授课、课程实验、课后作业、课程项目、课外阅读五个维度展开分析[8]；从领域知识、基础理论、计算机工具和社会实践等 4 个方面对 Data Science 人才培养提出建议。[9] 王迪、王东雨调研美国 7 所开设 Data Science 本科学位的高校，以及 15 所开设 Data Science 硕士研究生项目的高校，发现美国 Data Science 学士学位教育处于初始发展阶段，硕士研究生阶段均有 Data Science 计划；数据挖掘、机器学习和数据可视化是最流行的核心课程，统计和数据库是学士和硕士的基本课程。[10] 徐昊等在梳理国内外 Data Science 教育现状的基础上，以吉林大学为例，从课程目标和课程模块设置方面具体介绍面向通识教育的 Data Science 课程教学实践。[11]

近年来我国 Data Science 课程设置逐渐在图书馆与信息科学领域中显现，鉴于数据与信息的紧密关系，信息科学（情报科学）一直关注该课程。叶鹰、马费成提出 Data Science 与信息科学在理论逻辑和技术方法上一脉相承，建议用数据—信息—知识、计算技术—数学方法—

专业知识、人—技术—数据 3 个“三位一体”统一 Data Science 和信息科学。[12]

（三）研究成果评述

近 50 多年来，Data Science 教育与课程体系研究取得飞跃发展。整体而言，无论是教育层面的研究还是学科层面的研究，我国学界集中于 Data Science 学科定位、案例分析，而 Data Science 学科的边界和归属问题有待进一步论证。在 Data Science 学科教育实践方面，国外主要经历了 3 个阶段：①计算机学院设置 Data Science 课程或相关课程，结合数学、统计学课程，传授数据库、数据管理知识；②数据类课程越来越细化，进而发展为独立的学科；③不同的学科领域有不同的数据教育需求，设计出各类不同的 Data Science 教育项目，主要面向研究生。目前虽然 Data Science 正向人文社会科学渗透，但缺乏贴近人文社会科学需求的 Data Science 项目，图书馆与信息科学领域中系统性的课程体系整理和 Data Science 学科定位问题的探讨也存在不足，这正是本文研究的重点。

三　Data Science 课程体系需求定位

（一）Data Science 办学定位

6 所 iSchools 高校信息与科学学院（信息学院）办学定位具体情况见表 2。

表 2　iSchools 联盟高校信息与科学学院（信息学院）办学定位

iSchools 高校	专业学科优势	Data Science 学科体系
University of Sheffield（谢菲尔德大学）	①重视方法论；②注重技能培养；③强调撰写专题论文，以强化对学科技术工具的运用	开设 9 个方向的硕士研究生项目：Data Science、数字图书馆管理、卫生信息学、信息管理、信息吸引、信息系统管理、图书馆事业、图书馆与信息服务管理、多元信息管理

续表

iSchools 高校	专业学科优势	Data Science 学科体系
University of California, Berkeley（加州大学伯克利分校）	①重视学习数学建模；②注重跨学科学习，培养多学科洞察力；③小班教学；④以项目为基础；⑤课程任务可在线完成；⑥鼓励学生参加 4－5 天的沉浸式对话学习	设置 2 个方向的硕士研究生学位：信息管理与系统硕士学位（Master of Information Management and Systems）和信息和数据科学硕士学位（Master of Information and Data Science，MIDS）。还设有信息管理与系统博士学位（Ph. D. in Information Management & Systems）
Indiana University（印第安纳大学伯明顿分校）	①覆盖多个领域，课程丰富；②拥有数据分析专业人员；③提供在线课程；④为学生提供多种研究机会；⑤注重培养定量分析、计算机科学人才；⑥以研究项目为依托，设 15 个研究中心（处理生物信息、网络安全等）；⑦核心课程均由国际学科带头人创建并教授	开设 7 个方向的全日制硕士项目：Data Science、生物信息学、计算机科学、信息科学、图书馆学、人机交互和安全计算。此外，设有计算机科学、信息统计学、信息学、智能化系统工程 4 个方向的博士学位
Syracuse University（雪城大学）	①重视跨学科视野；②重视数据分析课程	Data Science 设置于高级研究认证课程（Certificate of Advanced Study，CAS）项目之中。该项目有 6 个方向：Data Science、文化遗产保护、电子政务管理与领导、信息安全管理、信息系统与通讯管理、学习媒体
Carnegie Mellon University Heinz College（卡内基梅隆大学海因茨学院）	①公共政策与管理学院（School of Public Policy and Management）和信息系统与管理学院（School of Information Systems and Management）的 Data Analytics 培养方向不同，课程各有侧重；②为学生专设信息实验室；③与校外机构合作建立实验室，让学生及早接触实践领域；④设有学位教育与非学位教育；⑤为每位信息系统管理项目的毕业生做 10 年的跟踪记录，观察其就业和发展；⑥选修课采用迷你课程制度，可跨学院选课	信息系统与管理学院开设信息系统管理、信息安全政策与管理、信息技术、澳大利亚信息技术 4 个方向的硕士学位项目，其中信息系统管理项目设置有商业智能和数据分析方向。公共政策与管理学院中开设公共政策与管理项目，有 4 种课程制度：两年制、三学期制、数据分析路径和华盛顿路径；还设置有非学位教育数据分析的认证项目（UPMC Data Analytics Certificate Program）
Rutgers, The State University of New Jersey（新泽西州立罗格斯大学）	①研究方向定位制；②重视培养多元化职业信息专业人员；③上课形式灵活；④研究方向和课程结构会随学生的反馈予以更改；⑤与 WISE 机构合作，学生可以通过网络课程获得学分	设有两个硕士研究生学位：信息学和通讯信息学。Data Science 属于信息学硕士研究生学位培养中的一个培养方向，另外还有图书馆与信息科学、技术信息与管理、档案与保存、信息学与设计 4 个培养方向

（二）Data Science 办学定位分析

LIS 教育中的学科发展呈现出人才培养的信息化趋势。在 Data Science 蓬勃发展的势头下，信息类课程和专业仍然占据 LIS 学科体系中的主要位置，从学科设置到人才培养依然有值得讨论的空间。受人才市场需求影响，尤其是教育环境的改变，很多 LIS 院校和相关教育项目将“图书馆”改为“信息”，以扩展研究领域，争取经费等支持。[13] 信息科学与 Data Science 之间的关系不仅仅局限在信息与数据之间的关系层面，专业人才培养与学科发展是 Data Science 作为学科方向发展的更重要因素。

Data Science 学科的信息统计表明，LIS 背景下人才培养从信息专业人才培养逐渐细化为数据科学或数据分析方向人才的培养，Data Science 学科设置也多为 LIS 研究生教育项目中信息学科相关方向或信息科学之下的专门培养方向。从人才培养和职业需求看，信息与数据的关系讨论为 Data Science 学科定位提供了思考的空间。尽管信息概念自诞生起，关于信息、数据、知识的学科界定争论从未中断，学者对这几个概念之间的关系有着多种理解，但学界认同 Data Science 不能与大数据画等号，诸多机构应用的数据应作为 Data Science 来理解。关于信息、数据、知识的关系，于良芝从图书馆对象定位的角度做了论证：知识必须经过数据的表达才能被整理进而被传播，由此知识与数据结合为信息，这意味着知识无法独立地成为图书馆信息职业的活动对象。[14] 从三者之间的属性与特征看，信息与文献既有意义又有形态，两者所具备的通报功能使之成为人们查询与获取的主要对象，也是图书馆信息职业的主要活动对象。大数据出现之前，数据鲜有独立地作为图书馆信息职业的活动对象，通常作为信息的组成部分受到图书馆信息的处理。[15] 虽然 LIS 人才培养方向逐渐趋向信息化专业人才，但图书馆员依然是 LIS 人才培养的重要方向。在数据时代，图书馆员是否应具备数据专业背景呢？笔者认为，图书馆员应该学习数据方面的知识和技能，这不仅是其信息素养提升和图书馆职能定位的需要，更重要的是能为 LIS 教育发展起到调节作用，以及融合图书馆与信息化的作用。谢菲尔德大学信息学院的 Brendan Tierney 对 Data Science 专业人才的论述是：现在所谓的数据科学家更多被卷入商业利益，并且被过度放大和使用，Data Science 不是一些组织或公司用来处理任何问题的武器，也不是能够用来传送任何有价值内容的媒介，更多是作为一个宏观层面去解决问题的工具。依据是否涉及商业、营销、收益而区分为 I 类和 II 类数据科学家，I 类数据科学家是指传统型在数据整合和分析层面能灵活使用各项技术的数据人才；相较于 I 类数据科学家，II 类数据科学家的专业知识和技术不够，但具备商业知识和市场战略思维。[16] Brendan 对数据分析人才的界定更多是从社会需求角度出发，侧重于学科建设，应培养 II 类数据科学人才，而不仅仅是通过学习获得一些机械的知识与技能。

IFLA 教育和培训部（Section on Education and Training，SET）在《图书情报专业教育指南（2000）》（*Guidelines for Professional Library/Information Educational Pro-grams* – 2000）中指出，职业和学科是 LIS 教育应该高度重视的两个方面。① 学科为导向的 Data Science 在 LIS 教育学科背景下独立，并专门设置为硕士研究生教学项目，一方面为数据分析领域提供科研与专业人才；另一方面也符合 LIS 教育专门化、多元化趋势。近年 Data Science 作为 LIS 学科中研究生主要教育项目的设置说明，学科层面已经受到足够的重视。表 2 表明项目依托制教育方式逐渐形成气候，美国高校 Data Science 硕士研究生教育项目不但重视职业导向的实习经验，还为学生提供更多的科研项目参与机会，为 LIS 教育的博士研究生培养做好了人才储备。

四　Data Science 课程体系设置分析

（一）Data Science 课程设置情况

iSchools 联盟高校信息与科学学院（信息学院）课程设置情况见表 3。

① 参见：Guidelines for professional library/information educational programs – 2000.（2000 – 08 – 27）.［2016 – 08 – 20］. http://www.ifla.org/publications/education-and-training-section-strategic-plan。

表 3　iSchools 联盟高校信息与科学学院（信息学院）课程设置

	高校名称	课程目标	课程制度
1	University of Sheffield（谢菲尔德大学）	提供系统的数据科学理论课程和实践性技术课程。重点培养学生处理、分析结构化与非结构化数据、数据可视化、数据挖掘、数据模型等技能。学习 R、SPSS、Weka、Tableau/Spotfire 等工具。课程末的专题论文旨在提升学生掌握专业领域的研究能力	可选择 1 年全日制（85 个学分）或 2－3 年非全日制（121 个学分）。数据科学硕士项目 12 个月（9 月到次年 9 月），包括两个为期 15 周的学期（9 月到次年 6 月），之后完成专题论文
2	University of California, Berkeley（加州大学伯克利分校）	针对数据科学专业人士，掌握管理、利用大数据集的核心技能，核心课程注重培养研究设计、数据清理、数据存储与检索、数据挖掘与发现、数据可视化、信息伦理与隐私、统计分析、成果传播等技能。注重培养洞察力。利用社会科学、计算机科学、统计学、管理学以及法律的学科方法教授，学会使用最新的工具和分析方法	非全日制在线课程，有 27 个单元项目，上课时间为 12－20 个月。1 个标准课程安排 4 个学期，每学期 6 个单元（2 个课程）。部分学生可以选择多项课程，加上项目实践，达到 20 个月
3	Indiana University（印第安纳大学伯明顿分校）	提供两个方向的课程：技术方向与决策制定方向。技术方向课程包括算法分析、云计算、网络系统安全等专题课。决策制定课程包括项目管理和使用数据驱动组织变革。该校信息学和计算机科学致力于培养可以引领下一代计算复杂系统、健康信息学、高性能计算、网络和可视化和生物信息学等不同专业领域的专业人才	硕士研究生学位有 4 种获取途径：在校全日制课程；网络在线课程；在校与网络混合制；在线资格认证。其中，除在线资格认证需要修够 12 个学分外，其余学习方式都需要修满 30 个学分。在混合制中，在线 12 个学分，在校 18 个学分
4	Syracuse University（雪城大学）	核心课程专注于数据的处理、建构、获取、生命周期、分析和存档。选修课涵盖交流与协作、数据管理、数字图书馆、信息保障、项目管理、混搭、研究、描述、统计学、数据技术和可视化。核心课程包括数据库和数据科学两个方向，选修课涵盖交流与合作、数据管理、数字图书馆、信息保障、项目管理、Mashups、研究、描述、统计、技术和可视化	高级研究认证课程（Certificate of Advanced Study）需修 15 个学分，课程有数据管理、数据科学教育、信息分析等。总学分为 15 个学分（核心课程 6 个学分，选修课 9 个学分）。在线高阶学习课程项目针对有科学、统计学、研究或信息技术学科背景的学生，获得该认证后若继续学习 iSchools 硕士项目课程，可累计并转换课程和学分

续表

	高校名称	课程目标	课程制度
5	Carnegie Mellon University Heinz College（卡内基梅隆大学海因茨学院）	信息系统管理硕士研究生项目课程中商业智能数据分析方向旨在培养学生分析商业信息数据、传播并聚合商业数据的能力。数据分析路径（Data Analytics Track）专为公共政策方向服务，基于复杂的公共问题事务而构建数据库；处理分析大型数据集；评估复杂社会系统的系列行为模型，为政策制定提供参考；在大数据集基础上，做到检测并预测重要的社会行为模式，为政策制定和资源分配过程提供帮助；向决策方、利益相关方和公众提供数据分析可视化结果	共 180 个单元，3 个学期内完成。以小组项目制完成课业，每个小组项目要有 1 个外部客户。须完成 4 门选修课（采用迷你学期方式），可以跨学院选课。综合成绩平均分不能少于 3.0。1 个暑期实习。核心课程必修课为数据分析、技术和管理。公共政策与管理项目硕士研究生数据分析课程上课时间为 21 个月，选修 12 个单元的课程。研究生在读期间需要在第 2 年选择 1 个学期参与并完成 1 个项目
6	Rutgers, The State University of New Jersey（新泽西州立罗格斯大学）	Data Science 研究方向，结合课程与实践，学生经常参与组织大规模数据集来分析；通过构建模型、计算、预测信息行为、实际应用、产品和服务开发、组织决策过程等，培养学生的专业信息能力	3 种上课形式：在线网络课程、在校学习、混合制。在线网络课程每学期不超过 3 门课。8 门分析性课程和 6 门商业课程，涵盖统计学、分析与数据挖掘、数据库系统与规划。选修课包括信息科学、人工智能、分配计算或计算机科学

（二）Data Science 课程设置分析

美国 LIS 学科关于 Data Science 研究生项目的上课具有时间灵活、方式灵活的特点，KALIPER 调查报告（1998－2000）① （以下简称“KALIPER 调查”）中已有强调。我国鲜有关于 KALIPER 调查对 LIS 教育的意义与影响的研究，只有张靖、肖鹏的《LIS 教育调查与国际 LIS 教育的世纪变革——以 Williamson 调查和 KALIPER 调查为中心的观察》[17]对此有系统性分析，此前邹永利在探讨 LIS 课程面向国际化的文献中也有提及。[18] KALIPER 调查在 LIS 教育发展过程中的影响不可回避。KALIPER 调查对北美高校

① KALIPER 调查（1998－2000）是 1998 年美国图书馆与信息科学教育协会（Association for Library and Information Science Education, ALISE）在凯洛格基金会（W. K. Kellogg Foundation）资助下，对北美地区 LIS 教育进行的调查，调查规模为 LIS 教育史之最，史称“KALIPER 调查”。

LIS 教育的调研呈现出 LIS 教育六大趋势，集中于教学内容、教学手段和教育体制三个方面。在教学手段方面，趋势是网上学习、远程学习。在表 3 中，除谢菲尔德大学没有网络学习课程外，其余 5 所学院均开设网上学习课程；在完成必修核心课的基础之上，6 所学院都有根据学生的兴趣定制选修课程表的上课形式。其中卡内基梅隆大学海因茨学院（Carnegie Mellon University Heinz College）按照该学院的独特定位制定了较为清晰的两个培养方向，打破了 LIS 传统的学科划分体系，扩展了具体学科，有利于培养专深人才。在教学内容方面，KALIPER 调查预期教学内容会逐渐强调人在信息环境中以用户为中心的理念，这符合 IFLA 教育与培训部对 LIS 教育的指导要求。在 KALIPER 调查发布 16 年后的今天，从 Data Science 这个新兴学科的课程体系设置中仍然能窥视出高校以此为培养核心，当前的 LIS 教育应证了 KALIPER 调查的趋势预测。“数据方向”广泛地纳入人文类问题，如数据伦理、人性与价值探讨（W231. Behind the Data：Humans and Values，加州大学伯克利分校）、隐私问题（CSCI B649：Advanced Topics in Privacy），以人为中心的价值观得到足够的重视，LIS 中的其他专业培养方案也呈现出同样的信息。从课程设置目标看，以上归纳印证了 KALIPER 调查中关于跨校合作的预判，研究生项目纳入 WISE 教育[①]（新泽西州立罗格斯大学 Rutgers，The State University of New Jersey）扩大了学生的教育机会，很好地利用了远程教学方式，提高了在校教育质量。

从核心专业课程设置来看，国际图联（IFLA）在《图书情报专业教育指南（2000）》（*Guidelines for Professional Library/Information Educational Pro-grams* -2000）中对 LIS 教育的专业核心课程做了规定，涵盖信息环境、信息传播与利用、信息在图书馆应用等 10 个要素，为变革时期的 LIS 教育提供了参照范本。这 10 个要素体现出国际 LIS 教育日益信息化的趋势，但仍然强调具有职业特征的内容。现在看来，虽然关于图书馆职业定位的特点逐渐弱化，但整体课程指向仍然处在指导性地位。回到本文的上述学科专业优势和课程目标，其实多元化、跨学科的教育理念日渐凸显，

---

① 基于网络的情报学教育。

这与数据自身属性有直接关系，产生于各行各业的数据多种多样，数据科学围绕所依赖的数据呈现广泛性和多样性特点，导致 Data Science 人才培养方向呈现多元、多学科形态。在多元化、跨学科的同时，理论课程设置较多也是 LIS 教育下 Data Science 的突出特点，鉴于学科的发展程度以及学生的接受能力，硕士项目课程中关于实践性的课程较少。虽然这与美国高校教育整体的实践导向不一致，但作为一门新兴的课程以及学生的学科背景差异，理论学习最为基础和重要。Joan M. Cherry 等做了一项长达 4 年的学生对 LIS 学科研究生项目的认知情况调研，调研对象是 1000 个多伦多大学信息科学硕士研究生，研究结果值得反思：三分之二的学生不满意 LIS 硕士项目的质量；普遍反映硕士学习阶段缺乏获得一些与工作直接相关的实习经验，使他们无法顺利步入工作岗位；但有一段时间 40% 的学生想更多地获得理论知识——4 年里学生对理论与经验的权衡发生微妙的变化，源于学生对学科的认知、职业的看法有一些改变。[19] 该研究值得 LIS 研究生项目重视，尤其是处在初始阶段的 Data Science 学科如何在学科与职业定位层面，结合 LIS 教育与 Data Science 学科，培养符合社会需求的 LIS 人才，值得进一步探讨。

参考文献

[1] 杨旭，汤海京，丁刚毅. 数据科学导论 [M]. 北京：北京理工大学，2014：15.

[2] 赵国栋，易欢欢，糜万军，鄂维南著. 大数据时代的历史机遇——产业变革与数据科学 [M]. 北京：清华大学出版社，2013.

[3] 王仁武. Python 与数据科学 [M]. 上海：华东师范大学出版社，2016.

[4] 刘潇，杨建梅. 基于数据科学的复杂元网络方法及应用 [M]. 北京：科学出版社. 2015：189.

[5] 肖希明，杨蕾. 我国 LIS 教育机构师资队伍建设的调查分析 [J]. 图书情报知识，2014 (1)：4 - 10.

[6] Si L., Zhuang X, Xing W, et al. The cultivation of scientific data specialists: Development of LIS education oriented to e - science service requirements [J]. Li-

brary Hi Tech, 2013, 31 (4): 700 - 724.

[7] 唐义，李金芮．我国 LIS 教育人才培养模式研究［J］．图书情报知识，2014 (1): 11 - 25.

[8] 许嘉，吕品．哈佛大学数据科学课程教学初探［J］．教育界，2015 (15).

[9] 许嘉，吕品．浅谈数据科学人才的培养［J］．教育界，2016 (9).

[10] 王迪，王东雨．美国数据科学课程设置对信息素养的影响研究［J］．商，2016 (14).

[11] 徐昊，秦玥，黄岚．面向通识教育的数据科学课程建设．计算机教育［J］．2016 (8): 158 - 162.

[12] 叶鹰，马费成．数据科学兴起及其与信息科学的关联．情报学报［J］．2015 (6): 575 - 580.

[13] 张靖，肖鹏．LIS 教育调查与国际 LIS 教育的世纪变革——以 Williamson 调查和 KALIPER 调查为中心的观察［J］．图书情报知识，2015 (6): 25.

[14] [15] 于良芝．图书馆学情报学概论［M］．北京：国家图书馆出版社，2016: 32.

[16] Brendan Tierney. Type I and Type II Data Scientists. [2016. 09 - 01]. http://www. oralytics. com/2013/03/type - i - and - type - ii - data - scientists. html.

[17] 张靖，肖鹏．LIS 教育调查与国际 LIS 教育的世纪变革——以 Williamson 调查和 KALIPER 调查为中心的观察［J］．图书情报知识，2015 (6): 25.

[18] 邹永利．数字图书馆员教育：LIS 课程面向国际化［J］．中国图书馆学报，2011 (3): 48 - 52.

[19] Joan M. Cherry, Wendy M. Duffa, Nalini Singh, Luanne Freund. Student perceptions of the information professions and their master's program in information studies. library& Information Science Research [J]. 2011. 33: 120 - 131.

专题二
文献保护与修复人才培养研究

目前，我国面临着古籍保护修复的旺盛需求，古籍存藏机构保管着大量亟待修复的古籍，古籍修复的需求与人才培养量存在较大的缺口。葛怀东通过我国古籍修复需求与修复人员数量的对比，描述了我国古籍修复人才缺乏的实际情况，认为缺乏的原因在于正规培养渠道的缺乏，社会固有印象以及与市场化环境的背离。[①] 他同时认为，社会需求和就业没有很好结合；教学资源横向支持不够；陈红彦分析现实需求的同时，梳理了我国古籍修复人才的培养历史[②]；钟小宇、钟东对国内主流图书馆的馆藏状况和修复人员数量进行梳理，分析其中的需求与矛盾[③]；胡万德等整理了2001年到2011年我国古籍修复教育开展情况。[④]

在古籍修复人才培养方式的探索中，学历教育、在职教育、职业资格认证、古籍学会是几个重点讨论方向。由于资源和修复导师的稀缺性，合作是古籍修复人才培养的必要途径，牛甲芝[⑤]、张建国[⑥]分别从国家古籍保

---

① 葛怀东．应用型古籍修复人才的特质与培养方案构建［J］．图书馆论坛，2010，30（05）：164－165，127.

② 陈红彦．古籍修复与人才培养［J］．国家图书馆学刊，2008（03）：69－71.

③ 钟小宇，钟东．图书馆古籍修复人才需求与古籍修复人才就业需求［J］．大学图书馆学报，2011，29（01）：110－116，86.

④ 胡万德，孙鹏．古籍修复人才培养现状调研报告［J］．图书馆论坛，2012，32（02）：175－178，181.

⑤ 牛甲芝．基于机构联合的古籍修复人才培养模式研究——以天津地区为例［J］．图书馆工作与研究，2016（10）：42－45.

⑥ 张建国．谈古籍修复与人才培养的新途径——以院校合作办学培养古籍修复人才为例［J］．图书馆工作与研究，2015（07）：91－94.

护中心与院校的合作、地区间文献保护机构的合作角度探讨了这一人才培养模式；葛怀东从宏观视角思考了古籍人才的培养，认为其解决之道在于国家宏观的政策制定和发展规划，通过办学走职业化道路。[①] 葛怀东从修复人才所需特质角度着手进行分析，从学科建设、课程设置和实践技能学习方面分析了培养路径。陈红彦则认可长短期培训班和研讨会在人才培养中的作用；对国外的古籍修复人才的专业化教育和在职培训的课程、知识结构等进行了分析，从中汲取经验。[②]

本专题收录论文 7 篇。

《中国文献保护与修复教育现状及其与美国之比较》：对当时国内文献保护与修复的课程教育、学历教育、非学历教育进行了梳理，总结出国内文献保护与修复教育内容上偏重补救技术，教材内容偏重档案以及教育上的区域性特点。选取中美两国五所设有文献保护与修复专业的学校，对比其在培养目标与类别、培养层次、课程设置三个方面的异同，对我国文献保护与修复教育的发展提出了建议与思考。

《美国得克萨斯大学文献保护与修复课程体系分析——兼论 Preservation 与 Conservation 的中文译法》：调查分析美国档案与文献保护专业排名首位的得克萨斯大学奥斯汀分校信息学院的文献保护与修复课程，介绍其所开设的 17 门课程的教学内容，总结整体课程体系的 4 个特点：内容全面、结构合理，层次分明、承接有序，理论与实践并重，保护与修复分明。兼而论及 Preservation 与 Conservation 两个专业术语的中文译法，认为可将“Preservation”译作“保护”，将“Conservation”译作“修复”，两个术语之间的相异性和相关性均得以体现。

《美国高校文献保护与修复通论课程教学设计研究——以得克萨斯大学、密歇根大学和匹兹堡大学为例》：通过调查分析美国档案与文献保护专业排名前三位的得克萨斯大学、密歇根大学和匹兹堡大学的文献保护与修复通论课程，介绍其授课内容、授课方式和课程考核方法，总结三所大

① 葛怀东．古籍修复人才的培养［J］．图书馆论坛，2007（01）：146－148，109.

② 陈红彦．国外古籍修复人才的科学培养对我们的启示［J］．国家图书馆学刊，2009，18（04）：75－80.

学文献保护与修复通论课程的共性是：课程内容的设置贯彻“预防性保护重于补救性保护”的理念；文献保护需求评估、灾难预案、文献保护管理是课程内容的重点；综合运用课堂讲授、课堂讨论、专家讲座、课程参观和课程实践等多种授课方式；课程最终成绩的考核由多部分内容组成。借鉴美国高校文献保护与修复通论课程教学设计的经验，我国高校文献保护与修复通论课程的改革应从调整教学内容、丰富教材体系、改革授课方式、优化考核制度四方面着手。

《文献保护与修复职业资格认证模式调查与分析》：结合图书情报专业硕士“文献保护与修复”方向的设立，文章选取了 26 家学术职业组织、38 家教育培训机构、3 家资格认证机构作为调查对象，对美国、加拿大、英国、德国、日本等国的文献保护与修复的职业资格认证状况进行了考察，从资格获得方式、认证主体、认证程序、资质要求、专业教育等方面梳理了各国模式。结合中国职业资格认证的新环境和专业学位教育改革，就调研主体在关于职业资格认证的目的和主体、职业资格认证与专业教育的互动、职业资格认证与继续教育的结合和职业道德方面的借鉴价值进行了分析。

《中国内地及港澳地区图书馆西文古籍保护与修复情况调查》：在分析国内外 1985 年至 2014 年 31 个文献保护与修复相关调查的范围、内容及各级指标的基础上，拟订调查指标并依之设计调查问卷，从可能藏有西文古籍的中国内地及港澳地区四种类型 71 家图书馆中选择 40 家发放问卷进行调查。根据 15 份有效问卷，论文分析了古籍及善本的界定、收藏与整理、管理、保护与修复及需求等西文古籍保护现状，指出目前相关工作仍处于起步阶段，西文馆藏家底不清，更进一步的保护和修复基本未曾展开；根据当前情况以及需求，建议为推动西文古籍保护事业，首先应从古籍普查和通过高等教育培养人才这两项工作开始。

《中国内地文献保护与修复人才培养情况调查研究》：对中国内地师徒授受、在职培养和学历教育三种主要模式的文献保护与修复人才培养情况进行调查和分析。分析三种人才培养模式与行业需求之间的差距，并从持续发展的角度出发，得出兼具应用和科研能力的综合型人才是文献保护与修复事业的人才需求的结论。在调查结果和分析评估的基础上，分别对三种人才培养模式提出进一步优化调整的建议。

《古籍修复技艺现代传承之传习导师机制研究》：以古籍修复技艺的传习导师为中心，通过对传习机构和传习导师的研究，梳理和呈现这种传承机制的整体和细节，了解传习导师传承的内在机制和教学方式。对全国范围内的传习导师进行调查，从传习导师的基本信息、学艺情况、传承情况以及对古籍修复事业发展的乐观程度等做了详细的统计分析，揭示现代传习导师的具体现状，从而探索现代传习导师机制在古籍修复技艺传承中的地位和作用，指出这一机制在传承中面临的问题，从传承与创新、业内奖励机制以及职业化和高等教育并行几个角度提出了建议。

6. 中国文献保护与修复教育现状及其与美国之比较*

"文献保护是一门综合性学科，它主要研究档案的载体和记录材料在水、热、空气污染物、光、霉等作用下所发生的物理变化和化学变化，从中寻找它们变化规律和相应的保护措施，内容涉及化学、物理、生物、建筑等方面的知识，属于自然科学范畴。"[1]从上面这段话我们可以看出：文献保护不仅是一门单纯的应用技术，而且还具有学术性，它是一门以传统技术为基础，综合了化学、物理学、生物学、建筑学、美学和手工工艺的应用科学。

一 中国文献保护与修复教育特点

古籍（或档案）文献保护与修复技术在我国是一项非常古老的行业，传统的保护与修复工作多是手工劳动，其技术的掌握依赖于师傅的传授，依靠自身长期的实践实现经验的积累。我国在古籍（或档案）文献保护与修复方面积累了丰富的经验，某些技术达到了世界先进水平。近年来，在国家的重视和支持下，我国的古籍（或档案）文献保护与修复工作取得了

---

* 本文内容首刊于论文《我国文献保护与修复教育现状及特点剖析》（载于《图书馆》2013 年第 6 期第 92 - 94 页，作者：何祯）和《中美文献保护与修复教育之比较研究》（载于《图书馆工作与研究》2013 年第 11 期第 23 - 26 页，作者：何祯）。收录时经作者同意，有所改写。

一些成绩，国家古籍保护中心也积极开展一些相关的培训，并努力将古籍（或档案）文献保护与修复教育纳入学校教育。总体来看，我国的文献保护与修复教育工作具有以下特点。

（一）与档案保护技术学的课程设置存在共性

我国目前开设有古籍文献保护与修复专业或文献保护与修复研究方向的学校仅有6家，国内大部分文献保护与修复的课程教育都是在档案学专业下进行的，即档案保护技术学。

档案保护技术学是档案学分支学科，是研究档案制成材料变化规律和档案保护技术方法的学科，其目的是最大限度地延长档案的寿命。世界各国自古以来就积累了丰富的档案保护技术和经验：在古埃及很早就知道根据天气条件保护纸草档案，把卷轴装在木桶或象牙桶内以防止昆虫、灰尘和潮湿的侵害；古印度人就将棕榈叶手稿夹在木板或象牙板之间，外面包上一层织物，并使用雪松油、藏红花涂抹以防虫；中国古代则一直以石室金匮的传统方式保管档案，东汉时就用黄檗染纸以防虫，宋代则以蜀椒液处理纸张，明代用以铅丹为主要成分的“万年红”防蠹纸作封面或包装。纸质档案的修裱技术也历史悠久，如浆糊的制作与防腐，纸的原料选择、除污、修补、染潢等都有讲究。[2]

目前仅在少数国家将档案保护技术作为一门学科进行研究。1950年苏联出版了Л. Я. 米津和Н. А. 采列维吉诺夫合著的《文件材料保管技术学》。中国于1957年翻译出版了苏联的著作，并将档案保护技术学作为高等学校档案专业的一门必修课程。1961年出版了冯乐耘编的《档案保管技术学》，1984年又出版了李鸿健主编的《档案保护技术学》，这些都表明档案保护技术学在中国得以发展和完善。[3]

目前，全国开设本科档案学专业的高校有28所，有硕士点的高校17所，有博士点的高校2所。在这28所高校中，“档案保护技术”这门课程是作为档案学教育的必修课程开设的。全国一共有34所高校开设有“档案保护技术学”。除了作为档案学专业的必修课，此门课程在图书情报学院或信息资源管理学院也有开设，还有部分高校专门开设“图书保护技术”或“文献保护”课程，但所涉及的内容基本上与档案保护技术内容相同。从保护对象看，档案保护与图书保护似乎有一定的差异，但深入分析就不难发现这几个学科所涉及的保护技术原理和方法有许多相似之处。保护内容有交叉之处，保护原则、保护目标是一致的，对保护人员的技术要求和目标管理是一致的。因此，从培养人才和学科合作交流等层面考虑，档案保护技术学和图书馆古籍文献保护与修复教育学之间的学科合作、交流或融合是可行的。[4]

（二）教育内容注重补救性技术

我国源远流长的文化历史为我们留下了种类丰富、数量巨大的文献遗产，其信息本身的内在价值和原始记录性是其成为我国乃至世界文献的重要组成部分。文献保护是硬道理，是第一位的，任何缺失保护的利用都是短视的行为，只有在保护的前提下才谈得上利用和发展。[5]因此，我们必须明确的是：在古籍文献的保存与利用上，没有保护就没有利用，拒绝利用就失去了文献保存的价值。对于珍贵的古籍文献应以保护为主，抢救第一，能完整地传于子孙后代。

长期以来，大家习惯于把古籍（或档案）文献保护与修复工作定位于单纯的技术操作性工作，修复技术的掌握和质量的控制较多依赖实践经验，没有形成完整的理论体系。再加上原有大多数的修复从业人员文化素质较低，不能及时总结经验。这些都影响了古籍文献保护与修复理论的研究及先进工艺的推广。

在我国现有的文献保护与修复教育的学历教育体系中，由于学历设置偏低，高职中专类的学校就以偏重修复技术的培训为主，而本科类图书馆学或档案学专业的文献保护与修复教学基本上就局限于通论性质课程的开设。而且“通论”也偏重于传统的档案文献载体知识的介绍和环境控制等，较少涉及文献保护管理的内容，至于采用西方装帧方式的精装或平装书籍的保护与修复方法和理论，更是很少提及。这一情况也反映了我国文献保护与修复的研究现状：即目前我国的文献保护与修复研究仍停留在技术层面，偏重于介绍以书籍或档案为主的文献的常用修复方法和操作过程，实践性和可操作性不强，对实践经验的总结较简单，尚未上升到原理和理论的高度。[6]

（三）相关教材内容偏重档案保护技术

目前国内较常见的文献保护与修复类中文教材约有十余种，大部分都是论述档案保护与修复技术的知识和方法，如郭莉珠《档案保护技术学教程》、周耀林《档案文献遗产保护理论与实践》、卢英《档案保护实验技术》等。刘家真教授等编著的《文献遗产保护》和《文献保护学》是两本站在图书情报与档案管理的一级学科层面上论述档案、图书等文献遗产保护的理论与方法的教材。该教材融书、光盘与网络课程为一体，通过文字、音频、视频以及大量的网络资源，汇聚了丰富的文献遗产保护的知识与信息，涉及各类重要的信息载体（如纸张、胶片/照片、音像磁带与数字存储载体等）的损坏原因与机理、信息的挽救与恢复以及预防策略与方法等。《文献保护学》每章都有相关领域的研究动向与发展趋势，基本上涵盖了近年来文献保护领域的重大研究进展；大量的实例介绍、标准链接，使文献遗产保护的理论与实践有机地融合。[7]

由国内常见的文献保护与修复类教材中我们可以看出，目前国内文献保护与修复教育的教材多是以档案馆的档案文献保护与修复为主，讲述档案保护技术学的基础理论、纸质档案保护技术和新型载体档案保护技术，阐述档案保护技术学的基础理论和基本原理，重点介绍保护档案的技能与方法。从整个古籍文献保护与修复角度看，针对图书馆古籍文献保护与修复的教材十分缺乏。

（四）专业教育体现区域性的特点

我国设有古籍文献保护与修复教育专业的 7 所学校中有 3 所在江苏，2 所在北京，全国 23 个省只有 1 个省有学校开设了古籍保护与修复的专业，这体现了我国古籍文献保护与修复教育具有浓厚的区域性的特点。

国家图书馆是我国最高级别的图书馆，国家图书馆的古籍馆藏有 27 万余册中文善本古籍，其中宋元善本 1600 余部；164 万余册普通古籍，其中有万余种地方志及3000余种家谱；3.5万余件共16种少数民族语言的民族语文文献；还有3.5万片甲骨实物、8万余张金石拓片以及20余万件古今舆图。古籍馆还藏有2.5万余册外文善本，其中包括反映西方早期书籍形态的摇篮本。另外，古籍馆还藏有3万余件新善本，主要内容包括辛亥革命前后的进步书刊、马列经典著作的早期译本以及革命文献、近代名家手稿等。[8]国家古籍保护中心办公室也设立在国家图书馆。

而江苏地区的古籍藏书量处于全国前列，全国公共图书馆共收藏古籍2750万册，江苏有360万册，其中善本9300多种。善本中有5500多种是孤本。[9]江苏南京市在历史上是有名的千年古都，留下来的古籍文献数量巨大，以南京图书馆为例，就收藏有古籍160多万册，民国文献70余万册。[10]而中国第二历史档案馆、南京博物院、南京太平天国历史博物馆、南京师范大学等单位都有不同程度的古籍文献收藏。

这两个地区正是因为有丰富的古籍收藏量这样的先决条件，就使得该地区的古籍文献修复工作显得尤为迫切和重要，对于古籍保护与修复的人才需求就更为强烈。而同样的，正因为有了得天独厚的巨大的古籍收藏量，古籍保护与修复教育工作才得以顺利开展，所以我国现有古籍文献保护与修复的专业学历教育才会呈现区域性的特点。

（五）积极组织非学历教育

随着社会的发展和科技的进步，电脑和机械工业等现代科技手段逐步参与古籍修复工作，新时期的古籍修复从业人员不仅要有较强的动手能力，还必须有丰富的各学科知识储备和对新仪器、新设备的操作能力。这样，非学历教育中的在职培训就成为古籍保护与修复从业人员不断提升自我，学习了解新技术、新知识的一个重要渠道。

自从2007年5月25日国家古籍保护中心正式挂牌成立以来，古籍保护与修复人才的培养就是国家古籍保护中心的主要工作内容之一。国家古籍保护中心的职能有：（1）协助上级机构制定条例，建立图书馆古籍修复人员认证和资格准入制度，加强对古籍修复质量的监管，以保证修复质量的高水平。（2）采取分批对现有古籍修复人员进行轮训和资格审核认定、面向省级分中心开办基础班以及与高等院校协作，开设古籍保护相关专业等方式，进行全方位培训，保证古籍保护修复人才的良性循环。[11]

2009 年在北京召开的古籍保护工作总结会上，文化部公布了首批国家级古籍修复中心的名单。根据国家古籍保护中心的规划，我国现有的 12 家国家级古籍修复中心将全国主要地区的修复人员培训区域划分表 1：

表 1　12 家国家级古籍修复中心人员培训区域一览

名称	映射区域	名称	映射区域
国家图书馆	北京、四川、西藏	浙江图书馆	浙江、重庆、江西
天津图书馆	天津、河北、河南	天一阁博物馆	浙江、青海、湖北
山西省图书馆	山西、内蒙古	南京图书馆	江苏、陕西、甘肃
辽宁省图书馆	辽宁、黑龙江、吉林	中山大学图书馆	广东、广西、福建
上海图书馆	上海、安徽、宁夏	云南省图书馆	云南、贵州、湖南
山东省图书馆	山东、新疆、海南	中医科学院图书馆	中医系统

目前中国古籍保护与修复在职培训工作有国家级中心举办、国家级中心与省级中心或高校合作联办及省中心举办三种形式。2010 年，国家古籍保护中心举办或联办的各种在职培训共 22 期，1341 人次参加，共涉及 711 家各个系统的收藏单位。截至 2010 年 7 月，累计举办了 45 期培训，共有 2347 人次参加，939 家单位参与。培训的主要内容有：古籍普查培训、古籍修复培训、古籍碑帖整理及鉴定培训等。参与培训的人员多为各地区各高校图书馆、博物馆或从事古籍整理、古籍保护与修复工作的具体从业人员。每次开班授课的也是业界知名的古籍整理、古籍保护与修复的专业学者。

（六）小结

为了更进一步在全国各地区推进古籍保护与修复的工作，由文化部于 2010 年批准筹建了 12 个国家级古籍修复中心，这 12 个国家级古籍修复中心包括国家图书馆、上海图书馆、天津图书馆、南京图书馆、浙江图书馆、浙江省宁波市天一阁博物馆、中山大学图书馆、中国中医科学院图书馆等。这 12 个国家级古籍修复中心，基本上涵盖了国内大部分地区的古籍保护与修复工作。国家级古籍修复中心的设立，为今后科学、规范开展古籍修复工作创造了条件。而且国家级古籍修复中心还承担着本单位以及所辖区域古籍收藏单位古籍破损现状评估、致损分析、修复方案、预防性保护方案、修复方案经费分析、修复报告或修复方案文本的编制等业务活动；所辖区域古籍收藏单位的国家二级古籍的修复工作；所辖区域古籍收藏单位的修复培训工作。[12]这对于在全国推进古籍文献保护与修复教育事业的发展具有非常重要的意义。

二 中美文献保护与修复教育现状对比分析

我国目前本科开设有图书馆学专业的高校至少有35所，但只有7所提供文献保护类的课程，开设有文献保护与修复内容专业的学校为数不多。为了对比中美两国之间文献保护与修复专业的开设情况，本文选取了国内设有的文献保护与修复专业课程的五所学校，对其培养目标、培养层次、课程设置等内容进行分析，从而探讨国内文献保护与修复教育工作的现状及特点。具体请参见表2。

表2 国内开设文献保护与修复专业学校一览

学校名称	专业名称
南京莫愁学校	古籍修复专业①
首都联合职工大学国图分校	古籍鉴定与修复专业业余专科班
金陵科技学院	古典文献专业（古籍修复方向、文献保护方向）②
南京艺术学院	文物鉴赏与修复专业（美术学方向）③
中国人民大学	档案学档案保护技术学方向④

①中埃文物古籍修复技术教育论坛，承五千年中华民族历史文脉，开规模化培养古修人才先河——南京市莫愁中等专业学校五年来培养古籍修复专门人才工作汇报［R/OL］.［2013－04－04］. http://www. longhoo. net/live/060328/05. htm.

②金陵科技学院专业介绍［EB/OL］.［2013－04－06］. http://gkcx. eol. cn/schoolhtm/Specialty/1048/Specialty1048. htm.

③南京艺术学院文物鉴赏与修复专业介绍［EB/OL］.［2013－04－06］. http://rw. njarti. cn/s/43/t/448/17/c6/info6086. htm.

④中国人民大学信息资源管理学院硕士专业设置［EB/OL］.［2013－04－14］. http://www. irm. cn/about/master/index. html.

在美国著名的USNEW网站（http://www. usnews. com/）上，对全美文

献保护与修复专业学校进行了一个排名，前五位的学校如表3所示。

表3 全美文献保护与修复专业排名前五位高校名单*

排名	学校名称
第一名	得克萨斯大学奥斯汀分校
第二名	密歇根大学安娜堡分校
第三名	匹兹堡大学
第四名	加州大学 LA 分校
第五名	马里兰大学帕克分校

* Archives and Preservation [EB/OL]. [2013-04-11]. http://grad-schools. usnews. rankingsandreviews. com/best-graduate-schools/top-library-information-science-programs/librarypreservation-rankings.

以下内容将以这五所高校为例，调查分析了这五所高校的培养目标、培养内容、课程设置等内容，旨在通过借鉴其专业教育的先进经验与学科设置的合理性，探索我国文献保护与修复教育未来发展。

（一）培养目标与类别

学历教育部分，国内现有文献保护与修复专业的学校都有各自的培养目标，具体如表4。

表4 中国5所古籍文献保护与修复专业学校人才培养目标

学校及专业	培养目标
南京莫愁学校	以修复技法为主要的培养内容，培养具有古籍修复能力的专业人才
首都联合职工大学国图分校古籍鉴定与修复专业大专班	培养从事古籍鉴定与修复基本能力的专业技能型从业人员
金陵科技学院古典文献专业	培养能从事古籍整理、文献保护工作，运用现代化技术手段进行古籍数字化及开展数字信息服务的专业人才
南京艺术学院文物鉴赏与修复专业	专业化与普及型艺术人才培养并重，充分体现“厚基础、强实力、宽口径、高素质”的综合培养目标，培养具有一定的鉴赏与修复文物能力的专门人才
中国人民大学信息资源管理学院档案学硕士专业	培养在国家机关、企事业单位及其他社会组织从事文件管理、档案管理及相关教学科研工作的高级人才

如表4所列，不同类型的学校对于其所培养人才的培养目标是不同的。

如南京莫愁学校和首都联合职工大学国图分校，是以培养专业技能型的修复从业人员为主的培养目标；而金陵科技学院和南京艺术学院则倾向于培养既能从事古籍保护又能从事古籍修复事业的复合型人才；中国人民大学档案学专业则是培养具有一定科研教学能力的高级人才。

美国各高校的培养目标如表 5 所示。

表 5 美国 5 所文献保护与修复专业学院培养目标

学校及专业	培养目标
得克萨斯大学奥斯汀分校	制定顶尖的研究和教育计划，培养可以运用理论和实践知识保护历史信息、管理现代信息并能设计未来信息发展的 21 世纪信息专业人士①。
密歇根大学安娜堡分校	实现和谐的人、信息系统、提升生活质量的组织目标。发现能使社会实现上述前景的原则和概念，设计能实现目标的技术、系统和实践活动，培养能将这个目标付诸实践的新一代信息专业人士②
匹兹堡大学	要求毕业生能将信息专业中的知识、技能、道德基础和社会责任纳入信息专业的实践。具体来说，毕业生能够有效地掌握图书馆和信息科学及其他相关学科的伦理、价值、原则、知识和历史；运用信息生命周期的原则（选择、组织、传播和保护）；推进信息技术应用的智能和伦理；在多种功能的信息环境下运用管理原则（规划及评估、预算编制、人力资源开发和评估）；为满足不同用户的需求进行规划、实施、评价和建议，以供用户参考；推进开放态度接受信息和知识自由的观念；理解并运用图书馆和信息科学的研究；致力于通过宣传、继续教育和终身学习推进信息专业的发展③
加州大学 LA 分校	信息学院的目标是：培养学生成为最高领导人、决策者，信息系统的设计者和信息专业的服务者；培养学生具有较强的职业道德和对个人、机构、社会和职业的责任感；培养学生成为专业团体和机构变革的推动者；培养学生能在多元文化的工作环境下有效工作；培养学生能致力于终身专业学习；信息学院更新设计课程以便于及时反映教师的长处和满足迅速变化的环境要求④
马里兰大学帕克分校	信息学院致力于协作与多学科的创新研究、教学和服务；培养信息专业人才和学者；创建有效管理和利用信息的知识、系统和过程⑤

①Mission of the school of information in University of Michigan [EB/OL]. [2013 -04 -14]. http://www. si. umich. edu/about - SI/mission. htm.

② Master of Library and Information Science [EB/OL]. [2013 - 02 - 14]. http://www. ischool. pitt. edu/lis/degrees/mlis - program. php.

③Goals for the MLIS Program [EB/OL]. [2013 - 02 - 14]. http://is. gseis. ucla. edu/about/goals. htm.

④Mission and Vision [EB/OL]. [2011 -02 -14]. http://ischool. umd. edu/content/mission - vision.

⑤The Objectives of Certificate of Advanced Study [EB/OL]. [2011 - 01 - 31]. http://www. ischool. utexas. edu/programs/specializations/cas. php.

从表5的美国五所高校信息学院的培养目标中我们可以发现几乎所有信息学院的培养目标都致力于培养具有信息素质和信息技能的复合型人才。

对中美两国开展文献保护与修复教育的学校的培养目标进行比较，中国的文献保护与修复教育的培养目标呈现出阶梯状的态势。既有以单纯技能型人才为培养目标的学校，又有致力于培养兼具古籍文献保护与古籍文献修复能力的复合型人才的学校，也有培养具有一定科研教学能力的高级人才的学校。

美国的文献保护与修复专业则致力于培养既具有文献保护与修复综合素质又具有一定实践科研能力的高级人才，并强调了文献保护在文献保护与修复工作中的重要性，培养具有较强动手能力的高级应用型、创造型，并能在各种场合传达理念和价值观，能把知识转化成为生产力的职业型人才。

在职培训方面。非学历教育的在职培训一直都是为在职专业人员提供知识、技术更新的重要途径。通过非学历教育，从业人员可以根据自身的需求来调整培训的内容，学习的目的更为明确。

中国国内现有各种类型的文献保护培训班除了古籍修复培训班所需要的学习时间稍微长一点之外，其他类型的培训班一般都是属于几天至半个月的短期培训；培训的内容多以讲授基础知识和实践内容为主，由于培训时间短，无法安排更为详细和复杂的学习内容，即便设置有某些理论课程，也多是以通论类课程为主；培训期间没有学分考核或考试制度，结业时基本上人人都能拿到结业证书。这样的在职培训效果在一定程度上打了折扣。

而美国的在职培训与学历教育息息相关。很多高校的文献保护与修复除了正规的学历教育之外，还设置有网络或在职类型的非学历教育课程提供给想要从事文献保护与修复事业的学生。这些非学历教育类型的培训课程也跟正规学历教育的课程一样，要求学生必须修满学分才能顺利结业。如得克萨斯大学就设有“专业和无学位课程”，该课程包括高级职业资格认定研究计划、高校图书馆员标准职业资格认定计划、研究所课程组合计划三类。这些培训计划是为了满足一些经验丰富的专业人士的个性化需求所设立的，这些人包括已经持有图书馆硕士学历，或者在信息学和其他领域具有硕士同等学历的人，他们希望能提升和扩充自身教育程度，扩展自身技能，能对专业知识更为精通。高级职业资格认定计划使得学生能在不同的部门和学校参与相关的课程学习，学生必须结合自身专业情况，接受专业人士的建议，制定与自身专业相关的学习方案，CAS 要求每个学生至少要修读一个学期的学时，而根据学生的学术背景和职业目标，往往会要求学生修读更多的学时。而学生制定的学习方案中必须包括一门研究课程和实践课程[23]。而密歇根大学则是明确要求参与学习的非学历教育学生必须修满学校规定的学分方能取得学习成绩。

（二）培养层次

一个专业是否具有科学合理的培养层次，能直接影响到该专业的人才培养是否符合社会的实际需要。由于古籍修复具有专业性强、技能要求高的特点，长期以来古籍修复技术主要依靠师徒之间言传身教来传承，但这样就使得古籍修复的人才培养数量和质量远远不能满足现有古籍修复工作的需要。要想古籍文献保护与修复事业得到长足的发展，实现文献保护与修复工作的规范化、标准化、科学化，学历教育便是培养古籍文献保护与修复人才的最主要形式。

据调查，我国现有 5 所文献保护与修复专业的学校培养层次如表 6：

表 6　我国 5 所文献保护与修复专业学校培养层次

学校名称	培养层次
南京莫愁学校	中专、高职
首都联合职工大学国图分校	大专
金陵科技学院	本科
南京艺术学院	本科
中国人民大学	硕士

由表 6 分析得出，我国现有古籍文献保护与修复专业的培养层次虽然呈现逐层递升的态势，既有较低学历的中专、高职，又有较高学历的硕士。但纵观总体而言，培养高层次文献保护与修复人才的力量略显薄弱。

整个行业的培养层次是倾向于培养能掌握古籍修复方法和技术的单纯技术性的古籍保护与修复从业人员。

而在欧美地区，由于在图书保护发达的国家，对于文献保护与修复工作的投入是非常大的，加上具体工作内容分工明确，研究深入，因此大多数的培养层次都是硕士以上学历。

表 7　美国 5 所高校文献保护单位与修复专业培养层次

学校及专业	培养层次
得克萨斯大学奥斯汀分校	博士、硕士、双硕士及副修
密歇根大学安娜堡分校	硕士、双硕士
匹兹堡大学	硕士、高级研究证书
加州大学 LA 分校	硕士
马里兰大学帕克分校	硕士

如表 7 所示，美国 5 所高校的文献保护与修复专业培养的都是硕士及以上学历的人才，要求必须具有学士学位的学生才能申请修读。我国曾经将本科教育当作大众的普及化教育，按照主流化、高质量、宽口径的原则，培养既有扎实基础理论和专门知识，又有较强实践能力；既有良好专业素养，又有较高思想道德修养的图书馆和档案保护工作者。[13]但相较于美国的文献保护与修复教育的培养层次，我国的培养层次明显偏低。这一情况也反映了我国文献保护与修复的研究现状：即目前我国的文献保护与修复研究仍停留在技术层面，偏重于介绍以书籍为主的古文献的常用修复方法和操作过程，实践性和可操作性不强，对实践经验的总结较为简单，尚未上升到原理和理论的高度。[14]

（三）课程设置对比

我国的文献保护与修复专业的课程设置主要有以下几个类别，具体 5 所学校开设的课程类型列举如下。

（1）基础类课程：目录学、版本学、大学英语、计算机信息技术等。

（2）文献学类课程：古代汉语、中国古代文学史、中国古代史、中国古典文献学、文献编纂学、中国书籍史等。

（3）鉴赏类课程：书画鉴赏、古籍鉴赏、玉器鉴赏等。

（4）古籍文献数字化相关课程：文物摄影、古籍数字化、操作系统、信息资源建设、古籍信息系统开发等。

（5）文献保护技术课程：档案文献有害生物防治、新型信息载体的保护、文献信息安全技术等。

（6）具体文献修复技法课程：古籍修复、书画装裱、书法篆刻、国画技法、文献修复技术等。

由此看来，没有一所学校是将这几方面的课程全部都开设齐全的。这一点也是与各校不同的培养目标是相关的。但是几乎所有学校都开设有修复技法的课程，这也是我国文献保护与修复教育的一大特色。

对比美国的文献保护与修复专业教育，将美国 5 所高校的文献保护与修复专业课程分类列举如下。

（1）通论类：保护概论、记录资料的保护与保管、图书馆与档案馆文献修复、文献遗产保护问题、信息利用、信息解读等。

（2）管理类：保护管理、保护项目管理、信息组织、档案和记录管理、高级保护管理、保护管理的物理处理法等。

（3）音视频、电子、数字类：创建永久数字收藏、电子记录永久保存若干问题、音频资料保护与载录格式转换概论、高级音频资料保护与载录格式转换、数据操作、数字化保存实践、数字化保护、文献保护性数字化、音像资料保护等。

（4）历史类：现代社会的档案记录及其保护、文献遗产保护问题等。

（5）实践类：图书实验室 I、II&III、高级修复处理、纸张实验室 I&II、修复科学 I&II 等。

从中美两国的文献保护与修复课程设置的差别上我们可以看出，美国的文献保护与修复的学科课程设置非常全面，既有理论课程的学习又有实践课程的安排和具体要求，基本上全面涵盖了文献保护与修复领域各个方面的内容。而在我国，由于学历设置偏低，高职中专类的学校就以偏重修复技术的课程为主，本科类图书馆学或档案学专业的文献保护与修复课程则偏向于文科的通论性质课程居多。对于文献保护管理、保护需求评估、日常馆藏保管、修复处理方法的选择、创建永久数字收藏、文献载录格式转换、灾难预案和文献保护项目的管理等内容基本上都没有涉及，这正反映了我国文献保护与修复教育目前普遍存在的“重补救轻预防”的现象。而理论课程和实践课程未能有效结合也是我国文献保护与修复教育中不可忽视的问题，对于学历层次较低的高职中专类学校，强调了学生的修复技术的动手能力，却忽略了理论层面的教育需求；而本科及硕士层次较高的高校，课程设置部分增加了理论知识的学习和要求，却没有实践课程的学习内容。因此，在课程设置上，我国文献保护与修复教育的课程设置应有效地结合理论学习与实践课程，同时注重培养学生的理论与实践能力。[15]

参考文献

[1] 郭莉珠．档案保护技术学教程［M］．北京：中国人民大学出版社，2000.

[2] 江小华．略谈翻动档案与档案保护［J］．兰台世界，2009（21）：14 – 15.

[3] 金波．档案保护技术学［M］．北京：高等教育出版社，2000.

[4] 张美芳．国际背景下的中国档案保护技术及其教育发展［J］．档案管理，2008（4）：49 – 51.

[5] 张美芳，张松道．文献遗产保护技术管理理论与实践［M］．长春：吉林文史出版社，2009：207.

[6] 张靖，林明．美国得克萨斯大学文献保护与修复课程体系分析——兼论 Preservation 与 Consercation 的中文译法．图书馆工作研究，2010（5）：94 – 97，82.

[7] 刘家真等编著．文献保护学［M］．武汉：武汉大学出版社，1990.

[8] 国家图书馆古籍馆简介．［EB/OL］．［2011 – 03 – 01］．http://www.nlc.gov.cn/service/gj.htm.

[9] 古籍藏书量全国前列江苏加大珍贵古籍保护力度．［EB/OL］．［2011 – 03 – 01］．http://www.js.xinhuanet.com/xin_wen_zhong_xin/2008 – 10/09/content_14596324.htm.

[10] 南京图书馆简介．［EB/OL］．［2011 – 03 – 01］．http://www.jslib.org.cn/

pub/njlib/njlib_ gczy/njlib_ mbwx/index. html.

[11] 国家古籍保护中心机构介绍 . [EB/OL]. [2011 - 01 - 16]. http://www. nlc. gov. cn/service/others/gujibhw/gzjg - gj. htm.

[12] 中国筹建国家级古籍修复中心，加强对古籍保护 . [EB/OL]. [2010 - 09 - 04]. http://www. chinanews. com. cn/cul/news/2008/07 - 29/1327297. shtml.

[13] Vison and Mission of the UT Austin ischool [EB/OL]. [2013 - 04 - 14]. http://www. ischool. utexas. edu/about/vision. php.

[14] 张美芳，张松道 . 文献遗产保护技术管理理论与实践 [M]. 长春：吉林文史出版社，2009：204.

[15] 张靖，林明 . 美国得克萨斯大学文献保护与修复课程体系分析兼论 Preservation 与 Consercation 的中文译法 [J]. 图书馆情报工作，2010 (5)：94 - 97，82.

[16] 张靖，林明 . 美国得克萨斯大学文献保护与修复课程体系分析兼论 Preservation 与 Consercation 的中文译法 [J]. 图书馆情报工作，2010 (5)：94 - 97，82.

7. 美国得克萨斯大学文献保护与修复课程体系分析*

文献保护与修复（或使用其他名称①）是我国图书馆学和档案学的重要专业课程。随着学科发展、技术更新和实际工作变化，该课程的教学目的、内容和方法也应进行相应调整。除考察国内实际情况和需要外，对国外相关课程的调查和借鉴也是课程进行科学调整的必要前提。美国图书情报学教育在国际上处于较先进地位，文献保护与修复相关课程作为其传统教学内容，在课程设置和具体教学安排上均具有特色和优势。

据《美国新闻与世界报道》图情学研究生院 2009 年最新排名数据，得克萨斯大学奥斯汀分校②信息学院位居“档案与保存”专业排名榜首位[1]，其文献保护与修复专业教育在美国乃至全世界都具有广泛的影响。

文献保护与修复教学任务主要由该学院的卡尔嘉琳文化记录保护中心（William and Margaret Kilgarlin Center for Preservation of the Cultural Record）承担。该学院提供博士、硕士、双硕士以及副修等级别的学位教育。其硕士培养计划中的课程设置既支持学生获得图书馆学或信息学的全面训练，也为学生提供在特色学科研究领域深入学习的机会。其中，文化记录的保

---

* 本文内容首刊于论文《美国得克萨斯大学文献保护与修复课程体系分析——兼论 Preservation 与 Conservation 的中文译法》（载于《图书情报工作》2010 年第 5 期第 94 ~ 97 页，作者：张靖，林明）。收录时经作者同意，有所改写。

① 如，武汉大学：“文献遗产保护”；中山大学：“文献保护技术学”；中国人民大学、安徽大学、云南大学：“档案保护技术学”。

② 以下简称得克萨斯大学。

护便是该学院三大特色研究领域之一。这一方向的硕士培养计划致力于为学生提供文献保护与修复相关方面的基础知识和高级技能的培训，涉及档案与记录管理、纸张与书籍修复、博物馆研究与保护管理等。[2]此外，该学院的高级专业资格证书进修计划还为有工作经验的信息从业人员提供了获得“Conservation”和“Preservation Administration”两种专业培训并取得证书的机会。[3]

与上述硕士培养和高级专业资格证书进修计划相配合，得克萨斯大学信息学院设置了一系列文献保护与修复相关课程，以完整的课程体系、雄厚的师资队伍、丰富的教学经验、理想的实践设施致力于文献保护与修复人才的培养。本文从课程内容和课程体系方面加以分析。

一　课程内容概况

据分析统计，不计其他课程中的相关专题讨论及实习课程①，得克萨斯大学共有文献保护与修复相关课程 17 门[4]，如表 1 所示：

表 1　得克萨斯大学文献保护与修复相关课程

序号	课程名称（原文）	课程名称（中译）	关键词 1	关键词 2
1	Archives, Records, and Preservation in the Modern World	现代社会的档案、记录及其保护	历史	Preservation
2	Introduction to Preservation	保护概论	通论	
3	The Protection and Care of Records Materials	记录资料的保护与保管		
4	Management of Preservation Programs	保护项目管理	管理	
5	Creating Sustainable Digital Collections	创建永久数字收藏	数字	
6	Problems in Permanent Retention of Electronic Records	电子记录永久保存若干问题	电子	
7	Introduction to Audio Preservation and Reformatting	音频资料保护与载录格式转换概论	音频	

① 实习课程包括：Fieldwork in Conservation（INF394C）；Fieldwork in Conservation（INF394C. 1）；Conservator Internship I；Conservator Internship II；Conservator Internship；Conservator Internship II。

续表

<table>
<tr><th>序号</th><th>课程名称（原文）</th><th>课程名称（中译）</th><th>关键词 1</th><th>关键词 2</th></tr>
<tr><td>8</td><td>Advanced Audio Preservation and Reformatting</td><td>高级音频资料保护与载录格式转换</td><td>音频</td><td>Preservation</td></tr>
<tr><td>9</td><td>Conservation of Library and Archival Material</td><td>图书馆与档案馆文献修复</td><td>通论</td><td rowspan="9">Conservation</td></tr>
<tr><td>10</td><td>Book Laboratory I</td><td>图书实验室 I</td><td rowspan="6">实践</td></tr>
<tr><td>11</td><td>Book Laboratory II</td><td>图书实验室 II</td></tr>
<tr><td>12</td><td>Book Laboratory III</td><td>图书实验室 III</td></tr>
<tr><td>13</td><td>Advanced Conservation Treatment</td><td>高级修复处理</td></tr>
<tr><td>14</td><td>Paper Laboratory I</td><td>纸张实验室 I</td></tr>
<tr><td>15</td><td>Paper Laboratory II</td><td>纸张实验室 II</td></tr>
<tr><td>16</td><td>Conservation Science I</td><td>修复科学 II</td><td>材料</td></tr>
</table>

“现代社会的档案、记录及其保护”面向硕士生讲授有关文艺复兴时期至今的档案事业、记录管理和保护管理。教学目标包括：①回溯以美国为主的档案事业、记录管理以及档案和记录保护的发展历史，包括记录的生成和保留、记录依附的载体以及为了对记录信息进行控制管理并延长其生命周期而发展和积累的基本原理与方法论；②考量记录、档案及其保护在社会发展过程中的地位以及社会地位对于档案事业的影响；③加强明确叙述和研究历史问题并展现调查研究结果的能力。与教学目标相一致，教学内容也包括方法层面的历史研究相关知识，如历史研究概况、特性和操作方法等以及专业层面的档案、记录及其保护相关知识，如档案基金会、档案职业、国家档案和联邦记录、记录管理、载体与技术、处于危险状态的档案和记录、档案和记录保护的发展、20 世纪的档案事业等。从教学内容可以看出，该门课程涉及档案和记录这一类文献的保护，但同时包括档案学专业的其他基础知识，并非文献保护与修复的通论性课程。[5] 正如课程负责人 David B. Gracy II 在其 2006 年春季的教学大纲中所言“这是一门历史课程”，“现代社会的档案、记录及其保护”侧重于文献保护事业发展史的介绍，因此，笔者认为，或可用“历史”作为该门课程的内容关键词。

“保护概论”是面向非文献保护与修复专业的图书馆学、信息学和档案学硕士生开设的基础课程，介绍与图书馆和档案文献保护与修复相关的若干问题，包括文献褪变的类型和原因、处理方式、保护项目的组织等。教学内容包括：状况调查与保护需求评估；纸质文献的结构与褪变；照片的结构与褪变；多媒体材料的结构与褪变；馆藏保管；环境监控设备；保护意识的普遍形成；可选择的修复处理；创建永久数字收藏；保护性载录格式转换；灾难预案；保护项目的建立等。[6]从其教学内容可以看出，这是一门“通论”性质的文献保护与修复课程。

“记录资料的保护与保管”的教学目标是使参与本课程的硕士生理解“外部防护（extrinsic care）”这一保护图书馆馆藏的举措的技术现状及最重要且最有效的方式。所谓“外部”，义指区别于直接作用在文献资料本身的修复处理。教学内容包括环境状况监控和记录维护；控制环境的方法；馆舍设计和改造中对于记录资料保存的考量；主要类型的记录资料的保藏优先原则和实践操作细节；记录资料在使用、运输、复制和展览过程中的保管；非书资料（如缩微胶卷、照片、手稿、地图、磁性记录载体、图画等）的存储和处理；生物侵害及其控制；灾难恢复；空间设计与使用等。[7]虽然限于“外部防护”，但考察其教学内容，涉及文献保护的各个方面，也应视为一门“通论”性质的课程。

“保护项目管理”向将要在图书馆、档案馆等文献保藏机构从事保护管理的学生讲授如何管理从需求评估到物理处理或载体转换的选择等全方位的文献保护活动。通过课程学习要实现以下目标：①熟悉保护项目的组织模式及其与大型图书馆或档案馆的组织和使命的关系；②理解需求评估在保护项目中的地位并掌握评估保护需求的工具；③理解一个成熟的保护项目的主要运作组成部分；④练习对于成功管理保护项目至关重要的多种方式的沟通技巧；⑤运用其他保护课程所学的保护知识以及实践经验。课程内容包括调查文献保护在图书馆或档案馆中的地位和组织情况；设计和综合保护项目；需求评估和保护方式选择；管理保护项目中的各个组成部分；员工和用户教育；筹募款项和撰写赞助计划申请书；人员配置；成本分析和预算等。[8]从上述教学目标和内容可以看出，“保护项目管理”是得克萨斯大学文献保护与修复课程体系当中的高阶课程，需综合其他课程的基础知识方可完成，而“管理”则可视为这门课程的核心内容。

“创建永久数字收藏”介绍创建永久性数字资源收藏的操作活动，帮助学生从馆长的视角理解需要进行数字化的载体以及数字化过程中与技术或管理相关的知识和经验。包括元数据的生成以及长期存取的数字化保护策略等。[9]“数字”可作为其内容关键词。

“电子记录永久保存若干问题”关注与各种来源的电子记录相关的问题，包括为了长久保存而对记录所做的保护性载录格式转换。课程涉及载体更新，转换为中性格式 vs. 尽量保持原始格式，迁移，按需迁移；数字文献的显著特征及对其加以保护的重要性；格式与元数据；电子记录长期保存中的数字签名、消息摘要、真实性和鉴定；电子记录存储库的建设、使用和管理等。本课程旨在使面临为长期保护记录或其他数字文献而需构建有效的电子记录存储库问题的档案馆或数字图书馆从业人员了解其中的主要困难所在、需要采取的解决措施以及如何寻求帮助。[10]该课程侧重于“电子”文献的保护。

“音频资料保护与载录格式转换概论”侧重于音频资料保护和载录格式转换中的经济学问题，噪声降低和稳定性问题，用于存储声音的现代载体的稳定性问题等。“高级音频资料保护与载录格式转换”是其后续高阶课程，侧重于载录格式转换的相关问题，包括：不同格式信息的变换；优先进行载录格式转换的资料的选择标准；侵入性修复或最低限度修复的考量；非常用格式研究；音频资料最大量信息恢复的方法等。[11]这两门课程侧重于“音频”文献的保护。

“图书馆与档案馆文献修复”向硕士生讲授文献保藏机构进行修复处理的理论、政策和实践，涉及材料科学、保藏处理、预防性处理和治疗性处理等。[4]是侧重于文献修复的一门“通论”性质课程。

“图书实验室 I－III”是在图书实验室进行的三门系统的修复实践课程，为文献保护与修复专业的硕士生和进修高级专业资格证书的从业人员而开设。其中 I 包括图书馆和档案馆资料保护的修复性处理基础介绍，通过设计和制作保护性函套及使用适当的维护程序对馆藏进行成体系的保管等；II 通过传统的和现代的图书修复材料及实施技术的详细练习和学习，介绍纸张修补、修复和图书馆书籍装帧；III 涉及书籍修复的检查、存档和处理程序，高级修复装帧，制订维护流通馆藏的技术标准和规范等，并为学生开始个人修复研究计划做准备。[12] 均为“实验”课程。

“高级修复处理”允许文献保护与修复专业的学生在图书实验室和纸张实验室进行个人修复研究计划。该课程要求学生完成若干个图书处理计划，包括决策和存档，探究图书处理和保护专门问题或特殊领域的个人计划和工作组，实验室案例，灾难响应和恢复等。[13] 属于“实验”课程。

“纸张实验室 I－II”是在纸张实验室进行的两门系统的修复实践课程，为文献保护与修复专业的硕士生和进修高级专业资格证书的从业人员而开设。其中，I 旨在为学生介绍修复古代纸张的基本理论和技术，鼓励学生培养恰当运用这些技术的判断力；II 旨在扩展和提高学生的修复处理知识和技能，要求学生能针对特定收藏做出修复处理决策。[14] 均为“实验”课程。

“修复科学 I－II”向文献保护与修复专业的硕士生和进修高级专业资格证书的从业人员介绍图书、照片、手稿等的构成、鉴别和修补所需材料的物理和化学性质。教学内容包括黏合剂，分析技巧，纤维素、淀粉和蛋白质，颜色、光线和化学，酶，功能团，现代纸张制作与材料，容模，聚合体，氧化还原反应，皮革与羊皮纸，溶剂等。[15] 偏重于修复“材料”的讲解。

二　课程体系分析

结合上述课程的教学目标、教学内容、教学方式、开课次序等加以分析，得克萨斯大学的文献保护与修复相关课程体系具有以下几个特点。

（一）内容全面，结构合理

从上述课程内容分析及关键词选取可以发现，既有通论性质的综合课程，又有专论性质的历史、管理、数字、电子、音频、材料等专题课程，基本上全面涵盖了文献保护与修复领域各个方面的内容。“保护概论”的授课对象是非文献保护与修复专业的图书馆学、信息学和档案学硕士研究生，介绍文献保护基础知识；“记录资料的保护与保管”关注文献的“外部防护”；“图书馆与档案馆文献修复”的教学内容主要是文献修复的理论、政策和实践。三门课程虽同属通论性质的课程，然各有侧重，并不重复。各门专论性质的课程或从事业发展的不同角度（如“现代社会的档案、记录及其保护”），或从文献载体的不同类型（如“音频资料保护与载录格式转换概论”），或从实际工作的不同环节（如“保护项目管理”）对文献保护与修复加以深入探讨，与通论性质的课程一起，为学生提供了获得合理的文献保护与修复知识结构的机会。

（二）层次分明，承接有序

从表 1 不难发现，得克萨斯大学整个文献保护与修复课程体系当中又有一些自成系统的课程模块。如“音频资料保护与载录格式转换概论”“高级音频资料保护与载录格式转换”“图书实验室 I – III”“纸张实验室 I – II”以及“修复科学 I – II”。这些课程模块在教学内容上由浅至深，在开课顺序上由基础到综合，并且通常由同一位教师负责教学，体现了层次分明、承接有序的特点。

（三）理论与实践并重

17 门文献保护与修复相关课程中，有 6 门实践课程，而在部分理论课程当中，亦包含了实践教学环节。从几门实践课程的教学内容看，实践课程以理论课程为基础，学生在完成相关理论课程学习的基础上，通过实践课程亲身体验，从而加深对所学知识的理解。文献保护与修复是图书馆、档案馆等文献保藏机构的实际工作环节，文献保护与修复知识是应用型的知识，必须通过实践操作方能真正掌握。除实践课程外，得克萨斯大学还提供了 6 门实习课程，充分体现了其对文献保护与修复实践教学的注重。

（四）保护与修复分明——兼论 Preservation 与 Conservation 的中文译法

从表 1 的“关键词 2”一列可以看出，得克萨斯大学在设置文献保护与修复课程时，对于 Preservation 和 Conservation 这两个相关而又相异的内容进行了区分。综合考察 8 门 Preservation 课程，可以总结出 Preservation 所涵盖的主要内容包括：文献保存状况调查、文献保护需求评估、不同载体文献的结构、不同载体文献的褪变及原因分析、文献保存环境监控、文献载录格式转换、文献保护意识的培养、文献保护项目的建立与管理、灾难预案与恢复等。综合考察 9 门 Conservation 课程，可以总结出 Conservation 侧重于纸张修补、书籍装帧等文献修复处理方法的原理、考量、选择和操作。不同的主要内容体现了两者的相异之处。而 Preservation 的两门通论性质课程“保护概论”和“记录资料的保护与保管”的教学，除前述主要内容外，均涉及 Conservation 课程的内容，体现了两者的相关性。这一相关性表现为 Preservation 这一术语在概念外延上较 Conservation 宽泛，有些时候，Preservation 可以包括 Conservation。

我国在 Preservation 与 Conservation 两个术语连用时，通常将其译作“保存与保护”或合译为“保护”。从上述得克萨斯大学两类课程的内容分析来看，这两种译法并不合适。文献保护通常可分为预防性和补救性两种类型，结合上述两类课程的内容，或可将 Preservation 视作文献的预防性保护，而将 Conservation 视作文献的修复性保护。由于 Preservation 又可涵盖 Conservation，因此，笔者认为，可将 Preservation 译作“保护”，将 Conservation 译作“修复”，则两个术语之间的相异性和相关性均得以体现。

三　结语

目前我国高校图书馆学或档案学专业的文献保护与修复教学基本上局限于通论性质课程的开设。然其“通论”亦仅偏重于传统的档案文献载体知识的介绍和环境控制等，较少涉及文献保护管理的内容。至于采用西方装帧方式的精装或平装书籍的保护与修复方法和理论，更是鲜有涉及。如前面所述得克萨斯大学通论课程“保护概论”中所涵盖的状况调查和保护需求评估、日常馆藏保管、修复处理方法的选择、创建永久数字收藏、文献载录格式转换、灾难预案和文献保护项目的管理等内容，在国内的通论课程中基本没有涉及，这一情况与我国文献保护与修复的研究现状有关。目前我国的文献保护与修复研究仍停留在技术层面，偏重于介绍以书籍为主的古文献的常用修复方法和操作过程，实践性和可操作性不强，对实践经验的总结较简单，尚未上升到原理和理论的高度。

由于实践室的匮乏，实践课程的开设也是我国文献保护与修复教学中的薄弱环节。

此外，高校图书馆学或档案学专业基本上从本科层次开始进行相关人才的培养。这一层次以上的人才在其未来从业阶段通常担任管理者的角色。这一角色定位要求高校在文献保护与修复教育中必须注重学生文献保护管理能力的培养，而这一点也正是我国目前高校文献保护与修复教育亟待加强的方面。

参考文献

[1] News US, World Report. Library and information studies specialty rankings: Archives and preservation ranked in 2009. [EB/OL]. (2009 - 07 - 31). [2019 - 07 - 21]. http://grad - schools. usnews. rankingsandreviews. com/bestgraduate - schools/top - library - information - science - programs/librarypreservation.

[2] UT Austin iSchool. Master' sprogram > areas of study. [EB/OL]. (2009 - 07 - 31). [2019 - 07 - 21]. http://www. ischool. utexas. edu/programs/masters/areas. php.

[3] UT Austin iSchool. Certificate of advancedstudy. [EB/OL]. (2009 - 07 - 31). [2019 - 07 - 21]. http://www. ischool. utexas. edu/programs/certificates/cas. php.

[4] UT Austin iSchool. Course descriptions. [EB/OL]. (2009 - 08 - 01). [2019 - 07 - 21]. http://www. ischool. utexas. edu/courses/course descriptions. php.

[5] UT Austin iSchool. Course descriptions. [EB/OL]. (2009 - 08 - 01). [2019 -

07 - 21]. http://www. ischool. utexas. edu/courses/course descriptions. php.

[6] UT Austin iSchool. Course descriptions. [EB/OL]. (2009 - 08 - 01). [2019 - 07 - 21]. http://www. ischool. utexas. edu/courses/course descriptions. php.

[7] UT Austin iSchool. Course descriptions. [EB/OL]. (2009 - 08 - 01). [2019 - 07 - 21]. http://www. ischool. utexas. edu/courses/course descriptions. php.

[8] UT Austin iSchool. Course descriptions. [EB/OL]. (2009 - 08 - 01). [2019 - 07 - 21]. http://www. ischool. utexas. edu/courses/course descriptions. php.

[9] UT Austin iSchool. Course descriptions. [EB/OL]. (2009 - 08 - 01). [2019 - 07 - 21]. http://www. ischool. utexas. edu/courses/course descriptions. php.

[10] UT Austin iSchool. Course descriptions. [EB/OL]. (2009 - 08 - 01). [2019 - 07 - 21]. http://www. ischool. utexas. edu/courses/course descriptions. php.

[11] UT Austin iSchool. Course descriptions. [EB/OL]. (2009 - 08 - 01). [2019 - 07 - 21]. http://www. ischool. utexas. edu/courses/course descriptions. php.

[12] UT Austin iSchool. Course descriptions. [EB/OL]. (2009 - 08 - 01). [2019 - 07 - 21]. http://www. ischool. utexas. edu/courses/course descriptions. php.

[13] UT Austin iSchool. Course descriptions. [EB/OL]. (2009 - 08 - 01). [2019 - 07 - 21]. http://www. ischool. utexas. edu/courses/course descriptions. php.

[14] UT Austin iSchool. Course descriptions. [EB/OL]. (2009 - 08 - 01). [2019 - 07 - 21]. http://www. ischool. utexas. edu/courses/course descriptions. php.

[15] UT Austin iSchool. Course descriptions. [EB/OL]. (2009 - 08 - 01). [2019 - 07 - 21]. http://www. ischool. utexas. edu/courses/course descriptions. php.

8. 美国高校文献保护与修复通论课程教学设计研究*

随着“中华古籍保护计划”在全国的推行，古籍保护与修复工作逐渐被学术界和文献收藏机构所重视，对于文献保护与修复人才的需求亦日渐迫切且多样化。目前国内高校开设的文献保护与修复类课程多是在本科教育层次，以通论性课程为主，但是在教学目的、内容和方法方面仍停留在传统的文献载体保护知识和修复方法与技术层面，对于国际上有关文献保护与修复的新理念、新技术以及文献保护管理方面的内容涉及较少。

目前美国高校的文献保护与修复教育在国际上处于较先进的地位，论文拟通过调查和分析美国高校文献保护与修复专业通论课程的教学设计，为我国高校文献保护与修复通论课程的改革提供值得借鉴的经验。论文调查分析的样本来自《美国新闻与世界报道》（U. S. News & World Report）对图书馆学、情报学研究生院文献保护专业 2009 年的排名数据，选取排名前三位的得克萨斯大学奥斯汀分校（the University of Texas at Austin）、密歇根大学安阿伯分校（the University of Michigan at Ann Arbor）和匹兹堡大学（the University of Pittsburgh）的文献保护与修复通论课程。

---

* 本文内容首刊于论文《美国高校文献保护与修复通论课程教学设计研究——以得克萨斯大学、密歇根大学和匹兹堡大学为例》（载于《图书情报知识》2011 年第 1 期第 36 – 42 页，作者：周旖、林明）。收录时经作者同意，有所改写。

一　三所大学文献保护与修复通论课程教学设计

（一）得克萨斯大学

得克萨斯大学奥斯汀分校信息学院的文献保护与修复教学任务由该学院的卡尔嘉琳文化记录保护中心（William and Margaret Kilgarl in Center for Preservation of the Cultural Record）承担。作为全美排名首位的文献保护与修复教育机构，该学院提供博士、硕士、双硕士以及副修等级别的学位教育，在课程设置方面亦十分完整、丰富。据分析统计，不计其他课程中的相关专题讨论及实习课程，得克萨斯大学共有文献保护与修复相关课程 17 门，其中具有通论性质的课程有 3 门，分别为保护概论（Introduction to Preservation）、记录资料的保护与保管（Protection and Care of Records Materials）和图书馆与档案馆文献修复（Conservation of Library and Archival Material）。[1] 从课程性质、授课对象、课程目的和课程内容等角度考察，“保护概论”较之其他两门通论性课程，更具有普适性和基础性，故论文仅以该课程为例研究得克萨斯大学文献保护与修复通论课程的教学设计。

“保护概论”是面向非文献保护与修复专业的图书馆学、信息学和档案学硕士生开设的基础课程，目的在于介绍与图书馆和档案馆文献保护相关的若干问题，包括文献褪变的类型和原因、处理方式、保护项目的组织等。具体授课内容与授课方式的设计如表 1 所示。[2]

表 1　得克萨斯大学“保护概论”课程授课内容与授课方式

周时	授课内容	授课方式	阅读文献[3]
第 1 周	课程概述	课堂讲授	16 篇
第 2 周	现状调查与文献保护需求评估：探讨如何制定文献保护需求评估（为学生的实习进行分组）	专家讲座 参观博物馆	7 篇
第 3 周	纸质材料的构成与褪化	课堂讲授	7 篇
第 4 周	照片的构成与褪化	专家讲座	
第 5 周	馆藏维护	课堂讲授	6 篇

续表

周时	授课内容	授课方式	阅读文献[3]
第 6 周	文献格式的转录	课堂讲授	5 篇
第 7 周	馆内藏品保护研究：第 1 部分——单页藏品保护方案	专家讲座	4 篇
第 8 周	馆内藏品保护研究：第 2 部分——成册藏品保护方案	专家讲座	6 篇
第 9 周	多媒体文献的构成与褪化	专家讲座 参观艺术博物馆	1 篇
第 10 周	保护计划的制定——灾难预案	专家讲座	8 篇
第 11 周	电子文件：创建可永久保存的数字馆藏第一部分数字化出版物与预印本第二部分数字化保存技术	专家讲座	5 篇
第 12 周	文献保护需求评估课程报告	学生报告	

在课程考核方面，学生的最终成绩由三部分组成，分别为：（1）专业词汇测试（占期末成绩的 20%，笔试类）；（2）文献保护需求评价（占期末成绩的 50%，实践类），要求学生前往得克萨斯大学校园内指定的实验室进行 2 个小时的实地参观，学生分组实习，每个小组按照各自的实习计划，指定派往一个分馆，实习完毕后每位学生都要做一个 15 分钟的陈述，介绍他们的文献保护需求评估报告；（3）讲座总结（占期末成绩的 30%，平时成绩），每次讲座后撰写一篇概述，篇幅为 1 页纸，通过 e-mail 发送到教师邮箱，提交时间不得迟于每次课程后隔天的中午。[4]

（二）密歇根大学

密歇根大学安阿伯分校信息学院的信息保护专业（Preservation of Information Specialization）是该学院的优势专业方向，在全美高校文献保护与修复专业排名中列居第二。密歇根大学的信息保护专业讲授各种媒介、各种载体文献保护管理方面的原则和知识，涉及的领域包括馆藏评估与风险评价，保护政策、设备及环境控制资源与稳定的经费来源模式（stable funding models）。其有别于其他大学文献保护相关专业的特色在于，该专业在数字化资源的保护管理，保护性数字化及格式转录，保护计划与政策制定，以及数字化资源保存标准方面的研究力量尤其强大。在课程设置上，密歇根大学信息保护专业围绕其在档案利用及数字化技术领域的研究优势共开设相关专业课程 14 门，其中“信息保护（Preserving Information）”课程属于必修的通论性课程。[5]

密歇根大学的“信息保护”课程面向所有信息保护专业的硕士研究生开设，讲授信息资源避免丢失、破坏、褪变、损毁和废弃的基本原则、政策和程序，介绍目前使用的通过利用各类媒介延长信息使用寿命的方法和最有效方案，特别强调管理、决策以及当前的文献保护问题，尤其是数字化信息的保护和数字技术在格式转换中的利用。[6]具体授课内容与授课方式的设计见表 2 所示。[7]

表 2　密歇根大学“信息保护”课程授课内容与授课方式

周时*	授课内容	授课方式	阅读文献[8]
第 1 周	文献保护及文献保护评估概览 ①课程概览；②基本定义和概念；③文献保护的范畴；④影响文献寿命的因素（破坏、损害、褪化及损毁）；⑤文献以及文献保护资源；⑥馆藏需求评估调查介绍	课堂讲授	7 篇
第 2 周	纸质文献的物理构成及其褪化 ①文献载体：纸张及其他（羊皮纸、纸草等）；②媒介：书写、印刷及复制；③书籍装订：皮革、牛皮纸、布、卡纸	课堂讲授 课堂讨论 第一次作业	4 篇
第 3 周	建筑与保存 ①建筑设计；②环境监控与控制；③存储设备；④存储空间	课堂讲授 课堂讨论 第二次作业	2 种
第 4 周	照片、视频文件及录像带的物理构成和褪变 ①照片的媒介；②电影胶片；③模拟音频及视频记录；④数字音频及视频记录和数字化复制品	课堂讲授 课堂讨论 第三次作业	6 篇
第 5 周	数字化媒介的保护，文献保护策略 ①数字化格式转换；②数字化信息的保护；③文献保护项目的评估	课堂讲授 课堂讨论	6 篇
第 6 周	手稿及历史文献的保护 ①馆藏维护；②修复技术；③数字化记录	实地参观	2 种
第 7 周	（调查）文献保护评估调查	学生调查	
第 8 周	价值、真伪及文物 ①价值和真伪的鉴定；②器物与内容保护；③文物与馆藏的整合；④保护方案的选择	课堂讲授 课堂讨论	5 篇

* 密歇根大学信息学院的教学方案将所有必修、选修课程的学时都设计为半学期，故“信息保护”课程实际上课学时为 7 周。

在课程考核方面，学生的最终成绩由三部分组成，分别为：（1）出勤率、课前准备以及课堂表现（占期末成绩的20%，平时成绩）；（2）三次短文写作作业（占期末成绩的30%，平时成绩），根据每次课后指定的课外阅读材料，进行三次简短的写作练习；（3）文献保护需求评估调查（占期末成绩的50%，实践类），每三人一组，以小组为单位完成一份对当地图书馆、档案馆、博物馆或其他文献收藏机构的文献保护需求评估调查。[9]

（三）匹兹堡大学

匹兹堡大学信息科学学院（School of information science）图书馆学与信息学专业研究生（Graduate program library and information science）设有“档案、文献保护与记录管理（Archives, Preservation & Records Management）”方向，在全美高校文献保护与修复专业排名中位居第三。自2009年秋季学期开始，匹兹堡大学信息科学学院本着“每名学生必须掌握一套核心技能”的理念修订培养方案，图书馆学与信息学专业下的各个方向均设有4类核心必修课程，核心必修课程涵盖信息导论类、信息组织/检索类、管理类、信息技术类4个领域的课程，另设选修课8门，学生可根据自身的职业规划或所选择的专业方向进行选修。[10]

在新的培养方案中，“档案、文献保护与记录管理”方向的4类必修核心课程分别为“信息导论”，“档案描述”或“档案获取、利用与伦理”，“档案与记录管理”或“修复管理”，“信息技术导论”。其中，“修复管理”课程规定学习此门课程的基础是完成“图书馆与档案馆文献修复（Library &Archival Preservation）”课程，即该方向的通论性课程。[11]

匹兹堡大学“图书馆与档案馆文献修复”课程的内容主要包括文献修复相关的基本概念、基本观点以及图书馆、档案馆文献保护管理所面临的挑战，涉及文献保护历史、理论、管理、相关问题分析以及实践等方面的基础知识。具体授课内容与授课方式的设计见表3。[12]

在课程考核方面，学生的最终成绩由4部分组成，其中2次平时的短文写作练习各占总分的20%，课程论文占总分的35%，课堂表现占总分的

25%。课程论文主要是针对文献保护需求问题撰写论文。[13]

表 3 匹兹堡大学“图书馆与档案馆文献修复”课程授课内容与授课方式

周时	授课内容	授课方式	阅读文献*
第 1 周	图书馆、档案馆文献保护概述 ①课程介绍及课程要求；②文献保护的历史发展；③概念与基本定义；④文献保护领域的代表性学者	课堂讲授	1 篇
第 2 周	纸 ①纸的衰褪；②各种替代措施；③缩微胶片和各类复制品的优缺点；④国内和国际上的经验	课堂讲授 课堂讨论 第一次作业	7 篇
第 3 周	无纸媒介 ①图书馆、档案馆馆藏多媒体文献的复杂性；②多媒体格式的类别与区分；③各种文献载体的处理、贮存、使用与播放	课堂讲授	4 篇
第 4 周	环境控制 ①环境监测；②温度与湿度的控制；③害虫的综合防治管理；④安保措施；⑤陈列工作	课堂讲授 课堂讨论 第二次作业	6 篇
第 5 周	照片媒介 ①物理特性；②保护与处理	专家讲座	4 篇
第 6 周	档案馆、博物馆和专门的文献收藏机构所藏善本书及特藏的修复 ①文物的价值；②书目	课堂讲授	4 篇
第 7 周	馆藏修复 ①馆藏修复技术；②批量除酸	课堂讲授 参观匹兹堡大学修复实验室 课程实践	4 篇
第 8 周	档案与手稿 ①档案、手稿与图书的比较；②载体的构成成分、使用特性、格式的类别；③文献保护所面临的挑战	课堂讲授	4 篇
第 9 周	商业机构的装订服务 ①国家标准；②装订合同；③术语；④装订形式与类型	课堂讲授	5 篇
第 10 周	文献保护计划 ①短期与长期文献保护计划；②经费申请；③调查	课堂讲授	4 篇
第 11 周	数字化保存 ①数字化保存与数字化信息的保存；②复合体系（Hybrid Systems）；③数字化格式转换；④制度保障；⑤技术更新	课堂讲授	7 篇

续表

周时	授课内容	授课方式	阅读文献
第 12 周	教育推广/保护、处理与贮藏 ①馆员与用户培训的必要性及理念；②文献保护活动以及项目的公关与教育；③图书馆、档案馆馆员的继续教育；④图书馆、档案馆资料的保护、处理与贮藏	课堂讲授	7 篇
第 13 周	灾难预案 ①灾难预案的编订；②图书馆、档案馆和博物馆的潜在危险因素；③灾难恢复	课堂讲授	6 篇
第 14 周	文献保护需求的现状与展望 ①馆藏发展政策；②文献保护工作的计划；③长期计划与短期计划的管理；④国家标准；⑤文献保护协作	课堂讲授第三次作业	7 篇
第 15 周	课程总结 ①课程回顾；②课程展望（数字化保存，文献保护管理）	课堂讲授	

* Sue Murphy. INF 392D：Reading. ［EB/OL］. ［2010 - 04 - 18］. http://courses. ischool. utexas. edu/Murphy Sue /2009 /Fall/INF392D/readings. php.

二　文献保护与修复通论课程教学设计比较分析

（一）课程目标

在密歇根大学信息学院信息保护专业的网站上将“文献保护”定义为：“通过收集、组织和分配资源（人力、物力和财力）以保证对信息提供足够的保护，使信息在今世后代都能够发挥其价值。文献保护包括计划和实施的政策、程序和方法，以保护信息避免在未来发生褪变，或恢复其使用性。”[14]可见，在美国高校文献保护与修复的课程体系中，“文献保护”主要研究的是如何预防文献遭受破坏、恢复文献的使用性以及延长文献寿命；“文献保护”与“文献修复”两者之间紧密相关又有明确的界限，“文献保护”侧重于预防性措施，“文献修复”侧重于补救性措施。

通过上述对得克萨斯大学、密歇根大学和匹兹堡大学文献保护与修复通论课程的分析可知，通论性课程主要是基于“文献保护”模块开设。课程目标在于通过讲授避免文献丢失、破坏、褪变、损毁和废弃的基本原则、政策和程序，灌输有关文献保护历史、理论、管理、相关问题分析以及实践等方面的基础知识，介绍目前使用的通过利用各类媒介延长信息使用寿命的方法和最有效方案，使学生对文献保护的相关问题形成宏观认识，培养学生的文献保护意识，从而开拓和增强职业理念，为学生日后进一步深入学习文献保护与修复的专业理论课程和实践课程、从事文献保护相关工作奠定基础。

（二）课程内容设计

通过分析表 1、表 2 和表 3 中关于授课内容的描述可以发现，得克萨斯大学、密歇根大学和匹兹堡大学的文献保护与修复通论课程尽管课程名称不尽相同，但是在授课的主要内容上是近乎一致的。根据文献保护与修复通论性课程的培养目标，该类课程的内容一般都包括文献保护需求评估、纸质载体的构成与褪化、照片媒介的构成与褪化、多媒体文献的构成与褪化、环境控制、馆藏文献的保护与修复、数字化文献的保存等。在内容的设计上重在有关文献保护理论、保护方法、保护策略和保护管理方面的内容，围绕“通过预防性措施延长文献寿命”的理念设计课程中每一单元的知识。

三所大学的文献保护与修复通论课程在内容上的差异主要体现对具体授课内容比重和详细程度上的不同，其取决于三所大学在文献保护与修复领域的研究特色与专长。如得克萨斯大学重视馆藏不同类型文献的长期保存，故在课程的设计上将馆藏文献格式的转录与数字馆藏的保存分成两个章节。密歇根大学在档案利用及数字化技术方面的研究力量尤其强大，从“信息保护”课程名称中就可以看出该校是从利用的角度更广泛地关注对各种载体上负载的信息的保护，因此尽管该校“信息保护”课程的课时为半个学期，很多教学内容都合为一个单元进行讲授，但是独立开辟一章“价值、真伪及文物”的内容，讲授负载于器物、文物上的信息的揭示与保护问题。匹兹堡大学的“图书馆与档案馆文献修复”课程对于预防性措施和补救性措施都给予一定的重视，在预防性措施方面，课程内容将“文献保护计划的制定”“文献保护教育的推广和普及”“商业性装订服务”3个内容都列为独立的授课单元；在补救性措施方面，将善本书和特藏、档案和手稿以及一般馆藏的修复作为3个独立的授课单元，其授课的比重明显大于得克萨斯大学和密歇根大学。

（三）授课方式设计

专业通论性课程讲授基本概念、基本观点和基本原则等，在整个专业课程体系的学习中具有提纲挈领、奠定基础的重要作用，而受课程性质、内容的影响，专业通论性课程的讲授通常会流于单调、枯燥。但是得克萨斯大学的“保护概论”、密歇根大学的“信息保护”、匹兹堡大学的“图书馆与档案馆文献修复”课程在授课方式上都综合运用了课堂讲授、课堂讨论、专家讲座、课程参观和课程实践等多种手段，使教学过程灵活多样。

对于相应的知识模块采用的授课方式设计一般如下：基础理论的内容采用传统的课堂教授方式；对于某些专深或专业性强的知识模块，在有条件的情况下尽可能邀请相关领域的专家以专题讲座的形式讲授；对于需要重点掌握或涉及学科前沿问题的知识模块，则布置一定数量的阅读文献，并引导学生在阅读文献的基础上对相关理论问题展开思考和讨论；借助课程参观和课程实践的方式，使学生通过亲身体验增强对基础理论的理解和记忆，形成文献保护的意识和职业理念，更好地发现和理解文献保护的相关问题。

（四）课程考核方法

通过对得克萨斯大学的“保护概论”、密歇根大学的“信息保护”、匹兹堡大学的“图书馆与档案馆文献修复”三门课程考核方式的对比分析可以发现，尽管是专业通论性课程，讲授的内容相当理论化、基础化，但是课程最后的考核成绩仍是由多部分组成，而非“一考定成绩”，也不设有期末笔试。三所大学的文献保护与修复通论课程的考核成绩由三部分组成：平时成绩（含出勤率、课前准备情况、课堂表现等）、课程作业（写作类练习）和有关文献保护需求评估的调查报告或课程论文。其中平时成绩和课程作业两部分的分数比重基本上在50%或以上。

上述课程考核方法的设计表明：（1）授课教师注重学生在学习过程中所表现出来的学习态度以及对知识循序渐进地掌握、理解和记忆，所以出勤率、课前准备情况、课堂表现和课程作业的分数在最终的期末成绩中占到一半比重。（2）课堂讨论和课程作业建立在推荐阅读基础上，进而可检查学生对每一章节推荐阅读材料的阅读情况，而阅读经典文献可加深学生对所学知识的理解、启发学生思考。（3）三所大学的文献保护与修复通论课程的课程论文（或调查报告）均要求围绕“文献保护需求评估”进行调查、研究，并在课堂上汇报调查研究的结果。结合授课内容和课时的安排可以发现，“文献保护需求评估”在文献保护与修复通论课程体系中占据重要地位。

三　对文献保护与修复通论课程教学设计改革的思考

目前我国高校图书馆学或档案学专业文献保护与修复类课程多是在本科教育层次开设，受本科培养目标、培养方案和课程体系的影响，所开设的文献保护与修复类课程一般都是限于通论性质课程。由于我国传统“文献保护”观念比较重视补救性措施，目前国内的文献保护与修复研究也多停留在对实践经验的总结以及修复技术的研究，因此我国高校图书馆学或档案学专业开设的文献保护与修复通论课程偏重于介绍传统档案文献载体知识、环境控制的相关内容以及以纸质载体为主的文献修复方法和操作过程，而诸如文献保护需求调查和评估的方法、灾难预案和文献保护项目管理、文献日常保护与修复管理等内容则鲜有涉及。加之学生数量众多、师资力量有限、实验和实践条件匮乏等客观因素的约束，使得教师在讲授以文字形式表述的实操性知识时不得不局限于课堂讲授这种传统的、被动的授课方式，课程的实践教学和实验教学难以实施。因此可以说，目前我国高校文献保护与修复通论性课程亟待改革，以满足国内文献保护和修复事业对高层次人才的需求。

结合美国文献保护与修复教育排名前三位的高校通论性课程教学设计的研究，我国高校图书馆学或档案学专业文献保护与修复通论性课程的改革应从以下几方面开展。

（1）调整教学内容。文献保护与修复通论课程在教学内容的设计上应改变原有“重补救轻预防”的理念。在国际文献保护与修复领域中有一个共识的理念就是：延长文献寿命、避免文献破坏最有效的方法是实施文献保护管理，而其中灾前的预防性措施比灾后的恢复性措施更为重要。在调整后的教学内容中体现上述理念，增加文献保护状况调查、文献保护需求评估、灾难预案和文献保护项目等涉及文献保护管理的知识和理论，使学生形成文献保护意识，培养学生的文献保护能力，强化其职业意识，使其在通过进一步的深造后能够成为文献保护与修复领域的高级人才，承担起管理者的角色。

（2）丰富教材体系。通过对得克萨斯大学的“保护概论”、密歇根大学的“信息保护”、匹兹堡大学的“图书馆与档案馆文献修复”三门课程教学方案的分析可以发现，除指定教材外，每一章节都布置了大量相关的指定阅读文献，这些文献有些是文献保护与修复领域里必读的经典文献，有些则是最新的研究成果，对教材起到很好的补充和拓展作用。学生通过阅读大量的参考文献，不仅可以加深对课堂讲授内容的理解和记忆，还可以拓宽知识面，接触到所学习领域的研究精华和最新进展，锻炼学生的思考能力和研究能力。而在目前的国内本科教育中，普遍存在的问题之一就是学生阅读量严重不足，从而导致学生缺乏深厚的专业素养、专业基础薄弱、所学知识陈旧、知识面狭窄、学习兴趣淡薄，缺少发现问题、分析问题和解决问题的能力。造成学生阅读量不足这一现象出现的原因，或是因为教师不注意指定各章节的相关阅读文献，或是因为缺乏将课外阅读纳入学生成绩考核体系中的措施。因此重视教材体系的丰富，以多层级的阅读材料取代单一标准教材，并将学生课外阅读情况有效纳入成绩考核体系中，是文献保护与修复通论课程教学改革中相当重要的环节，不仅关系到教学内容的调整，还关系到教学效果和教学质量的提高。

（3）改革授课方式。灵活运用课堂讲授、课堂讨论、专家讲座、课程参观和课程实践等多种授课方式，使知识的传授过程生动、活泼，使学生的记忆和理解清晰、深刻。课堂讲授和专家讲座可以使理论课的学习系统而专深，课程参观和课程实践则在理论知识的基础上，使学生通过亲身体验加深对所学理论知识的理解。课堂讨论、课程参观、课程实践以及与课程相关的调查、研究可以充分调动学生的学习积极性，使学生在学习和教学活动的组织过程中处于主动地位。尽管文献保护与修复通论性课程的内容以灌输基本概念、基本观点、基本原则、相关的政策和程序为主，但是课程中的很多内容是对操作性知识的理论化，因此在讲授过程中辅以相应的实验和实践环节是非常必要的。而实验和实践教学环节的设计在硬件条件上还有赖于文献保护与修复实验条件的改善以及实践基地的设立。

（4）优化考核制度。目前在我国高校本科教育层次，各门课程以期末笔试作为考核学生学习结果的主要手段，而这种考核学生的手段是与传统课堂讲授形式为主的教学过程是相匹配的。因此在对教学内容、教材体系以及授课方式进行改革后，考核制度也应进行相应的调整，采取切实可行而又有效的方式将学生课外阅读、课堂表现等情况反映到考核体系中，注意考察学生的学习态度、学习能力以及对知识的理解、运用和创新能力。

参考文献

［1］张靖，林明．美国得克萨斯大学文献保护与修复课程体系分析——兼论 Preservation 与 Conservation 的中文译法［J］．图书情报工作，2010，54（05）：94－97，82.

［2］Sue Murphy . INF 392D：Schedule. ［EB/OL］. ［2010－04－18］. http://courses.ischool. utexas. edu/Murphy Sue/2009/Fall/INF392D/schedule. php.

［3］Sue Murphy. INF 392D：Reading. ［EB/OL］. ［2010－04－18］. http://courses.ischool. utexas. edu/Murphy Sue /2009 /Fall/INF392D/readings. php.

［4］Sue Murphy. INF 392D：Grading. ［EB/OL］. ［2010－04－18］. http://courses.ischool. utexas. edu/Murphy Sue /2009 /Fall/INF392D/grading. php.

［5］School of Information of University of Michigan. Preservation of Information（PI）

Specialization. [EB/OL]. [2010 - 04 - 29]. http://www. si. umich. edu/msi/pi. htm.

[6] School of Information of University of Michigan. SI 581: Preserving Information. [EB/OL]. [2010 - 04 - 30]. http://www. si. umich. edu/courses/description. htm? passCID = 361

[7] Shannon Zachary. SI 581/1: Preserving Information Syllabus. [EB/OL]. [2010 - 05 - 01]. http://www. si. umich. edu/courses/syllabi/si581 - f08. pdf.

[8] Sue Murphy. INF 392D: Reading. [EB/OL]. [2010 - 04 - 18]. http://courses. ischool. utexas. edu/Murphy Sue /2009 /Fall/INF392D/readings. php.

[9] Shannon Zachary . SI 581/1: Preserving Information Syllabus. [EB/OL]. [2010 - 05 - 01]. http://www. si. umich. edu/courses/syllabi/si581 - f08. pdf.

[10] School of Information Science of University of Pittsburgh. Master of Library and Information Science. [EB/OL]. [2010 - 05 - 24]. http://www. ischool. pitt. edu/lis/degrees/mlis - program. php.

[11] School of Information Science of University of Pittsburgh. Course Descriptions. [EB/OL]. [2010 - 05 - 24]. http://www. ischool. pitt. edu = /lis = /courses/descriptions. php.

[12] Brian Cumer. LIS 2214: Library & Archival Preservation Fall 2009. [EB/OL]. [2010 - 06 - 07]. http://bcumer. files. wordpress. com/2009/03/lis2214libandarchpreserv. pdf.

[13] Brian Cumer. LIS 2214: Library & Archival Preservation Fall 2009. [EB/OL]. [2010 - 06 - 07]. http://bcumer. files. wordpress. com/2009/03/lis2214libandarchpreserv. pdf.

[14] School of Information of University of Michigan. Preservation of Information (PI) Specialization. [EB/OL]. [2010 - 04 - 29]. http://www. si. umich. edu/msi/pi. htm.

9. 文献保护与修复职业资格认证模式调查与分析*

设立图书情报硕士专业学位是中国图书情报实践领域和教育领域多年以来的理想，该理想于2010年实现；“但是，由于我国图书情报界既无行业准入制度，又无从业考试制度，且现有专业技术职务晋升制度乱象丛生，缺乏强有力的社会需求原动力，因此，图书情报专业学位研究生教育的发展势必从起步时起就不得不踌躇，不得不徘徊。”[1]2013年底，教育部、人力资源和社会保障部出台《关于深入推进专业学位研究生培养模式改革的意见》，意见之一便是推进与职业资格衔接：“对具备条件的专业学位类别或培养单位，积极推进专业学位研究生课程和实践考核与特定职业人才评价标准有机衔接，推进专业学位研究生培养内容与特定职业人才工作实际有效衔接，推进专业学位授予与获得相应职业资格有效衔接。”[2]可以说，与职业资格的衔接，既是专业学位设立的重要目的，也是专业学位发展的主要瓶颈。

2014年1月，中山大学资讯管理学院成为学校专业学位硕士研究生教育综合改革试点之一，着手推进图书情报专业硕士（以下简称图情专硕）教育综合改革。其中一项重要举措是联手中山大学图书馆与国家古籍保护中心建立合作关系，从2015年起每年在全国范围内，通过合作单位推荐、

---

* 本文内容首刊于论文《文献保护与修复职业资格认证模式调查与分析》（载于《大学图书馆学报》2016年第3期第107－116页，作者：张靖、张盈、韦力丹、孙欣、滕斐、孙佳琳）。收录时经作者同意，有所改写。

提前面试的方式联合选拔和培养“文献保护与修复”方向图情专硕。对于这一项目，合作各方从商谈之初便提出实现该方向图情专硕与“文献修复师”和“古籍馆员”等国家职业资格证书制度相对接的期望和目标。为了制定可行的实施方案，笔者调研了美、加、英、德、日等国的文献保护与修复①职业资格认证情况，以寻求启示和借鉴。

一 文献综述

国内的图书情报职业资格制度研究始于20世纪90年代末徐引篪[3]、吴建中[4]等学者对于这一问题的关注。中国图书馆学会自2001年起组织业内专家开展图书馆员职业资格认证的研究工作，搜集了英、美、日、澳等国外同行的大量资料，从学术层面和实施层面进行了研究论证，完成了《世界主要国家图书馆的职业资格认证制度》调研报告，召开了“图书馆员职业资格认证专家座谈会”。[5]此后，大量相关文章开始涌现，内容主要包括国外图情职业资格制度建设的历史与现状引介[6][7][8]、国内实行图情职业资格制度的必要性论述[9]、国内实行图情职业资格制度建设的问题或障碍分析以及解决问题或克服障碍的建议[10][11]。国外相关研究可划分为两类。第一类是对本国图书情报职业资格制度的介绍[12]或是与他国的对比。此处，虽然美国图书情报职业资格制度是各国对比和借鉴的重点，但亦有学者认为这一制度并不一定适用于其他国家。[13]第二类是图书情报职业资格制度与图书情报专业教育之间的关系[14][15]，这类的研究与本调研的目的最为契合。

国内关于文献保护与修复职业资格的研究最早见于2006年。张志清[16]认为《图书馆古籍修复人员任职资格》和《文献修复师职业标准》为行业队伍建设提供了可靠标准。杜伟生[17]分析了当前古籍修复队伍存在的专业技术人员缺乏、人员地域分布不平均、人员年龄结构不合理、人员

---

① 在国外，保护与修复职业资格认证和专业教育，往往涵盖文献、图画、照片、器物等保护和修复对象。文中“文献保护与修复”专指以纸质文献为对象的保护与修复；以“保护与修复”表达前述涵盖所有对象的整体概念。

文化素质偏低、人员职称普遍偏低、工资待遇低等问题，提出加强职业队伍建设的必要性。田丰[18]探讨了包括认证程序、认证单位、证书级别等具体问题的古籍修复职业准入制度。何祯、何韵对中美文献保护与修复职业认证制度进行了比较，揭示了两者在依据、实施主体、认证资格种类、认证类型、文献修复师基本素质要求、对专业院校课程的认证等方面存在的不同。[19]外文文献调查中未见有关这一主题的学术成果。

二　调查设计

根据国际文献保护与修复事业的发展情况，同时考虑到职业资格认证与专业教育之间的密切关系，笔者以国际及各国的保护与修复相关学术和职业组织为线索，将美、加、英、德、日等国的保护与修复职业资格认证机构和教育培训机构作为主要调查对象。通过文献阅读、网站浏览和专家访谈，确定调查对象 67 家，其中学术职业组织 26 家、教育培训机构 38 家、资格认证机构 3 家。根据调查目的及机构特点，为学术职业组织、资格认证机构、教育培训机构分别设计三种调查内容编码表（表 1），对于具有多种性质的组织或机构，将分别采用相应的内容编码表进行多次调查。

表 1　调查内容编码

<table>
<tr><th colspan="6">调查内容编码（学术职业组织用）</th></tr>
<tr><td rowspan="8">基本信息</td><td>序号</td><td></td><td rowspan="8">具体作为</td><td>宗旨</td><td></td></tr>
<tr><td>名称（译文）</td><td></td><td>功能</td><td></td></tr>
<tr><td>名称（原文）</td><td></td><td>合作伙伴</td><td></td></tr>
<tr><td>所在地（国家城市）</td><td></td><td>出版物</td><td></td></tr>
<tr><td>成立时间</td><td></td><td>项目</td><td></td></tr>
<tr><td>性质</td><td></td><td>活动</td><td></td></tr>
<tr><td>隶属（注 1）</td><td></td><td></td><td></td></tr>
<tr><td>网址</td><td></td><td></td><td></td></tr>
<tr><td>调查人员</td><td colspan="2"></td><td>调查时间</td><td colspan="2"></td></tr>
</table>

续表

<table>
<tr><td colspan="3">调查内容编码（资格认证机构用）</td><td colspan="3">调查内容编码（教育培训机构用）</td></tr>
<tr><td rowspan="8">基本信息</td><td>序号</td><td></td><td rowspan="8">基本信息</td><td>序号</td><td></td></tr>
<tr><td>名称（译文）</td><td></td><td>名称（译文）</td><td></td></tr>
<tr><td>名称（原文）</td><td></td><td>名称（原文）</td><td></td></tr>
<tr><td>所在地（国家城市）</td><td></td><td>所在地（国家城市）</td><td></td></tr>
<tr><td>成立时间</td><td></td><td>成立时间</td><td></td></tr>
<tr><td>性质</td><td></td><td>性质</td><td></td></tr>
<tr><td>隶属（注 1）</td><td></td><td>隶属（注 1）</td><td></td></tr>
<tr><td>网址</td><td></td><td>网址</td><td></td></tr>
<tr><td rowspan="8">认证模式</td><td>资格名称</td><td></td><td rowspan="5">教育模式
（注 3）</td><td>大学学位教育</td><td></td></tr>
<tr><td>认证主体</td><td></td><td rowspan="2">大学非学位教育（进修教育）</td><td rowspan="2"></td></tr>
<tr><td>相关依据</td><td></td></tr>
<tr><td>类型级别</td><td></td><td>专业学校教育</td><td></td></tr>
<tr><td>资质要求</td><td></td><td>专业组织培训/职业培训</td><td></td></tr>
<tr><td>获得方式</td><td></td><td rowspan="6">具体情况
（注 4）</td><td rowspan="6" colspan="2"></td></tr>
<tr><td>认证程序</td><td></td></tr>
<tr><td>效力范围</td><td></td></tr>
<tr><td rowspan="3">教育体系
（注 2）</td><td>教育机构认证</td><td></td></tr>
<tr><td>课程体系认证</td><td></td></tr>
<tr><td>实践实习规定</td><td></td></tr>
<tr><td>调查人员</td><td colspan="2"></td><td>调查人员</td><td colspan="2"></td></tr>
<tr><td>调查时间</td><td colspan="2"></td><td>调查时间</td><td colspan="2"></td></tr>
<tr><td colspan="6">注 1：指该机构是否隶属于某母体机构</td></tr>
<tr><td colspan="6">注 2：指认证机构在其认证体系下所认可的教育机构或课程体系以及所规定的实践实习等。可能是认证模式中资质要求的具体化</td></tr>
<tr><td colspan="6">注 3：根据调查对象实际情况从几种教育模式中勾选，可多选；勾选的同时，注明具体的学位计划名称或进修教育计划名称或教育证书名称</td></tr>
<tr><td colspan="6">注 4：涉及学分、学时、课程、实践实习等；考虑到不同的教育模式可能有不同的具体情况，此处不再下设下级调查指标，改用描述的方式填写</td></tr>
</table>

三　调查结果

调查显示，各国保护与修复①职业资格认证情况各有特色。

（一）美国模式

在美国，职业资格的获得有两种渠道，一是参加由美国历史和艺术作品修复学会（American Institute for Conservation of Historic and Artistic Works，以下简称 AIC）组织的资格认证，二是在一些经所在州州政府允许其从事保护与修复教育并颁发职业资格证书的教育机构中修习规定课程。[20]

1. 参加 AIC 认证

AIC 作为美国唯一一个致力于历史和艺术作品保护与修复的国际性会员组织[21]，在建立和维护专业标准、推动研究与出版、提供教育机会、以及促进专业人员知识交流方面扮演着重要的角色。自 1972 年成立发展至今，AIC 已吸纳了超过 3500 个专业会员，包括修复师、修复教育者、科学家、学生、档案工作者、历史学家等，遍及 20 多个国家。2003 年，AIC 成立了资格认证发展委员会（Certification Development Committee，以下简称 CDC），负责制定包括考试流程和考试内容在内的职业资格认证考核程序，并根据专业需要对该考核程序进行持续修订和更新。

该考核程序所规定的认证方式主要包括三种。①考试认证。考试认证由实践考核和书面考试组成。考试认证对于申请者在资质上没有前期要求，理论上所有人均可以报名参加；但在书面考试之前，申请者需首先通过实践考核。实践考核的方式是由 CDC 提供待修复材料，申请者检视材料后提交修复建议报告。书面考试由两部分组成。第一部分全面测试保护与修复基础知识，包括书籍、照片、视频等各种对象的保护与修复；第二部分则根据申请者的专业领域测试具体对象的修复技能；两部分考试均达到合格，申请者方能通过考核获得认证。②快速认证。具备七年或以上保护

① 国外之保护与修复（Preservation and Conservation），往往兼及多种载体文化遗产，文献遗产是其中的一个组成部分，调研时常常难以细分。因此，调研结果除适用于文献保护与修复外，也适用于其他载体文化遗产的保护与修复。

与修复工作经验者可以申请参加快速认证。申请者提供其七年或以上的保护与修复工作证明即可获得认证。但是，为了保障快速认证的质量，在每一期的申请者当中，CDC 会进行抽样测试，抽中者除提供工作证明外，还需参加考试，考试内容与前述考试认证方式中书面考试的内容相同。③续认证。CDC 要求保护与修复从业人员通过上述考试认证或者快速认证获得的职业资格，须每隔三年根据最新的业内标准进行一次测评，符合标准者可以继续保持其职业资格，不符合者将被取消职业资格。

2. 接受专业教育①

目前美国主要有 8 所大学提供保护与修复专业教育，培养层次均为硕士②，它们是布法罗大学（State University of New York Buffalo）、密歇根大学安娜堡分校（University of Michigan，Ann Arbor）、纽约大学（New York University）、得克萨斯大学奥斯汀分校（University of Texas at Austin）、特拉华大学（University of Delaware）、加州大学洛杉矶分校（University of California，Los Angeles）、佐治亚州立大学（Georgia State University）和马里兰大学帕克分校（University of Maryland，College Park）。具有学士学位、达到各校硕士入学要求，且在本科阶段修习过历史和化学课程者，方可申请，完成学业者可获得保护与修复相关专业硕士学位证书。而其中的布法罗大学[22]、纽约大学[23]、得克萨斯大学奥斯汀分校[24]、佐治亚州立大学[25]和马里兰大学帕克分校[26]分别经由所在州州政府的批准，除学位证书外，还可以为完成学业者提供高级资格认证并颁发高级职业资格证书，以证明其除了学位教育外，还接受了更为职业化的教育。

（二）加拿大模式

成立于 1971 年的加拿大专业修复师协会（Canadian Association of Professional Conservators，以下简称 CAPC）是该国唯一的保护与修复职业资格认证机构。CAPC 与其姊妹单位加拿大文化遗产修复协会（Canadian Asso-

---

① 关于各国文献保护与修复专业教育的具体情况，笔者将另文讨论。

② 特拉华大学也招收艺术保护专业本科生，但只有完成其硕士教育者，方可获得其职业资格证书。

ciation for the Conservation of Cultural Property，以下简称 CAC）一道，致力于提升、保障和规范加国文化遗产保护与修复领域的整体竞争力、完整性和职业道德。后者为学术组织，并不参与保护与修复职业资格认证。[27]

1. CAPC 认证

CAPC 认证所提供的是一种会员资格证书（Membership Certificates），即获得 CAPC 会员资格便代表拥有保护与修复这一专业领域的职业资格。认证流程包括个人申请、CAPC 董事会及会籍委员会审核材料、笔试、缴纳费用等环节。

根据 CAPC 和 CAC 的要求，在加国从事修复师职业的人，必须：了解并遵守职业道德规范；愿意展示他们的工作成果，愿意公开讨论他们的想法；能够为他人提供参考意见；愿意讨论他们的经验和技能；是至少一个专业组织的会员。[28]符合上述要求的人，如果具备以下条件，则可以申请成为 CAPC 会员：①接受过相关教育或培训；②包括培训与实习在内需至少有 6 年的修复与保护相关经验，或从正式培训项目中毕业后至少有 3 年以上的相关经验；③涉猎该领域（包括与其他修复师交流合作、成为专业修复师协会的成员、参加相关活动）至少 4 年；④以参加相关活动或发表相关成果等方式在该领域保持活跃；⑤是加拿大公民或加拿大移民，或其主要工作地为加拿大。[29]上述五条为硬性条件，除此之外，申请者还应该：提供自己在该领域的知识和技能水平证明；展现自己在该领域广泛而多样的实践经历；为教育工作者或客户提供参考意见；做出正式承诺，将始终遵守 CAPC 和 CAC 联合制定的《道德规范》（*Code of Ethics*）。CAPC 董事会及会籍委员会将根据上述标准审核申请者所提交的材料。通过审核并缴纳所需费用者，可以参加笔试。笔试将测试申请者的知识、技能和道德原则，主要包括两部分，一是保护与修复领域的一般性知识和原则，二是申请者所属特定领域（如纸张保护、绘画作品保护等）的专门知识和实践技能。通过笔试者可获得 CAPC 会员资格，会员需定期缴纳会费。

2. 作为前提条件的专业教育

与美国不同，在加拿大，不可能通过接受专业教育直接获得保护与修复职业资格，但专业教育是申请职业资格的前提条件。目前加国有 4 所大学提供保护与修复专业教育，它们是女王大学（Queen's University）、弗莱明学院（Fleming College）、瑞尔森大学（Ryerson University）和亚冈昆学院（Algonquin College），前三者提供硕士层次的教育，后两者提供专科层次的教育。学历教育之外，加拿大国家图书档案馆、加拿大图书馆协会、加拿大博物馆协会、加拿大文物保护研究所等学术或行业组织也通过多种方式提供保护与修复继续教育。

（三）英国模式

在英国，完成保护与修复专业教育获得毕业文凭者，即可进入该领域从事相关工作。准备从事或者已经从事相关工作者，可以申请两种职业资格认证：一为保护与修复技术人员资格认证（Conservation Technician Qualification，以下简称 CTQ），面向准备进入或刚刚进入保护与修复领域的从业人员；一为专业保护与修复师认证（Professional Accreditation of Concervator-Restorers，以下简称 PACR），面向具有多年保护与修复工作经验者，通过 PACR 认证者，将成为特许修复师（Accredited Conservator-Restorers，以下简称 ACR），可以在自己的名字后面使用 ACR 头衔。在 PACR 出台前，英国历史和艺术作品保护研究院（United Kingdom Institute of Conservation，以下简称 UKIC）、纸制品保护协会（The Institute of Paper Conservation，以下简称 IPC）曾于 1998 年创立了一个用于认证拥有 10 年以上工作经验的从业人员的短期认证计划，被称为快速认证方案（The Fast-track Schemes）。UKIC、IPC 和档案工作者协会（Society of Archivists），在英国保护论坛（Conservation Forum）的组织下成立了一个联合审评小组（Join Accreditation Group，以下简称 JAG），随着更多相关组织的加入，JAG 决定设计一个更高质量的认证框架来取代之前的快速认证方案并拓展到更多相关机构，于是在 2000 年初参照英国国家职业资格证书（National Vocational Qualification ，以下简称 NVQ）的标准出台了 PACR 认证。

1. 学历资格和职业资格的互认

英国于 2011 年启用资格与学分框架（Qualification and Credit Framework，以下简称 QCF）这一新的标准体系，以取代原有的国家职业资格证书制度（National Vocational Qualification System）。QCF 由英国资格与课程委员会（Qualification and Curriculum Authority）领导设计，作为一种全纳性的国家资格框架，它涵盖了普通教育证书①、普通职业资格证书（General National Vocational Qualification）② 和 NVQ③ 认证。这一框架实现了学历资格和职业资格的对应。[30] 为了配合这一框架，开始于 2007 年的 CTQ 认证和 2000 年的 PACR 认证，均在 2011 年做了相应的调整。图 1 显示了在 QCF 框架下，CTQ 认证、PACR 认证与不同层次专业教育之间的对应关系。

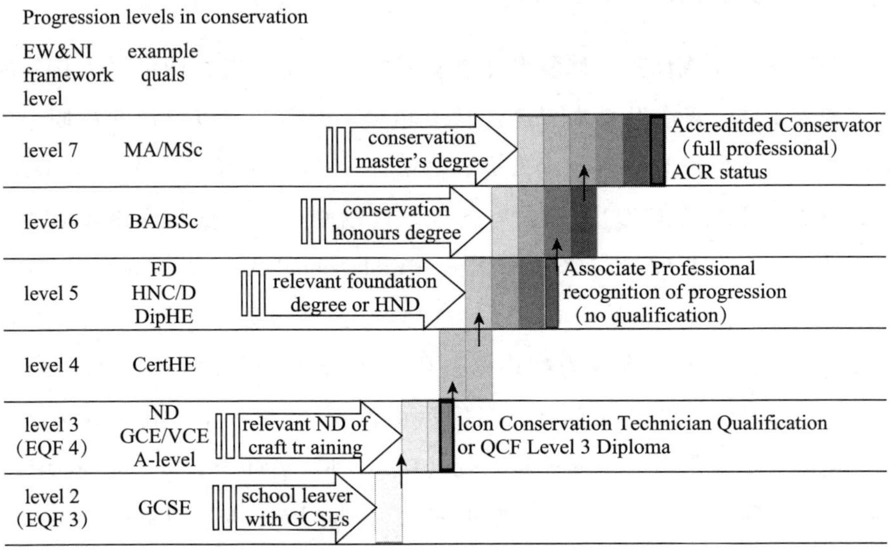

Key

- Progression upwards indicates academic and professional level,ie level of thinking,reflection,analysis, complexity,breadth/depth,decision-making and responsibility.
- Progression to the right across the shaded boxes indicates exposure to practical experience at the relevant level(s).each box might be taken as approximately a year of relevant experience.
- The nature of experience at any level will vary deppending on entry-route,e.g.a new entrant from a fulltime course is likely at first to beworking below the level indicated.
- At levels 5-8, EQF levels are the same as those shown(EW&NI level 4 can be regarded as a'asb-level'of EQF level 5).

图 1　保护与修复专业水平分级*

* Stan Lester Developments. Progression levels in conservation [EB/OL]. [2015-05-10]. http://www.sld.demon.co.uk/escalator.pdf

---

① 包括普通中等教育证书、高级水平普通教育证书、增补的高级水平普通教育证书及高等教育体系以外颁发的高级国家文凭、高级国家证书等。

② 普通职业资格证书是职业性质的学位，既属于高等教育资格，又属于职业资格。

③ 国家职业资格证书是专项岗位技能资格证书培训教育，目的是受培训者通过一定的职业技能学习和实训，达到一定的职业技能标准。

如图1所示，CTQ认证在QCF框架中处于level 3水平，相当于普通教育A级学历（即获大学入学资格），而申请职业资格者如果接受了level 3的专业教育，可以选择使用专业教育所获学分以对应CTQ认证内容基本架构（图2）中的相关知识单元，无需重复参加对应单元的评审，即可通过对应单元的CTQ认证。另外，如果申请学历资格者已经通过某些单元的CTQ认证，也可以免修获得学历所规定的相应专业课程。[32] PARC处于第七等级，学历相当于硕士水平。

2. CTQ认证

CTQ认证由英国文化遗产保护研究院（Institute of Conservation，以下简称ICON）负责。CTQ要求申请者在保护与修复工作环境中完成认证，因此，虽然没有规定申请前期要求，但由于必须要有工作环境，即申请者必须有接收单位，而接收单位往往是其工作单位，因此所有申请者均为保护与修复工作的从业人员（刚刚入行或者入行多年）。

认证程序如下，具有接收单位的申请者向ICON提出申请；接收单位按照要求在本单位内为申请者指定内部评审员（Internal Assessor）和导师（Mentor），他们可能是同一个人；申请者与导师一起根据CTQ认证单元要求制定认证计划，计划需包括培训内容、时间安排以及所需要的支持等，一份计划通常需要两至三年时间完成；完成计划制定后六个月内，ICON指派非接收单位的一名保护与修复专家作为外部评审员，对计划进行审核，如审核通过，则申请者可以在ICON正式注册备案，开展认证计划；内部评审员和导师参照计划，采用规定的量表，在工作环境中对申请者的各单元知识和技能进行持续性的评估；内部评审员撰写评估定级报告；报告经外部评审员审核通过后方可提交给ICON，ICON根据报告给出评审结果。[33]

CTQ认证的设计可以灵活适用于保护与修复的不同专业领域和工作场景，如图书馆、档案馆、特定收藏、美术馆、历史纪念场所等。其基本架构由：A作为前提条件的职业判断力和职业道德（Judgement and ethics），B一系列与申请者工作环境有关的核心单元（Core units），以及C一组可选单元（Options）组成。如图2所示。B和C中的每一个单元所占的比重可以根据申请者的实际情况进行调整；每一个单元的实际测评还要结合申请者的专业领域和工作场景加以具体化。①

A. Judgement and ethics 职业判断力和职业道德

B. Core units 核心单元
B1. Inspecting and monitoring 检测及监控
B2. Handling and caring for heritage 处理和照料遗产
B3. Protecting objects and structures 保护遗产中的具体物品和整体结构
B4. Records and reports 维护关于保护活动的档案和报告
B5. Health and safety 健康和安全
B6. Personal professivonal development 个人职业发展

C. Options 可选单元
Any two units must be taken to complete the qualification. 须选择两个单元
C7. Treatments 特殊处理
C8. Preventive measures 预防措施
C9. Exhibitions and displays 展览和展示
C10. Setting up and maintaining conservation equipment 装配和维护修复设备
C11.Making replicas or representations 制作复制品或模型
C12.Demonstrating and giving explanations 示范并予以解释
C13.Instructing and supervising 指导和管理

图 2 CTQ 认证内容基本架构*

* ICON. ICON Conservation Technician Qualification Handbook. [EB/OL]. [2015 - 05 - 10]. http://www.icon.org.uk/images/CTQ%20Handbook.docx.

申请人可以选择 CTQ 完整认证，即完成 B1 - B6 所有核心单元以及 C7 - C13 中的任意两个单元的评审，并在整个认证过程中体现符合资格的职业判断力和职业道德。申请人也可以选择 CTQ 部分认证，即从 B1 - B6 以及

① 英国国家职业标准针对不同的职业领域设置不同类型的认证单元，认证单元的设计由各领域的相关组织完成。其中 CTQ 的认证单元采纳了创意文化和技能组织（Creative & Cultural Skills Organisation）关于文化遗产准则的设计。

C7 - C13 中选择一个或若干个单元接受评审。[35]

来自接收单位内部和外部的评审员采用根据 Dreyfus 技能获取模型（Dreyfus skills acquisition model）制定的定性量表（表 2），就各单元内容从知识、工作标准、自主性、复杂性、对工作的理解 5 个方面对申请者进行测评。申请者和导师也可以借由这一量表对认证进程进行判断和管理。通过任一单元的认证，申请者均需在这一单元被评定达到"胜任"或以上水平。

表 2　CTQ 认证定性量表*

	知识 Knowledge	工作标准 Standard of work	自主性 Autonomy	复杂性 Complexity	对工作的理解 Perception of task
新手 Novice	相关知识很少，或只从教科书上获得知识，未能将其联系到实际工作中	工作中需要详细的指导	需要给予密切的监督或指导	对于复杂事物鉴别力差	倾向于孤立的看问题
高级初学者 Advanced beginner	拥有处理核心工作领域的实践知识	对基本的步骤和任务已经熟悉	需要少量的监督指导	能识别复杂情况	能够看出工作任务的一系列步骤
胜任 Competent	拥有较好的实践知识，理解关键原则	所进行的工作由始至终都能达到相应标准	能够运用自己的经验判断完成任务	能够应对复杂的情况，但在一些特定情况下还需要帮助	能从全局看待任务
非常胜任 Competent 'plus'	拥有由全面的理论知识支撑的实践知识	能保持高标准工作水平	能对自己的工作负全部责任	能够有效应对不同环境的复杂性	拥有全局思维，并清楚所遇情况适合采用何种措施和方式

* ICON. ICON Conservation Technician Qualification Handbook. [EB/OL]. [2015 - 05 - 10]. http://www.icon.org.uk/images/CTQ%20Handbook.docx.

3. PACR 认证

PACR 认证由 ICON、英国档案和记录协会（Archives & Records Association，以下简称 ARA）和英国钟表研究会（British Horological Institute，以下简称 BHI）共同实施。ICON 下设 PACR 管理董事会（Management Board）和 PACR 认证委员会（Accreditation Committee），负责具体的认证管理工作，前者对 PACR 流程进行全面的管理，后者负责进行认证程序的处理和监督。

申请者必须具备以下条件：①供职于文化遗产保护机构；②是 ICON、ARA 或 BHI 的成员；③具有在复杂环境下处理文化遗产保护的一般性经验，并曾经负责相关项目的实施。大多数申请者为已获得保护与修复学士或硕士学位 5 年时间以上，或者拥有 8 ~ 10 年的相关工作经验。

PARC 认证每年启动两次（分别安排在 1 月和 6 月）。认证流程包括：申请者向 ICON 提交申请并约定考核时间；申请者根据要求准备考核资料；两名考核人员于约定时间在申请者的工作场所对其工作进行考核；申请人将在大约两周的时间内收到考核人员向 PACR 认证委员会提交并通过审核的反馈报告，若申请人对反馈报告的内容有异议，则最迟需在收到反馈报告的一周内向 PACR 认证委员会提出，最后由 PACR 认证委员会评估该申请人是否通过认证。全程大约需时 6 ~ 8 个月。

如前所述，通过 PACR 认证者，将成为 ACR。但这一头衔需要通过持续参与专业进修（Continuing Professional Development，以下简称 CPD）方可得以保留。新近通过 PACR 认证者，需在成为 ACR 两年后，提交一份 CPD 报告（CPD Review），以证明其通过持续进修保持符合 PACR 认证最新要求的专业水平。对于非新晋 ACR，ICON 则通过随机抽查 CPD 报告的方式加以管理。

4. 专业教育

目前英国主要有 6 个高等教育机构提供保护与修复专业教育，它们分别是林肯大学（University of Lincoln）、剑桥大学（University of Cambridge）、卡迪夫大学（Cardiff University）、诺森比亚大学（Northumbria University）、西迪恩学院（West Dean College）和英国伦敦艺术大学坎伯韦尔学院（Camberwell College of Arts in University of the Arts London）。除培养学士和硕士人才外，也提供更侧重于实践能力的研究生文凭（Graduate Diploma、Postgraduate Diploma）。此外，还有专门面向职业资格认证的继续教育，如 ARA 针对 PACR 认证所提供的 24 周课程。[34]

（四）德国模式

德国职业资格认证制度起源较早，最早可以追溯到中世纪的“行会”

中所实行的学徒制度。虽经历不断的发展与完善，但德国目前尚无一个统一的职业资格证书分类系统。随着2000年以来欧洲职业资格认证一体化的发展，《里斯本战略（*The Lisbon Strategy*）》[35]与《哥本哈根宣言》（*The Copenhagen Declaration*）[36]的推动，促成了欧洲职业资格框架体系（European Qualification Framework，EQF）的建立。EQF要求欧盟各成员国建立国家职业资格框架（National Qualification Framework）与之对接，以实现欧洲范围内各职业资格的可比性。德国是联邦制国家，依据德国基本法，其文化事业的主管权主要归属于各州。2006年10月，德国职业教育研究部（Bundesministerium für Bildung und Forschung）和各州文化部长联席会议（Kultusminister Konferenz）同意共同构建德国职业资格框架（Deutsche Qualification Framework，DQF），并延伸到所有的教育领域，包括普通教育、高等教育和职业教育。在保护与修复职业资格认证方面，接受相关领域高等专业教育是其主要的获得方式。此外，德国个别州的“修复师”职业名称使用法对在德保护与修复职业资格认证的获得方面做出了相应的补充。

1. 接受专业教育

如前所述，接受相关领域高等专业教育是获得保护与修复职业资格的重要方式。笔者曾于2014年12月采访德国科隆应用科学大学修复科学研究所（Institute for Conservation Sciences，University of Applied Sciences Cologne）的修复专家福克斯教授（Professor Robert Fuchs），他特别指出，要在德国从事修复工作，除个别州外，基本上要求必须接受相应专业的高等教育，并获得本科以上学历；硕士研究生学历或以上方可单独承担修复项目，本科学历者则可以选择进入修复实验室或相关修复机构协助修复专家从事修复工作，或继续进行深造。

目前德国共有8所高校①开设了16个修复相关专业，8所高校均为欧洲保护与修复教育联盟（European Network for Conservation-Restoration Education）[37]成员。其中7所高校提供文献保护与修复相关专业教育，它们是

① 除下文所列的7所高校外，还有波茨坦应用科学大学（Fachhochschule Potsdam）。

科隆科技大学（Fachhochschule Köln）、慕尼黑工业大学（Technische Universität München）、埃尔福特应用技术大学（Fachhochschule Erfurt）、柏林技术与经济应用科学大学（Hochschule für Technik und Wirtschaft Berlin）、希尔德斯海姆应用科技大学（HAWK Hochschule für angewandte Wissenschaft und Kunst Fachhochschule Hildesheim/Holzminden/Göttingen）、斯图加特国立造型艺术学院（Staatliche Akademie der Bildenden Künste Stuttgart）、德累斯顿造型艺术学院（Hochschule für Bildende Künste Dresden）。其中，慕尼黑工业大学与巴伐利亚州国家图书馆书籍与手稿修复研究所（Institut für Buch-und Handschriften Restaurierung in der Bayerische Staatsbibliothek，IBR）合作设立了“书籍与纸张保护与修复”硕士联合培养项目[38]，以培养兼具专业性和职业性修复师。德国巴伐利亚州国家图书馆是欧洲最重要的综合性图书馆之一，同时也是除英国国家图书馆外世界上第二大古版书的收藏馆，其 IBR 在书籍与纸张的保护与修复方面有 60 年的研究和经验积累，其丰富的修复素材、前沿的实验室以及有经验的修复师，为参与该联合培养项目的学习者提供了有利的实践条件和指导。

以往德国保护与修复专业的学生通常要经过 4 ~ 5 年的学习方能获得大学毕业文凭，即德国传统硕士文凭（Diplom）。为与国际接轨，欧洲推行高等教育改革计划，博洛尼亚进程（Bologna Process）施行本科加硕士的模式，推动了德国高等教育对 DQF 的适应性。

此外，行业协会对德国职业资格认证也起着莫大的监督作用。为了保证博洛尼亚进程新模式不影响修复人才培养质量，德国修复师协会（Verband der Restauratoren，以下简称 VDR）对修复专业的课程连续性提出了特别的要求，即只有修复专业的本科毕业生，方可申请攻读修复专业的硕士研究生。修复专家福克斯教授告诉笔者，如果有外国修复专业的本科毕业生申请攻读德国修复专业硕士研究生，相关高校将预先通过考试判定申请者在修复领域的专业知识是否达到德国修复专业本科毕业生的水平，如果考试结果显示该申请者仅达到德国修复专业本科某一阶段水平，其申请将被拒绝。专业学习的衔接性和连续性保证了修复专业毕业生的专业水准，同时也保证了保护与修复职业资格的专业性。

学历教育之外，德国亦面向保护与修复行业的从业者提供继续教育课程，如霍恩曼学院提供保护与修复领域的网络课程。因其从 2003 年开始成为希尔德斯海姆应用科技大学的下设学院，所以部分网络课程可视为大学修读相关学位课程的一部分，以此为修复领域的从业者提供继续教育和进修的机会。

2. “修复师”职业名称使用法对职业资格认证制度的补充

德国保护与修复职业资格认证的主管权归属各州，除主要通过获得保护与修复专业高等教育而获得职业资格外，个别州的“修复师”职业名称使用法对在德保护与修复职业资格认证也做出了相应的补充。其中，VDR 作为行业专业协会，为了保证文化艺术品得到有效的保护，一直积极地致力于推动各联邦州政府的职业名称使用法立法进程。德国 16 个州中，目前有梅克伦堡 - 前波莫瑞州（Mecklenburg-Vorpommern）和萨克森 - 安哈特州（Sachsen-Anhalt）通过了“修复师”职业名称使用法，其相关条款为该州修复行业的准入规则。

《梅克伦堡 - 前波莫瑞州“修复师”职业名称使用法》[①] 的第四条规定，欲向州最高文物保护部申请成为修复师，必须同时具备三个条件：第一，申请者需承担该法案第一条所列明的工作使命，即通过研究、识别、鉴定、保护、修复、保养、指导、勘探和形成相关文档等手段，保护公共的、宗教的以及私人的文化艺术品；第二，申请者需获得修复领域高等教育毕业文凭；第三，申请者主要居住地或主要的职业活动范围是梅克伦堡 - 前波莫瑞州。

《萨克森 - 安哈特州“修复师”职业名称使用法》[②] 的第二条中规定，欲成为注册修复师，需成功注册且通过修复师名单（Restauratorenliste）。法案第四条列明了申请注册修复师的资质要求（只需满足 4 个要求之一）：

---

① Gesetz über die Führung der Berufsbezeichnung “Restautor “ im Land Mecklenburg-Vorpommern (Restauratorgesetz-RG M-V) vom 9, November 1999《梅克伦堡 - 前波莫瑞“修复师”职业名称使用法》，1999 年 11 月 9 日版.

② Gesetz über die Führung der Berufsbezeichnung “Restauratorin “ oder “Restautor “ im Land Sachsen-Anhalt (Restauratorgesetz Sachsen-Anhalt-ReG LSA) vom 16, Mörz 2011《萨克森 - 安哈特州“修复师”职业名称使用法》，2011 年 3 月 16 日修订版.

第一，需接受过修复领域高等教育并获得大学毕业文凭或其他同等资历文凭；第二，获得其他专业的大学毕业文凭，并获得正在从事修复工作的证明；第三，具有外国同等职业资格者，需经本州文化部下属相关机构审批；第四，不具备第一中所要求之文凭者，需提供从事修复相关职业至少七年的证明，并得到专业委员会中两名修复师的专业认可。

（五）日本模式

在日本，进入保护与修复领域从事相关工作的渠道有二：一是参与并获得由日本国宝修理装潢师联盟（国宝修理装こう师联盟，以下简称国宝联盟）组织并推行的职业资格认证，获得相关的职业资格级别；二是进入保护与修复工作室接受学徒教育，满师后可独立承担相关工作。

1. 国宝修理装潢师联盟认证

成立于 1959 年的国宝联盟是日本文化厅唯一认定的国家级官方保护与修复职业资格认证机构，主要负责日本国内和流传海外的日本美术品（包括国宝级的古籍）的保护和修复。2003 年，国宝联盟经由日本文化厅授权开始推行全国性的修复资格认证制度，主要包括经验审查和组织考试两种方式。除了面向个人的职业资格认证外，国宝联盟也提供面向企业的资格认证，即工房的加盟认证。

国宝联盟将修复资格认证分为书籍修复、绘画修复甲（绢画或纸画）以及绘画修复乙（绢画或纸画之外的其他绘画作品）三个领域，技手、技师补、技师、主任技师、技师长 5 个级别。认证的要求包括年龄、获得资格认证的年限以及学历 3 个方面，其中技手、技师补、技师资格的获得需要拥有相应的工作年限或研习经历（指参加国宝联盟举办的研修会和讲习会），通过经验审查即可，而主任技师、技师长除有学历要求外，还需通过国宝联盟组织的全国性考试。[42] 具体如图 3 所示。

技手无年龄和经验限制，具有高中学历，并完成一年制短期大学专攻课即可获得。成为技师补的要求包括：具有技手资格一定时间；具有高中及以上学历；年龄在 23 ~ 27 岁；有 2 ~ 3 年相关工作经验（如完成博士学位前期课程者不做经验要求）；参加了国宝联盟举办的新任者研修会；通过入行一年的注册审查。成为技师的要求包括：具有高中及以上学历；大学毕业者年龄应在 27～39 岁；具有 4 年及以上相关工作经验；参加了国宝联盟举办的初级讲习会。成为主任技师的要求包括：大学毕业或完成两年制短期大学专攻课程或完成博士学位前期课程；年龄在 33 岁以上；具有 10 年及以上相关工作经验；参加了国宝联盟举办的中级讲习会；通过国宝联盟举办的全国性主任技师考试。成为技师长的要求包括：完成博士学位前期课程；年龄在 39～65 岁；具有 16 年及以上相关工作经验；通过国宝联盟举办的全国性技师长考试。

全国性主任技师和技师长考试由受国宝联盟委托的外部委员会组织进行。外部委员会通常由 8 名成员组成，他们是来自保护科学、美学史、历史学、文化遗产修复等领域的专家。

2. 学徒教育

工房内部的学徒教育是日本独具特色的保护与修复人才培养模式。保护与修复业内知名的工房均施行“学徒制”，如东京博物馆内的半田九清堂、得水轩、大阪市立美术馆内的前桥修理所等。具备高中学历，无需任何专业基础即可进入工房学习，学徒生涯通常为 3－5 年，部分知名工作室期限略长（如 1781 年创立的古书画装裱修复工房宇佐美松鹤堂的学徒需经过至少 10 年的训练），学徒满师后可独立作业。工房之间也经常组织成果展示和经验交流等活动。

3. 专业教育

目前日本有 6 所大学提供保护与修复专业教育，它们是奈良教育大学、奈良大学、京都嵯峨艺术大学、京都造型艺术大学、东北艺术工科大学，吉备大学。以本科和研究生层次的培养为主。对于保护与修复这样一个实践性极强的领域，专业教育也特别注重实践实习。与保护与修复专业组织合作以提供高质量的实践教学，是日本大学的主流方式。2006 年，国宝联盟与奈良教育大学、奈良大学、京都嵯峨艺术大学、京都造型艺术大学共同开展“大学研究生－协议会”项目，为各合作大学的研究生提供实习场所和实践实习机会。上述 4 所大学的研究生在获得硕士学位之前，必须参加国宝联盟主办的四周实习，国宝联盟将指定专家对每一个学生的实习情况进行评分。2009 年，东北艺术工科大学和吉备大学也加入了这一项目。

此外，国宝联盟等保护与修复专业组织还提供了一系列继续教育。如前面所提，国宝联盟为参与职业资格认证者获得研习经历而举办的研修会和讲习会。又如文化财研究所举办的古籍纸张保存与修复的国际研修班、日本国立国会图书馆举办的资料保存及修复破损材料的短期培训等。京都科学公司、全国国宝重要文化财所有者联盟、全国手漉和纸用具制作技术保存会等也会周期性地举办具有一定规模的短期培训与交流活动。[40]

四　启示与思考

（一）关于职业资格认证的目的和主体

调研显示，各国进行保护与修复职业资格认证的目的，并非是设立职业准入门槛，而是评价保护与修复工作者的专业水平，并为他们保持和不断提升专业水平提供指导和帮助。因此，各国负责职业资格认证的主体大多为国家层面的保护与修复专业组织，其中既有行业协会，也有学术机构，如美国的 ACI、加拿大的 CAPC、英国的 ICON、德国的 VDR 和日本的国宝联盟。因为对于保护与修复这样一个专业性极强的领域，只有这些专业组织，才有可能制定科学合理的职业标准或评价规范，并委派资深专业人士根据标准或规范对保护与修复工作者的专业水平进行评价和提供指导及帮助。

2014 年 8 月，人力资源社会保障部发布《关于减少职业资格许可和认定有关问题的通知》（人社部发〔2014〕53 号）[41]，提出“推进行业协会、学会有序承接水平评价类职业资格具体认定工作”，具体就建立中国文献保护与修复职业资格制度而言，这是符合国际主流的做法。但其进而提出的“水平评价类职业资格由国务院部门依法制订职业标准或评价规范”，对于文献保护与修复这种专业性极强的领域而言，恐怕并不合适，改由国务院部门指导并委托行业协会、学会制定职业标准或评价规范，或可取得更好的效果，如以国家古籍保护中心为主体，联合中国图书馆学会、中国档案学会和中国博物馆协会等承担这项工作。

（二）关于职业资格认证与专业教育的互动

由于职业资格认证旨在评价保护与修复工作者的专业水平，并为他们保持和不断提升专业水平提供指导和帮助，因此，调研对象的职业资格认证与其专业教育之间保持着密切的互动关系。例如在加拿大和日本，接受保护与修复专业教育是申请职业资格的先决条件；在美国和德国，接受保护与修复高等专业教育是获得保护与修复职业资格的重要方式；而在英国，更是在 QCF 框架下，实现了学历资格和职业资格的互认。

如前文所述，2013 年底，教育部、人力资源社会保障部出台《关于深入推进专业学位研究生培养模式改革的意见》，意见之一便是推进与职业资格衔接，而事实上，与职业资格的衔接，本就是专业学位设立的重要目的。国外文献保护与修复职业资格与专业教育保持密切关系的做法，正可以为中国图情专硕教育改革所借鉴。2015 年，中山大学和复旦大学首次设立“文献保护与修复”图情专硕联合培养方向，不管是就其联合对象——国家古籍保护中心——作为国家层面的保护与修复专业组织地位而言，还是从专业学位的改革方向来看，抑或是配合国家的职业资格新政策环境，将文献保护与修复的职业资格认证与“文献保护与修复”方向图情专硕培养相结合，应是可行且有益的尝试。

（三）关于职业资格认证与继续教育的结合

为了通过职业资格认证以指导和帮助保护与修复工作者保持和提升专业水平，调研对象的职业资格认证往往与继续教育紧密结合。最典型的是英国 CTQ 认证，第一要为申请者指定导师，那么申请者在整个认证过程中就同时具有学生的身份；第二要由导师与申请者一起制定需要两至三年时间完成的认证计划，这一计划实际上就是培训计划；第三其评价用的定性量表所依据的 Dreyfus 技能获取模型本就是 Dreyfus 家两兄弟（Stuart Dreyfus 和 Hubert Dreyfus）在加州大学以学习过程为对象的研究成果[44]；而评审员对于申请者关于任一单元知识和技能的评审都是持续性的，持续至申请者在这一单元达到胜任水平，这实际上就是一个继续教育的过程。又如日本国家联盟认证，其前三级技手、技师补和技师的晋升条件之一便是参加国家联盟举办的研修会和讲习会，即参加职业资格认证主体所组织的继续教育是获得职业资格认证的基本要求。再如英国的 PACR 认证，通过认证获得 ACR 头衔者，需要持续参与 CPD 即继续教育，方可保留这一头衔；美国 AIC 主证的续认证方式，大致也是此意。德国目前也陆续开展相关的继续教育课程。将职业资格认证与继续教育紧密结合，也是中国文献保护与修复界应该考虑的方向。

（四）关于职业道德

加拿大 CAPC 认证要求申请者做出始终遵守 CAPC 和 CAC 联合制定的《道德规范》的正式承诺。该《道德规范》提出了文化遗产保护专业人员在职业情境中应该遵循的十条道德原则，包括[45]：（1）专业人员需独自或与他人一道致力于维持文化遗产的社会需求与长久保护之间的平衡；（2）专业人员所采用的一切保护举措都必须尊重所保护文化遗产在物理上、概念上、历史上和美学上的完整性；（3）专业人员需要在包括预防性保护、检查、存档、研究、处理和教育等与保护有关的各方面努力达到尽可能高的标准；（4）专业人员通过实施或向所有者建议适当的预防性保护措施以使其所照料的文化遗产免遭损坏和衰败；（5）专业人员应认识到自己的局限以及他人的特殊技能的知识；（6）专业人员应不断学习知识和技能从而不断提高其专业工作的水准；（7）专业人员应与同行分享经验和信息以助益保护与修复职业的进步和发展；（8）专业人员应诚实和正直地对待所有职业关系，尊重所有同行的权利，尊重保护与修复这一职业整体；（9）专业人员应致力于通过与对文化遗产感兴趣者、其他领域专业人员、公众的交流和沟通加深他们关于文化遗产保护的认识和理解；（10）专业人员有义务遵守并促进理解本规划。

而在英国 CTQ 认证中，要求申请者在整个认证过程中体现符合资格的职业判断力和职业道德。具体的要求包括[47]：（1）申请者理解适用于其工作领域的道德和法律义务；（2）申请者知道如何在工作中应用道德原则。

德国专业协会 VDR 也要求从事保护与修复相关职业者必须具有较高的

职业道德标准，并凭借所受的高等专业教育完成文化遗产保护并使其得以永久流传的特殊使命。[48]

上述这种在职业资格认证中对于保护与修复人员职业道德的重视，也是值得我们关注和借鉴的。

参考文献

[1] 程焕文. 在理想与现实之间踌躇徘徊 [J] //笔谈·关于图书情报专业学位研究生教育的讨论. 图书情报知识，2011 (5)：4 -5.

[2] 教育部，人力资源社会保障部. 关于深入推进专业学位研究生培养模式改革的意见 [EB/OL]. [2014 -09 -19]. http://www.moe.edu.cn/publicfiles/business/htmlfiles/moe/moe_823/201311/159870.html.

[3] 徐引篪. 图书情报事业的未来——2010 年发展预测 [C]. 合肥：中国科学技术大学出版社，1998：171 -177.

[4] 吴建中. 关于图书馆员的职业资格问题//21 世纪图书馆：发展与变革 [C]. 北京：北京图书馆出版社，2000：182 -185.

[5] 中国图书馆学会. 中国图书馆学会积极协助有关部门开展图书馆员职业资格认证工作 [EB/OL]. [2014 -09 -19]. http://www.lsc.org.cn/c/cn/news/2006 -04/03/news_264.html.

[6] 庞蓓. ALA、LA、JLA 图书馆职业资格制度之比较分析与启示 [J]. 图书情报工作，2004 (7)：114 -118.

[7] 初景利，李麟. 美国图书馆员职业资格认证体系 [J]. 国家图书馆学刊，2005 (3)：29 -35.

[8] 王青云. 英国图书馆员职业资格认可制度 [J]. 国家图书馆学刊，2005 (3)：36 -40.

[9] 秦长江. 图书馆职业准入和任职资格制度浅论 [J]. 图书与情报，2003 (4)：79 -81.

[10] 吴慰慈. 图书馆职业资格认证制度 [J]. 图书馆建设，2004 (2)：7 -8.

[11] 王世伟. 在我国三大系统图书馆中实施职业资格认证制度面临的问题 [J]. 国家图书馆学刊，2007 (3)：23 -25.

[12] Chieko, Mizoue. Library schools and accreditation system in the US Library [J].

Information and Media Studies, 2004 (2): 33 -44.

[13] Cronin, B. Accreditation: retool it or kill it [J]. Library Journal, 2000 (6): 54.

[14] Martin, Susan K. A new vision for library and information studies accreditation [J]. Libraries and the Academy, 2002 (7): 481 -483.

[15] Gorman, Michael. More on library education [J]. American Libraries, 2006 (5): 3.

[16] 张志清．谈谈《图书馆古籍修复人员任职资格》标准 [J]. 国家图书馆学刊, 2006 (3): 32 -33.

[17] 杜伟生．古籍修复队伍的建设及发展机遇 [J]. 文物保护与考古科学, 2008 (S1): 101.

[18] 田丰．试论古籍修复职业准入制度的建立 [J]. 出版科学, 2009 (4): 63 -64.

[19] 何祯, 何韵．中美文献保护与修复职业认证制度比较研究 [J]. 图书馆论坛, 2012 (2): 152 -154, 108.

[20] 同上．

[21] American Institute for Conservation of Historic and Artistic Works. About us. [EB/OL]. [2015 -01 -31]. http://www. conservation - us. org/about - us.

[22] The State University of New York Buffalo. Art Conservation, M. A. , C. A. S. [EB/OL]. [2015 - 05 - 10]. http://artconservation. buffalostate. edu/program/art - conservation - macas.

[23] New York University. NYU Paper Conservation. [EB/OL]. [2015 - 05 - 10]. http://www. nyu. edu/gsas/dept/fineart/conservation/paper. htm.

[24] University of Texas at Austin. Certificate of Advanced Study. [EB/OL]. [2015 - 05 - 10]. https://www. ischool. utexas. edu/programs/specializations/certificate_of_advanced_study.

[25] Georgia State University. History - A. B. [EB/OL]. [2015 - 05 - 10]. http://www. bulletin. uga. edu/MajorsGeneral. aspx? MajorId = 90#MR.

[26] University of Maryland. Certificate in Historic Preservation. [EB/OL]. [2015 - 05 - 10]. http://www. arch. umd. edu/hisp/certificate - historic - preservation.

[27] CAC. About us. [EB/OL]. [2015 -1 -27]. https://www. cac - accr. ca/about - us.

[28] CAPC. What is CAPC? [EB/OL]. [2015 - 1 - 25]. http://capc - acrp. ca/what_ is_ capc. asp.

[29] CAPC. CAPC Bylaws. [EB/OL]. [2015 - 1 - 25]. http://capc - acrp. ca/by-laws_ regulations. asp.

[30] 邵元君，匡瑛．全纳的创新资格框架：英国的 QCF [J]．外国教育研究，2011 (10)：69.

[31] ICON. Candidate Guide. [EB/OL]. [2015 - 05 - 10]. http://www. icon. org. uk/index. php? option = com_ content&view = article&id = 753&Itemid = 74：26.

[32] ICON. Candidate Guide. [EB/OL]. [2015 - 05 - 10]. http://www. icon. org. uk/index. php? option = com_ content&view = article&id = 753&Itemid = 74：26.

[33] ICON. Candidate Guide. [EB/OL]. [2015 - 05 - 10]. http://www. icon. org. uk/index. php? option = com_ content&view = article&id = 753&Itemid = 74：26.

[34] Archives & Records Association. Certificate in Archive Conservation. [EB/OL]. [2015 - 05 - 24]. http://www. archives. org. uk/training/certificate - in - archive - conservation. html

[35] European Council. Lisbon European Council 23 - 24. 03. 2000：Conclusions of the Presidency [R/OL]. [2015 - 05 - 25] http://www. europarl. europa. eu/summits/lis1_ en. htm

[36] The European Ministers of Vocational Education and Training, and the European Commission. The Copenhagen Declaration. [Z]. 2002.

[37] European Network for Conservation - Restoration Education. Members and Partners. [EB/OL]. [2015 - 05 - 24]. http://www. encore - edu. org/.

[38] Institut für HandschriftenRestaurierung. Restaurierung. [EB/OL]. [2015 - 05 - 24]. http://www. bsb - muenchen. de/ibr/.

[39] 娄明辉．论日本古籍修复工作 [J]．图书馆建设，2011 (08)：91 - 93.

[40] 日本国宝修理装潢师联盟．国宝联盟修理技术者资格制度．[EB/OL]. [2014 - 11 - 05]. http://www. kokuhoshuri. or. jp/01_ about/cert. html.

[41] 奈良教育大学．奈良教育大学文化遗产教育专修．[EB/OL]. [2015 - 02 - 01]. http://www. kokuhoshuri. or. jp/01_ about/successor. html.

[42] 人力资源社会保障部，专业技术人员管理司．关于减少职业资格许可和认定有关问题的通知．[EB/OL]. [2015 - 05 - 21]. http://www. mohrss. gov. cn/zyjsrygls/ZYJSRYGLSzhengcewenjian/201408/t20140814_ 138388. htm.

[43] Dreyfus, Stuart E. ; Dreyfus, Hubert L. A Five – Stage Model of the Mental Activities Involved in Directed Skill Acquisition [M]. Washington, DC: Storming Media. February 1980.

[44] CAPC. Code of Ethics. [EB/OL]. [2015 – 05 – 21]. http://capc – acrp. ca/ethics. asp.

[45] ICON. CTQ Qualification Structure. [EB/OL]. [2015 – 05 – 21]. http://www. icon. org. uk/images/CTQ%20Qual%20Structure. docx.

[46] Verband der Restauratoren. Ziele und Aufgaben der Verband. [EB/OL]. [2015 – 01 – 20]. http://www. restauratoren. de/wir – ueber – uns/der – verband/ziele – und – aufgaben. html? PHPSESSID = e298234c325980c0351f9fa3f4dfea75.

10. 中国内地及港澳地区图书馆西文古籍保护与修复情况调查*

在中国，文献的传承从古至今未曾间断，因此，在很多的大学图书馆和公共图书馆里，均有专门的中文古籍收藏，馆藏中文古籍的保护与修复工作也向来受到重视。近年来，在国家政策[1]和项目[2]的引导和支持下，中国的古籍保护事业更是蓬勃发展，展开了古籍普查、制度化常态管理、保护与修复、人才培养、整理研究以及特色古籍保护等多方面的工作，取得了许多标志性成果，包括以下六个方面：（1）全国古籍收藏机构的普查工作全面铺开，所有古籍按照一至四档定级。并分别在 2010 年 8 月及 10 月，制定了《汉文古籍定级标准》以及《中国少数民族文字古籍定级标准》，为古籍的整理工作提供了标准化的依据。现全国古籍普查登记工作已进入成果揭示阶段，目前首部《全国古籍普查登记目录》——《天津图书馆藏古籍普查登记目录》已正式出版，共收录古籍数据 31812 条，包括珍本、善本、普本、方志及特藏等古籍类别。此后预计将有数十家收藏单位的古籍普查登记目录陆续出版，为古籍保护、利用工作提供重要依据。（2）已建立完善的“国家珍贵古籍名录”和“全国古籍重点保护单位”制度，采取定期申报与审批流程，截至 2013 年，国务院分四批公布了共

---

* 本文内容首刊于论文《中国内地及港澳地区图书馆西文古籍保护与修复情况调查》（载于《大学图书馆学报》2017 年第 2 期第 99 - 108 页，作者：张靖，张盈，林明，邱蔚晴）。收录时经作者同意，有所改写。

11375 部珍贵古籍和 166 家全国古籍重点保护单位，促使古籍保护成为全国各地公藏机构的一项常态工作。（3）在全国各地设立 12 家国家级古籍修复中心，组织实施各类型的古籍修复项目，目前国家图书馆已完成《赵城金藏》《永乐大典》、西夏文献等珍贵古籍的修复，正在修复敦煌遗书、宋元明清善本、金石拓片、舆图、馆藏清宫“天禄琳琅”等特色藏品。（4）在人才培养方面，开展与古籍保护相关的全国培训班逾 60 期，培训内容包括汉语及少数民族语文古籍的鉴定与保护、古籍普查、古籍编目、古籍修复技术、碑帖整理与修复等。（5）在国家古籍保护中心的带领下，组织和参与众多国内与国际的研讨会，并通过“中华再造善本工程”的再生性保护手段，将善本古籍系统地复制出版（一期已出书 758 种，共 8990 册），使古籍的鉴定整理、保存与保护的研究更为深入。（6）开展特色古籍保护，组织编撰《中国古籍总目》、《中华医藏》和《民国文献总目》。

在这样的背景下，受到关注的中文古籍范围不断扩大，从善本古籍、普通古籍再到民国文献，古籍保护的对象日益多元化。图书馆古籍藏品中的西文古籍也开始进入人们的视野。但与其他类型古籍相比，西文古籍在中国图书馆界和文化遗产保护界的受关注程度还处于较低水平。

文献调查显示，目前中国学界关于西文古籍收藏的研究主要涉及以下几个主题。第一，关于西文古籍、西文善本和西文新善本等概念的界定与区分标准。[3][4][5]第二，关于西文古籍保存和整理现状的总体描述和建议：王雨卉讨论了非善本西文古籍的开发整理工作重点及建议[6]；张丽静界定了西文善本的收藏范围、标准和价值，介绍了国内西文善本保存现状并提出建议。[7]第三，关于具体图书馆外文古籍收藏与整理情况的介绍：如北京图书馆（现国家图书馆）外文藏书[8]、北京大学图书馆部分西文善本书[9]、大连市图书馆欧洲语言古籍[10]等。第四，关于中西文古籍修复技术的简单比较。[11]总体而言，中国学界关于西文古籍收藏的研究还处于探讨概念、介绍馆藏、宣传价值、呼吁重视的起步阶段，与业界对于西文古籍保护的关注程度大致相当。

随着中国古籍保护事业的进一步发展，如同民国文献的保护快速升温一样，西文古籍的保护也将很快进入全新的发展阶段。为此，笔者对中国内地及港澳地区图书馆的西文古籍的收藏、整理、保护与修复情况展开基本调查，以了解现状，找准发展的方向。

一 研究设计

（一）概念界定

诸如西洋、泰西、西文等，均是以中国为中心的政治文化概念，类似于以欧洲为中心的远东、近东、东亚语言等。在中国图书馆界，一般将以欧美为主的西洋国家所使用的文字统称为西文。西文古籍便是承载了西文作品的符合各馆古籍界定的文献。所谓“各馆”，是指目前在中国图书馆界还没有一个关于西文古籍的通用概念，此外还有西文古籍、西文善本及西文新善本的区分。当前图书馆较普遍的做法是将1911年及以前的文献视作西文古籍，将1800年以前的西文古籍视作西文善本，将1800～1911年具有特殊价值的西文古籍视作西文新善本。但这一划分标准并非绝对，各图书馆还会结合收藏情况做具体规定，如中国国家图书馆将1850年以前的西文文献视作善本。针对这一情况，我们在调查之前并未对“西文古籍”做出界定，而是将这一问题纳入调查内容，因此，此次调查对象所指“西文古籍”，是指接受调查的各图书馆根据馆内政策所界定的“西文古籍”。

（二）相关调查

笔者采用文献保护、文献修复、古籍保护、古籍修复、“Preservation OR Conservation”和“Investigation OR Survey”等检索词在CNKI和EBSCO—Host两个数据库中进行检索，筛选出文献保护与修复相关调查31个。表1对这31个调查所涉及的文献类型、范围和内容进行了分析，并按文献类型进行了分类。

表 1　文献保护与修复相关调查情况

no	调查文献类型	调查范围	调查内容	调查一级指标	调查二级指标	调查实施时间及文献出处
1	馆藏文献	中国内地图书馆	灾难预案	保护情况	①馆藏类型；②文献保护部门；③保护人员数量；④环境控制（数量、对象）；⑤保护内容（古籍修复、图书装订与修补、脱酸、缩微、数字化、影印出版、特藏规定、数字资源保存、相关培训）	2009 - 2010 年 参考文献[12]
				遭遇灾难	①自然灾难（突发事件类型、发生时间、严重程度、受灾文献册数、文献损毁和恢复情况）；②日常突发事件（突发事件类型、发生时间、严重程度、受灾文献册数、文献损毁和恢复情况）；③灾后情况（人员伤亡、受灾文献处理与效果）	
				应对灾难	应对措施（保险、灾难预案）	
				灾难预案	①预案意识；②专业人员；③设施；④指引的获得；⑤预案内容与执行	
2	馆藏文献	美国密歇根州公共图书馆	保护现状与需求	保护现状	①技术与培训；②材料与设备；③外包服务；④资金支持	2010 年 参考文献[13]
			保护需求	保护资源需求	①技术与培训；②材料与设备；③外包服务；④资金支持	
3		美国马萨诸塞州公共图书馆、学术图书馆、专业图书馆、博物馆	保护需求	保护需求	①设施设备；②环境控制；③防火装备；④修复情况；⑤非善本图书的图书装订；⑥特藏、本地历史文献及档案的保存情况；⑦灾难预案；⑧机构信息	1990 年 参考文献[14]
4		美国佛罗里达州学术图书馆、公共图书馆	保存	保护需求	①装订服务；②修复的流程与制度；③馆藏的年代及酸化程度；④处理脆弱文献的流程及微缩处理；⑤馆员接受文献保护相关培训的情况；⑥文献保护计划；⑦馆藏保护措施；⑧图书馆对于文献保护与修复的意识	1989 - 1990 年 参考文献[15]

续表

no	调查文献类型	调查范围	调查内容	调查一级指标	调查二级指标	调查实施时间及文献出处
5	馆藏文献	美国小型公共图书馆	保存	脆化藏书情况	①藏书脆弱程度；②与大型研究图书馆馆藏损坏程度的对比；③保护制度	1990 年* 参考文献[16]
6		撒哈拉沙漠以南林波波河以北非洲大学	保护实践	保护	①当地及国际的文献保护历史；②非洲气候；③生物、物理、化学损害；④灾难预案；⑤材料的处理；⑥非洲保护与修复的方法；⑦补救性修复措施	1993 年* 参考文献[17]
7		美国独立图书馆	建筑	建筑对文献保护的影响	①图书馆设施；②供暖、供冷系统；③邻近馆藏的管道系统；④安保系统；⑤防火装置；⑥墙体附近堆叠的馆藏；⑦灾难预案	1990 年* 参考文献[18]
8	馆藏文献	东欧三大主要学术图书馆(来利沃夫,乌克兰和索菲亚)	保护实践	保护情况	①藏量；②资金、法律支持；③专业人员（数量、方向、接受培训程度）；④文献保护项目的开展情况及实践成果；⑤保存及破损情况（脆化、酸化、装订、错误堆叠、缺乏装具）；⑥馆藏建筑、设施设备情况；⑦文献保护政策及执行情况；⑧修复材料供给	2001 - 2002 年 参考文献[19]
9		美国堪萨斯大学图书馆	馆藏保护	流通馆藏保护情况	①图书纸张情况；②装订；③长期保存计划	1997 年* 参考文献[20]
				总体馆藏保护情况	①图书纸张情况；②装订；③长期保存计划	
10		美国研究图书馆协会成员馆	纸质馆藏情况	需数字化保护的纸质馆藏目录	①需数字化保护的馆藏；②电子资源管理指南；③编目政策	1999 年* 参考文献[21]
11		美国研究图书馆协会成员馆	保护	保存现状与保护措施	①损坏评估；②目录研究；③替换；④影印；⑤微缩	1989 年* 参考文献[22]
12		纽约州立大学布法罗分校	保存	保存状况	①出版年代；②酸化、脆化、残缺程度；③流通对书况的影响	1988 年* 参考文献[23]

续表

no	调查文献类型	调查范围	调查内容	调查一级指标	调查二级指标	调查实施时间及文献出处
13	馆藏文献	美国耶鲁大学图书馆系统	保存	部分馆藏状况（36500册）	图书破损与酸化	1985年* 参考文献[24]
14	馆藏文献	美国50个州及哥伦比亚地区联邦图书馆信息中心	机构整体情况	机构整体情况	①馆藏；②人员；③服务；④自助设施；⑤技术；⑥文献保护等	1994年 参考文献[25]
15		美国国家档案馆、加拿大国家图书馆、12所美国州立档案馆及图书馆	机构整体情况	机构整体情况	①馆藏；②人员；③参考咨询服务；④复印制度；⑤文献保护方法等	1990年* 参考文献[26]
16		尼日利亚广播图书馆	机构整体情况	机构整体情况	①人员；②图书馆发展；③文献保护与修复实践；④馆藏发展；⑤书目控制；⑥空间；⑦经费	1995年* 参考文献[27]
17	中文古籍	吉林省	收藏保护	收藏状况	①藏量；②收藏机构；③收藏情况（地域、机构类别、品种、源流）	2011年* 参考文献[28]
				保护状况	①专用书库；②保护设施（恒温恒湿、樟木柜/板、安防、防紫外线等设备）；③专业人员；④经费；⑤意识	
18		吉林省	修复	修复状况	①收藏机构类型与性质（公共馆、高校馆、科研机构馆、博物馆；是否全国古籍重点保护单位）；②藏量；③破损情况（破损比例、主要破损类型、破损主要原因）；④修复人员情况（数量、学历、年龄结构、是否接受专业培训、编制状况）；⑤设施设备（实验室面积、修复设备种类、修复材料购买渠道）；⑥经费投入	2013年* 参考文献[29]

续表

no	调查文献类型	调查范围	调查内容	调查一级指标	调查二级指标	调查实施时间及文献出处
19	中文古籍	陕西省基层公共图书馆	保护	人力资源	①人员数量；②比例：人员数量/古籍数量；③人员结构（性别、年龄、学历、职称、人员来源）；④人员培训（工作热诚度、工作努力程度、提升自我意愿、培训程度与期望、激励制度）	2010年* 参考文献[30]
				保护状况	①古籍管理规章制度（是否建立、建立时间、馆员对其了解程度、遵守程度）；②存藏条件（库房、装具、防尘、防盗、防火、防潮、防蛀、温湿度）	
				专项基金	①数额；②筹集渠道	
20		浙江嘉兴	保护利用	保存情况	①收藏机构类型与性质；②藏量与版别；③来源（历史遗留、政府转交、单位收购、民间捐赠等）；④保存硬件状况（专用书库、空调、温湿度监测仪、灭火器材、除湿机、报警监控系统设备、专用书橱/夹板/函套）；⑤专业人才（数量、编制、技术能力、鉴别、定级、版别确定、修复技术）；⑥经费投入	2011年* 参考文献[31]
				利用情况	①整理（编目、登记、造册、建立目录数据库、整理出版）；②古籍服务（为学者、机构提供）	
21		辽宁省高校图书馆	保护	保护情况	①藏量与其特色馆藏；②古籍阅览服务（提供对象、限制）；③保护条件（专用书库、书柜、函套、防火、防虫、防盗监控、温湿度监控、防紫外线灯设备）；④专业人才（数量、学历、工作经验）；⑤保护政策与措施（制定、实施、执行、意识）；⑥破损情况；⑦再生性保护	2014年* 参考文献[32]
22	西文非古籍图书	美国雪城大学	保护修复	保护修复	①出版日期、国别；②文献类型；③流通政策；④封面类型（皮、布、纸、木、小册子、函套、混合）；⑤需要修复的部分（封面、书脊、书芯、装订、书页）；⑥脆化、酸化、破损程度；⑦环境控制	1985年 参考文献[33]

续表

no	调查文献类型	调查范围	调查内容	调查一级指标	调查二级指标	调查实施时间及文献出处
23	图书馆档案	美国学术图书馆、公共图书馆	物理性保护	保护现状	①纸张酸化；②温湿度及环境控制；③修复培训情况	1996年* 参考文献[34]
24		英国国家文献保护办公室	文献保护调查模型	评估文献保护需求的标准化方法	①保护需求评估；②档案管理	2003年* 参考文献[35]
25		美国	保护	保护实践	①管理设置；②馆舍规模；③保护深度；④专业知识；⑤经费预算；⑥环境控制	1990年* 参考文献[36]
26	民国时期文献	中国内地图书馆	保护修复	收藏情况	①类型与数量；②装帧形式；③破损情况（破损类型和程度、纸张类型、破损原因）	2014年* 参考文献[37]
				保护情况	①保护工作的开展（有否、部门、员工人数、基本保护措施、重视程度）；②库房（单独、共用）；③环境控制（温度、湿度、光线、空气质量、防虫）；④利用（使用限制、服务方式、载录格式转换、数字化）	
				修复情况	①急迫程度；②修复工作的开展（有否、没有开展的原因、开展意愿）；③修复人员（人数、专/兼职、满足程度、人才缺乏原因）；④修复实践（方式、材料、技术）；⑤民国时期与现代文献的比较	
27	满文文献	中国内地图书馆	收藏保护	收藏状况	①版本；②分布状况（收藏地、机构、数量）；③整理史；④出版年代、时间跨度；⑤文献内容（儒家经典、满文的教科书和工具书；通俗文学作品；宗教有关的图书等）；⑥文献价值	2013年* 参考文献[38]
				保护状况	①破损情况调查；②修复现状；③保护措施（数字化）；④专业人员（编目、修复）；⑤库房条件	

续表

no	调查文献类型	调查范围	调查内容	调查一级指标	调查二级指标	调查实施时间及文献出处
28	中医古籍	中国内地中医专业图书馆、公共图书馆、博物馆	保存保护	保存情况	①调研机构（中医专业馆、公共馆、博物馆）；②藏量；③分布；④破损情况；⑤来源（国家调拨、社会征集、购买、接收、捐赠等）	2006－2008 年参考文献[39]
				修复情况	①人员（数量、职称、学历、经验）；②设备（机器、手工修复工具）；③档案（建立与规范化）；④环境控制（温湿度、防火、防盗、防酸脱酸、防虫、防潮、防尘、再生性保护）	
29	法语历史与文学类书籍（1860－1914）	美国威尔逊图书馆	纸张质量变化	纸张质量变化	文中没有详细说明	1983 年*参考文献[40]
30	珠宝研究历史文献	美国 6 家相关图书馆	保存与保护利用	保存与保护现状	①馆藏；②微缩保存；③损坏程度	1992 年*参考文献[41]
31	学位论文	美国俄亥俄州授予博士学位的 15 家机构	保存	保护意识与现状	①标准；②意识与责任；③保存状况	1990 年*参考文献[42]

* 表中未清晰列出调查实施时间，此时间为根据文中内容及出版时间估算。

表 1 所列为国内相关调查，在调查范围上主要限于中国内地，或较全面覆盖，或集中于部分省市；在文献类型上，以古籍为主，或以时间为限（如民国时期等）、或以主题为限（如中医、满文等）；调查内容涵盖文献的收藏、保护和修复等情况。国外相关调查，与国内相比体现出对于特定文献的关注，如图书馆档案、学位论文、期刊合订本、法语历史与文学类书籍、珠宝研究文献等；在调查内容上，则涵盖文献损坏状况、环境控制、保护与修复需求、修复措施与实践、数字化保护等。

（三）调查指标与问卷设计

参考上述相关调查，拟定调查指标体系如表 2 所示，并设计问卷。

表 2　调查指标体系

一级指标	二级指标	问卷题项
文献收藏机构情况	收藏机构名称、类型、设立时间	第一部分
	收藏机构规模（馆舍、藏书、人员）	第一部分
文献收藏情况	西文古籍、善本等相关界定	第二部分 5
	西文文献的主要年代、最早的西文藏品	第二部分 1、2
	西文文献类型与数量	第二部分 3、4
	西文古籍来源	第二部分 6
	西文古籍类型及数量	第二部分 7、8
	西文古籍装帧形式及数量	第二部分 9
	西文古籍保存状况	第二部分 10－13
文献管理情况	文献保护计划（是否有，其中是否有西文古籍相关内容）	第三部分 1、2
	文献保护灾难预案（是否有，其中是否有西文古籍相关内容）	第三部分 3－5
	是否启动专门的西文古籍保护项目（时间、基本描述）	第三部分 6
	负责西文古籍保护的部门和人员情况	第三部分 7－12
	西文古籍保护相关政策（经费、规章制度等）	第三部分 13－16
	是否启动其他古籍保护专项（时间、基本描述）	第三部分 17
	近期是否有西文古籍保护专项启动计划	第三部分 18
	管理层对于西文古籍保护与修复的认知和重视情况	第三部分 19
文献整理情况	西文古籍目录整理	第四部分 1
	西文古籍编目及建立专门数据库	第四部分 2
	西文古籍专题/专藏管理	第四部分 3
	西文古籍载录格式转换	第四部分 4
文献保护情况	西文古籍日常维护	第五部分 1－4
	西文古籍环境控制	第五部分 5－9
	西文古籍服务政策	第五部分 10－12
文献修复情况	西文古籍批量脱酸	第六部分 3
	西文古籍修复技术	第六部分 2、4
	西文古籍修复设施	第六部分 5
	西文古籍修复材料	第六部分 6、7
文献保护与修复需求	需求急迫性	第七部分 1
	具体需求（经费、人员、其他）	第七部分 2－10

（四）调查对象

调查样本框包括内地省级图书馆、港澳地区图书馆、具有教会背景的大学图书馆，以及其他办学历史悠久可能藏有西文古籍的大学图书馆 4 种类型 71 家图书馆。中山大学图书馆是国内首办并唯一举办西文修复技术培训班的机构，迄今已举办 4 期西方文献修复技术培训班和 3 期西方文献修复技术提高研修班，面向具有西文古籍保护与修复需求的图书馆提供培训。7 期培训的参加单位总名单，可以说比较全面地涵盖了国内主要的西文古籍保护与修复单位。因此，笔者结合中山大学主办的 4 期全国西方文献修复技术培训班学员情况，从调查样本框中选择了 40 家图书馆作为调查对象，其中包括 25 家内地省级图书馆、5 家港澳地区图书馆、8 家具有教会背景的大学图书馆和 2 家其他大学图书馆。截至 2016 年 4 月 8 日，共有 19 家图书馆返回了问卷，其中 2 家反馈没有西文馆藏、2 家因为西文文献整理工作尚未开展或尚未完成而无法填写问卷，因此，共回收 15 份有效问卷。具体情况见表 3。问卷主要由图书馆文献保护与修复的相关负责人填写，或由其指定具体从事文献保护与修复工作的馆员填写。

表 3　问卷发放与回收情况

	样本总量	抽样数量	回收数量（回收率）	有效问卷数量（分布）
内地省级图书馆	31	25	11（27.5%）	9（60%）
港澳地区图书馆	6	5	4（10%）	3（20%）
具有教会背景的大学图书馆	26	8	3（7.5%）	3（20%）
其他大学图书馆	8	2	1（2.5%）	0（0%）
总计	71	40	19（47.5%）	15（100%）

二　调查反馈

该部分主要依据 15 家西文文献收藏单位的反馈问卷整理。由于回收问卷均存在对于某些具体问题回答不明确的情况，笔者还以邮件和电话的方式做了后续的沟通。

为保护调查对象隐私，论文隐去所有图书馆的名称。仅以表 4 反映 15 家受访馆在类型和地域上的分布情况。

表 4　15 家受访馆的类型和地域分布情况

图书馆类型	15 家受访馆的类型	地域	15 家受访馆的分布
公共图书馆	10	华北地区	1
大学图书馆	5	华东地区	6
		华南地区	3
		西南地区	2
		港澳地区	3

（一）古籍及善本的界定

本次调研中，6 家图书馆反馈对馆藏西文文献中的古籍做了明确规定。其中，有 3 家图书馆将馆藏中 1900 年以前的西文文献划分为西文古籍；有 2 家图书馆则以 1911/1912 年为限，界定馆藏西文古籍；还有 1 家图书馆以 1949 年为界，作为其馆藏中、西文古籍的统一界定标准。

（二）收藏与整理情况

1. 收藏情况

8 家图书馆反馈了其馆藏西文文献的主要年代分布，各馆虽存在差异，但主体均为近现代馆藏。9 家图书馆反馈了其西文馆藏的最早年代，最早的西文藏品可追溯至 1493 年。8 家图书馆反馈了馆藏西文文献的具体数量，平均馆藏达到 10 万册/件。这 8 家图书馆还反馈了文献语种，数量从多到少依次为：英语、德语、法语、意大利语、西班牙语和其他西文语种。

问及西文古籍的收藏情况时，虽然有 6 家图书馆反馈对馆藏西文文献中的古籍做了明确规定，但仅有 3 家图书馆对其馆藏西文古籍的类型、数量、语种和装帧形式等情况比较清楚，其中类型主要为图书，语种主要为英文，装帧形式以册页装和软皮装较为常见。馆藏西文古籍的来源，多为历史遗留（42.1%）和民间捐赠（31.6%），此外还有单位收购和政府转交。4 家图书馆反馈馆藏西文古籍来源不详。

2. 保存状况

纸张类型方面。以机器纸为主，其中 5 家图书馆馆藏全部为机器纸；7 家图书馆机器纸、手工纸兼有，但机器纸占多数；1 家图书馆机器纸、手工纸、羊皮纸兼有，且手工纸占多数。

古籍破损方面。5 家图书馆的西文古籍纸张老化程度达到严重级别，其中 1 家纸张严重老化的馆藏占 50% ~60%；5 家纸张老化程度达到一般级别，其中 1 家纸张一般老化的馆藏达 70%。8 家西文古籍装帧结构破损程度达到严重级别，其中 2 家装帧结构严重破损的馆藏占 50%；3 家装帧结构破损达到一般级别。11 家图书馆西文古籍存在封面破损情况，其中 2 家封面破损严重的馆藏占 30%，8 家封面破损达到一般级别。各家图书馆均存在轻微级别的虫蚀鼠啮、霉烂等破损情况。

9 家图书馆（60%）反馈馆藏西文古籍的破损程度与中文古籍相当，5 家（33.3%）反馈西文破损程度较中文低，另有 1 家图书馆（6.7%）反馈破损程度未明，无法进行比较。

自然老化（13 家）、保存环境差（11 家）、使用磨损（10 家）、纸张质量差（9 家）、装订结构不合理（8 家）、装订材料差（7 家）均是造成上述破损情况的原因。

3. 整理情况

6 家图书馆（40%）反馈已经开展了西文古籍的清查与目录整理、编目并建立书目数据库等工作；3 家（20%）反馈对西文古籍进行专题/专藏管理。5 家（33.3%）明确表示尚未开展西文古籍整理工作。未有图书馆开展西文古籍载录格式转换工作。

（三）管理情况

1. 相关政策及项目

13 家图书馆（86.7%）反馈制定了文献保护计划，其中 8 家的计划中包含西文古籍保护相关内容。11 家图书馆（73.3%）反馈制定了文献保护灾难预案，其中 4 家图书馆的预案包含西文古籍保护相关内容。5 家图书馆（33.3%）反馈制定了西文古籍保护政策，但政策的被了解程度和执行力度均不理想。

多家图书馆开展过古籍保护项目，如数字化图书、国家重点古籍保护单位相关项目、古籍特藏书库改造、修复室建设、古籍资源再生性保护等。但受限于专项经费不足，受访的图书馆大多没有或没有计划开展西文古籍保护项目；仅 1 家图书馆早在 2002 年便启动了西文古籍保护项目，外派人员进修，并设置了专门的西文文献修复馆员岗位，还定期举办培训班；另有 2 家计划年内启动西文古籍保护项目。各图书馆均无西文古籍保护专项经费。

2. 相关部门与人事

13 家图书馆设立了专门的文献保护部门（如历史文献中心、历史文献部、特藏文献中心、特藏部、古籍保护中心、古籍修复中心、文献修复组、馆藏维护组、古籍特藏组、外文部等），其中 1 家设立了独立的西文古籍保护部门。

工作人员方面。7 家图书馆反馈馆内从事文献保护的人员规模为 1～10 人，4 家反馈为 11～20 人，1 家反馈达 50 人，另有 3 家未反馈确切数字。其中，2 家反馈有专人从事西文古籍保护，分别为 3 人和 4 人；这些人员参加过专门的修复技术培训，但未接受过相关的学历教育。除 1 家图书馆反馈其管理层对西文古籍保护与修复完全不了解外，反馈管理层非常重视或一般重视该项工作的图书馆各占一半。

（四）保护与修复及需求情况

日常维护方面。1/3 的图书馆反馈采用单独库房存放西文古籍，2/3 反馈馆藏西文古籍与其他藏书，如中文古籍、民国图书，甚至流通图书等，共用库房。超过 80% 的图书馆反馈没有采用特殊的书架或书柜存放西文古籍，2 家图书馆（13.3%）反馈使用花梨木、铝等特殊材质的书架或书柜专门存放西文古籍。六成图书馆进行书库清洁、文献表面除尘的日常维护工作；4 家图书馆还开展了文献表面除霉工作。

环境控制方面。大部分图书馆开展了库房温湿度控制、光线控制、防虫与杀虫等环境控制工作，但库房空气质量的控制相对以上三项而言关注较少。温湿度控制主要采用普通空调加抽湿机的方法，有 5 家图书馆使用了恒温恒湿空调。光线控制主要采用封闭门窗或封闭式书柜的方法，有 5 家图书馆采用了无紫外线照明。7 家图书馆使用中央空调过滤空气以控制空气质量，另有 1 家图书馆使用了室内空气过滤器和独立风柜。大部分图书馆采用控制库房温湿度的方法进行防虫控制，另有樟木书柜、防虫草药和定期杀虫等方法。

服务政策方面。各馆对古籍的使用均做了一定程度的限制，大部分采取原件馆内阅览的服务方式。2 家图书馆计划购买部分西文古籍的复印件或数字化产品代替原件的使用以保护。5 家图书馆反馈开展了西文古籍文献的修复工作，修复方式主要是原样恢复、脱酸和制作书盒或书套。脱酸大多采用修复时水洗脱酸的方式，仅 1 家图书馆反馈进行了单册喷雾脱酸，未见批量脱酸。5 家图书馆均采用了纸张去污、纸张加固和纸张修补技术。修复设备方面，5 家图书馆均有基本的配置，包括古籍除尘修复工作台、纸浆补书机、机器/手工切纸机、压书机、纸张测厚仪、清洗水槽、冷冻设备和常用手工工具等。修复所需材料以国内外采购为主要渠道，部分材料获得国家古籍保护中心配发，或有人赠送。

需求方面。5 家图书馆认为西文古籍修复工作十分急迫，6 家反馈一般急迫。大部分图书馆认为西文古籍所需材料的国内供应商、修复技术（如纸张脱酸、双面文字纸张修复、装订结构恢复等技术）以及人才状况均无法满足需求。相关专业高等教育、系统培训以及高水平师资的缺失使得人才方面的困境尤为突出。大部分图书馆反馈，较之西文古籍保护，他们更重视中文古籍保护，其原因包对西文古籍了解不够，且受经费、人力、馆舍、技术等条件的制约，暂时无法顾及。其中 8 家图书馆反馈若有条件，会开展西文文献的修复工作。

三　讨论

（一）西文古籍保护现状

调查显示，目前中国内地及港澳地区图书馆的西文古籍保护工作仍处于起步阶段：西文馆藏普遍存在“家底不清”的情况，因此更进一步的保护和修复工作基本未曾展开。

总体而言，港澳地区的图书馆较之内地的图书馆，对西文馆藏的情况较为了解，且大多已开展清查、整理和编目工作，半数以上已经开展西文古籍修复工作。受访的港澳地区图书馆在西文古籍保护与修复方面主要经验包括：对文献的破损类型、程度与数量进行评估，根据评估情况制定适用于本馆的文献保护计划；编制文献保护灾难预案；对馆员进行宣传教育，使馆员了解文献保护计划、政策和灾难预案等文件的内容，提高馆员的文献保护与管理的意识；馆内设有专门的文献保护部门，负责包括西文古籍在内的所有馆藏的保护和管理；定期开展文献日常维护工作；配备基础的修复设备。

公共图书馆和大学图书馆之间，在西文古籍保护工作上并未发现明显的差异。内地一些具有教会背景的大学图书馆的西文文献馆藏量大，类型丰富，但仅有 1 家受访的该类图书馆开展了西文古籍修复工作。该馆配备专门从事西文古籍保护的人员，且比例达全馆修复人员的 40%；该馆对西文古籍所采取的保护措施包括环境控制、使用限制、修复及脱酸处理等，配置了设备较为齐全的专业修复实验室，采取纸张去污、加固和修补等多项技术对馆内的破损西文古籍进行专业修复。

（二）需求导向的未来展望

根据当前情况以及需求，笔者认为有两项工作是西文古籍保护事业需要首先考虑的。

其一，西文古籍普查。

如前所述，目前我国西文古籍保护工作尚处于探讨概念、介绍馆藏、宣传价值和呼吁重视的起步阶段，无论是理论研究，还是工作实践都刚开始。随着中文古籍保护工作的逐步推进和全面铺开，与之相关的西文古籍保护逐渐进入视野。古籍保护的首要工作是“摸清家底”，因而与中文古籍保护一样，普查与整理是西文古籍保护的首要工作。具体或可仿效中文古籍普查的方法。中文古籍普查工作由国家主导，通过制定相关政策开展多个项目，按照统一部署普查、建立古籍名录、建立古籍保护下级单位、培养普查人员、加强整理与利用 5 个方面的内容，全面推动，现已收到极好的成效，取得不少阶段性成果。还可考虑以个别已经开展西文文献整理工作的图书馆为试点或示范点，总结分享其在西文古籍普查和整理方面的特殊经验。西文古籍普查是西文古籍保护工作的首要一步。

其二，高等教育层次的人才培养。

调研反馈，专业人才的不足、特别是高等教育层次人才培养的缺失，是制约西文古籍保护工作的重要因素。这一经验和教训，也是中文古籍保护事业发展多年所积累和总结的。“中华古籍保护计划”启动后，我国包括古籍保护、古籍修复、档案保护等在内的文献保护与修复人才培养日益受到重视，但中文语境下的文献保护与修复，常常等同于中文古籍保护与修复，较少将西文古籍纳入范畴。高层次专门人才培养是支撑古籍保护事业长远发展的最根本方式：没有专门人才，古籍保护这样一种专业性极强的工作，很难得以传承；没有高等教育层次的专门人才培养，一方面可能影响优秀人才进入这一领域，另一方面不利于古籍保护工作社会地位、专业地位的提升。这一方面，中山大学在近十几年来积累了一定的经验。历经前缘（2001—2003）、起步（2004—2008）、全面发展（2009—）三个阶段，中山大学展开了专业培训、专业课程、学历教育和师徒传习全方位的文献保护与修复人才培养工作，形成了以图书情报与档案管理一级学科为依托，具有中西理路兼容、保护修复并重、理论实践同步等特色的中大模式。西文古籍修复也成为中山大学文献保护与修复教育在国内的一大特色，中山大学成为全国唯一一家能够提供西文古籍修复培训的人才基地，迄今已举办 4 期西方文献修复技术培训班和 3 期西方文献修复技术提高研修班，2012 年，聘请了 4 位德国古籍修复专家和西文古籍编目专家担任客座教授。在人才培养时兼而考虑中文古籍和西文古籍，不仅仅是文献保护与修复工作对象的拓展，更重要的是，伴随着对西文古籍的关注，不同于中文古籍保护与修复技艺的西方文献保护与修复专业知识可以在中国引介，补充也丰富中国的文献保护与修复理论体系。

四 结语

2007 年国务院办公厅颁布《关于进一步加强古籍保护工作的意见》（国办发〔2007〕6 号），“中华古籍保护计划”正式启动，在国家政策和项目的引导和支持下，中国的古籍保护事业近年来日益红火，图书馆古籍藏品中的西文古籍也开始进入人们的视野，本文尝试对图书馆西文古籍保护现状展开初步调查。为此，笔者梳理了国内外 1985 - 2014 年 31 个相关调查的范围、内容及各级指标，较全面地掌握了国际文献保护与修复主题调查的方式和工具。并在此基础上，结合团队此前实施的“图书馆文献保护灾难预案调查”“民国时期文献保护状况调查”经验，以及对国内情况的预测，设计了适合中国以及图书馆情境的调查指标体系和调查问卷。该调查指标体系的一级指标可用于不同类型的馆藏文献，二级指标可根据具体的对象进行调整。借助中山大学主办的 4 期全国西方文献修复技术培训班所建立的学术联系，笔者进行了样本量有所保证的铺开式调查，由此，较全面地了解中国内地及港澳地区图书馆西文古籍保护现状。

参考文献

[1] 国务院办公厅．关于进一步加强古籍保护工作的意见［EB/OL］.［2015 - 08 - 20］. http://www. gov. cn/zwgk/2007 - 01/29/content_511825. htm.

[2] 中国古籍保护网．中华古籍保护计划［EB/OL］.［2015 - 10 - 06］. http://pcab. nlc. gov. cn/bhjh/index. jsp.

[3] 董绍杰，卢刚，毕国菊．外文古籍的概念与界定初探［J］. 图书馆学研究，2010（7）：96 - 98.

[4] 全勤．养在深闺待人识——试谈图书馆外文古籍善本书的区分标准［J］．河南图书馆学刊，1996（9）：29－30.

[5] 郝生源，王怀毅．试谈我馆西文善本图书的区分标准［J］．国家图书馆学刊，1987（4）：66－68.

[6] 王雨卉．浅谈非善本西文古籍的开发整理［J］．图书馆工作与研究，2011（4）：51－53.

[7] 张丽静．从馆藏西文善本的现状引发对其保护的思考［J］．图书馆，2013（5）：115－116.

[8] 李镇铭．七十年来北京图书馆外文藏书建设［J］．图书馆学通讯，1982（3）：21－32.

[9] 沈弘．北京大学图书馆部分西文善本书评价［J］．北京大学学报，1992（4）：112－119.

[10] 李晓非．大连市图书馆欧洲语言古籍——“远东文库”概述［J］．图书馆学刊，1989（6）：34.

[11] 耿宁．中、西古籍修复的比较研究［D］．安徽：安徽大学，2014.5.

[12] 林明，张靖．中国内地图书馆文献保护灾难预案调查［J］．中国图书馆学报，2010（4）：61－71.

[13] Driedger, K., Mika, J. J. The preservation resource needs of Michigan's Public Libraries［J］. Library and Archival Security, 2010（23）：79－103.

[14] Trinkaus－Randall, Gregor. Preliminary analysis of the Massachusetts preservation needs assessment survey［J］. Educational Resources Information Center, 1990（11）：1－56.

[15] DePew, John N. An investigation of preservation service needs and options for Florida libraries：final report［J］. Educational Resources Information Center, 1990（9）：1－155.

[16] Kreider, Louisa J. Results of the brittle book survey conducted in the Wadsworth Public Library［J］. Educational Resources Information Center, 1990（12）：1－50.

[17] Ojo－lgbinoba, M. E. The practice of conservation of library materials in Sub－Saharan Africa［J］. Educational Resources Information Center, 1994（11）：1－70.

[18] Huff, Susan M. Preservation building survey form for freestanding library unit

[J]. Educational Resources Information Center, 1991 (2): 1 – 16.

[19] Baird, Brian J. Schaffner, Bradley L. Slow fires still burn: results of a preservation assessment of libraries in L' viv, Ukraine and Sofia, Bulgaria [J]. College and Research Libraries, 2003 (7): 308 – 330.

[20] Baird, Brian J. Findings from the condition surveys conducted by the University of Kansas Libraries [J]. College and Research Libraries, 1997 (3): 115 – 126.

[21] Reed – Scott, Jutta. Cataloging of resources digitized for preservation [J]. Educational Resources Information Center, 1999 (9): 1 – 102.

[22] Merrill – Oldham, Jan. Walker, Gay. Brittle books programs [J]. Educational Resources Information Center, 1989 (3): 1 – 161.

[23] Xanco, Mary Lee C. ; Quinlivan, Kathleen. Physical condition of the collections at E. H. Butler Library, State University College at Buffalo: Report of a Survey [J]. Educational Resources Information Center, 1991 (7): 1 – 28.

[24] Walker, Gay; And others. The Yale survey: A large – scale study of book deterioration in the Yale University Library [J]. College and Research Libraries, 1985 (3): 111 – 132.

[25] Bureau of the Census (DOC), Washington D. C. Governments div. ; national center for education statistics (ED), Washington D. C. Federal Libraries and Information Centers in the United States: 1994 [J]. Educational Resources Information Center, 1996 (7): 1 – 117.

[26] Freeman, Nola A. . A comparative study of the administration of the government documents sections of the National Archives of the United States, the National Library of Canada, Selected American State Archives and Libraries [J]. Educational Resources Information Center, 1990 (?): 1 – 53.

[27] Akintunde, StephenA. . The status of broadcasting libraries in Nigeria (A study of Bauchi and Plateau States) [J]. Educational Resources Information Center, 1995 (9): 283 – 293.

[28] 陈楠. 吉林省古籍保护现状分析及对策研究 [J]. 图书馆学研究, 2011 (12): 41 – 45.

[29] 孙颖, 陈楠, 张华. 吉林省古籍修复工作现状的调查与分析 [J]. 图书馆学研究, 2013 (17): 45 – 49.

[30] 翟淑君. 关于陕西基层公共图书馆古籍保护情况的调查研究 [J]. 科技管理

研究，2010（13）：250－253.

[31] 朱福英．嘉兴市古籍保护与利用调查报告［J］．图书馆学研究，2011（6）：44－46.

[32] 赵小丹．辽宁省高校图书馆古籍保护现状及其问题分析［J］．图书馆学刊，2014（9）：30－33.

[33] Bond, Randall; And others. Preservation study at the Syracuse University Libraries [J]. Educational Resources Information Center, 1987 (3): 132－147.

[34] Bambakidis, Elli. Intellectual or physical preservation? A survey of the preservation activities of archivists at academic and public libraries [J]. Educational Resources Information Center, 1996 (1): 1－31.

[35] Walker, Alison. Preservation assessment surveys: an interdisciplinary approach [J]. The Journal of European Research Libraries, 2003 (13): 273－280.

[36] Conway, Paul. Archival preservation practice in a nationwide context [J]. The American Archivist, 1990 (4): 204－222.

[37] 林明、张珊珊、邱蔚晴、肖晓梅．我国图书馆民国时期文献保护状况调查［J］．国家图书馆学刊，2015（2）：55－62.

[38] 庄秀芬．中国满文文献保护现状研究［J］．理论界，2013（4）：50－52.

[39] 张伟娜、裘俭等．全国中医古籍保存与保护现状调查分析［J］．中国中医药信息杂志，2009（6）：1－4.

[40] Rutledge, John; Owen Willy. Changes in the quality of paper in French books, 1860－1914: A study of selected holdings of the Wilson Library, University of North Carolina [J]. Library Resources and Technical Services, 1983 (4): 177－187.

[41] Klein, Christine De Bow. Jewelry history: A core bibliography in support of preservation [J]. Educational Resources Information Center, 1992 (2): 1－53.

[42] Weber, Anita M. Slow fires in the stacks: theses and dissertations, A preservation survey [J]. Educational Resources Information Center, 1990 (12): 1－60.

11. 中国内地文献保护与修复人才培养情况调查研究*

国家在2007年开始实施“中华古籍保护计划”，其中一项重要举措就是针对国内古籍藏量不清的问题，在全国范围内组织开展古籍普查登记工作，全面了解和掌握各级图书馆、博物馆等单位及民间所藏古籍情况，以便国家有重点、有针对性地开展古籍保护工作。[1]这是新中国成立以来第一次全国范围内的古籍普查，根据初步统计，目前国内各类图书馆、博物馆等文献收藏机构共藏有5000多万册古籍文献，其中有30%以上存在着残破现象，需要修复。这些数字还在随着古籍普查工作的进行而不断增长。而相对的，古籍修复人员却十分缺乏。在2005年，全国仅有不到100名古籍修复人员；截至2012年，通过国家古籍保护中心近年来不断开展各类古籍修复培训班，培养了古籍修复人员720余人。虽然古籍修复人才在数量上有了较大的提升，但是面对如此庞大的修复任务，还只是杯水车薪。文献保护与修复人才的普遍缺乏成为文献保护工作难以顺利开展的重要原因。为了让文献保护与修复事业持续性发展，如何解决文献保护与修复人才紧缺的现状，完善文献保护与修复人才培养体系成了业界与学界共同探讨的热点问题。

---

* 本文内容经作者同意，根据中山大学图书情报专业硕士学位论文《中国内地文献保护与修复人才培养情况调查研究》改写（作者：裴莹权；指导教师：张靖）。

一 文献综述

通过对相关文献的阅读，笔者发现学界对文献保护与修复相关研究的视角主要聚焦于以下主题，包括对文献保护与修复人才现状、文献保护与修复人才培养现状、各国文献保护与修复人才培养情况以及对文献保护与修复人才培养方案的各自见解。

（一）文献保护与修复人才现状

文献保护早已成为国际层面上的紧迫问题[2]，文献保护与修复人才的紧缺现象存在于世界各地。2012 年 Shameenda，Kimbo Lemmy 等人使用案例研究的方法，选择赞比亚的三所高校图书馆为调查对象进行了调研，研究结果显示 57% 的图书馆工作人员没有接受过正式的文献保护专业培训。[3] 钟小宇认为图书馆古籍修复人才现状可以概括为修复人才奇缺、年龄结构不合理、文化素质偏低、职称普遍偏低。[4]

（二）文献保护与修复人才培养现状

学历教育是培养古籍文献保护与修复人才的最主要形式，胡万德对国内古籍修复教育现状的调研显示，我国共有 4 所院校开展古籍修复相关专业的本科人才培养，14 所院校开展古籍修复相关专业的专科人才培养。[5] 非学历教育是为了丰富在职人员的知识储备、提高其修复技术而开展的短期集中培训，这种模式成为文献保护与修复从业人员不断提升自我，学习了解新技术、新知识的一个重要渠道。[6]

（三）国外文献保护与修复人才培养情况

近年来，国内许多学者对美国、加拿大、日本等国的文献保护与修复情况进行调研。修复人才受到加拿大文物保护协会和职业修复师协会的帮助、执导和监督，有着严格的要求。[7] 林明介绍了哈佛大学的文献保护人才培养方式：韦斯曼文献保护中心（哈佛大学图书馆文献保护办公室）和哈佛学院图书馆文献保护服务部门提供一系列面向整个哈佛大学的文献保护培训，培训形式包括项目、工作坊、训练、实习、文献保护宣传品和指南等等。[8]

（四）文献保护与修复人才培养方案

许多学者就文献保护与修复人才培养方案提出了各自的见解。顾雅芳认为应采取多种渠道持续培养古籍修复人才，并提出新时期需要培养高素质古籍修复人才的观点。[9]汤印华认为古籍修复人才培养宜采取多种模式进行。[10]

二　研究思路

由于我国早期文献保护与修复人才培养是以师徒授受模式为主要培养方式，因此，本文拟通过对潘美娣和邱晓刚两位古籍修复专家进行访谈，了解师徒授受人才培养模式的发展历史与开展情况。随后，本文拟从文献保护与修复专业人才培养现状出发，分别调查在职培训和学历教育两种专业教育培养模式的人才培养情况，了解我国文献保护与修复人才培养机制的概况，通过各项指标的具体分析评价两种模式的优缺点，并从行业需求角度出发对两种人才培养模式进行评估。

三　师徒授受人才培养模式

（一）师徒授受模式开展现状

目前，师徒授受模式依旧是各古籍收藏单位进行机构内部人才培养的主要方式之一。许多有条件的文献收藏单位以及社会上的私藏机构都采用师带徒的方式培养古籍修复人员。为了推动作为国家非物质文化遗产的古籍修复技艺的传承，国家图书馆古籍馆在2013年6月8日挂牌成立“国家级古籍修复技艺传习中心”，古籍修复技艺代表性传承人杜伟生①正式将国

① 2012年，国家图书馆古籍馆研究馆员杜伟生入选第四批国家级非物质文化遗产项目古籍修复技艺代表性传承人。

家图书馆8位年轻的修复馆员收为徒弟。随后，辽宁省图书馆、山东省图书馆、甘肃省图书馆、天津图书馆、云南图书馆、重庆图书馆、中山大学图书馆（尚未挂牌）纷纷设立了国家级古籍修复技艺传习所，师徒授受模式开始作为一种类似制度的形式在文献收藏机构中推广开来。

古籍修复技艺传习所采用传统的“师徒传承、口手相授”形式培养古籍修复人才，设有古籍修复技艺传习所的古籍保护与修复机构工作人员在传习所的揭牌仪式中向古籍修复老专家献花、敬茶，行拜师礼，正式成为师徒。这种形式虽然也是以师带徒的方式进行古籍修复技艺的传承，但是与传统的师徒授受模式还有所不同。当下在古籍修复技艺传习所进行的师带徒多为一师带多徒的“一对多”模式，且徒弟多为已经有一定专业基础的古籍修复机构从业人员。这种师徒授受模式旨在建立文献保护与修复人才培养的长效机制，在国内相关人才极度缺乏的情况下，为业界人才培养明确了方向，让古籍修复机构从业人员能够在工作的同时，向师傅学习古籍修复技艺，传承与保护这项已经被列为国家级非物质文化遗产的古老技艺。

（二）师徒授受模式情况评析

师徒授受作为历史最悠久的文献保护与修复人才培养模式，已经存在、发展了数千年。师徒模式将古籍修复技艺作为一门手艺，以“口手相授”的方式进行传承。随着文字载体的演变，其修复方法也在不断地变化与丰富。通过对师徒模式发展历史和开展现状的了解，笔者认为师徒授受人才培养模式主要在观念、数量、质量三方面存在问题。

在这三个制约师徒授受人才培养模式发展的问题中，观念问题已经得到了很好的改善，目前培养人才的数量和质量问题依旧是师徒授受模式所面临的主要难题，因此师徒授受模式不能成为国内培养文献保护与修复人才的主要渠道，而是作为一种机构内部人才培养的长效机制而存在。尤其是在文献保护与修复人才极度缺乏的现在，各文献收藏机构面临着内部人才缺乏、招收人才困难的窘境。在各文献收藏机构内部建立师徒授受的长期培养机制能够较好地解决在职人员文献保护与修复知识匮乏，新入职员工不能快速胜任文献保护与修复作业等问题。国家古籍保护中心积极促成有实力的文献收藏机构建立古籍修复技艺传习所，不仅为各文献收藏机构内部人才培养明晰了方向，同时也促进了传统古籍修复技艺的传承。

四　在职培训人才培养模式

在职培训模式的培养对象是各古籍收藏机构在编人员，目的是提高在职人员的专业技能。在职培训根据性质不同可以分为三种类型：长期课程、短期课程和专题研讨会。长期课程是指能够获得学位的研究课程，学员在完成课程学习的前提下以提交学位论文的方式获取硕士学位，这种类型也可以规划到另一个专业教育模式——学历教育模式之下。短期课程和专题研讨会则是国内文献保护与修复在职培训人才培养的主要方式，尤其是在 2007 年实施“中华古籍保护计划”后，短期在职培训班的数量迅速增加，各类国际、国内的专题研讨会也愈来愈多，在短时间内迅速提高了国内文献保护与修复在职人员的工作能力。笔者在这一部分主要对短期在职培训班进行阐述与分析。

（一）在职培训开展现状

国内在职培训模式主要采用短期培训班形式。20 世纪 60 年代和 80 年代文化部委托北京图书馆、上海图书馆等机构相继开办古籍修复技术培训班，这几次培训班采取的是以师带徒的方式进行人才培养，为全国古籍保护与修复事业培养了一批骨干力量（由于工作性质以及工资待遇等问题，大部分学员已转行）。2007 年，国家开启中华古籍保护计划，国家古籍保护中心开始组织规划全国古籍收藏机构在职人员培训工作，采用短期集中授课的方式进行人才培养，截至 2014 年，共开展各类在职培训班 110 余期，培训在职人员 6000 余人次。笔者根据培训内容将国家古籍保护中心主办的在职培训班分为两类，一类是古籍整理与鉴定培训班，一类是古籍保护与修复培训班。

（二）在职培训情况分析

在“中华古籍保护计划”开展以前，由于对文献保护与修复事业重视的不足，全国各地古籍修复人员极其紧缺，北京图书馆和上海图书馆是当时国内人才资源较多的两个公藏机构，而其他古籍收藏机构多处于无法进行古籍修复作业的艰难处境。如北京大学图书馆，其古籍藏量有150万册之多，但在20世纪60年代馆内仅有一人以自然工作量进行古籍修复工作。[11]为了缓解古籍修复工作无法进行的困境，文化部委托北京图书馆和上海图书馆开办古籍修复技术培训班，培训时间较长，少则半年多至两年，以师徒授受为主要培养方式，并加入少量文化课程。这种以师徒授受为主要培养方式的在职培训班使学员在大量的实践操作中学习古籍修复技术，其优点是学习内容比较全面，在操作过程中发现问题能够及时得到指导，缺点则是理论课程比重较小，同时每位学员只能跟随一位师傅学习技术，因此限制了各小组之间的交流沟通，使学员无法全面学习每位师傅的经验和技术。

五　学历教育人才培养模式

（一）学历教育开展现状

学历教育模式最早体现在图书馆学、档案学、古典文献学、历史文献学等专业的教学课程之中。2003年12月，文化部办公厅和教育部办公厅联合下发了《关于开展培养古籍修复人才试点工作的通知》，提出在高等院校设置古籍保护和修复专业，培养一批技术精湛、素质较高的古籍修复人才。全国相继开办了文献保护与修复相关专业的中专层次、高职层次、本科层次、硕士层次的学历教育人才培养，增加了文献保护与修复理论教学的比重，教学内容也更加系统、科学、全面。

目前中国内地没有直接命名为“文献保护与修复”专业的学历教育。文献保护与修复学历教育人才培养以两种方式存在：一是存在于图书馆学、档案学、古典文献学、历史文献学等专业的教学课程之中；一是下设在文物鉴定与修复、古典文献学、历史学等专业的研究方向之中。国外“文献保护与修复”相关课程多下设在艺术保护、历史保护、文化遗产保护等专业之下。笔者在文中拟对第二种已经形成系统教学体系的学历教育情况进行介绍和分析。

1. 培养层次

国内现有20所院校设有文献保护与修复相关专业。20所院校中：中专和高职层次共有13所学校，开办专业多为文物鉴定与修复；本科层次共5所学校，开办专业分别为古典文献学、历史学、书画与文物鉴定、中国传统书画装裱与修复；硕士层次共2所学校，均为2015年开始招收图书情报专业文献保护与修复方向研究生。

2. 课程设置情况

（1）高职层次人才培养课程设置

南京莫愁中等专业学校文物鉴定与修复专业是于2001年由邱晓刚等人发起，在南京图书馆、南京博物院、南京第二历史档案馆、南京大学图书馆等单位的协助下开设的三年制中等职业专业，并于2004年升为五年制高等职业文物鉴定与修复专业。经调查问卷反馈，除专业实习课程外，南京莫愁中等专业学校文献保护与修复相关专业课程共17门，如表3所示，这些相关专业课程占总学分39%，占总学时43%。其中，仅纸质修复技术和文献保护与修复两门课程就占总学时12%之多。从文献保护与修复相关专业课程在学分和学时上所占的比重可以看到，南京莫愁中等专业学校十分重视文献保护与修复实践技能的培养。通过对相关专业课程分类，笔者发现人文科学类课程和实践类课程占据了较大的教学比重。人文科学类课程主要是针对文化史、书史、造纸史、书画史的专题课程，实践类课程包括书画装裱技术、纸质文献修复技术、书画复制与修复技术、雕版技术的教学与实践。

（2）本科层次人才培养课程设置

金陵科技学院2004年受江苏省文化厅与教育厅委托创办了全国第一个大专层次的古籍修复专业——文物鉴定与修复专业。2007年，金陵科技学院与南京图书馆合作办学，创办了古典文献（古籍修复）本科专业。经调查问卷反馈，除专业实习课程，金陵科技学院文献保护与修复相关专业课程共45门。金陵科技学院古典文献专业分文献保护和古籍修复两个培养方向，其专业课程设置较南京莫愁中等专业学校文物鉴定与修复专业更加细化，每项工艺技能的教学都分为I、II逐步深入教学，先进行理论教学，再到实验室进行实践教学。同时，金陵科技学院文献保护与修复相关课程较高职层次更加全面，除了人文科学、通论、保护、数字、工艺技术、实践方面内容的教学，还增加了媒体素养、材料科学方面的教学内容，虽然教学比重不大，但教学内容更加丰富全面。

（3）硕士层次人才培养课程设置

中山大学2010年开设了图书情报专业硕士学位项目，并于2014年与国家古籍保护中心建立合作关系，从2015年起每年在全国范围内选拔并培养“文献保护与修复”方向图书情报专业硕士，并在文献保护与修复方向下设古籍保护与修复、古籍整理与鉴定两个子方向。除专业实习课程，中山大学文献保护与修复相关专业课程共15门。与高职和本科层次人才培养相似，人文科学类课程和实践课程占据了较大的比重。在实践课程中，古籍保护与修复方向在高级文献修复课程中还增加了针对西文文献的修复学习。

3. 教学设施与实践基地

教学实训室主要进行古籍修复课程和书画装裱课程的教学，部分学院还增加了纸张测试设备和数字化设备，用于古籍保护、古籍数字化等课程的教学。同时，学校为了提高学生的实践能力，与博物馆、图书馆、考古队、古玩城等机构合作，建立实践基地/行业合作基地。

4. 职业资格认证

根据培养目标的不同，各院校采取不同的职业资格认证。天津轻工职业技术学院的文物鉴定与修复专业侧重培养掌握各种文物艺术品价格、制作工艺、搬运保存方法以及文物艺术品鉴定能力的技能型专业人才。因此为学生提供拍卖从业人员资格认证和书画鉴定师资格认证，以便学生到拍卖典当行业、文物艺术品市场就业。南京莫愁中等专业学校和天津艺术职业学院的文物修复与鉴定专业侧重培养掌握文物鉴定、纸质类文物修复保护方法的技能型人才，因此为学生提供文献修复师职业资格认证，以便学生到博物馆、图书馆、档案馆、艺术馆从事古籍修复工作。

5. 人才就业情况

根据调查问卷反馈，不同培养层次的院校均有毕业生大量流失的现象。金陵科技学院古典文献专业毕业生从事本专业工作人数仅占20%，大部分毕业生选择从事其他行业工作。南京莫愁中等专业学校文物鉴定与修复专业毕业生从事本专业工作人数占30%，从事其他行业工作人数占20%，大部分学生都选择进行专升本的继续教育。然而通过访谈邱晓刚，笔者了解到高职层次的文献保护与修复专业学生面临着不能进行本专业专升本学习的难题。南京艺术学院的文物保护与鉴定专业虽然为本科层次的学历教育，但是其招收对象并不包括高职层次毕业生。

（二）学历教育情况评析

1. 培养层次分布

国内文献保护与修复学历教育人才培养模式涵盖了中专、高职、本科、硕士4个培养层次。虽然缺少博士层次的人才培养，但是国家开始重视文献保护与修复领域人才培养时间并不长，这种培养层次分布范围已经算得上较为全面。在开办文献保护与修复相关专业的20所院校中，高职层次占据了较高的比例，而本科层次只有5所院校，这种培养层次的布局导致文献保护与修复人才学历总体偏低。由于本科层次学校招生对象并不包括高职层次毕业生，因此高职层次人才无法与本科层次实现专业对接。高职层次毕业生想要进行专升本学习大多需要跨考其他专业，导致本专业人才大量流失。

2. 培养内容

通过对不同培养层次文献保护与修复相关课程设置的比较可以看出，文献保护与修复相关课程设置中涵盖人文科学、通论、保护、数字化、工艺技术、实践等方面的内容，三个培养层次课程设置中人文科学与实践技能课程均占有较高的比重。其中，人文科学类课程多为历史文化方面的内容，实践类课程多为工艺技术的应用实践教学，通论课程包括目录学、版本学、文献学等内容，保护类课程包括文献、档案、特藏的保护管理，数字化课程主要涉及古籍的数字化保护与管理。金陵科技学院古典文献专业课程设置相较南京莫愁中等专业学校和中山大学相关专业课程在课程的划分与设置上更加细化，课程范围也更加全面，除了上述培养内容，还包括材料科学与媒体素养相关内容。从培养内容来看，三个层次的人才培养内容相似，侧重相同，各层次的人才培养能够顺利衔接，逐步深入。从培养内容范围来看，国内文献保护与修复相关课程相对缺乏材料科学、化学、应用科学方面的内容。从培养方向来看，金陵科技学院古典文献专业划分文献保护与古籍修复两个方向，可以与中山大学图书情报专业古籍保护与修复、古籍整理与鉴定两个子方向实现对接。

3. 专业人才流失

文献保护与修复相关专业就业方向大体可以分为两类：一是到博物馆、图书馆、档案馆、艺术馆等收藏机构，一是到拍卖公司、艺术品公司、修复公司等经营部门。专业人才的流失是因为这两个就业方向均存在就业难题。首先，博物馆、图书馆、档案馆等收藏机构属于事业单位，部门在招聘人才时或出于部门需求或受到机构内人事处岗位设置的限制，对招聘对象的学历、各项条件设置了较高的要求，“门槛高”使得毕业生对这些机构求之不得。其次，对于修复公司这类企业，由于缺乏政策与资金支持，在社会中尚未形成规范、稳定的修复职业团体，使得毕业生对其望而却步。最后，工作性质和工资待遇低等问题，也是造成专业人才流失的原因之一。

六　人才培养现状评估

（一）人才需求满足现状

通过对国内文献保护与修复人才培养师徒授受模式和专业教育模式的调查，笔者认为在职培训模式在短时间内快速地提高了各机构在职人员古籍整理、保护与修复技能，为各古籍保护与收藏机构填补了文献保护与修复事业人才紧缺的空白。但是由于培训班的培养对象为在职人员，因此培训时间十分有限，学员需要在短时间内学习大量知识并在培训结束后应用到工作之中是有一定难度的。同时，由于在职培训班种类繁多，培训针对性较强，因此短时间内很难培训出全面掌握各项专业知识的应用型人才。师徒授受模式在国家级古籍修复技艺传习所建立以“师徒传承、口手相授”形式培养古籍修复人的长效机制，让在职人员在工作的同时不断学习，继承传统的古籍修复技艺。这种模式能够不断提高在职人员的工作能力，但培养人才数量有限，并不能满足文献保护与修复行业的人才需求。

为了解决人才匮乏问题，北京大学图书馆提出“馆内正式人员”和“外聘临时人员”双重合作模式。“馆内正式人员”即为馆内正式在编人员，需要受到校内人事管理与岗位设置的制约，编制名额较少。“外聘临时人员”包括两种：一种为馆聘合同工——即在协调学校人事制度的基础上，为补充行政技术等人员而增设的合同制岗位；一种为外包公司调拨人员——即图书馆与社会有资质的修复公司合作，由公司派遣修复人员到馆工作。图书馆与修复公司的合作可以弥补馆内修复人员的不足，根据不同阶段的修复量来缩减或扩增人员，但是修复企业因私人营利等因素也存在不稳定性，不能作为可靠的依赖对象。由此北京大学图书馆提出设想，联合各图书馆及相关机构共同支持社会修复队伍建设，在社会中形成较规范的修复职业团体和修复公司的稳定结构。[22]为各古籍收藏机构提供人才资源，成为各机构开展修复工作的后备军。

（二）文献保护与修复事业持续性发展的人才需求

国内文献保护与修复事业面临古籍老化破损严重、现存古籍数量不清、古籍修复人才紧缺等众多难题。笔者认为这些难题的症结在于缺乏兼具古籍修复技术和科研能力的综合型人才。从 2007 年开始国家一直十分重视文献保护与修复事业的发展，进行了建设古籍数字资源库、建立《国家珍贵古籍名录》档案、改善古籍的存藏环境、培养高水平古籍保护专业人员、加强古籍修复工作和基础实验研究工作等举措。这些举措让文献保护与修复事业逐渐形成一个完整的体系，以国家图书馆为中心带动全国各省市将文献保护与修复事业越做越好。虽然国家开展了诸多工作，但是与文献保护与修复相关的科研成果十分稀少。正如潘美娣和邱晓刚所说，文献保护与修复事业需要年轻人的加入，需要能够深入研究修复技术与方法的年轻人继承与发展。只有解决修复效率、修复材料等专业问题，才能从根本上解决文献保护与修复事业面临的难题。邱晓刚认为，因此，文献保护与修复事业需要技术型人才，也需要兼具古籍修复技术和科研能力的综合型、高层次人才。文献保护与修复事业要想持续性发展，亟须完善专业人才教育体系，开展高层次人才培养，让中专、高职、本科、硕士层次的专业人才实现对接，给专业人才提升与学习的机会。

七　完善文献保护与修复人才培养体系的几点建议

针对人才需求满足现状以及文献保护与修复事业持续性发展的人才需求，笔者认为文献保护与修复人才培养系统还需要不断完善，三种培养模式还有进一步优化调整的空间。

师徒授受人才培养模式，应在机构内部建立师徒培养机制的同时，增加机构间的相互学习。让各古籍修复技艺传习所，甚至各文献收藏机构之间的徒弟在学习本机构师傅修复技艺的同时，向其他机构的老师傅学习，习各家之所长，较全面地传承和发展传统的古籍修复技艺。笔者认为师徒授受模式也应建立考核标准，当专业技能达到考核标准时，徒弟可以出师到缺少人才资源的机构讲学，带动更多的文献收藏机构实行师徒授受模式培养。

由于在职培训班有着“培训周期短，强度大”的特点，学员对所学知识的学习、消化和利用上有着较大的困难。因此在大量举办各类短期培训班的同时，应该建立起学员情况反馈机制，及时了解学员对所学内容的掌握情况以及在实践中的应用情况，根据学员反馈情况制订/调整下一次培训内容的强度与深度，争取优化短期在职培训班培训内容，使其发挥最好的效果。

学历教育人才培养模式，高职层次与本科层次人才培养无法实现很好的对接，导致大部分高职层次文献保护与修复人才无法进行本专业的深造学习。在培养内容上各培养层次专业课程均侧重人文科学和实践类课程，较之国外相关专业课程缺少应用科学、材料科学等类型的课程。因此，笔者认为学历教育人才培养方式不仅要解决各层次间对接的问题，还应该在课程设置中增设化学、应用科学、材料科学等类型的专业课程，争取能够在学历教育模式下培养出兼具科学研究和应用实践的综合型人才，以满足文献保护与修复事业持续性发展对科研型人才的需求。

参考文献

[1] 中国古籍保护网．文化部关于印发《全国古籍普查工作方案》等文件的通知 [EB/OL]．[2014－01－15]．http://pcab.nlc.gov.cn/bhjh/zc1.jsp.

[2] Feather, John; Lusher, Anne. Education for conservation in British library schools: current practices and future prospects [J] Journal of Librarianship, 1989 (2).

[3] Shameenda, Kimbo Lemmy; Kanyengo, Christine Wamunyima. An Audit of Skills and Qualifications in Preservation and Conservation Techniques: The Case of the University of Zambia Libraries [J] Journal of Archival Organization, 2012 (2): 137－149.

[4] 钟小宇、钟东．图书馆古籍修复人才需求与古籍修复人才就业需求 [J]．大学图书馆学报，2011 (1)：110－116.

[5] 胡万德、孙鹏．古籍修复人才培养现状调研报告 [J]．图书馆论坛，2012 (2)：175－178.

[6] 何祯．我国文献保护与修复教育现状及特点剖析 [J]．图书馆，2013 (6)：92－94.

[7] 向辉、张黎聪．加拿大古籍保护工作概要 [J]．图书馆工作与研究，2010 (11)：71－74.

[8] 林明、周旖、张靖．文献保护与修复 [M]．广州：中山大学出版社，2012.

[9] 顾雅芳．古籍修复人才培养刍议 [J]．图书馆杂志，2014 (3)：59－63.

[10] 汤印华．从古籍保护视角谈古籍修复人才培养 [J]．图书情报论坛，2011 (5)：66－69.

[11] 杨芬．北京大学图书馆古籍修复探索 [J]．大学图书馆学报，2013 (1)：104－109.

12. 古籍修复技艺现代传承之传习导师机制研究*

古籍修复作为一门传统技艺，民间师徒之间“口耳相授”是古籍修复技艺传承的主要方式，但是传统的师徒传承方式只能满足极小数量的人才需求，现存古籍破损情况严重、各层次的古籍修复人才缺乏等问题无法解决。为此，国家文化部和国家古籍保护中心牵头，做出了许多的努力。[1] 修复古籍有赖于掌握古籍传统修复技艺的人才，现代传习导师机制对于古籍修复技艺人才的培养起到了至关重要的作用，对古籍修复乃至文献保护与修复事业都有着重要的影响。

一　研究现状

（一）古籍修复技艺人才培养的研究现状

关于古籍修复人才培养方面的相关研究，耿兴岩（2017）[2] 从人才的现状、修复人员的素质、人才培养模式等五个方面进行综述分析，为本文的研究提供了有用的参考。随后其他学者发表的几篇研究文献也在以上5个分类当中。[3][4][5][6] 因此笔者这里就不再重复。

不过了解发现，古籍人才培养模式的研究还很少，目前还没有专著。

---

* 本文内容经作者同意，根据中山大学图书情报专业硕士学位论文《古籍修复技艺现代传承之传习导师机制研究》改写（作者：张升炼；指导教师：张靖）。

庄秀芬（2014）[7]指出“要想培养出合格的古籍保护人才，就必须有一套适合古籍保护工作需要的人才培养模式”，她系统探讨了我国古籍保护人才培养模式，主要包括高等院校培养、政府出资组织培养、师徒相传等三种形式。

同年，国家古籍保护中心“三位一体”人才培养模式得到了业界的认可，获得国家图书馆“创新奖”。所谓的“三位一体”人才培养模式，“即积极探索以国家古籍保护人才培训基地、国家级古籍修复技艺传习中心为依托，加大与高校的合作力度，建立古籍保护学科体系，培养古籍保护专业人才”。[8]牛甲芝（2016）[9]又在此基础上将人才培养模式继续补充，提出我国古籍保护人才培养“四位一体”，即培训班、传习所、高等院校和志愿者 4 种新模式。

本文所要研究的古籍修复技艺现代传习机制是以国家级古籍修复技艺传习机构为平台，以传习导师为中心的培养模式。虽然部分学者有所涉及，但篇幅甚少，研究尚处于介绍阶段，不够系统全面。

（二）“传统技艺类”非物质文化遗产传承研究现状

这类的研究文献，主要分为两大部分。一类是关于单项技艺的研究。国家级非物质文化遗产代表性项目“传统技艺类”下分很多名录，包含 21 个门类，上百种技艺。[10]这些技艺在学术研究领域中很多都有所涉及，有的对传统技艺的工艺流程进行研究[11][12][13][14][15][16]；有的从宏观角度，对传统技艺的保护与发展出谋划策[17][18][19][20]；有的从生产性保护角度，探讨传统技艺的保护和发展[21][22][23][24][25][26][27][28]；有的对传统技艺的教育与传承问题[29][30][31][32][33][34][35]、知识产权法律保护问题[36][37][38][39][40][41]等做具体的研究。

还有一类是将传统技艺看作一个大类，整体去分析它们的传承发展情况，主要的代表性研究是社会科学文献出版社出版的《中国非物质文化遗产保护发展报告》2011 年至 2017 年系列专著[42][43][44][45][46][47][48]。这一专著每年的内容包括总报告、分题报告、年度热点、大事记等 4 部分。其中分题报告中会将“传统技艺类”分为一章做具体分析研究。但这一系列著作中对于传承的具体研究论述的比较少，关于各地传习所的建立也是一笔带过，并未进一步深入。

（三）其他非物质文化遗产传习机制相关研究现状

“传习”一词源于《论语·学而》：“吾日三省吾身：为人谋而不忠乎？与朋友交而不信乎？传不习乎？”朱熹集注：“传，谓受之于师；习，谓熟之于己。”[49]后以“传习”谓受师教后进行通习。

“传习”起先用于教育领域，后来扩展到文化传承中师生、师徒之间的教与学。早在国家古籍保护中心提出在各地建立国家级古籍修复技艺传习所、聘任传习导师之前，国内许多非物质文化遗产的相关传承已经开始这一模式。

从不同学者对红拳[50]、苏州昆剧[51]、土家族织锦技艺[52][53]等非物质文化遗产的研究来看，早年非物质文化遗产相关的传习活动以及传习所（馆）以民间组织和个人为主导。特别是手工技艺类，主要是组织或个人（多是传承人）以开办手工作坊的形式达到盈利与传承技艺目的。随着国家对非物质文化遗产的重视，各地政府开始对传习所（馆）传承工作进行安排与指导，并给予一定的经费扶持。

古籍修复技艺传习所的设立是在借鉴学习其他非物质文化遗产传承方式之外，根据该技艺传承的具体情况发展的。古籍修复技艺虽是手工类技艺，但考虑古籍并非人人都拥有，多收藏于图书馆和博物馆中，如果让其进入市场，迎合市场，是无法长久发展的。所以以图书馆为传习场域，在修书的同时进行技艺的传承是最符合当下古籍修复技艺的传承现状的。

二　古籍修复技艺现代传习机构的设立和运转

（一）国家级古籍修复技艺传习中心

2007年国家开始实施“中华古籍保护计划”，同年，国家图书馆挂牌成立了“国家古籍保护中心”[54]。国家古籍保护中心充分发挥古籍修复、装裱、传拓、鉴定等非遗传承人和行业专家的作用，成立了“国家级古籍修复技艺传习中心”，并在各地成立了12家国家级古籍修复中心和23个古籍修复技艺传习所。传习导师们参加“国家级古籍修复技艺传习中心”在各地开展修复技术培训班，采用师带徒、导师制方式，在实际操作中传授技艺，培养人才。

在国家古籍保护中心、国家级古籍修复技艺传习所和各地传习所的努力下，全国各地的古籍修复技术培训班、提高班或研修班开展得如火如荼。笔者通过收集中国古籍保护网的官方网站[55]和国家古籍保护中心公众号发布的消息以及国家古籍保护中心部分工作报告[56][57]，对国家古籍保护中心举办各类古籍修复培训班进行了不完全统计。目前，由国家古籍保护中心主办的各类古籍修复培训班次数近50期，培训总天数多达2400天，在修复技术领域培训人员近1500人次。据了解，不同类型和不同层次的培训班在培训技艺的内容和难度上都是有所不同的。[58][59]这是目前所能做到的传承古籍修复技艺最迅速、最有效的培训方式，而且已见成效。2007年以前，全国的古籍修复人员不足100人，古籍编目整理人员不足500人。目前，全国的古籍修复专职人员近千人。[60]可以说，一支覆盖全国的古籍保护专业队伍已经建立起来，这支队伍的建立有力推进了古籍保护工作计划的进度. 使全国的古籍保护工作轰轰烈烈地开展起来。

（二）各地方古籍修复技艺传习所

自2013年“国家级古籍修复技艺传习中心”在国家图书馆挂牌后，国家古籍保护中心在全国范围内建立“国家级古籍修复技艺传习所”[61]。截至目前共23家机构挂牌，并聘请古籍修复领域著名的资深修复专家担任传习导师，带领学徒在修复古籍的过程中传授技艺。据了解，各地的古籍修复技艺传习所的机构设置和运转可能有些不同，但保护和传承中华文化的责任是一样的。国家古籍保护中心是紧跟国家政策全局领导各地方“国家级古籍修复技艺传习所”，并鼓励各地古籍修复技艺传习所利用本单位古籍资源优势及所聘传习导师的技艺优势，自行开展相关传习活动（符合现实情况），活动不受国家古籍修复技艺传习中心影响，也无须上报。

由于培训班的次数和时长有限，跨地域也是让学员比较头疼的问题，因此，在国家古籍保护中心组织的人才培训基础上，各地的古籍修复技艺传习所也陆续组织了本地区的古籍人员培训班，这些培训班的培训方式与国家古籍保护中心的基本相同。不过比较而言，培训内容更符合本地区或本馆的馆藏古籍特色，而且更能发挥各地传习所的优势及特色。

比如，中山大学传习所的林明老师，他是全国 19 位传习导师中唯一精通西文文献修复的传习导师。因此中山大学图书馆在开展各种培训班时，内容多以西文文献修复为主要特色。另外，云南传习所聘请的杨利群老师以少数民族古籍修复技艺精湛著称。因此“全国少数民族古籍修复技术培训班”都是在云南省开办的，每期都邀请杨利群老师担任实践导师，抢救性修复各种藏文、彝文等少数民族古籍，同时传承少数民族古籍修复技术。

三　古籍修复技艺传习导师现状

据国家古籍保护中心公布的资料显示，目前全国范围内的古籍修复领域的传习导师共 19 位。笔者计划对这 19 位传习导师进行调查，由于一些原因，问卷只回收了 16 份（包括因特殊原因进行的电话访谈），回收率为 84.21%。调查问卷主要从传习导师的基本信息、学艺情况、传承情况、评价及建议等 4 个方面对传习导师展开调查，主要分析如下。

（一）传习导师基本信息

图 1 反映了古籍修复技艺传习导师性别分布情况。从图中可知，目前传习导师的性别分布处于失衡状态，传习导师多为男性，女性大约仅占 1/4。出现这种情况可能与古籍修复技艺本身以及当时的年代有一定关系，据了解，现在学习古籍修复技艺的学徒或从业人员大部分为女性，情况刚好相反。

图 2 反映了古籍修复技艺传习导师年龄分布情况。从图中可以了解到目前传习导师主要集中在 51 至 60 岁之间，多为退休人员，而且 50 岁以下的只有 1 人。传习导师年龄集中且有老龄化现象，当然也与古籍修复行业

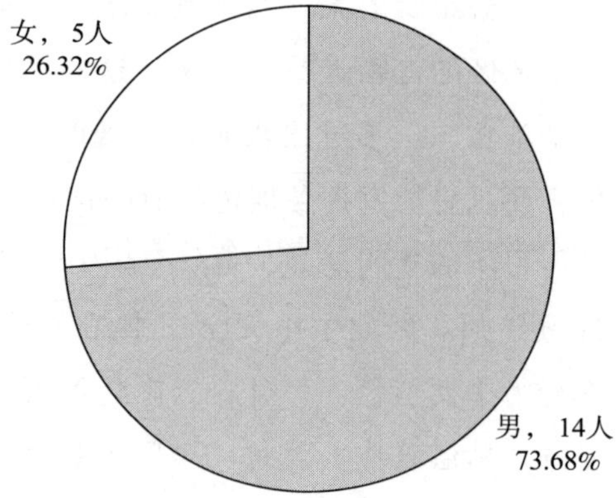

图 1　古籍修复技艺传习导师性别分布情况

性质有关，古籍修复技艺作为一种传统技艺，要想成为大师级人物，手上功夫必须精湛，这需要十年如一日地练习以及在长期工作中积累丰富的经验。时间投入也是衡量古籍修复师是否技艺过人的一个必要条件。

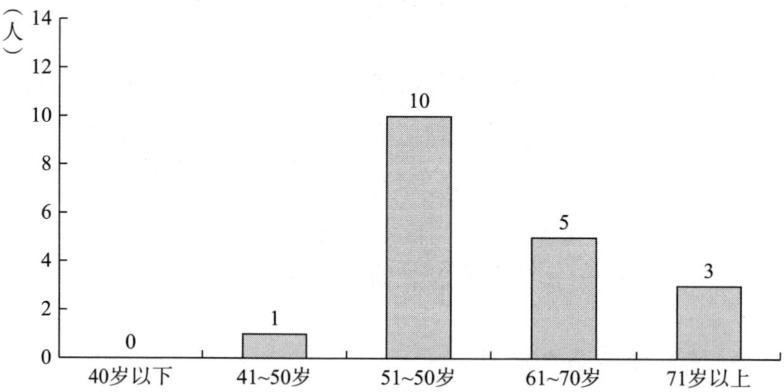

图 2　古籍修复技艺传习导师年龄分布情况

图 3 反映了古籍修复技艺传习导师文化程度分布情况。由图 3 可以看出，传习导师文化程度一半以上为中专或大专文化，初中或高中文化的有 5 人，本科及以上的有 4 人。没有传习导师的文化程度为小学或小学以下的。总体来看传习导师的文化程度并不高，但如果结合图 2 的年龄结构，我们可以发现在传习导师年龄偏大的情况下，这种文化程度的分布是比较客观的。

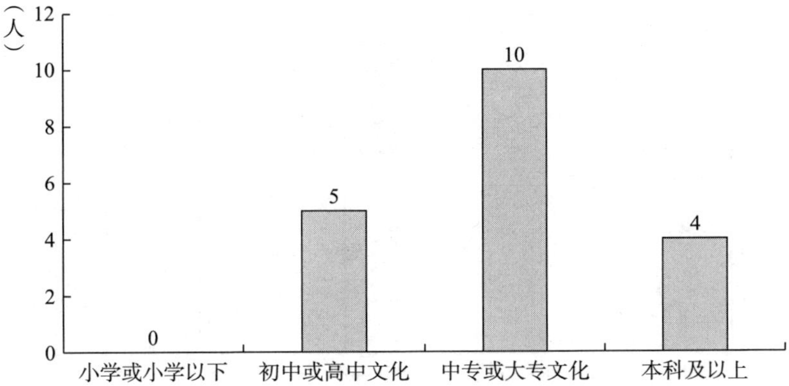

图 3　古籍修复技艺传习导师文化程度分布情况

（二）传习导师学艺情况

由问卷调查所得数据分析，绘制了图 4 和图 5。两个图分别反映了古籍修复技艺传习导师入行年龄分布情况和从艺年数分布情况。

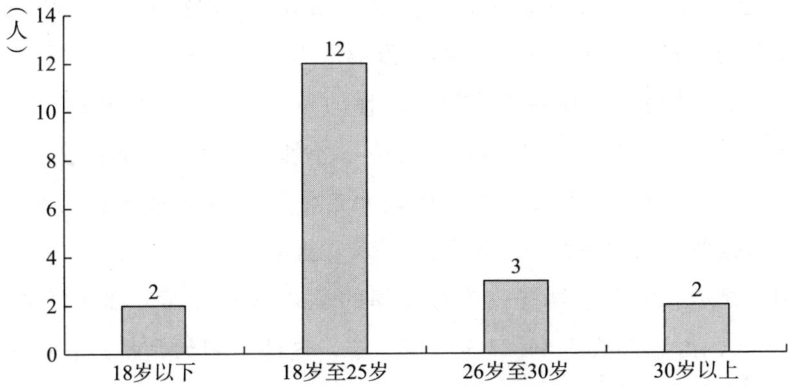

图 4　古籍修复技艺传习导师入行年龄分布情况

根据调查数据和图 4 分析可知，18 岁至 25 岁入行学艺的人数最多，有 12 人，占一半以上。甚至有两位传习导师在未成年以前就开始入行学艺，入行年龄分别是 15 岁和 17 岁。很多传习导师入行之后就干一辈子，所以传习导师的从艺年数和入行年龄成反相关。

根据图 5 可知只有一人，从艺年数在 20 年以下，调查数据显示是 17 年。但是这位传习导师专攻的技艺是西文文献修复，国内掌握此技艺的人

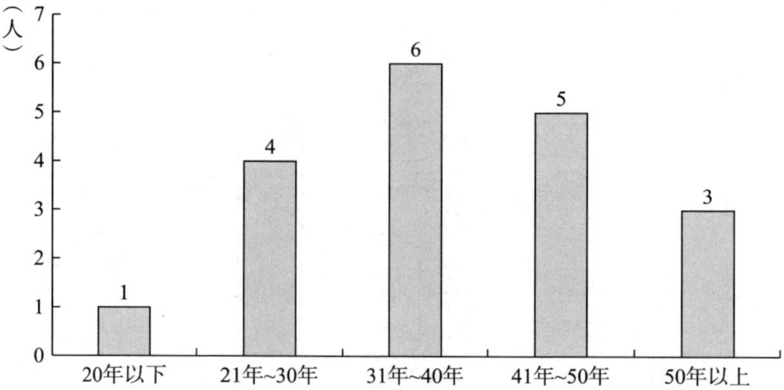

图 5　古籍修复技艺传习导师从艺年数分布情况

并不多，并且这位传习导师是博士学位，高学历加上技艺的稀缺性是他被聘为传习导师的原因之一。

图 6 和图 7 分别反映的是古籍修复技艺传习导师学艺初衷分布情况和学艺方式分布情况。从图 6 可知，仅一人是“继承家业”，这与图 7 中仅一人学艺方式为“家族（或家庭）传承”相对应。这些传习导师学习古籍修复技艺的最初动机主要不是“继承家业”“兴趣爱好”或者为了“生活生计”，大多数传习导师的学艺初衷选择的是“其他”，多达 14 人。据调查数据显示，学艺初衷为“其他”的传习导师中有 11 人表示是“单位安排”，剩余 3 人没有填写初衷。如此说明古籍修复技艺兴趣吸引不足，学习与传承是各个图书馆根据古籍保护需求安排的。

图 7 显示，古籍修复技艺传习导师的学艺方式大部分都是师徒传承，多达 16 人，占总人数的 84.21%。据了解，这些传习导师都是在图书馆工作时拜师学艺的。解放初期，全国仅有北京图书馆（现国家图书馆）和上海图书馆有专业的部门从事古籍保护和修复工作。[62]北京图书馆（现国家图书馆）和上海图书馆成为全国最早的古籍修复专业人才的培养基地，大部分传习导师都是由这两个图书馆的老一辈修复大师培养出来的。学艺方式选择“其他”的传习导师有两位，一位是海外进修学习西文文献修复，另一位传习导师表示是“单位工作时、学校教学时边学边做”，可能没有正式地拜师学艺，但在技艺学习上与师徒传承差异并不大。

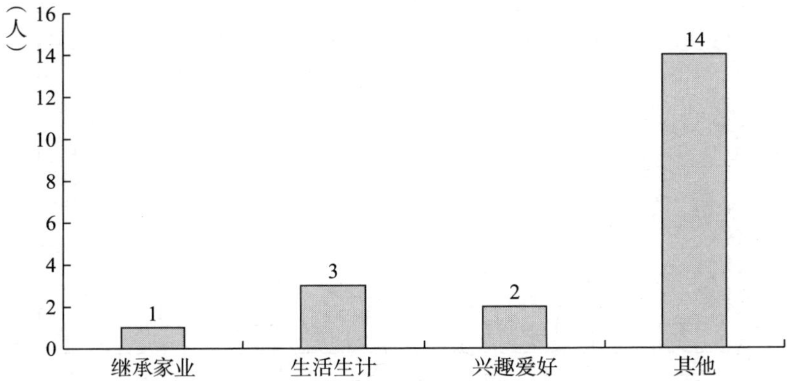

图 6　古籍修复技艺传习导师学艺初衷分布情况

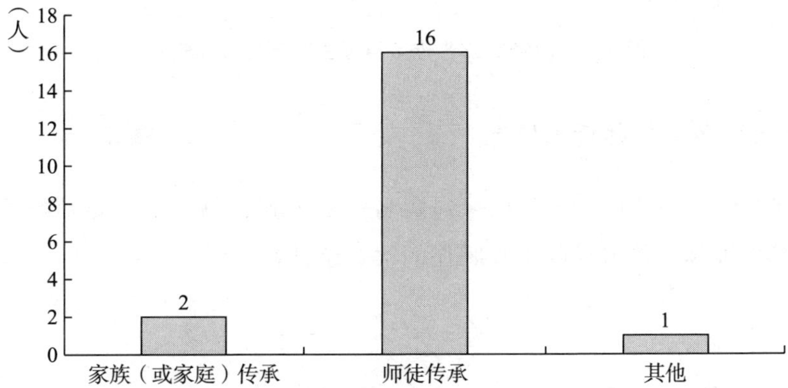

图 7　古籍修复技艺传习导师学艺方式分布情况

图 8 反映了古籍修复技艺传习导师主攻技艺的分布情况。杜伟生老师在《古籍修复技艺的传与承》中讲过“准确的古籍的修复目前就是指包括字画修复、书籍修复两个方面”[63]。从图 8 可以看出国家古籍修复技艺传习中心以及各地的传习所在聘请传习导师时不仅要求技艺精湛、经验丰富，也尽量保证了技艺多样性，确保让各种形式的文献都能到保护和修复，让各种类型的修复技艺都能得到传承。

其实纸质文献的修复有很多共通性，一些老师所掌握的技艺比较全面，对古籍修复、书画拓片修复装裱、碑刻传拓领域都有所涉猎，并经验丰富。

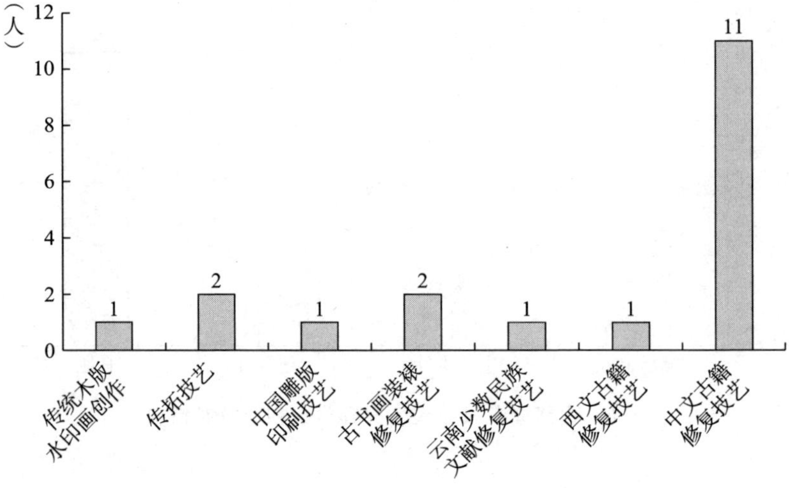

图 8　古籍修复技艺传习导师主攻技艺分布情况

（三）传习导师传承情况

据统计，一个传习所聘任一到两名传习导师，每年传习导师的受聘次数如图 9 所示（传习导师重复聘任的次数统计在内）。

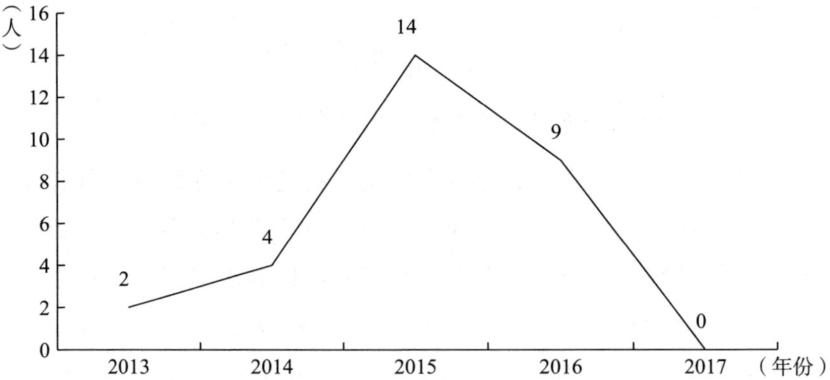

图 9　“国家级古籍修复技艺传习所”每年聘任传习导师次数统计

从 2013 年开始，“国家级古籍修复技艺传习所”开始在全国范围内建立，由图 9 可以看出，传习导师也随之受聘，开始发展壮大，并在 2015 年达到顶峰。目前 19 位传习导师的聘任都是在 2013 年至 2016 年间完成，对应的 23 家传习所也是在此时间段内建立。“国家级古籍修复技艺传习所”

的全国布局以及相关传习导师的聘任是现代传习导师传承模式的开端，前期人才培养基地的布局和师资力量积累已经较为完善。

对学徒来源、数量、质量的要求，接受调查的每个传习导师都发表了自己的看法。除了三位老师表示“随缘”“无法自己决定”“服从安排”外，其他 14 位传习导师大都表示学徒来源最好是有一定古籍馆藏的单位；在数量上大多数传习导师没要求，表示很乐意将自己的修复技艺广传于人，不过有传习导师建议每期开展传习活动的学员数量不宜过多；在质量上，传习导师的要求相对较多，总结出来就是“热爱古籍、主动性强、学习能力强、可以持之以恒、心理素质过硬并且最好是有多学科背景的高学历学员”。这些都是当下古籍修复技艺学习必备的素质，达到这些要求，对于技艺的传承甚至创新会更有帮助。

通过了解各位传习导师对学徒的要求我们就可以看出，他们对学徒抱有无限的期望。据调查，许多传习导师都表示希望自己的学徒可以“青出于蓝而胜于蓝”，要在传承传统古籍修复技艺的同时能有所创新，也有部分传习导师表示，希望学员不仅有修复技艺上的精进，还有学术研究方面的进展，这是现代古籍修复技艺的发展趋势——实践与理论并行发展。

对于传承的困难因素，许多传习导师也发表了自己的看法。笔者结合自己的想法，归纳出来主要有以下几点：

1）参与的人数有限，培训时间较短。由传习导师参与实践教学的各种培训班，受经费和培训场地的限制，每一期培训班可培训人数有限，不能满足所有图书馆、博物馆等公藏单位的培训需求。且培训时间短，在短时间内大量的知识灌输，对刚入门的学员来讲消化吸收起来有难度，因而也会出现一些学员参加了多次修复培训还是无法胜任所在单位古籍修复相关工作的现象。

2）个别单位领导不重视。各地方传习所领导的态度，在很大程度上影响古籍修复技艺传承的效果。

3）学员质量有待提高。部分学员素质较低、积极性较差，存在半途而废的现象。在古籍修复技艺培训资源和机会如此有限的情况下，如果学员不认真对待，不在学有所成的情况下肩负起古籍保护和修复的责任，是对传习资源的一种浪费。

4）技艺的难度对传习工作的效果有一定影响，特别是高浮雕传拓技艺。

5）传习导师年龄逐年增大，个别传习导师表示心有余而力不足。

6）外聘的传习导师较多。传习导师与培训班中的学员、接受外聘的传习导师与学徒之间距离较远，学员或学徒有问题时不能第一时间给予现场指导且传习时间有限。

7）目前的传习机制中传习导师和学徒之间没有交叉指导的安排，不利于传习导师以及学徒之间修复技艺的博采众长、创新发展。

面对这些困难，许多传习导师表示，可以克服的困难会积极去克服、去改变。

（四）其他

图 10 是古籍修复技艺传习导师收入满意度分布情况，如图所示，16 位传习导师中对收入满意的人数为 5 人，不到调查人数的 1/3。大部分传习导师认为自己的收入一般，没有人对自己的收入不满意。从这一情况可以大致分析出，古籍修复传习导师的待遇满意度不太乐观。传习导师肩负着传承古籍修复技艺的重任，比普通图书馆员承担的工作和责任更重，图书馆应提高相应的待遇，这不仅对传习导师还是古籍修复的从业人员都是一种激励，对传习工作的开展也更为有利。

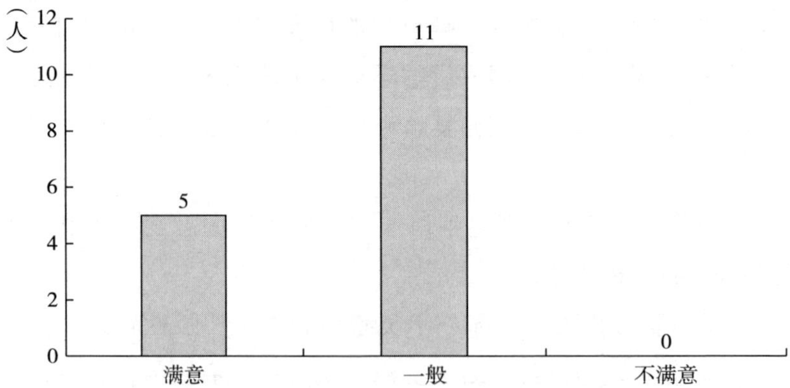

图 10　古籍修复技艺传习导师收入满意度分布情况

从图 10 分析我们知道，传习导师对于收入的满意度不太乐观，但是调查显示古籍修复技艺传习导师对古籍修复事业未来发展所持的态度还是普遍乐观的。如图 11 所示，12 人表示看好古籍修复事业的发展，仅有 3 人觉得未来发展情况可能一般，没有人持悲观态度。这一情况与这几年国家颁布的一些政策，以及国家古籍保护中心实行的一系列古籍保护与修复的措施密不可分。

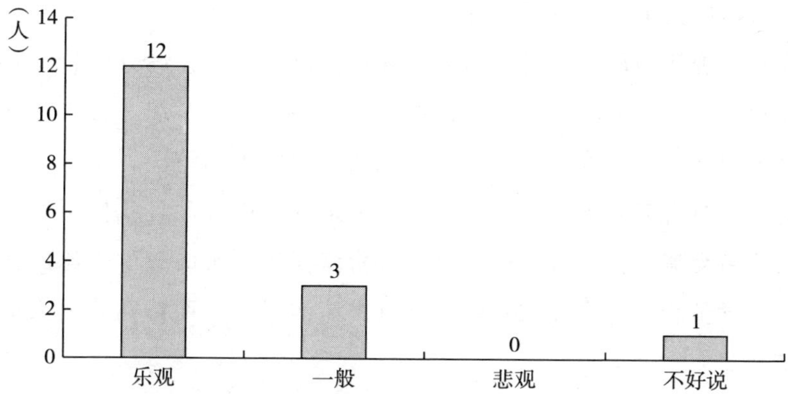

图 11　古籍修复技艺传习导师对古籍修复事业未来发展所持态度分布情况

四　关于现代传习导师机制发展的建议

古籍修复在以前的相当长一段时间内并没有受到人们的关注，直到 2007 年启动中华古籍保护计划后才有所改观。经过长达 10 年的快速发展，全国古籍保护与修复的人才队伍已经从百人不到增加至现在的千余人。以传习导师为中心开展的传习活动培训时间短、培训课程容量大、培训班种类多，虽然短期内缓解了一些地方古籍保护人才严重不足的局面，但是调查发现还是存在一些不足之处。笔者根据调查和思考尝试提出以下几点建议。

（一）现代传习导师机制应结合传承与创新

由于古籍修复技艺的传习活动培训时间相对较短，只能培训入行必备的基础概念和基本操作规程，而且部分学员素质较低、积极性较差，存在半途而废的现象。这与传统师徒传承培养出的修复人才相比，还是有较大的差距。国家古籍保护中心应继续加强传习导师和学徒之间的有效交流学习，多举办古籍修复技艺研讨会类型的活动，鼓励各馆之间古籍修复人员的短期到馆交流。传习导师也应该平衡在所在单位和外聘单位的时间，对外聘单位的学徒多多交流，做好相关的古籍修复技艺指导工作。同时，对于参与古籍修复技艺培训班的学员要有更严苛的考核制度，最基本的一点就是对古籍修复事业的热爱与责任。

另外，现代师徒传承要借助各种现代信息技术。在调查中，张平老师就建议尽快应用和推广全国图书馆古籍修复档案管理系统。首先，这个系统可以方便国家古籍保护中心了解各地图书馆的工作情况、工作进度及质量；另外，对古籍修复的质量控制也有一定的帮助。而且我们可以尝试建立在线学习交流平台，将各种国家级古籍修复培训班的教学资源放在网络平台上，学员和老师也能在平台上进行交流沟通，从而拓宽修复人员学习的渠道。

（二）建立业内奖励机制，提高古籍修复从业人员的待遇

长期以来，古籍修复就是一个“埋头苦干”的职业，修复人员的技能水平没有区分，成果得不到体现。国家古籍保护中心可建立业内奖励机制来促进人才的培养。如定期组织开展古籍修复技艺或古籍修复成果评比等活动来发现人才、奖励人才，并通过表彰古籍修复技艺资深专家来发挥榜样力量，提高古籍修复人才的影响力。

根据调查发现，各地方传习导师对收入的满意度不高。传习导师肩负着传承古籍修复技艺的重任，比普通馆员承担的工作和责任更重，各修复机构应提高相应的待遇，这不仅对传习导师还是古籍修复的从业人员都是一种激励，对传习工作的开展更为有利。

（三）走职业化和高等教育并行之路

从前几年的新闻报道我们经常能看到“全国古籍藏量巨大”“古籍修复人才紧缺”等信息。古籍修复人才确实紧缺，但缺的是具有多学科背

景、较高研究水平和实践能力，又能长期坚守在修复岗位的人才。

图书馆工作人员的待遇低，且古籍修复岗位有限，致使一些高校古籍相关专业的学生毕业后很少从事古籍工作。为改变古籍修复工作的现状，适应古籍保护工作的需要，古籍修复队伍的建设应该走职业化和高等教育并行之路。高等院校在招收学生时应该有一定的门槛和要求，应多考虑在职人员以及多学科专业背景的人才，优先考虑文献、历史等文科类背景与化学、生物等理科背景结合的人才。未来应该以多种形式拓宽在职修复人员的学习渠道，注重修复人员间的经验交流与在职培养。

五 结语

古籍修复技艺现代传承的传习导师机制是新时期新政策环境下对传统师徒传承方式的继承和规范，这一机制是以古籍修复技艺现代传习机构为平台，以古籍修复领域的专家——传习导师为中心，通过在各地开办各种古籍修复技艺培训班和“师带徒”等方式，传承古籍修复技艺，培养古籍保护与修复的骨干人才。国家古籍保护中心是紧跟国家政策全局领导各地方的“国家级古籍修复技艺传习所”，并鼓励各地古籍修复技艺传习所利用本单位古籍资源优势及所聘传习导师的技艺优势，自行开展相关传习活动（符合现实情况即可）。现代传习导师机制是古籍修复技艺人才培养的重要模式之一，是当下发展古籍保护事业、传承古籍修复技艺不可或缺的重要途径。我们有理由相信，在各位传习导师毫无保留、呕心沥血地传道授艺下，未来古籍保护与修复事业必定后继有人，具有“工匠精神”的高精尖古籍修复专业人才将继续发扬和传承古籍修复技艺，为古籍保护与修复事业做贡献。

参考文献

［1］“中华古籍保护计划”大事记［J］. 国家图书馆学刊，2014，23（05）：104 – 113.

［2］耿兴岩．国内古籍修复人才培养研究综述［J］. 图书馆界，2017（02）：34 – 38.

[3] 葛文雅，周胜男，杨凌等．基于文化传承视角下特色专业就业前景分析——以古典文献学（古籍修复）专业为例［J］．江苏科技信息，2017（18）：54－56.
[4] 丹增曲珍，次央．我国藏文古籍修复人才培养的几点思考［J］．西藏科技，2017（06）：21－22，30.
[5] 丛中笑．论图书馆古籍修复工作的几个误区［J］．图书馆学刊，2017，39（03）：39－41.
[6] 董柳池．中国档案文献修复教育现状及对策研究［D］．辽宁大学，2017.
[7] [59] 庄秀芬．古籍保护人才培养模式研究［J］．国家图书馆学刊，2014，23（05）：18－24.
[8] 王红蕾．培养具有“工匠精神”的高精尖缺人才［EB/OL］．（2017－02－23）［2017－10－11］．http://www.bjgujibaohu.com/News/D.aspx? Id＝671.
[9] 牛甲芝．“四位一体”——我国古籍保护人才培养新模式探析［J］．内蒙古科技与经济，2016（17）：25－26，28.
[10] 陶洁编．非物质文化遗产研究丛书　传统手工技艺［M］．北京：学苑出版社，2012.
[11] 赵子君．扬州雕版印刷技艺调查与研究［D］．南京师范大学，2012.
[12] 计世光．中国端砚制作技艺调查研究［D］．重庆师范大学，2014.
[13] 陈丹．凉山彝族传统漆器工艺当代传承与发展调查［J］．文化遗产，2014（03）：73－82.
[14] 谢一菡．禹州钧瓷传统制作技艺传承研究［D］．中国艺术研究院，2014.
[15] 高诚苗．雷州蒲草种植与蒲织传统技艺研究［D］．华南农业大学，2016.
[16] 陈倩．扬州饾版印刷工艺研究［D］．扬州大学，2017.
[17] 李亚男，张浩然，杜浩．河北省非物质文化遗产保护性开发策略——以传统手工艺类项目为例［J］．河北大学学报（哲学社会科学版），2014，39（03）：124－128.
[18] 赵巧艳．非物质文化遗产视角下传统技艺的传承与保护——以侗族木构建筑营造技艺为例［J］．徐州工程学院学报（社会科学版），2014，29（05）：89－94.
[19] 孔德祥．荣昌折扇传统技艺传承与保护研究［D］．重庆大学，2016.
[20] 李任．贵州传统技艺类非物质文化遗产发展现状与思考［J］．长江师范学院学报，2017，33（02）：34－42.
[21] 张礼敏．自洽衍变：“非遗”理性商业化的必然性分析——以传统手工艺为

例［J］. 民俗研究，2014（02）：66－74.
［22］邱春林. 从传统再出发：手工艺的第二次产业化［N］. 人民政协报，2014－07－28（010）.
［23］焦成根，唐慧. 文化创意产业背景下的传统手工艺生存与发展之“道”——以湖南侗锦工艺为例［J］. 湖南行政学院学报，2014（04）：33－36，120.
［24］高扬元，孔德祥. 传统技艺非物质文化遗产之生产性保护探究［J］. 重庆大学学报（社会科学版），2015，21（03）：158－163.
［25］孙发成. 产业化语境下民间传统手工艺的创新与发展［J］. 非物质文化遗产研究集刊，2015（00）：143－151.
［26］王潇. 传统手工艺的再生产研究［D］. 西安美术学院，2016.
［27］童心刚. 基于活态传承的海南少数民族手工艺产业化问题研究［J］. 贵州民族研究，2017，38（07）：112－116.
［28］杨金涛. 传统手工艺数字化体验与产品网络营销研究［D］. 云南艺术学院，2017.
［29］徐艺乙. 当下传统工艺美术的问题与思考［J］. 贵州社会科学，2014（03）：29－33.
［30］顾浩. 本真与嬗变——对作为非物质文化遗产的手工艺技术意义的再反思［J］. 扬州大学学报（人文社会科学版），2014，18（01）：101－107.
［31］石慧. 保持传统手工艺的纯粹性之高级定制［J］. 现代交际，2014（07）：82－83.
［32］吴化雨. 工艺美术专业在边疆高校教育中的人才培养模式探究——以云南省为例［J］. 美术教育研究，2014（19）：153，161.
［33］贺坚. 中等职业学校工艺美术品牌课程建设的研究——以贝雕艺术课程为例［J］. 艺术科技，2014，27（03）：50.
［34］高爱民. 不要让优秀传统手工技艺成为“古董”艺术——关于中职学校传承传统手工艺教学的几点思考［J］. 职业教育研究，2014（09）：148－150.
［35］李书田. 桂林民族民间手工艺教材开发研究［D］. 广西师范大学，2014.
［36］吴超. 论我国传统手工艺的知识产权保护［D］. 湖南大学，2012.
［37］张西昌. 传统手工艺的知识产权保护研究［D］. 西安美术学院，2013.
［38］白慧颖. 传统手工艺传承发展中的知识产权问题研究［J］. 河南财经政法大学学报，2014，29（04）：90－95＋123.
［39］杨丽娇. 我国传统手工艺的知识产权保护［D］. 黑龙江大学，2014.

[40] 李一鸣．黔东南州苗绣工艺知识产权保护 [D]. 贵州民族大学，2015.

[41] 田忠闪．传统手工艺知识产权保护研究 [D]. 中国社会科学院研究生院，2016.

[42] 康保成主编．中国非物质文化遗产保护发展报告 2011 [M]. 北京：社会科学文献出版社，2011.

[43] 康保成主编．中国非物质文化遗产保护发展报告 2012 [M]. 北京：社会科学文献出版社，2012.

[44] 康保成主编．中国非物质文化遗产保护发展报告 2013 [M]. 北京：社会科学文献出版社，2013.

[45] 宋俊华主编．中国非物质文化遗产保护发展报告 2014 [M]. 北京：社会科学文献出版社，2014.

[46] 宋俊华主编．中国非物质文化遗产保护发展报告 2015 [M]. 北京：社会科学文献出版社，2015.

[47] 宋俊华主编．中国非物质文化遗产保护发展报告 2016 [M]. 北京：社会科学文献出版社，2016.

[48] 宋俊华．非物质文化遗产蓝皮书　中国非物质文化遗产保护发展报告 2017 版 [M]. 北京：社会科学文献出版社，2017.

[49] 汉典．词语"传习"的解释 [EB/OL]. [2018-03-15]. http://www.zdic.net/c/0/157/345549.htm.

[50] 李全海．陕西关中红拳传承人调查分析及传承对策研究 [D]. 西安体育学院，2011.

[51] 李会美．非物质文化遗产保护中国家和民间社会的关系探究 [D]. 苏州大学，2011.

[52] 邵长波．非物质文化遗产背景下土家织锦发展现状研究的调查报告——以湖南省龙山县为例 [A]. 中国艺术人类学学会、内蒙古大学艺术学院．2012 年中国艺术人类学年会暨国际学术研讨会论文集（第三部分）[C]. 中国艺术人类学学会、内蒙古大学艺术学院，2012：13.

[53] 罗源．湘西土家族织锦技艺传承研究 [D]. 中央民族大学，2013.

[54] [55] [60] [61] 国家古籍保护中心．古籍保护网 [EB/OL]. [2017-10-11]. http://www.nlc.gov.cn/pcab/.

[56] [58] 国家古籍保护中心编．古籍保护研究　第 1 辑 [M]. 郑州：大象出版社，2015.

[57] 国家古籍保护中心编. 古籍保护研究　第2辑 [M]. 郑州: 大象出版社, 2016.

[62] 潘美娣著. 古籍修复与装帧　增补版 [M]. 上海: 上海人民出版社, 2013.

[63] 杜伟生. 古籍修复技艺的传与承 [N]. 光明日报, 2016-07-14 (009).

专题三

素养培育研究

我国图情档领域素养培养研究自信息素养培养开始，可以追溯到1995年。[①] 这些年在互联网的影响下素养培养环境不断变化，从网络环境[②]、E-learning[③] 到 Web2.0[④]、Library 2.0[⑤]，再到“互联网+”[⑥]、移动网络环境[⑦]，随着环境变化，科技的发展、思想的进步使国内对素养培养的认识不断深入，产生了数字素养培养、数据素养培养、元素养培养等新研究领域。

目前，现有研究内容可按素养培养内涵、对象、机构、模式分为四类。素养培养内涵类文章出现较早，如金国庆于1995年概述了信息素养培养的目标、相关因素、计划的制订及其实施。[⑧] 钟庞和2006年指出图书馆

---

① 黄蕾.20年来国内信息素养教育研究与实践综述［J］. 图书馆杂志，2015，34（03）：16－22.

② 薛文静.网络环境下图书馆在信息素养教育中的作用［A］. 中国科学技术协会.提高全民科学素质、建设创新型国家——2006中国科协年会论文集［C］. 中国科学技术协会：中国科学技术协会学会学术部，2006：4.

③ 王萍，王强，周丽霞.基于E-learning的图书馆信息素养教育［J］. 图书馆学研究，2009（11）：88－90.

④ 栾旭伦.基于Web2.0的高校图书馆在线信息素养教育平台研究［D］. 辽宁师范大学，2010.

⑤ 束漫.Library 2.0的实践领域：信息素养教育和终身学习［J］. 图书情报工作，2010，54（03）：36－39，58.

⑥ 张洪杰，郭小平.“互联网+”时代创新创业导向的大学生信息素养培育模式研究［J］. 情报科学，2017，35（06）：94－98.

⑦ 邓李君，杨文建.移动网络环境下数据素养教育创新策略研究［J］. 图书馆工作与研究，2019（03）：67－72.

⑧ 金国庆.信息社会中信息素养教育概述［J］. 图书情报工作，1995（06）：52－55.

信息伦理培养主要包括信息伦理基本理论、公共信息伦理和职业信息伦理培养三个方面。[①] 数据素养培养内涵的研究集中在 2014 至 2016 年。[②③] 我国图情档领域主要研究对大学生[④⑤]和图书馆员[⑥⑦]的素养培养，在以大学生为对象的研究中，逐渐重视素养培养的学科化[⑧⑨]，还有部分对农民[⑩]、青少年[⑪]、研究人员[⑫]等群体的素养培养研究。而在素养培养机构方面，多关注高校[⑬⑭]、公共图书馆[⑮⑯]、高校图书馆[⑰⑱]在素养培养方面的作用。嵌

① 钟庞和．论图书馆信息伦理教育［J］．情报科学，2006（07）：1003－1008.

② 张晨．大数据时代的图书馆与数据素养教育［J］．图书与情报，2014（04）：117－119.

③ 黄如花，李白杨．数据素养教育：大数据时代信息素养教育的拓展［J］．图书情报知识，2016（01）：21－29.

④ 张长亮．高校学生信息素养教育模式研究［D］．吉林大学，2011.

⑤ 肖珑，赵飞．面向学习环境的大学生信息素养体系研究［J］．大学图书馆学报，2015，33（05）：50－57，38.

⑥ 苗文菊，李小苏．网络环境下图书馆员的信息素养教育［J］．图书情报工作，2010，54（S1）：85－87.

⑦ 王丽娜．美国图书馆员素养培育之浅析——以爱荷华大学图书馆为例［J］．国家图书馆学刊，2013，22（04）：67－70.

⑧ 全贞兰，邱茹林，唐林．信息素养教育与专业课程无缝融合式教学探索——以物理化学设计性实验为例［J］．图书馆建设，2017（06）：72－76.

⑨ 张洁，杨新涯，袁刚．面向工程类专业综合课程设计的信息素养训练研究与实践［J］．图书情报工作，2015，59（08）：59－64.

⑩ 詹晓凤．农民信息素养的培育研究［D］．山西大学，2014.

⑪ 朱婕，陈雅．青少年信息素养教育研究——以美国 CFF 计划和巴西“未来学校”项目为例［J］．图书情报工作，2016，60（13）：40－46.

⑫ 凌婉阳．大数据与数据密集型科研范式下的科研人员数据素养研究［J］．图书馆，2018（01）：81－87.

⑬ 韩丽风，曾晓牧，林佳．新环境下高校信息素养教育实践的创新探索［J］．图书情报工作，2018，62（24）：12－17.

⑭ 罗国锋，陆瑶．面向高校的元素养教育体系研究［J］．图书馆工作与研究，2017（12）：86－91.

⑮ 邓辉．图书馆开展信息素养教育的优势及对策［J］．图书馆工作与研究，2010（10）：96－98.

⑯ 龙梅英，谭立洲．新形势下图书馆信息伦理教育研究［J］．图书馆，2009（05）：91－93.

⑰ 杨晓光，陈文勇．图书馆员与信息素养教育［J］．情报科学，2001（04）：362－364.

⑱ 邓李君．高校图书馆数据素养教育与服务转型研究［J］．图书馆建设，2016（12）：64－70.

入式素养教育[①][②]、MOOC[③][④]、游戏化[⑤][⑥]、翻转课堂[⑦][⑧]，还有竞赛[⑨]、微课程[⑩]都是研究者所关注的素养培养模式。除此之外，还有基于技能培养层、能力培养层、思维培养层、实践培养层4个层次SCPT培养模式[⑪]；从教学时间维度、教学地点维度、教学对象维度、教学内容维度、教学方式维度、考核评价维度考虑，基于SPOC的信息素养教育模式[⑫]；通过创设情境、布置任务、收集资源、学生自主探究过程、教师进行评价、总结设置信息素养课程的WebQuest教学模式[⑬]等具体、体系化的培养模式研究。

学者多通过现状调查、文献指导、案例分析、学习国际经验等方法进行素养培养研究。马费成通过对武汉地区高校学生的信息素养现状分析，揭示了学生在信息需求、信息源选取和信息查找、信息获取能力及技巧、信息评价和处理、信息安全意识和信息伦理、信息素养认知和信息教育状

---

① 申雅琪，范秀凤，李佩．嵌入院系的信息素养教育案例研究［J］．图书馆学研究，2017（15）：2－7.

② 刘勋．高校图书馆开展嵌入式数据素养教育探究［J］．图书与情报，2016（03）：86－89.

③ 黄如花，李白杨．MOOC背景下信息素养教育的变革［J］．图书情报知识，2015（04）：14－25.

④ 周琪．我国信息素养类MOOC调研与分析［J］．图书情报工作，2018，62（12）：143－148.

⑤ 鲍雪莹，赵宇翔．跨学科视角下游戏化研究对用户信息素养培育的启示［J］．图书馆学研究，2015（19）：2－7，22.

⑥ 邓李君．公共图书馆基于游戏服务的青少年信息素养教育策略研究［J］．图书馆建设，2016（09）：79－85.

⑦ 何立芳．翻转课堂教学模型及其在信息素养教育中的实证研究［J］．图书情报工作，2018，62（17）：53－59.

⑧ 蒋丽丽，陈幼华．基于翻转课堂的高校信息素养教育设计研究［J］．图书馆杂志，2015，34（12）：23－28，76.

⑨ 张秀芳．基于数学建模竞赛的信息素养教育探索与实践［J］．图书情报工作，2014，58（S2）：246－248.

⑩ 于静，郝永艳，赵敏，杨明博．“微课程”在信息素养教育服务中的实践探索［J］．图书馆建设，2015（10）：60－62，67.

⑪ 徐笑一．我国高校信息素养教育SCPT培养模式研究［J］．图书馆学研究，2017（10）：16－19，57.

⑫ 黄丽霞，董红丽．基于SPOC的高校信息素养教学模式构建［J］．图书馆研究与工作，2018（04）：44－48.

⑬ 娜日，吴晓伟，吕继红．基于WebQuest的应用型本科大学生信息素养教学模式研究与实践［J］．情报理论与实践，2011，34（11）：99－102.

况六个方面的特征，提出高校开展信息素养教育的策略。[①] 张春莹从信息意识、信息知识、信息能力、信息道德等方面对吉林省图书馆读者进行了随机问卷调查，提出加强用户信息素养教育的方法和途径。[②] ACRL《高等教育的信息素养框架》[③④]、《新媒体联盟地平线报告》[⑤⑥] 为信息素养培养、数字素养培养研究的重要指导文献。案例分析既包含对先进案例的学习[⑦]，又有对研究者提出培养方法的具体实践[⑧⑨]，其中对先进经验的学习主要集中在英国[⑩]、美国[⑪]、日本[⑫]。

本专题收录论文4篇。

《批判性信息素养及其教育实践》：介绍了“元素养”和其核心元素——批判性信息素养的内涵，讨论了信息素养与批判性思维在彼此领域下的相关内容与两者复合下的概念——批判性信息素养。通过阐述图书馆专业组织的信息素养相关标准中的批判性元素及其演变，现有批判性信息素养教

---

① 马费成，丁韧，李卓卓．案例研究：武汉地区高校学生信息素养现状分析［J］．图书情报知识，2009（01）：24－29.

② 张春莹．吉林省图书馆读者信息素养调查分析［J］．图书馆学研究，2011（12）：77－80.

③ 陈旭华．嵌入科研训练信息素养教育研究——基于《高等教育信息素养框架》指导［J］．图书馆学研究，2019（01）：2－5，87.

④ 张艳英，刘昆，朱婕．基于《高等教育信息素养框架》的信息素养教育创新实践［J］．情报科学，2018，36（09）：62－67.

⑤ 武利红．面向就业的数字素养教育——《2017年数字素养影响研究：NMC地平线项目战略简报》研究［J/OL］．图书馆建设：1－18［2019－05－27］．http://kns.cnki.net/kcms/detail/23.1331.G2.20190218.0952.012.html.

⑥ 陈钦安．新媒体联盟《2017数字素养影响研究报告》解读及启示［J］．图书与情报，2018（04）：111－116.

⑦ 郝媛玲，沈婷婷，高珊．高校数据素养教育实践的思考和建议——基于哈佛大学案例和我国图书情报人员访谈的分析［J］．图书情报工作，2015，59（12）：44－51.

⑧ 陈瑗瑛．基于建构主义的学科信息素养整合教育［J］．图书馆学研究，2011（23）：20－23.

⑨ 林晓华，林丹红，钟伶．混合教学模式下元素养教学路径实证研究［J］．图书情报工作，2018，62（23）：65－71.

⑩ 杨国庆，韩益鹏．剖析和借鉴英国高校信息素养教育［J］．图书馆建设，2009（05）：78－83.

⑪ 张娟．美国数字素养教育现状及启示［J］．图书情报工作，2018，62（11）：135－142.

⑫ 梁正华，张国臣．日本高等教育信息素养标准及启示［J］．情报理论与实践，2015，38（08）：141－144.

育主要的三种模式来明确批判性信息素养的重要性，进而讨论掌握批判性信息素养话语权对于图书馆的意义。

数据素养能力模型研究：梳理和综合分析国内外 14 个数据素养能力模型及相关教育实践，提出了数据素养教育的两种思路，即能够较全面地让学习者认识数据生命周期的系统化教育思路，以及能够让学习者快速掌握某些数据处理和管理技能的专门化教育思路。对应两种思路，将数据素养能力模型划分为能力导向和目标导向两种类型，并以此探讨数据素养教育的系列问题。

中国图书馆员职业的数据素养要求：呈现的是“图书情报科学行动预测”（Tack the Next Move for LIS）课题的初期成果。科研团队通过梳理 14 个数据能力模型得到数据素养的 6 个能力维度：数据意识、数据搜集与处理、数据分析、数据的长期保存、数据重用以及道德规范，构建“数据能力框架”（Data Competence Framework），为了研究我国对数据素养人才的需求趋势，结合招聘广告的数据，分析发现以下四项重要的指标：我国的各行政区域间对数据素养人才需求的差异；不同类型的图书情报机构对数据素养人才的要求特性；对学历水平的偏好特征；以及不同招聘岗位在地理位置、岗位属性、学历限制方面的差别。最终发现学术型图书馆在人才队伍建设方面更有数据素养意识、学术型图书馆对数据素养岗位的应聘人员有更高的学历要求、对数据素养的重视程度存在区域差异。

中国大学人文社科研究者数据素养能力模型建构：根据案例调查文科科研特点，发现数值型数据和文本数据是案例中的文科院系常用作研究的两类数据，图像数据和声音数据则少被使用。论文强调制订数据管理计划的重要性、注重数据长期保存意识和能力、兼顾数据分析能力以及提高学习者的数据重用意识，以数据生命周期为主线，建构了 SYSU 文科科研人员的数据素养能力模型，这一模型可用于数据素养教育实践项目（课程/讲座/研讨班等）的教学计划设计和教学效果评估。

13. 批判性信息素养及其教育实践*

作为传统主流阵地和教育主体的图书馆在信息素养内容更新和外部竞争的双重挑战时有紧跟"新素养"之潮流和回归"元素养"之基础两种应对路径。而批判性信息素养是信息素养"元素养"路径的核心。

一 信息素养的"元素养"发展之路

信息素养概念自1974年由美国信息产业协会（IIA）主席Zurkowski首次提出[1]至今已有40多年时间。其间，信息素养的概念对高等教育和图书馆用户教育的影响逐渐深入，相关研究成果也日益丰富。2000年，美国大学与研究图书馆协会（ACRL）发布了《高等教育信息素养能力标准（Information Literacy Competency Standards for Higher Education）》，成为高校实施信息素养教育的主要参考。然而近十几年来，随着信息技术的超速发展，基于传统信息生态环境所提出的信息素养概念受到批评。网络素养、媒介素养、新媒体素养、数据素养等概念层出不穷，其他学科（如传播学）和行业领域（如新闻媒体）也开始涉足信息素养教育且来势汹汹（2017年广东省在小学课堂开展"媒介素养"学习，全国首套《媒介素养》教材进中小学公共教育课程教材体系）。面对内容更新和外部竞争的双重挑战，作为信息素养传统主流阵地和教育主体的图书馆应如何应对？

---

* 本文内容首刊于论文《批判性信息素养及其教育实践》（载于《图书馆杂志》2017年12期第54-60页，作者：张靖，林佳萍，彭秋平，曾文）。收录时经作者同意，有所改写。

紧跟“新素养”的潮流是一种常见策略，回归“元素养”之基础则是另外一种路径。2015 年，ARCL 发布《高等教育信息素养框架（Framework for Information Literacy for Higher Education)》，正式引入“元素养”（metaliteracy）的概念以重新审视信息素养。

“元素养”最早于 2011 年由 Jacobson 等人提出。[2] 他们将多种素养概念以及批判性信息素养观念，整合成一个新的框架，称为“元素养”，并将之形容为“一个整合吸纳了相关素养理论的整体性、综合性和自我参照的素养框架”[3]。它将传统的信息素养技能范畴从信息获取、评估、分析、组织、使用，扩展到了参与式数字环境中的协作生产和信息共享。[4] 元素养学习分为行为（behavioral)、认知（cognitive)、情感（affective)、元认知（metacognitive）4 个领域[5]，指向 4 个培养目标，强调信息主体作为信息消费者，同时作为信息生产者、合作者和分配者的批判性思维、交互协同和信息共享、元认知。关于“元素养”中的核心元素——批判性信息素养，Kapitzke 认为，它能够“重塑传统的语篇、知识与学术权威的概念，并在这个过程中使学生、教师和馆员的角色发生转变”[6]。Elmborg 认为它包含了发展的信息批判性意识和对学校、图书馆唯一知识提供者角色的质疑。[7] 它使人们“知道如何评价、判断信息与所需语境的相关性和得体性；明白如何整合相关信息与已知信息以构建新的知识体系”[8]。

本文在文献综述和相关标准内容分析的基础上，对批判性信息素养这一信息素养“元素养”路径中的核心之内涵、标准、教育实践进行分析，进而讨论掌握批判性信息素养话语权对于图书馆的意义。

二 批判性信息素养的内涵

（一）信息素养领域关于批判性思维的讨论

关于信息素养的讨论自其提出至今未曾间歇。目前得到最广泛认可的信息素养的定义是由美国图书馆协会（ALA）于 1989 年提出的，即“要成为一个有信息素养的人，就必须能够认识到何时需要信息、如何去获取所需要的信息，以及有能力去评价和利用所需要的信息”[9]。在以这一定义为代表的传统的信息素养框架中，信息工具以及信息资源的利用处于核心位置，与之相配合，传统的信息素养教育倾向于把信息素养当成一种技能来教学，特别关注检索工具以及检索技巧的学习。

但随着信息技术的发展，人们发现，依靠简单的信息检索工具和技巧并不能带来信息的有效利用，更为重要的在于促成人的思维转变，包括信息需求的感知、对获取到的信息进行独立的判断以及将信息有效利用到实际问题的解决当中，而其中最为重要的是批判性思维的养成。信息素养领域出现了围绕批判性思维的讨论：1990 年美国国家信息素养论坛（National Forum On Information Literacy）在年度报告中提出的信息素养人（information literacy person）的特征之一是“能采用批判性思维，利用信息并解决问题”[10]；1994 年澳大利亚格里菲斯大学的 Bruce 总结信息素养人的 7 个关键特征，其中第六个为“能批判性地处理信息”[11]；1998 年 ALA 与美国教育传播与技术协会（Association for Educational Communication and Technology）在《信息能力：创建学习的伙伴（Information Power：Building Partnerships for Learning）》[12]中提出学生学习的 9 条信息素养标准，第二条标准是“有信息素养的学生能批判性地、胜任地评价信息”；进入 21 世纪，在信息素养教育的实践过程中，Zurkowski 和 Kelly 将“批判性思维代码（Critical Thinking Code）”作为信息素养行动纲要（in-Formation Literacy Action Platform）的核心，主张将信息素养结合批判性思维运用到学习、工作和日常生活中，其“批判性思维代码”的含义是指通过批判性思维，可从有关任一主题或题目的任务中获取有价值的信息，而且所获得的信息是及时的、有益的，是有利于目标实现的。[13]

（二）批判性思维中的信息素养相关内容

“批判性思维（Critical Thinking）”亦是一个长久以来受到广泛关注和讨论的概念。率先在 1962 年对批判性思维作出定义的 Ennis 在经过多次修改后于 2015 年将其表述为“为决定相信什么或做什么而进行的合理的、反省的思维”[14]。由 Facione 主持的、众多专家参与的报告 Critical Thinking：A Statement of Expert Consensus for Purposes of Educational Assessment and Instruction. Research Findings and Recommendations 中对批判性思维的内涵及其技能进行了研究，其中，对于批判性思维的内涵提出了较具共识较为权威的见解："我们意识到批判性思维是带有目的的、自我规范的判断，它对各种证据的、概念化的、方法的、分类标准的或情境的考虑进行理解、分析、评价、推论和解释，并最终形成判断。"[15] 报告还概括了理想的批判性思维者的特征："一个理想的批判性思维者是习惯性查究的、见多识广的、信任理智的、头脑开放的、灵活的、思维公正地评价、诚实地直面个人偏见，谨慎地做出决定，愿意重新考虑，清晰地了解问题，有条理地面对复杂情况，勤奋地追求相关信息，合理地选择标准，致力于调查，在调查对象和环境允许的情况下坚持追求正确的结果。"[16]

在关于"批判性思维"的概念和内涵的探讨中，恰恰反映了一个信息素养人在处理信息时最核心的特征，即作为信息素养人，在面对大量信息的时候，保持清醒和理智，不断思考，灵活应变，通过信息的获取、分析以及推论等来把握所处情境，分析这些信息的真实性、准确性、相关性、合法性、重要性等[17]，来评价所获得的信息或产生新的信息需求，从而指导最终的行为，运用到实际问题的解决中。

（三）批判性思维和信息素养复合下的新概念

综上，一方面，信息素养的内涵不仅仅是利用信息工具和信息资源的能力，作为一个拥有信息素养的人，更重要的体现是其在处理信息的过程中，能够以批判性思维独立而不受干扰地处理信息，并最终将所获取到的有用信息应用于实际具体问题的解决。另一方面，批判性思维的主要成分[18]——如确定陈述事实的准确性，辨别次要论点；识别推理中的逻辑矛盾或谬误；辨别有根据或无根据的论断；确定论点充分性等——其背后都必须要有信息处理作为支撑。批判性信息素养这一批判性思维和信息素养复合下的新概念应运而生。

批判性信息素养，指信息素养人能够批判性地处理信息，能对其制定的检索策略、所利用的信息源、所得到的结果和所确定的信息源逐一进行评估；在接受信息之前，他们会怀疑信息的有效性并查找确证。其中，批判性思维的一些主要成分包括：确定陈述事实的准确性，辨别次要论点；识别推理中的逻辑矛盾或谬误；辨别有根据或无根据的论断；确定论点充分性等。

从关注习得技能的信息素养转变到关注批判性反思的信息素养，其中最大的特点在于，在批判性思维的投入过程中，个人能够把握其处理学习、工作以及日常信息的主动代理权利，通过自主思考，引发他们对本身以及周围的世界存在的问题提出问题并得到回答。[19]

三　批判性信息素养教育

（一）信息素养标准中的批判性元素及其演变

一直以来，在信息素养教育领域，形成了一系列信息素养标准，这些标准是信息素养教育的基础。笔者选取了国际图联（IFLA）、ACRL、英国国家和大学图书馆学会（SCONUL）和澳大利亚大学图书馆员委员会（CAUL）4 个图书馆专业组织的信息素养相关标准，对其中的批判性元素及其演变加以观察。之所以选择这 4 个组织，首先是因为这些组织是图书馆信息素养标准和教育领域的代表性机构；其次是因为这些组织发布的信息素养相关标准大多超过一个版本，使得我们可以透过不同版本的标准修订情况观察其中批判性元素的发展变化。

表 1 汇总了上述 4 个图书馆专业组织的信息素养相关标准的基本信息。

表 1　信息素养相关标准基本情况

序号	责任组织	标准名称	版本	适用范围
1	IFLA	《终身学习的信息素养指南（Guidelines on Information Literacy for Lifelong Learning)》	2006 年	全体公民
2	SCONUL	《高等教育信息技能（Information skills in higher education)》	1999 年	高等教育
3		《信息素养七要素标准（The SCONUL Seven Pillars of Information Literacy)》	2011 年	高等教育

续表

序号	责任组织	标准名称	版本	适用范围
4	ACRL	《高等教育信息素养能力标准（Information Literacy Competency Standards for Higher Education)》	2000年	高等教育
5		《高等教育信息素养框架（Framework for Information Literacy for Higher Education)》	2015年	高等教育
6	CAUL	《信息素养标准（第一版）(Information Literacy Standards, First edition)》	2001年	高等教育
7		《澳大利亚与新西兰信息素养框架：原则、标准与实践（第二版）(Australian and New Zealand Information Literacy Framework: principles, standards and practice, Second edition)》	2004年	全体公民

总体而言，上述信息素养标准大多围绕信息素养定义、信息意识、信息需求、信息获取、信息评估、信息组织、完成任务、信息创新、信息道德几个方面展开。表2对相关内容进行了梳理。

表2　信息素养相关标准内容分析

	IFLA2006《指南》	ACRL2000《标准》	ACRL2015《框架》	SCONUL1999《技能》	SCONUL2011《标准》	CAUL2001《标准》	CAUL2004《框架》
信息素养定义	无论是学生、专业人员还是工作人员的公民，能意识到信息需求，知道如何定位、识别访问、获取、评估、组织和使用信息的能力	个人能认识到何时需要信息，和有效地搜索、评估和使用所需信息的能力	个人对信息的反思性发现，对信息如何产生和评价的理解，以及利用信息创造新知识并合理参与学习团体的一组综合能力			个人能认识到何时需要信息，和有效地搜索、评估和使用所需信息的能力	个人能认识到何时需要信息，和有效地搜索、评估和使用所需信息的能力
信息意识						标准七：意识到终身学习的重要性以及公民参与需要信息素养	

续表

	IFLA2006《指南》	ACRL2000《标准》	ACRL2015《框架》	SCONUL1999《技能》	SCONUL2011《标准》	CAUL2001《标准》	CAUL2004《框架》
信息需求	要素 A. 获取 1. 定义和阐述信息需求	标准一：确定所需信息的性质和范围	要素二：信息创建的过程性	技能1：意识到信息需求的能力 技能2：辨别各种信息源的能力	要素一：识别，能够识别个人的信息需求 要素二：审视，能明确自身现有信息及差距	标准一：确定所需信息的性质与范围	标准一：确定所需信息的性质与范围
信息获取	要素 A. 获取 2. 信息定位	标准二：有效地获得需要的信息	要素六：战略探索式检索	技能3：构建信息定位策略的能力 技能4：定位及获取信息的能力	要素三：计划，能够构建查找信息和数据的策略 要素四：搜集，能够找到并获取所需的信息和数据	标准二：高效地获取所需信息	标准二：高效地获取所需信息
信息评估	要素 B. 评估：批判地、合适地评估信息	标准三：评估信息和它的出处，然后把挑选的信息融合到他（她）们的知识库和价值体系	要素一：权威的构建性与情境性	技能5：比较、评估从不同信息源所获信息的能力	要素五：评估，能反思研究过程，并对信息和数据进行比较和评估	标准三：批判地评估信息及信息来源，并且把选择的信息融入自身的知识体系	标准三：批判地评估信息及信息检索过程
信息组织	要素 B. 评估 2. 信息组织		要素五：对话式学术研究	技能6：组织、应用以及在合适情境下与他人交流信息的能力	要素六：管理，能合情合法地使用信息	标准四：对搜集到的信息进行分类、存储、管理、改写等	标准四：对搜集到的信息进行管理
完成任务		标准四：有效地利用信息来实现特定的目的					

续表

	IFLA2006《指南》	ACRL2000《标准》	ACRL2015《框架》	SCONUL1999《技能》	SCONUL2011《标准》	CAUL2001《标准》	CAUL2004《框架》
信息创新	要素 C. 利用：准确地、创新地利用信息	标准三：评估信息和它的出处，然后把挑选的信息融合到他（她）们的知识库和价值体系	要素一：权威的构建性与情境性 要素四：探究式研究	技能 7：将已有信息融入自身知识体系并重构新的知识体系的能力	要素七：呈现，能够应用已有知识：呈现研究的结果，综合新旧信息和数据从而创造新知识并且通过多种途径传播	标准五：对已有的知识进行整合从而扩展、重构或创造出新知识	标准五：应用已有的和新的信息构建新概念、创造新的理解
信息道德	要素 C. 利用 2. 合乎道德地传播及利用信息	标准五：熟悉许多与信息使用有关的经济、法律和社会问题，并能合理合法地获取信息	要素三：信息的价值属性			标准六：了解信息相关的文化、经济、法律和社会背景，从而合乎道德地、合法地利用信息	标准六：了解信息利用的文化、道德、经济、法律和社会背景

从表 2 可以看出，在信息素养标准中，批判性元素主要反映在信息创新和信息评估两方面。而随着时代的发展，同一专业组织不同版本标准中的批判性元素亦得到加强。其中以 ACRL 前后 15 年两版的标准最为明显。ACRL《标准（2000）》中有“批判性”之意味但无明确的表述。而 ACRL《框架（2015）》则完全改观，甚至表 2 这一基于此前各种信息素养标准所采用的内容类别已然不能适用。首先“框架”意味着基于一个互相关联的核心概念的集合，可供灵活选择实施，而不是一套标准，也不是一些学习成果或既定技能的列举。[20] 其次，以元素养的概念大量吸收了批判性元素。元素养要求从行为上、情感上、认知上以及元认知上参与到信息生态系统中，所谓元认知，或称批判式反省（critical self-reflection），即对自己思考过程的认识和理解。它着重于人们如何学习和处理信息，同时考虑到个人对如何学习的认识。[21]《框架》将信息素养定义为“包括对信息的反思性发现，对信息如何产生和评价的理解，以及利用信息创造新知识并合理参

与学习团体的一组综合能力”[22]。其中对反思、信息创新和参与学习的强调即为批判性信息素养的要求。此外，《框架》在几大要素中多次提到对学习者勇于质疑权威、批判地审视信息、反思自我的期望。

（二）批判性信息素养教育实践

信息素养教育向来是图书馆的重要实践。目前，批判性信息素养教育主要有三种模式。

第一种模式是专门开设批判性信息素养课程。如 Broidy 与研究方向为女权主义的图书馆员 Joan · Ariel 合作在美国加州大学欧文分校（University of California Irvine）面向在校研究生开设“性别与政治相关信息（Gender and the Politics of Information）”课程，与一般的检索技能课程不同，该学分课程的主要学习方式是对日常生活常见信息进行讨论交流，锻炼学生对日常获取到的信息进行不同角度的批判性思考，进而培养学生的批判性信息素养。[23]又如 Beilin 在纽约城市技术学院（New York City College of Technology）图书馆面向本科生开设“信息时代的研究和文献（Research and Documentation for the Information Age）”，该 3 学分的课程按照批判性教学原则组织，将图书馆技能融入科学研究的每一个环节中加以训练，包括信息检索技能、批判性思维与创造性思维锻炼以及知识管理等内容。[24]

第二种模式是将批判性信息素养的内容嵌入其他课程的教育实践中。如 Reale 在阿卡迪亚大学（Acadia University）与专业教师合作，将批判性信息素养教育嵌入本科生英语课程中，激发学生在学习专业知识的同时锻炼自身的批判性思维和信息素养，自由表达内心的想法。[25]又如 Hicks 在卡罗拉多大学波尔得分校（University of Colorado Boulder）中将批判性信息素养教育应用到外语教学中，指出批判性信息素养教育是培养学生跨文化能力最好的方式。[26]再如 Dold 在南佛罗里达大学（University of South Florida）中将批判性信息素养教育融入行为健康学领域，肯定批判性信息素养教育在促进跨学科学习中所发挥的作用，指出通过专业馆员与教师的合作，促进学科之间的融合，能够在很大程度上提升学生的批判性信息素养，促进学生有效学习与利用信息。[27]

第三种模式是全面的批判性信息素养教育。以美国加州州立大学圣贝纳迪诺分校（California State University at San Bernardino，CSUSB）的普福图书馆（John M. Pfau Library）的批判性信息素养教育实践为代表。首先，普福图书馆依据 ACRL《框架》制定教学目标。根据目标，普福图书馆通过 5 种途径实施信息素养教育：（1）普遍介绍，即给学生发送有关图书馆教育的信息；（2）在线教程；（3）针对不同年级设置相关的专题研讨会；（4）设置面向教师的批判性信息素养在线实验室；（5）馆员根据教师要求设计个性化教学方案，与教师一道实现互补式教学。[28]在这一实践中，批判性信息素养教育不仅嵌入专业教育，还与通识教育相结合。而图书馆作为批判性信息素养教育的主导者，也在这一过程中，重新定位角色，更全面、更深入地参与了大学的教学活动，更好地证明和实现了其教育价值和功能。

图书馆是完善公共教育制度的重要手段，这是现代图书馆制度自创始初期便确立的功能定位。[29]但这一功能却在 20 世纪比较长的一段时间里，于实用主义导致的人文理性与工具技术理性的消长之间[30]，被淡化成为一个抽象的概念，当代图书馆实践研究也出现缺失。[31]与此同时，以图书馆为代表的这一类公共文化机构，陷入与因特网、万维网及各种新兴技术，与谷歌、维基百科及各种营利性信息机构进行“市场竞争”的囧境和困境中；苦苦挣扎、艰难生存之际，国内外图书馆界开始意识到，寻求图书馆教育功能和角色的复归，以建立或重建人们关于图书馆的专业化的心智模型[32]，是当代图书馆事业发展、当代图书馆学发展的时代命题。[33]近年来，在世界范围内，以个人发展和终身学习为主体的核心素养模型逐渐代替了以学科知识结构为核心的传统课程标准体系。[34]核心素养是当前国内外的教育热点话题[35]，在中国更是被视为深化教育改革的一条新的思路。[36]当我们再次关注图书馆的社会教育功能时，历史和现实告诉我们，面向未成年人的图书馆服务从来便是教育支持体系的中坚力量，而通过内容和形式、体制与机制的创新，可以有效地支持核心素养的落实，从而支持基础教育改革的推进。由此，批判性信息素养是作为信息素养传统主流阵地和教育主体的图书馆面对新时期内外挑战而采取的一种应对路径。而更加主动地实施批判性信息素养教育、甚至掌握批判性信息素养话语权，对于图书馆而言，还有更深远的意义。借由这一路径，图书馆的教育功能可以得到更好的实现，而这正与国内外图书馆界社会教育功能的理性回归相呼应，与中国深化教育改革的重要举措不谋而合。图书馆应发挥信息素养经验和平台之优势，抓住时机，乘势而为。

参考文献

[1] Zurkowski P G. The Information Service Environment Relationships and Priorities [R]. Washington: National Program for Library and Information Services, 1974.

[2] Mackey T P, Jacobson T E. Reframing information literacy as a metaliteracy [J]. College & research libraries, 2011, 72 (1): 62 – 78.

[3] 桂罗敏. 从技术到价值:《美国高等教育信息素养框架》的文化阐释 [J]. 图书情报知识, 2016, (2): 14 – 20

[4] Mackey T P, Jacobson T E. Metaliteracy: Reinventing Information Literacy to Empower Learners [M]. Chicago NealSchuman/ALA Editions, 2014.

[5] Mackey T P, Jacobson, T. E. Goals and Learning Objectives [EB/OL]. [2017 – 08 – 22]. https://metaliteracy.org/learning – objectives/.

[6] Kapitzke, C. Information Literacy: The Changing Library [J]. Journal of Adolescent & Adult Literacy, 2001, 44 (5): 450 – 456.

[7] [19] Elmborg J. Critical Information Literacy: Implications for Instructional Practice [J]. Journal of Academic Librarianship, 2006, 32 (2): 192 – 199.

[8] Dorner, D. G. , & Gorman, G. E. Information literacy education in Asian developing countries: cultural factors affecting curriculum development and programme delivery. [J]. Ifla Journal, 2006, 32 (4): 281 – 293.

[9] American Library Association Presidential Committee on Information Literacy. Final Report. [EB/OL]. [2017 – 08 – 19]. https://search.proquest.com/docview/63014617? accountid = 14167.

[10] 张倩苇. 信息素养与信息素养教育 [J]. 电化教育研究, 2001 (2): 9 – 14.

[11] [18] Bruce C. The Seven Faces of Information Literacy [M]. Auslib Press Pty Ltd. 1997.

[12] Killeen E B, Others A. Information Power: Building Partnerships for Learning. [J]. Teacher Librarian, 1998, 17: 26 - 27.

[13] Paul G. Zurkowski, Jeffrey V. Kelly. Zurkowski's 40 Year Information Literacy Movement Fueling the Next 40 Years of Action Literacy: Empowering "We the People" in the Information Age [M]. Minuteman Press. 2015.

[14] Ennis R H. Critical Thinking: A Streamlined Conception [M]. Palgrave Macmillan US. 2015.

[15] [16] Facione P A. Critical Thinking: A Statement of Expert Consensus for Purposes of Educational Assessment and Instruction. Research Findings and Recommendations [J]. Eric Document Reproduction Service, 1990: 112.

[17] 蔡伟仁，丁卫东．基于批判性思维的信息素养教育 [J]. 高校教育管理，2004, 26 (2): 16 - 19.

[20] [22] 清华大学图书馆．高等教育信息素养框架（中文版）[EB/OL]. [2017 - 8 - 22]. http://www.ala.org/acrl/sites/ala.org.acrl/files/content/standards/framework - chinese.pdf

[21] Livingston J A. Metacognition: An Overview [J]. Cognitive Processes, 2003: 7.

[23] Broidy E. Gender and the Politics of Information: Reflections on Bringing the Library into the Classroom [J]. Library Trends, 2007, 56 (2): 494 - 508.

[24] Beilin I, Leonard A E. Teaching the Skills to Question: A Credit - Course Approach to Critical Information Literacy [J]. Urban Library Journal, 2013.

[25] Reale M. Critical Pedagogy in the Classroom: Library Instruction that Gives Voice to Students and Builds a Community of Scholars [J]. Journal of Library Innovation, 2012, 3 (2).

[26] Hicks A. Cultural Shifts: Putting Critical Information Literacy into Practice [J]. Communications in Information Literacy, 2013, 7 (1).

[27] Dold C J. Critical Information Literacy: A Model for Transdisciplinary Research in Behavioral Sciences [J]. Journal of Academic Librarianship, 2014, 40 (2): 179 - 184.

[28] 王丹丹．约翰·普福图书馆批判性信息素养教育实践分析 [J]. 图书情报工作，2016, 60 (20): 52 - 58.

[29] Boston Public Library. Upon the Objects to be Attained by the Establishment of a Public Library: Report of the Trustees of the Public Library of the City of Boston, 1852 [M]. Boston: GK Hall, 1975.

[30] 刘亚玲. 人文化成——图书馆社会教育功能的理性回归 [J]. 图书馆建设, 2014, 243 (9): 7 - 10.

[31] 王宗义. 当代图书馆的社会教育功能再认识 [J]. 图书馆论坛, 2007, 27 (6): 101 - 105.

[32] Crowley, Bill. Safe Professionalism [J]. Library Journal, 2005, 130 (14): 46 - 48.

[33] 王宗义. 当代图书馆的社会教育功能再认识 [J]. 图书馆论坛, 2007, 27 (6): 101 - 105.

[34] 辛涛, 姜宇. 以社会主义核心价值观为中心构建我国学生核心素养体系 [J]. 人民教育, 2015 (7): 26 - 30.

[35] 褚宏启. 核心素养的国际视野与中国立场——21 世纪中国的国民素质提升与教育目标转型 [J]. 教育研究, 2016 (11): 8 - 18.

[36]《教育研究》编辑部. 2015 中国教育研究前沿与热点问题年度报告 [J]. 教育研究, 2016, 37 (02): 4 - 17.

14. 数据素养能力模型研究*

随着 e-Science 和开放数据计划（Open Data Initiatives）的发展，以“数据”为中心的教育日益凸显其迫切性与必要性，数据素养教育（Data Literacy Education）应运而生。其目的，在于培养两类人才，一是具备科研数据管理专业技能的数据专家，二是具备基本数据知识的科学工作者。

从目前的实践和研究来看，关于数据素养教育的思路和内容众说纷纭，既有关注科研训练的，也有以数据管理为主轴的，也开始有一些认为还需要考虑到日常公共事务和决策中的所需要的数据分析诉求。然而，不管是何种思路何种内容的数据素养教育，其中心都应该有一个数据素养能力模型。这些模型一般由一系列的指标体系组成（因此又称“数据素养能力指标体系”），体现了相关教育项目的设计和实施者对于数据素养教育系列问题的观点：如何理解数据、数据素养与数据素养教育？受众是谁？目标是什么？如何建构相应的教育体系？教学计划设计和效果评估的焦点是什么？应当如何展开？论文对国内外数据素养能力模型进行梳理、比较和分析，并结合部分教育实践项目，探讨数据素养教育的系列问题。

---

* 本文内容首刊于论文《数据素养能力模型研究》（载于《图书馆论坛》2019 年第 4 期第 29－39 页，作者：张靖，何靖怡，肖鹏）。收录时经作者同意，有所改写。

一 研究设计

通过数据库（EBSCOHost；CNKI）、专业组织（ACRL；IASSIST①；ICPSR②）及研究社区（Data Information Literacy Symposium；e-Science Community Blog）等收集资料，以数据素养教育实践项目为中心、辅以相关文献，笔者梳理出数据素养能力模型14个。

参考相关文献[1]，笔者建构了数据素养能力模型分析框架，如表1所示。

表1 数据素养能力模型分析框架及说明

分析框架	说明
背景	模型提出者或机构；模型提出原因；是否对应具体的教育实践项目等
适用情境	模型适用范围，如所面向的群体、所面向的学科范畴、可适用的机构等
建构方式	通过何种方法建构，如问卷、访谈以及（或）在现有能力模型基础上进行创新等
指标层级	指标层级数；指标数
基本内容	具体指标及学习效果阐释
对应的数据生命周期	所设指标涉及或专注于数据生命周期中的哪些环节
应用效果	模型在配套的教育实践项目中的评估方法和应用效果

二 模型梳理

综合分析各模型的特点，以是否严格界定能力为标准，笔者认为这些模型可以划分为两类：第一类为能力导向模型，是严格意义上的数据素养能力模型，该类模型以“数据”为核心明确了数据素养能力指标甚至建立了多级能力指标体系；第二类为目标导向模型，是广义上的数据素养能力

① International Association for Social Science Information Service & Technology，社会科学信息服务与技术国际协会。

② Inter-university Consortium for Political and Social Research，政治和社会研究校际联盟。

模型，主要由笔者从具体教育实践的教学目标和教学模块中提炼总结而出。与能力导向模型相比，目标导向模型的明显特征是它们通常结合实际教学需要而设定，不一定对整个数据生命周期进行考虑。这两种模式代表了开展数据素养教育的两种思路，即将数据素养视作相对独立的整体实施专门的教育项目，或是将数据素养视作其他能力的组成而在相关的教育项目中设置数据素养教育模块。

以下，笔者按照表 1 的数据素养能力模型分析框架，对 14 个数据素养能力模型进行分类梳理。① 该部分主要呈现各模型的基本情况、指标层级及内容。关于适用情境、建构方式、对应的数据生命周期等的讨论则放在论文第 3 部分。

（一）能力导向模型

围绕数据生命周期进行设计，是能力导向模型的基本特征。一般而言，这类模型中的数据素养能力指标较易被识别，常常直接以多级指标的形式呈现。论文梳理了 8 个这类模型，其中 5 个已经有与之相对应的数据素养教育实践项目，它们分别是：美国地球数据观测网络（DataONE）模型、英国爱丁堡大学 MANTRA 模型、美国雪城大学 Qin & D' Ignazio 模型、美国普渡大学 Carlson 模型、美国新英格兰协作数据管理课程（NECDMC）模型。另外 3 个模型为纯理论性质的数据素养能力模型，分别是：西班牙学者 Prado & Marzal 模型、瑞典学者 Schneider 模型以及澳大利亚统计局（ABS）模型。

1. DataONE 模型（2009）[2]

地球数据观测网络（Data Observation Network for Earth，DataONE）是一个环境科学领域面向科研需求的网络平台，是众多个人和科研机构合作的成果。2009 年该平台在美国国家科学基金会（National Science Foundation，NSF）的资助下建立，用户可以通过这一平台持续而安全地获取地球观测数据。为了能够帮助科研人员在研究过程中，尤其是在研究起始阶

---

① 每类模型建构时间先后为序，每个模型以建构者及建构时间命名。

段，做好数据管理计划，并有效地建立、组织、管理、描述、保存和共享数据，并使得数据能够为其他科研人员重用，DataONE 制作了《数据管理初级读本：你一直想知道的（*Primer on Data Management*：*What you always wanted to know*）》，并在其官网上提供了以数据生命周期为线索的教学课程，以及数据管理的最佳实践、相关软件工具等学习材料。该模型从 DataONE 教学课程中梳理得出，由模块和学习效果两级指标组成，具体如表 2 所示。

2. MANTRA 模型（2010）[3]

英国爱丁堡大学（University of Edinburgh）根据该校地球科学、社会与政治学和临床心理学研究生的培训需求，与英国学术发展研究所（Institute for Academic Development）合作，于 2010～2011 年，开发了面向英国研究生、初级职业研究员、信息专业人员的在线数据管理课程（Research Data Management Training，MANTRA）①，现由爱丁堡大学数据图书馆进行维护。[4] MANTRA 通过一系列的在线课程，讲授科研数据管理的专业术语、核心概念和最佳实践。MANTRA 模型由知识模块和学习内容两级指标组成。

3. Qin & D'Ignazio 模型（2010）[5]

美国雪城大学（Syracuse University）的 Jian Qin 和 John D'Ignazio 两位学者面向 STEM（科学、技术、工程、数学）领域本科生开设了“科学数据管理”课程，以培训他们在 e-Science 环境下所需的数据素养。课程以“数据”为中心展开，列举了数据素养主要技能 5 条，即基于科学需求的（1）数据收集，（2）数据处理，（3）数据管理，（4）数据评估和（5）数据使用能力。

4. Carlson 模型（2011）[6]

一方面，技术导向型研究的复杂性及其规模挑战着学术交流、图书馆服务和图书馆员的许多传统角色，另一方面，NSF 要求所有申请项目必须

---

① 该项目曾受到英国联合信息系统委员会（Joint Information System Committee，JISC）的资助（2010－2011 年），并从 2013 年至今受到爱丁堡大学的“科研数据管理计划”资助。（http://datalib.edina.ac.uk/mantra/acknowledgements.html）

提交数据管理计划，这些都给大学图书馆提出了新的命题，它们需要在大学的科研过程中寻找并扮演新的角色。美国普渡大学（Purdue University）图书馆的 Jacob Carlson 等人认为，大学图书馆应该为大学科研人员提供数据素养培训，因此，他们建构了这一数据素养模型，并将之运用于数据信息素养（Data Information Literacy，DIL）项目。① 该模型由能力和学习要求两级指标组成。

5. NECDMC 模型（2013）[7]

由美国新英格兰地区多个大学图书馆的数据管理教育模块汇聚而成的新英格兰协作数据管理课程（New England Collaborative Data Management Curriculum，NECDMC），是一个面向健康科学、自然科学与工程背景的本科生和研究生的数据管理教育项目。② 该课程基于伍斯特理工学院（Worcester Polytechnic Institute）图书馆③的数据管理课程框架，现有 7 个教学模块，各模块下设有具体的学习目标，形成二级指标体系。各教学模块由不同的机构负责：塔夫斯大学图书馆（Tisch Library at Tufts University）负责模块 1、2、3，海洋生物实验室和伍兹霍尔海洋研究所（Marine Biological Laboratory and Woods Hole Oceanographic Institute）负责模块 3、6，马萨诸塞大学阿默斯特分校（University of Massachusetts at Amherst）负责模块 4、6，马萨诸塞大学医学院（University of Massachusetts Medical School）负责模块 5、6，伍斯特理工学院（Worcester Polytechnic Institute）负责模块 5，康涅狄格大学（University of Connecticut）和康特韦医学图书馆（Countway Library of Medicine）负责模块 7。

6. Prado & Marzal 模型（2013）[8]

Javier Calzada Prado 和 Miguel ángel Marzal 来自西班牙马德里卡洛斯三世大学图书与情报学系，他们认为：数据在当今社会和科学领域日益重要，而开放数据计划和 e-Science 更是给各种类型的图书馆提出了培养用户

---

① 该项目受美国博物馆与图书馆服务协会（Institution of Museum and Library Service，IMLS）资助，由普渡大学、明尼苏达大学、俄勒冈大学、康奈尔大学合作建设。

② 该课程受美国国家医学图书馆和马萨诸塞大学医学院联合资助。

③ 包括 Lamar Soutter Library 和 George C. Gordon Library。

数据和信息素养的要求；而现有的只针对特定背景、只涉及部分数据素养的模型不能很好地满足这一要求。于是，他们在其他模型的基础之上，参照传统的信息素养框架，设计了这一全面适用于公共图书馆、学术图书馆和学校图书馆用户的数据素养模型。该模型分三层逐层细化数据素养能力，并为第三层能力指标对应了具体的学习内容。

7. Schneider 模型（2013）[9]

瑞典学者 René Schneider 认为科学研究中的不同角色对数据有着不同深度和广度的使用需求，因此她试图设计一个适用于各类科研工作者的数据素养教育课程。在她预想的课程中，不同的课程开展方式所对应的教学内容有所侧重和递进，针对不同身份的学习者也有不同的课程开展方式。参考信息素养的六大技能①和英国国家和大学图书馆协会（The Society of College，National and University Libraries，SCONUL）的七项指标②，以及美国国会图书馆的数字保存推广与教育项目（Digital Preservation Outreach & Education，DPOE），综合信息素养标准框架及数据管理框架，她提出了由两级指标界定的科研数据素养核心能力。

8. ABS 模型（2015）[10]

澳大利亚统计局（Australian Bureau of Statistics，ABS）认为当下的劳动力需要具备更强的统计能力，应该有一个能够用于理解不同情境下劳动力所需的统计能力、并以一种共同话语对这些能力作具体描述的框架。因此，ABS 设计了统计能力框架草案，该框架定义了使用者和生产者面对统计工作时所需的全部能力。该模型由三级指标组成，其中第一级属于统计情境维度，第二级属于各统计情境相对应的统计过程维度，第三级则说明统计过程中所需的具体能力。

---

① 信息素养六大技能（Big 6 Skills，The Big 6）由迈克·艾森伯格（Mike Eisenberg）和鲍勃·伯科威茨（Bob Berkowitz）建立，包括（1）任务界定，（2）信息检索策略，（3）定位与获取，（4）使用信息，（5）合成，（6）评价六大能力。（http://www.big6.com/pages/about/big6 - skills-overview.php）

② SCONUL 信息素养七大指标（The SCONUL Seven Pillars of information literacy：core model）由 SCONUL 信息素养工作小组建构，指标内容包括：信息需求识别、信息需求研究、检索策略规划、信息获取、信息评价、知识管理和知识展示与创新。（http://www.sconul.ac.uk/sites/default/files/documents/coremodel.pdf）

（二）目标导向模型

目标导向模型大多与数据素养教育实践相结合，该类模型并未严格界定数据素养能力，但在教学模块及教学目标中反映了教育者对于数据素养能力的理解。英国数据档案（UKDA）模型、美国加州大学洛杉矶分校 Stephenson & Caravello 模型、中国香港大学科技图书馆（HKUST）模型、加拿大卡尔加里大学生物学课程 MacMillan 模型、英国剑桥大学图书馆 Data Train 模型以及中国武汉大学 Si 模型等 6 个模型属于这一类型。

1. UKDA 模型（2004）[11]

该模型根据英国埃塞克斯大学（University of Essex）的英国数据档案（UK Data Archive，UKDA）项目中的“教学活动中的调查数据”（Survey Data in Teaching Project，SDiT）① 的学习目标总结得出。针对英国高校在讲授科学研究（如实证分析、数据统计、数据分析、数字计算能力、批判性思维等）时很少利用数据、进而导致学生缺乏数据素养的问题，SDiT 强调了真实数据在教学活动中的使用，以提高学习社会科学的中学生和研究生的数据素养。该模型可以归纳出 5 条一级指标：（1）能够对社会科学数据应用于实际生活问题有更好的理解；（2）加强操作数值数据（课本、报纸、报告和数据库）的能力；（3）对定量数据的特征进行概念化，以使它们能够支持实体的论证；（4）建立生产和交流数据的能力和自信；（5）成为批判性的数据消费者。

2. Stephenson & Caravello 模型（2007）[12]

美国加州大学洛杉矶分校（University of California，Los Angeles，UCLA）的图书馆员 Elizabeth Stephenson 和 Patti Schifter Caravello 指出，对于修读社会学的学生而言，能够理解数据并用图表呈现数据是十分重要的，因此，有必要对他们进行数据素养能力教育。这一模型根据他们在 UCLA 社会学系面向大三和大四学生开设的“社会学信息素养实验室”课程总结而出。主要包括 4 条一级指标：（1）学会阅读和批判性评估简单的

① 受 JISC 资助。

表格；（2）为数据表格制作精确的书目引文；（3）使用 American Factfinder 制作表格，使表格被正确地描述和引用；（4）阅读包含以图示方式呈现数据的文章，并讨论该表格与文章内容的关系。

3. HKUST 模型（2010）[13]

信息素养教育是大学图书馆的传统职能之一，然而随着信息技术和网络技术的发展，信息环境日趋复杂，信息素养教育的需求也发生变化，概念性理解和批判性思维日益重要。香港大学科技图书馆（Hong Kong University of Science and Technology Library，HKUST）做了这一方面的努力。该学校的科学院、工程学院、商学院共同开设了一门信息素养通识选修课程。绝大部分选修该课程的学生在科技方面的学术涉猎比在人文社科方面的涉猎要多。该课程以智力发展阶段（Stages of Intellectual Development）和认知技能（Cognitive Skills）为理论依据，旨在通过社会经济学数据的使用提高学生的信息素养。通过学习，学生应能够描述什么是社会经济学数据，能够区分社会经济学数据与科学数据，能够制作获取多种社会经济数据的可行策略以及在可靠性和权威性基础上的评估数据质量。根据该课程的学习目标、形式和内容，笔者总结这一模型由 9 个一级指标①组成：（1）理解社会经济学数据（讲座），（2）见识社会经济学数据（活动），（3）社会经济学数据的特征（讲座），（4）数据的定义（活动），（5）收集数据与中介机构（讲座），（6）收集、可靠性与权威性（活动），（7）评估与使用（活动），（8）定位社会科学数据（讲座），（9）学习经验的反思（活动）。

4. MacMillan 模型（2010）[14][15]

加拿大卡尔加里大学（University of Calgary）在其面向生命科学管理本科生开设的两门生物学课程——“遗传学原理”和“生物化学概论”——中引入了这一数据素养模型，由实验室负责人、联络馆员 Don MacMillan 及 1 ~ 2 名图书馆馆员合作，将数据素养教育融入专业课程教学，起到了很好的效果。“遗传学原理”的学习要求包括：（1）在一个特定的基因遗传

① 括号内为相应内容的授课形式。

疾病主题上使用 PubMed 查找同行评审的文章，（2）定位一个与被认为是导致一种天生疾病的基因或突变有关的专利，（3）使用 OMIM 数据库决定天生遗传疾病的遗传模式，以及致病的基因和突变，（4）使用 NCBI 的基因数据库来获取基因结构上的数据，包括 mRNA 和蛋白质长度。“生物化学概论”的学习要求包括：（a）使用蛋白质数据银行以定位该蛋白质的三位坐标，（b）使用 ProtParam 以计算该蛋白质的等电点，（c）运行一个源序列搜索以识别同源的或相似的蛋白质，并使用 ClustalW 来匹配它们，（d）使用 PyMOL 来调查在蛋白质的结构和功能上突变的影响。

5. DataTrain 模型（2011）[16]

在科研成果在线出版和存档与日俱增的时代，英国剑桥大学（University of Cambridge）图书馆将考古数据的长期保存视为己任。为了培养该校考古学学生良好的数字数据管理计划，尽早着手毕业论文的数字数据管理，该馆申请到了 JISC 资助项目“Data Train”，该项目由剑桥大学图书馆主导，来自剑桥大学考古系的教职员工和约克大学（University of York）考古数据服务中心（Archaeology Data Service）的专家为项目提供建议。Data Train 为考古学专业“核心研究技能培训”的任课教师提供了科研数据管理教学资料。该教学资料中主要包含 4 个教学模块，分别是创建和管理考古学科研数据、处理数字数据、科研项目与专业数据、数据的存档与重用，模块下设有具体的学习内容。这 4 个教学模块作为该校考古学系 2011 年的研究生课程“论文与出版物的数字技巧（Digital Skills for Dissertation and Publication）”中的一部分，于 2011 年以实验课程的方式开展。

6. Si 模型（2013）[17]

武汉大学司莉等人认为，图书情报教育应该因应 e-Science 对于科学数据管理人才的需求，培养实践型的科学数据管理专家。他们考察了国际范围内的科学数据专家的招聘要求，进而结合图书情报教育在科学数据管理人才方面的培养现状，梳理出基本的教育内容：（1）研究方法，（2）数据科学、数据管理、数据服务，（3）数据统计与分析，（4）数据仓库，（5）信息研究与技术。

三　分析与讨论

能力导向模型和目标导向模型之间的一个显著区别是，前者反映了需要让学习者对整个数据生命周期有总体了解的教育思路，而后者则着重某一或某些与数据处理或管理相关的技能，并将之融入到特定的教育体系中，亦即，能力导向模型体现了一种更为系统化的数据素养教育思路，而目标导向模型反映了一种更为专门化的教育思路。下文将分析两种教育思路下所对应的教育内容、适用情境与建构方式、提出背景与应用效果的异同。

（一）模型的基本内容：以数据生命周期为线索

为了能够更加清晰地观察各模型内容所涉及的数据生命周期环节，笔者将前述数据素养能力模型的基本内容与 UKDA 数据生命周期[18]的各环节进行匹配，见表 2。

表 2　基于数据生命周期环节的数据素养能力模型分析

	涉及的数据生命周期环节					
	数据创建	数据处理	数据分析	数据保存	提供数据入口	数据重用
DataONE（在线教育）	数据管理计划	数据输入和处理；数据质量控制和保证		元数据；保护和备份	数据共享；数据引用；法律和政策问题	
MANTRA（在线教育）	数据管理计划	组织数据；文件格式和转换		著录，元数据与引用；存储与安全	数据共享，保存与发放许可；数据保护，权利与获取	
Qin & D'Ignazio（线下教育）	数据收集	数据处理，数据管理	数据评估	数据管理		数据使用
Carlson（线下教育）	数据管理与组织；发现与获取数据	质量保证；数据转换与互操作	数据分析；数据可视化	数据保存；元数据	伦理，包括数据引用	数据管理与组织；数据监护与再利用

续表

	涉及的数据生命周期环节					
	数据创建	数据处理	数据分析	数据保存	提供数据入口	数据重用
NECDMC（线下教育）	数据的类型、格式和阶段	数据的类型、格式和阶段		使数据对他人有用；数据存储、备份与安全；数据仓储、存档与保存	科研数据的法律和伦理注意事项；数据共享与再利用政策	数据共享与再利用政策
Prado & Marzal（纯理论）	查找与获取数据	管理数据	解读和评价数据；使用数据	管理数据	使用数据	使用数据
Schneider（纯理论）	数据辨识；数据计划		数据评估	数据存储；数据保护	数据提供	数据范围
ABS（纯理论）	设计和建构；发现和获取数据	规格化；获取与加工	分析和解释数据		交流；授权	
UKDA（在线教育）			能够对社会科学数据应用于实际生活问题有更好的理解；加强操作数值数据（课本、报纸、报告和数据库）的能力；成为批判性的数据消费者		建立生产和交流数据的能力和自信	
Stephenson & Caravello（线下教育）		使用 American Factfinder 制作表格，使表格被正确地描述和引用	学会阅读和批判性评估简单的表格；阅读包含以图示方式呈现数据的文章，并讨论该表格与文章内容的关系		为数据表格制作精确的书目引文	

续表

	涉及的数据生命周期环节					
	数据创建	数据处理	数据分析	数据保存	提供数据入口	数据重用
HKUST（线下教育）	收集数据与中介机构；收集、可靠性与权威性；定位社会科学数据		评估与使用			
MacMillan（线下教育）	使用 PubMed 查找同行评审的文章；定位一个与被认为是导致一种天生疾病的基因或突变有关的专利；使用 OMIM 数据库；使用 NCBI 的基因数据库来获取基因结构上的数据		使用 ProtParam 以计算该蛋白质的等电点；使用 PyMOL 来调查在蛋白质的结构和功能上突变的影响			
DataTrain（线下教育）	研究生数据管理计划	文件结构，命名和格式		存储数字数据；大型科研项目的数据管理	科研数据的知识产权	
Si（课程设置）			数据统计与分析	数据仓库		

1. 能力导向模型与系统化数据素养教育思路

能力导向模型将“数据素养”视作一个独立的对象，其内容往往以数据生命周期为线索，由浅入深、循序渐进地引导学生，一方面宏观了解数据生命周期，另一方面分部掌握周期中各环节的内容。

表 2 显示，能力导向各模型对于数据生命周期中的数据创建（述及 8 次）、数据处理（7 次）、数据保存（7 次）、提供数据入口（7 次）等环节较为关注。其中数据创建又强调制定数据管理计划和数据收集，数据处理强调数据命名、格式转换及标准化，数据保存强调数据著录、元数据、备

份与安全，提供数据入口强调数据共享以及伦理问题。由各模型所关注的重点来看，系统化的数据素养教育的最终目的是使数据能够得到良好的保存和高效的共享，而这两方面都有赖于数据创建和数据处理环节对数据操作的规范化和标准化。

虽然部分能力导向模型，如 DataONE、MANTRA 模型，并没有太多涉及数据分析、数据重用环节的内容，但笔者认为，这并不影响学习者对数据生命周期的整体认知，因为这些模型在数据创建环节中已着重强调了制定数据管理计划的重要性。而在制定数据管理计划时，学习者需要在脑海中模拟一个完整研究的实施过程，进而制定从数据收集到数据存储、共享以及相关伦理问题的完整解决方案。能力导向各模型对于数据生命周期中的数据分析（5 次）和数据重用（5 次）环节，与上述几个环节相比，较少关注。对于这两个环节的“有意”减弱，有助于将数据素养教育与其他教育进行明确区分。

就数据分析能力而言，面向不同专业不同人群的数据分析能力要求不同，因此较难用统一的能力指标界定，如 Carlson 模型在描述数据分析要求提及的是“熟悉学科内基本的分析工具”，说明数据分析需要与学科背景结合。其他述及数据分析的能力导向模型，也均有类似的反映：在系统化的数据素养教育中，着重培养学习者的解读数据、评估数据等数据思维模式，一般不会涉及太多专业背景，对学习者的数据分析能力要求不高。

而对数据重用环节的较少关注，笔者则认为，对于 e-Science 科研环境而言，是一种不足。在 e-Science 环境下，越来越多的研究建立在对已有数据的重用之上，因此，数据重用环节中的跟踪研究、实施研究综述等行为应该得到重视，并在数据素养能力模型中加以体现。Carlson 模型在这方面可视作典范，其在“数据管理与组织”中强调了“跟踪数据子集或已加工的数据与原始数据集的关系”，在“数据监护与再利用”部分提出“认识到数据在证实研究或供他人使用方面，有可能有超越初衷的价值”的学习要求。[19]

总体而言，能力导向模型能够较好地覆盖数据生命周期，其所对应的数据素养教育实践大多采用在线形式。Carlson 模型是其中的一个特例，其对应的数据素养教育项目采用了多种课程开展方式，如嵌入学生项目中进行指导[20]、研讨会[21]、专业课[22]等。

2. 目标导向模型与专门化数据素养教育思路

与能力导向模型不同，目标导向模型反映的是将数据素养教育融入到特定背景教育体系中进行的专门化教育思路。在这种思路下，数据素养的培养意味着某一项或某几项数据处理或管理能力的深入学习。例如，UK-DA 模型关注数据分析和提供数据入口环节的能力培养，Stephenson & Caravello 模型关注理解数据并用图表呈现数据的能力，HKUST 模型关注数据收集环节，MacMillan 模型结合关注与生命科学专业相关的数据创建和分析，Si 模型则融入了图书情报领域数据管理人才培养的考虑。而 Data Train 模型在一定程度上体现了专门化教育思路和前述系统化教育思路的融合。一方面，它专注考古学背景下的数据长期保存，另一方面，因为在课程中涉及研究生数据管理计划的知识，因此，学习者能够对数据生命周期有较系统的学习。

目标导向模型对应的数据素养教育实践主要以线下方式开展。由于教学时间有限，如一次研讨会、一学期或一学年，教学目标和内容必须有所侧重，因此在能力目标设置上自然也有所取舍。这点在 Stephenson & Caravello、HKUST 和 MacMillan 模型中表现得尤为突出。

（二）模型的适用情境和建构方式比较

建构者在提出模型之前，往往需要确定其适用群体，并通过一定的建构方式，设计出贴近目标群体的数据素养能力模型。因此，建构方式的选择与模型的适用情境密切相关。各模型的适用情境和建构方式见表 3。

表 3　各模型的适用情境和建构方式分析

模型	适用情境		建构方式
	学科领域	教育对象	
DataONE	环境科学领域	本科生、研究生、科研工作者	不明
MANTRA	不限	研究生、初级科研工作者、信息专业人才	对英国爱丁堡大学地球科学、社会与政治、临床心理学三个研究生培训项目的需求分析

续表

模型	适用情境		建构方式
	学科领域	教育对象	
Qin & D'Ignazio	科学、技术、工程与数学专业	本科生	问卷访谈教职员工
Carlson	科学、技术、工程与数学专业	本科生、研究生	访谈科学与工程系的老师；访谈地球与大气科学、土木工程、农业与生物工程、林业与自然资源的学生；结合 ACRL 对信息素养的标准
NECDMC	健康科学、科学、工程专业	本科生、研究生	根据已有的数据管理课程框架、结合科研工作者需求
Prado & Marzal	不限	各类型图书馆的用户	对照传统的信息素养能力标准
Schneider	不限	本科生、研究生、数据创造者、数据科学家、数据图书馆员、数据管理员	对照传统的信息素养能力标准、美国国会图书馆的数字保存推广与教育项目，并综合数据管理框架
ABS	不限	公众	不明
UKDA	社会科学	16 至 19 岁的中学生、本科生、研究生	不明
Stephenson & Caravello	社会学	本科三、四年级的学生	基于信息素养标准和文献综述
HKUST	不限领域（通识课程）	本科生	以智力发展阶段和认知技能理论为基础
MacMillan	生物学	本科生	在文献综述的基础上
Data Train	考古学	研究生	不明
Si	图书情报学教育	本科生、研究生	梳理图书馆员的应聘要求

由表 3 可知，在系统化的教育思路下，能力导向模型适用的学科领域和教育对象范围非常广泛。当然，正是因为需要面向大规模的科研工作者或科研后备人员（本科生和研究生）甚至一般公众开展数据素养教育，才需要选择这一受专业限制较少的系统化教育思路。目前面向大范围群体建构的数据素养能力模型，大多出现在自然科学领域，部分模型有更广泛的适用性，但暂时未见有专门面向人文社科领域建构的数据素养能力模型。在建构能力模型、设计教育体系时，建构者或设计者需要确定目标人群，

进而采取相应的建构和设计方式。然而，表 2 和表 3 显示，无论是采取案例研究方法还是采取对照传统信息素养能力标准方法，得出的数据素养能力要求并没有显著差异。如 Prado & Marzal 模型通过对照传统的信息素养能力标准，得出面向各类型图书馆读者的数据素养能力模型，其中所设定的能力以及学习的内容与专门指向高校本科生、研究生或科研工作者的能力模型（如 MANTRA、Carlson 等模型）并没有太大差别。在某种程度上，这一情况反映了不同学历、不同学科背景对于数据素养能力的要求具有一致性。

与能力导向模型相比，目标导向模型更多地涉及人文社科领域，如 UKDA 模型、Stephenson & Caravello 模型、Data Train 模型和 Si 模型。或者可以认为，与自然科学领域相比，人文社科领域更偏向于采取专门化的数据素养教育思路。这一情况说明人文社科领域的教育者已经察觉到提高学生数据素养的重要性。较之自然科学领域强调定量研究方法而言，人文社科研究更常使用访谈法、田野调查法、观察法等质性研究方法[23]，虽然定量研究方法，如仿真实验、真实实验法[24]、社会调查法等，在人文社科研究中日益重要，但教育者们可能只察觉到数据生命周期某个（些）环节的相关技能对其所属学科的重要性，并因此建构了对应需求目标导向数据素养能力模型。

（三）模型的提出背景和应用效果比较

表 4 分析了各模型的提出背景和应用效果。模型的提出与付诸实践，需要多方的努力和支持，而模型提出者自身的知识储备和资源往往影响着模型的应用效果。

表 4　各模型的背景和应用效果

模型	提出背景			具体的教育项目及应用效果		
	主体类型	主要面向	资助者	具体教育项目	应用效果	教学资料
DataONE	学者群体	e-Science	NSF	科研数据管理教育项目（线上）	暂无	讲义、PPT、课后练习

续表

模型	提出背景			具体的教育项目及应用效果		
	主体类型	主要面向	资助者	具体教育项目	应用效果	教学资料
MANTRA	大学图书馆	科研数据管理	JISC、大学项目资助	科研数据管理教育项目（线上）	暂无	在线学习模块
Qin & D'Ignazio	大学图情院系	e-Science	NSF	科学数据素养课程（线下）	了解到该课程成功地与项目预期目标相吻合。既能够提高学生的社交和技术技能，也能提高其科学数据意识	暂无
Carlson	大学图书馆	e-Science	IMLS	数据信息素养教育项目（线下）	学生开始重视数据管理，包括导师在内的科研工作者在科研中更注重数据的存储、备份和共享	系列论文、教学开展指南
NECDMC	大学图书馆	科研数据管理	美国国家医学图书馆和马萨诸塞大学医学院联合资助	科研数据管理教育项目（线下）	课程出勤率高；多个高校图书馆参与	讲义
Pardo & Marzal	大学图情院系	e-Science	不明	暂无	暂无	暂无
Schneider	大学院系	信息素养	不明	暂无	暂无	暂无
ABS	统计局	统计素养	不明	暂无	暂无	暂无
UKDA	大学院系	统计素养	JISC	数据管理教育项目（线上）	继续教育的学生能够完成6个模块的学习，研究生认为这一课程能够很好地贴近自身的知识储备	在线学习模块
Stephenson & Caravello	大学图书馆	信息素养	不明	信息素养课程（线下）	学生能够辨识表格的组成内容，并对表格数据作批判性思考	推荐阅读文献、课后练习
HKUST	大学图书馆、大学院系	信息素养	不明	信息素养通识课程（线下）	学生反映学会分析和评估数据的真实性，理解社会经济学数据与科学数据没有绝对精确的类似	暂无

续表

模型	提出背景			具体的教育项目及应用效果		
	主体类型	主要面向	资助者	具体教育项目	应用效果	教学资料
MacMillan	大学图书馆、大学院系	科研数据管理	不明	生物学课程（线下）	学生反映课程内容能够充分解释如何使用具体的数据库，课程非常有用	相关数据库介绍
Data Train	大学图书馆、大学院系	科研数据管理	JISC	考古学专业课程（线下）	暂无	课程教案（PPT和讲义）
Si	大学图情院系	e-Science	中央高校基本科研业务费专项资金资助项目	暂无	暂无	暂无

由表4可知，建构模型的主体主要有大学图书馆（4个）、大学图情院系（3个）、大学图书馆与大学院系（3个）、大学院系（2个）、其他（统计局1个，学者群体1个）。

从数量上看，大学图书馆是建构数据素养能力模型的主要主体。论文所梳理的14个模型中，3个能力导向、1个目标导向模型由大学图书馆建构。一方面，部分大学图书馆已关注到了e-Science对科研环境所带来的转变，并着手建构能够系统提高科研人员和本硕学生数据素养的模型及相关课程，如MANTRA模型、Carlson模型和NECDMC模型。学科馆员和数据馆员在其中起到了关键作用。如Carlson模型对应的DIL项目，该项目团队通常由一位学科馆员和一位数据馆员组成；学科馆员是图书馆与具体院系之间的桥梁，起到协调统筹作用，同时也承担部分教学任务；数据馆员具备数据管理专门知识，主要负责项目教育需求分析、教育方案制定以及大部分的教学任务；两者均对数据信息素养项目的开展起到重要作用。正是由于大学图书馆同时拥有这两类专业人才，方能根据学科专业数据处理和管理需求，提供特定的数据素养教育项目。另一方面，部分大学图书馆在其原有信息素养教育的基础上，加入数据处理相关模块，以适应学科和科研环境的变化，如Stephenson & Caravello模型，其信息素养线下课程，重点关注数据处理与分析模块，虽然没有形成完整的数据素养教育体系，但能够基本满足社会学本科生的学习需求。总体而言，由大学图书馆建构数据素养模型，并由其主导数据素养教育，能够取得不错的效果。

有 3 个模型由大学图书馆和大学院系联合建构，但大学图书馆仍是主导。如 HKUST 模型和 MacMillan 模型，以学科馆员为中介；又如 Data Train 模型，由大学图书馆结合院系教职员工提供模型建构意见，进而提出面向特定学科的数据素养能力要求。

此外，大学图情院系是另外一个较常提出数据素养能力模型的主体。图情院系素来关注信息组织、信息处理、信息分析和信息共享等主题的教育，进入 21 世纪后，图情教育发生了很大的变化，一方面，2005 年 iSchools 联盟的成立，强调了人、信息与技术三者之间的紧密关联[25]，另一方面，e-Science 的兴起、大数据等概念的提出和升温，吸引不少图情专家的教育兴趣转向数据挖掘和数据管理。总体而言，大学图情院系的数据素养能力模型能够较为全面地覆盖数据生命周期。

模型的应用效果能够反映出该教育思路的可行性。从应用效果、教学资料、基本内容和建构方式综合观之，Carlson 模型是能力导向模型中较为成熟的一个。首先，它受 IMLS 的资助，通过较为科学的建构方式，建立了涵盖整个数据生命周期的数据素养指标体系。同时，该模型已应用到多个高校图书馆的不同类型的数据素养教育实践项目中，并发表了一系列研究成果，还在其官网上提供了较详尽的开展数据素养教育项目的操作指南。目标导向模型中，Data Train 模型较为成熟，具有一定的参考价值。

四　结语

论文通过梳理和综合分析国内外 14 个数据素养能力模型及相关教育实践，提出了数据素养教育的两种思路，即能够较全面地让学习者认识数据生命周期的系统化教育思路，以及能够让学习者快速掌握某些数据处理和管理技能的专门化教育思路。对应两种思路，数据素养能力模型也被划分为能力导向和目标导向两种类型。

系统化的数据素养教育的最终目的是使数据能够得到良好的保存和高效的共享，而这两方面都有赖于数据创建和数据处理环节对数据操作的规范化和标准化。对于数据分析和数据重用环节的“有意”减弱，有助于将数据素养教育与其他教育进行明确区分。而对数据重用环节的较少关注，对于 e-Science 科研环境而言，则是一种不足。在系统化的教育思路下，能力导向模型适用的学科领域和教育对象范围非常广泛。目前面向大范围群体建构的数据素养能力模型，大多出现在自然科学领域，部分模型有更广泛的适用性，但暂时未见有专门面向人文社科领域建构的数据素养能力模型。

就专门化的教育思路及对应的目标导向模型而言，数据素养的培养意味着某一项或某几项数据处理或管理能力的深入学习。由于教学时间有限，在专门化教育思路下，数据素养的教学目标和内容必须有所侧重，因此在能力目标设置上自然也有所取舍。目标导向模型更多地涉及人文社科领域，或者可以认为，与自然科学领域相比，人文社科领域更偏向于采取专门化的数据素养教育思路。由此表明，教育者已经察觉到数据生命周期某个（些）环节的相关技能对所在人文学科的重要性，然而，数据于人文社科领域的地位也越来越重要，人文社科的学生和科研人员或许也需要系统化地提升数据素养。

而在建构模型的主体上，主要有大学图书馆、大学图情院系、大学图书馆与大学院系。其中，有大学图书馆介入的情况下，学科馆员和数据馆员发挥着重要作用。

伴随着研究范式、路径和方法的转变，在大学中为研究生和本科生——未来的科研工作者——开设数据素养教育课程显得尤为必要和紧迫。目前，自然科学领域已有不少较为完善的数据素养能力模型及对应的教育实践课程，而人文社科领域的数据素养教育仍处于起步阶段。在设计数据素养教育课程的过程中，一方面，根据教育原理，需依据具体情境建构面向不同群体的数据素养能力模型，才能突出后续课程的针对性和实用性。另一方面，在大学图书馆没有学科馆员和数据馆员专业人员的情况下，以图情院系为主导，由图书馆和其他人文社科院系进行协助的方式，开展相关的数据素养教育实践，以全面提高人文社科科研工作者及后备人员的数据素养。

参考文献

[1] 丁宁，马浩琴．国外高校科学数据生命周期管理模型比较研究及借鉴［J］．图书情报工作，2013（6）：18－22.

[2] DataONE. Education modules［EB/OL］．［2015－09－17］．https://www.dataone.org/education－modules.

[3] MANTRA. Home［EB/OL］．［2015－09－18］．http://datalib.edina.ac.uk/mantra/.

[4] MANTRA. About MANTRA［EB/OL］．［2015－09－18］．http://datalib.edina.ac.uk/mantra/about.html.

[5] Qin, J., D'Ignazio, J. Lessons learned from a two－year experience in science data literacy education proceeding of the International Association of Scientific and Technological University Libraries, 31st Annual Conference, June 22, 2010［C］．http://docs.lib.purdue.edu/iatul2010/conf/day2/5.

[6] Carlson, Jake R., Fosmire, Michael, Miller, Chris, Sapp Nelson, Megan. Determining Data Information Literacy Needs: A Study of Students and Research Faculty［J］．Libraries and the Academy. 2011, 11（2）：629－657.

[7] New England Collaborative Data Management Curriculum［EB/OL］．［2015－09－17］http://library.umassmed.edu/necdmc/modules.

[8] Calzada Prado J, Marzal M á. Incorporating data literacy into information literacy programs: Core competencies and contents［J］．Libri, 2013, 63（2）：123－134.

[9] Schneider R. Research data literacy［M］//Worldwide Commonalities and Challenges in Information Literacy Research and Practice. Springer International Publishing, 2013: 134－140.

[10] Australian Bureau of Statistics. Draft Statistical Capability Framework［EB/OL］．［2015－09－17］．http://www.abs.gov.au/websitedbs/a3121120.nsf/home/ABS+Statistical+Capability+Framework.

[11] Corti L. Survey Data in Teaching Project（SDiT）：Enhancing Critical Thinking and

Data Literacy [J]. IASSIST Quarterly, 2004, 28 (2 -3): 39 -54.

[12] Stephenson, E. , Caravello, P. S. Incorporating data literacy into undergraduate information literacy programs in the social sciences: A pilot project [J]. Reference Services Review, 2007, 35 (4): 525 -540.

[13] Wong, Gabrielle K. W.. Facilitating Students' Intellectual Growth in Information Literacy Teaching [J]. Reference & User Services Quarterly, 2010, 50 (2): 114 -118.

[14] MacMillan D. Sequencing genetics information: integrating data into information literacy for undergraduate biology students [J]. Issues in Science and Technology Librarianship, 2010 (61): 4.

[15] MacMillan, D. Developing Data Literacy Competencies to Enhance Faculty Collaborations [J]. Liber Quarterly: The Journal of European Research Libraries, 2015, 24 (3), 140 -160.

[16] Archaeology Data Service. Data TrainArchaeology [EB/OL]. [2016 -2 -18]. http://archaeologydataservice. ac. uk/learning/DataTrain.

[17] Si L, Zhuang X, Xing W, et al. The cultivation of scientific data specialists: Development of LIS education oriented to e - science service requirements [J]. Library Hi Tech, 2013, 31 (4): 700 -724.

[18] UK Data Archive. Data lifecycle [EB/OL]. [2015 -09 -21]. http://www. data - archive. ac. uk/create - manage/life - cycle.

[19] Carlson, Jake R. , Fosmire, Michael, Miller, Chris, Sapp Nelson, Megan. Determining Data Information Literacy Needs: A Study of Students and Research Faculty [J]. Libraries and the Academy. 2011, 11 (2): 629 -657.

[20] Carlson J, Johnston L, Westra B. Developing an approach for data management education: A report from the data information literacy project [J]. International Journal of Digital Curation, 2013, 8 (1): 204 -217.

[21] Bracke M S, Fosmire M. Teaching Data Information Literacy Skills in a Library Workshop Setting: A Case Study in Agricultural and Biological Engineering [J]. Data Information Literacy Case Study Directory, 2015, 1 (2): 1.

[22] Sapp Nelson. M. , Zilinski. L. , Van Epps. A. Developing Professional Skills in STEM Students: Data Information Literacy [J]. Libraries Faculty and Staff Scholarship and Research. 2014, (9).

[23] 陈向明. 质的研究方法与社会科学研究 [M]. 北京: 教育科学出版社,

2014：47.

[24] 周昌乐，黄华新．从思辨到实验：哲学研究方法的革新［J］．浙江社会科学，2009（4）：2－10.

[25] 吴丹，余文婷．近五年国内外图书情报学教育研究进展与趋势［J］．图书情报知识 2015（3）：4－15.

15. 中国图书馆员职业的数据素养要求*

近年来，数据素养、大数据以及其他数据相关的概念在中国图书情报学科成为热门的研究内容。随着数据时代的来临，人们对于信息的需求不断地更新、对于服务行业的要求也不断变化，导致行业的岗位职责和岗位类型需要不断改变和更新。如今，在中国越来越多的图书情报机构要求职员有处理数据和管理数据的能力，但目前中国的图书情报院系仍未对数据科学的课程设置达成一致的意见。2016 年 11 月，亚太地区图书情报与档案管理学科评估会议（The Asia-Pacific Congress on Information Discipline Review，以下简称 CIDR）在中山大学资讯管理学院召开，并且见证了这分歧。具体表现在部分图书情报院系仍然保守地坚持着原有的课程设置以及教学方案，而一些院系则已经开始把“资讯管理”这一概念替换掉，以一个新称谓作为替代——数据管理。

在图书情报领域，这样的分歧频繁发生，但是真正的问题在于：数据时代的来临，对于就业市场来说到底会发生什么？图书情报机构需要什么与数据相关的能力？有什么岗位在这个行业里出现或消失了？这些问题的解答将有助于缩小保守派与较为“激进”的分子之间的分歧，可能有助于图书情报教学建立牢固的根基。

---

* 本文内容首刊于英文论文《Date Literacy as Requirement for China's Library and Information Profession: A Preliminary Research on Recruitment Data》（载于《European Conference on Information Literacy》2017 年第 186－194 页，作者：张靖，林芊里，肖鹏）。收录时经作者同意，有所改写。

对招聘广告进行搜集和分析是一种成熟的研究方法，并且通过这种研究方法能得到以上问题的答案。为了长期追踪招聘市场的动态，中山大学资讯管理学院正在进行一个课题研究，“图书情报科学行动预测”（Tack the Next Move for LIS，以下简称 TNM-LIS）。该课题重点在于对招聘广告数据进行爬取、存储及研究，以掌握各种新的行业变化趋势，从而提出应对的建议。

虽然 TNM-LIS 是一个长期进行改良和发展的引擎，但业界对“数据”的热度持续升温，使其成为该项目目前的倾斜点。因此，图书情报职业对数据素养需求的研究成为该课题的试验项目之一。本文所呈现的是该项目的初期成果，重点在于展示科研团队如何构建能力框架和研究方法，以及呈现初期数据的部分分析结果。需要注意的是，TNM-LIS 项目会根据本次研究的数据搜集结果，对搜索条件进行适当的调整，以扩大日后数据爬取的目标数据源。调整后会导致数据库组成的改变，由于设置标准不一，可能导致数据所呈现的结果存在差异。但 TNM-LIS 的研究目的在于跟踪图书情报职业的实际需求动态，不是一个“一步到位”的项目，所以研究成果的不断改变是不可避免的。

一　文献综述

为了研究行业人才需求发展趋势，研究者常根据招聘广告的内容和招聘信息的职位描述来分析人力资源市场的需求特征。在图书情报研究领域中对图书馆员和信息情报专员的招聘岗位分析是最常见的主题之一。其研究范围涉及多个地区的不同岗位，包括了数字馆员、参考咨询馆员、文献保护馆员，以及非图书馆的信息情报岗位。

大部分学者会针对某一特定图书情报岗位进行讨论。为了研究高校图书馆对数字馆员的资质和技能要求，Choi 和 Rasmussen 调查了《大学与研究图书馆新闻》（College and Research Libraries News，CRLN）发布的图书馆员招聘广告，发现越来越多的图书馆对数字技术和数字技术的使用、管理能力和沟通技能提出了要求。[1] Wang 等人对招聘参考咨询馆员的广告进行了44年的跟踪调查发现图书馆对参考咨询馆员的招聘趋势是，有了更多的招聘限定和更高的学历要求，并且随着社会的发展，参考咨询馆员衍生出了更多不一样的职位名称。[2] Tang把远程教育馆员作为研究对象，发现该职位所需的基本技能有技术能力、情报科学能力和沟通能力。[3]除了以上涉及的研究对象外，国内外图情研究学者对文献保护岗位[4]、采编[5][6]、电子或数字馆员[7][8][9]、学科服务专家[10]、音乐馆员[11]、社会科学数据馆员[12]都进行了讨论与分析。除了对现有的职位进行研究外，还有学者根据现有的招聘信息讨论图书馆是否需要设立学科交流人才和提供学科交流服务。[13]

部分研究学者关注地理和区域的招聘特征。Alonso-Regalado 和 Van Ullen分析了1970年到2007年的拉丁美洲地区和加勒比地区的高校图书馆和研究图书馆的招聘内容。[14] White以美国为研究区域，分析了当地高校图书馆的招聘特征。[15]还有学者以英国为研究区域，分析了当地图书情报行业的招聘特征。[16]

还有研究把同一岗位的不同级别作为研究重点，对招聘岗位进行了纵向的研究或者对初级员工进行专门的研究。Cullen调查了图书情报工作岗位对高级管理员、中级管理员和主管的领导力和管理技能的需求特征。[17] Clark[18]和Hall-Ellis[19]则分别针对音乐馆员和采编岗位的初级员工进行研究和讨论。

而学术界关注最多的则是图书情报行业人员的从业资格和技能。Gerolimos 和 Konsta明确了当今图书情报学界要求图书馆员需要的资格和技能。[20]根据目前学者研究得出，营销和推广技能[21]、项目管理技能[22]、信息技术[23]都是图书情报相关机构目前比较关注的职业技能。

除了以上提到的研究趋势和研究结果外有部分研究者对招聘广告的研究方法提出了质疑。Gold 和 Grotti根据美国大学和研究图书馆协会（Association of College and Research Libraries，ACRL）提出的标准，分析了利用招聘信息反映图情人员的职业专业技能需求的可行性。[24] Carnevale等人也对在线招聘广告是否能作为研究对象来反映实际人才需求提出了疑问，因为有数据显示网上招聘信息的目标人群基本是拥有高级技能的白领工作者。[25] Kim 和 Angnakoon 更是对现有的招聘广告研究方法进行了综合分析。[26]

二 研究方法

在前期调研阶段，科研团队首先为图书情报行业构建数据素养能力框架，该框架包含了所有该行业对数据素养相关能力提出要求的招聘信息。同时，根据前期的调研结果制定数据搜集和提取的准则。

用于本次调研的数据素养框架是“数据能力框架”（Data Competence Framework，以下简称 DCF），该框架是通过梳理 14 个数据能力模型而得，这些能力模型分别是：UKDA 模型[27]，Stephenson & Caravello 模型[28]，Data ONE 模型[29]，MANTRA 模型[30]，Qin & D'Ignazio 模型[31]，HKUST 模型[32]，MacMillan 模型[33]，Data Train 模型[34]，Carlson 模型[35]，Si 模型[36]，NECDMC 模型[37]，Prado & Marzal 模型[38]，Schneider 模型[39]，以及 ABS 模型。[40] 通过梳理和分析这些模型，中山大学团队得出数据素养的 6 个能力维度：数据意识、数据搜集与处理、数据分析、数据的长期保存、数据重用以及道德规范。以上这些能力维度的表现方式分别是：了解数据类型，制定数据管理计划，搜集数据，处理数据，会用 SPSS 和 Excel 统计分析，利用 NVivo 进行定量分析，有长期保存数据的意识，了解保存数据的方法，以及有意识、规范地重用数据。

通过全面地自动爬取和人工搜索多个招聘网站、高校人力资源管理部门、政府机构线上公告，并根据上述制定的框架，研究团队把我国图书情报机构在 2016 年 11 月至 2017 年 1 月发布的在线招聘信息进行全面搜集整理。根据 DCF，研究团队对每一个招聘广告上的岗位职责和招聘要求都进行了内容分析，然后把招聘广告中有一条或以上符合数据素养能力维度的广告提取出来。

三 四项重要指标

为了研究我国对数据素养人才的需求趋势，笔者利用 TNM-LIS 从多个角度进行数据分析。分析后发现以下四项重要的指标：我国的各行政区域间对数据素养人才需求的差异，不同类型的图书情报机构对数据素养人才的要求特性，对学历水平的偏好特征，以及不同招聘岗位在地理位置、岗位属性、学历限制方面的差别。由于篇幅的限制，本文将对调查结果进行简单的陈述。

（一）对数据素养人才的需求程度

本次调研从互联网搜集了 147 所图书情报机构在 2016 年 11 月到 2017 年 1 月发布的 358 个招聘岗位。根据 DCF，调研团队一共获得了 66 个有数据素养要求的招聘岗位，分别分布在 29 所机构中。据数据统计有数据素养要求的岗位的占比约为 18.4%（图 1）。

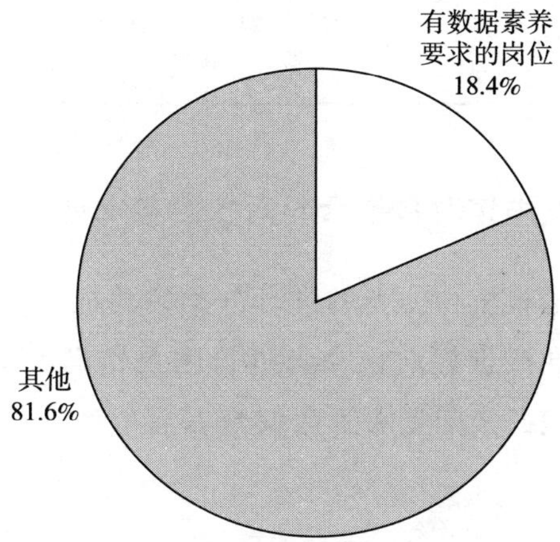

图 1　数据素养岗位需求比例

（二）数据素养需求地域特点有集中化特征

如表 1 所示，北京的图书情报机构对数据素养人才的需求量占比最大，占全国的 37%。紧接其后的是上海，一共有 15 个职位对应聘人员的数据素养有要求。从需求的占比来看，北京、上海、浙江、安徽、云南、重庆、吉林这些行政区域的需求占比高于全国的平均水平。

表1 我国各行政区域的图书情报机构对数据素养人才的需求情况

序号	行政区域	招聘职位（个）	有数据素养要求职位（个）	百分比	序号	行政区域	招聘职位（个）	有数据素养要求职位（个）	百分比
1	北京	78	29	37%	13	广西	2	0	0%
2	上海	51	15	29%	14	海南	8	0	0%
3	浙江	26	6	23%	15	河南	6	0	0%
4	安徽	9	4	44%	16	黑龙江	8	0	0%
5	广东	30	2	7%	17	湖北	4	0	0%
6	江苏	23	2	9%	18	湖南	3	0	0%
7	四川	23	2	9%	19	辽宁	16	0	0%
8	云南	5	2	40%	20	宁夏	5	0	0%
9	重庆	4	2	50%	21	山东	23	0	0%
10	吉林	5	1	20%	22	陕西	11	0	0%
11	江西	8	1	13%	23	天津	2	0	0%
12	福建	8	0	0%		总数	358	66	18%

（三）学术型图书馆对数据素养人才的需求更大

本研究把图书情报机构的类型进行分类，并把公共图书馆、学术图书馆、中小学图书馆的数据提取出来再进行图书馆类机构的招聘数量对比。对比结果发现，在调研期间发布了数据素养岗位的学术型图书馆与公共图

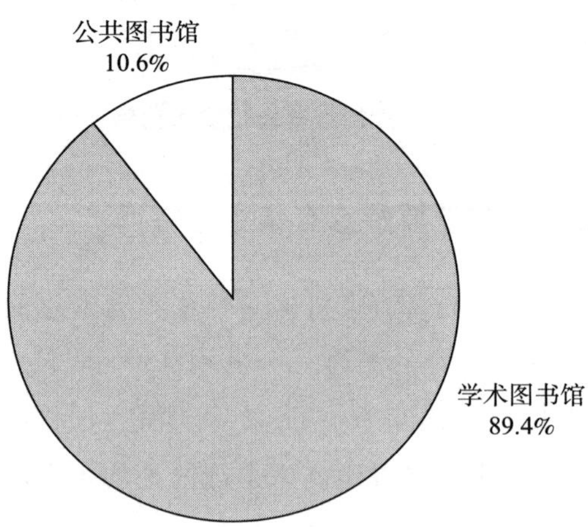

图2 不同图书馆类型对数据素养人才需求的比例

书馆的机构数量比例约为9∶1。这表明了学术型图书馆更加重视新加入的员工是否具备数据能力。值得注意的是，中小学图书馆也是本次调研的对象，但在调研期中，并未发现有中小学图书馆对新应聘的馆员提出数据能力的要求。

（四）对硕士及以上的学位要求超过半数

通过分析数据素养岗位对应聘人员的教育水平要求，发现（见图3）68.2%的图书情报机构要求应聘人员需具备硕士或以上学历学位。超过一半的机构把硕士学位作为机构入门的基准。其中有一所广东的图书情报机构对情报分析专员的学位要求设置为博士。

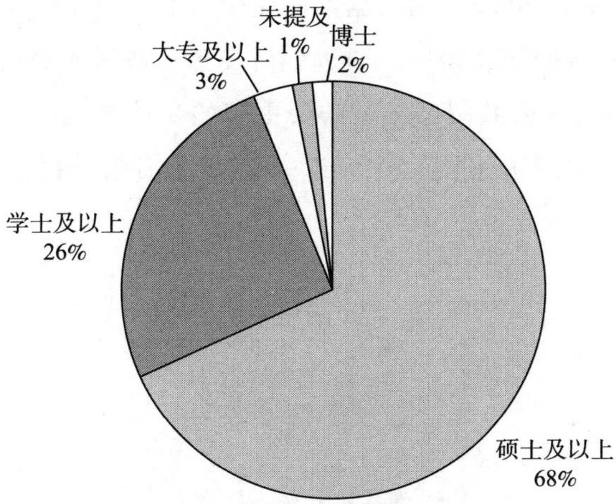

图3　数据素养岗位的学历要求比例

四　数据素养需求趋势

（一）学术型图书馆在人才队伍建设方面更有数据素养意识

在2016年11月到2017年1月这个时间段，学术型图书馆在中国一共公布了267个岗位，其中有59个岗位对应聘人员的数据能力提出要求，约占22%。但公共图书馆的招聘情况却与学术型图书馆存在差异，其对于数据素养岗位的需求占比低于学术型图书馆的一半，约为7.9%。其原因可能在于学术型图书馆所属的使命、角色、职责和功能具有特殊性，导致它们在数据素养人才的需求方面有一定的偏好。中华人民共和国教育部在2015年修订了《普通高等学校图书馆规程》[41]，并表明图书馆应该加强数据统计的工作，做好统计数据的保存与分类。以北京大学图书馆为例，该机构对知识产权服务馆员的应聘要求是“搜集和提升专利数据，提供数据服务”；对软件开发工程师则提出“负责数据管理、数据挖掘、统计分析”等要求。

（二）学术型图书馆对数据素养岗位的应聘人员有更高的学历要求

如图4所示，拥有硕士及以上学位的、符合其他招聘要求的求职者能申请学术型图书馆约98.3%的数据素养岗位；而只有学士学位的求职者只能应聘23.7%的数据素养岗位。通过分析发现，数据素养岗位中的数据馆员和情报专员对比于公共图书馆员需要更高的受教育水平。这可能与《中华人民共和国公共图书馆法》中，未对公共图书馆员提出学历学位要求有关。[42]

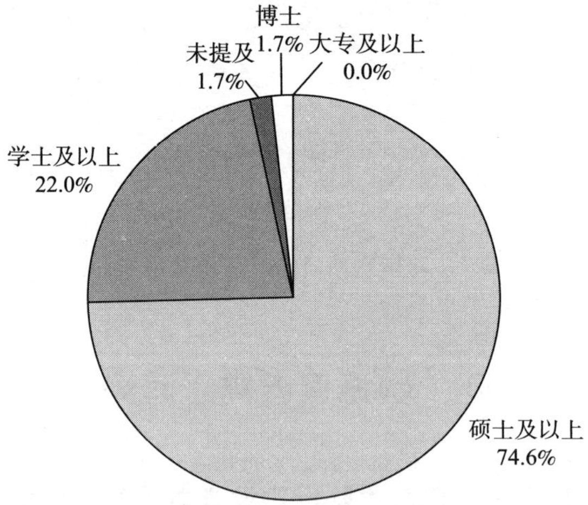

图4 数据素养岗位的学历要求比例

（三）对数据素养的重视程度存在区域差异

北京和上海对数据素养人才的需求远远大于我国其他省、自治区和直辖市。根据上述研究结果，推理出区域差异的原因可能在于这些行政区域的一流大学数量比其他区域多。我国教育部公布的《2003－2007年教育振兴行动计划》[43]中提到为了建设世界一流大学，我国应继续实施"985工程"和"211工程"。"985工程"的实施目标在于"努力建设若干所世界一流大学和一批国际知名的高水平研究型大学"。"211工程"的目标是"进一步以学科建设为核心，凝练学科方向，汇聚学科队伍，构筑学科基地"。目前我国共有39所"985工程"高校[44]，116所"211工程"高校。[45]对这些高校进行区域分析后发现，北京的"985"或"211"高校的数量是我国31个省、区、市中最多的。上海的数量排名是全国第二，分别有10所"211"高校及4所"985"高校。

五 结论

本次调研作为TNM-LIS的前期研究，对数据素养进行了初步的调研。在2016年11月到2017年1月，我国图书情报机构一共发布了66个对数据能力提出要求的岗位。经过内容分析后，笔者发现不同类型的图书情报机构对新进员工的数据素养需求有很大的不同。而且，这些需求在行政区域上也存在着很大的差异。

本文通过数据分析与内容分析发现了以下几个现象。首先，部分图书情报机构，尤其是学术型图书馆，已开始重视职员的数据素养，而且把数据能力看作一项重要的人力资源能力。经过对学术论文及国家政策文件的研究，笔者推测出两个原因来说明以上现象。一方面是学术型图书馆具有特定的使命属性，该类型图书馆主要的目标在于培养人才，以及为学者和研究人员提供服务。[46]而其他的图书情报机构，如公共图书馆的使命主要在于满足市民对精神层面的文化需求，提升市民的科学和文化素质，从而推进社会文明。[47]另一方面，政府对不同类型的机构设置了不同的政策法规指引，而这些指引性文件对机构的人才队伍建设发展方面有着很大的影响。这同样也能解释为什么不同类型的图书情报机构对于学历学位的要求存在着巨大差异。由于学术型图书馆对于数据素养人才的要求数量最大，所以数据素养人才的需求特征出现区域的差异很大原因在于区域的高校数量及其发展水平存在差异。北京和上海拥有全国最多的一流高校，这两个区域的教育水平处于全国前列，而本次调研中也是这两个区域数据素养需求的占比最高。

以上结论基于初期数据，所以尚未能给教学变革或教育改革提出建议和意见。但通过本次研究，研究团队能够得到更多完善 TNM-LIS 的线索与方向。

参考文献

[1] Choi, Y., Rasmussen, E.: What Qualifications and Skills are Important for Digital Librarian Positions in Academic Libraries? A Job Advertisement Analysis. [J]. The Journal of Academic Librarianship, 2009: 35, 457-467.

[2] Wang, H., Tang, Y., Knight, C.: Contemporary Development of Academic Reference Librarianship in the United States: A 44-year Content Analysis. [J]. The Journal of Academic Librarianship, 2010, 36 (6): 489-494.

[3] Tang, Y.: Distance Education Librarians in the United States: A Study of Job Announcements. [J]. The Journal of Academic Librarianship, 2013 (39), 500-505.

[4] Cloonan, M., Norcott, P. C.: Evolution of Preservation Librarianship as Reflected in Job Descriptions from 1975 through 1987. [J]. College & Research Libraries, 1989 (50): 646-656.

[5] Chaudhry, A. S., Komathi, N. C.: Requirements for Cataloguing Positions in the Electronic Environment. [J]. Technical Services Quarterly, 2002 (19): 1-23.

[6] Kinkus, J.: Project Management Skills: A Literature Review and Content Analysis of Librarian Position Announcements. [J]. College & Research Libraries, 2007 (68): 352-363.

[7] Choi, Y., Rasmussen, E.: What Qualifications and Skills are Important for Digital Librarian Positions in Academic Libraries? A Job Advertisement Analysis. [J]. The Journal of Academic Librarianship, 2009 (35): 457-467.

[8] Croneis, K. S., Henderson, P.: Electronic and Digital Librarian Positions: A Content Analysis of Announcements from 1990 through 2000. [J]. Journal of Academic

Librarianship, 2002 (28): 232 - 237.

[9] Albitz, R. S.: Electronic Resource Librarians in Academic Libraries: A Position Announcement Analysis, 1996 - 2001. Portal: [J]. Libraries and the Academy, 2002 (2): 589 - 600.

[10] McAbee, S. L., Graham, J.: Expectations, Realities, and Perceptions of Subject Specialist Librarians' Duties in Medium - Sized Academic Libraries. [J]. The Journal of Academic Librarianship, 2005, 31 (1): 19 - 28.

[11] Clark, J. C.: What Employers Want: Entry - level Qualifications for Music Librarians. [J]. Notes, 2013, 69 (3): 472 - 493.

[12] Xia, J., Wang, M.: Competencies and Responsibilities of Social Science Data Librarians: An Analysis of Job Descriptions. [J]. College & Research Libraries, 2014, 75 (3): 362 - 388.

[13] Finlay, C., Tsou, A., Sugimoto, C.: Scholarly Communication as a Core Competency: Prevalence, Activities, and Concepts of Scholarly Communication Librarianship as Shown Through Job Advertisements. [J]. Journal of Librarianship and Scholarly Communication, 2015, 3 (1): 12 - 36.

[14] Alonso - Regalado, J., Van Ullen, M. K.: Librarian for Latin American and Caribbean Studies in U. S. Academic and Research Libraries: A Content Analysis of Position Announcements, 1970 - 2007. [J]. Library Resources & Technical Services, 2009 (53): 139 - 158.

[15] White, G. W.: Academic Subject Specialist Positions in the United States: A Content Analysis of Announcements from 1990 through 1998. [J]. The Journal of Academic Librarianship, 1999, 25 (5): 372 - 382.

[16] Orme. a study of job advertisements to determine employers' requirements for LIS professionals in the UK in 2007. [J]. Library Review, 2008, 57 (8): 619 - 633.

[17] Cullen, J. LIS labour market research: Implications for management development. [J]. Library Management, 2004, 25 (3): 138 - 145.

[18] Clark, J. C. What Employers Want: Entry - level Qualifications for Music Librarians. [J]. Notes, 2013, 69 (3): 472 - 493.

[19] Hall - Ellis, S. D. Descriptive Impressions of Entry - Level Cataloger Positions as Reflected in American Libraries, AutoCAT, and the Colorado State Library Jobline, 2000 - 2003. [J]. Cataloging and Classification Quarterly, 2005, 40 (2):

33 - 72.

[20] Gerolimos, M., Konsta, R. Librarians' Skills and Qualifications in a Modern Informational Environment. [J]. Library Management, 2008, 29 (8): 691 - 699.

[21] Okamoto, K., Polger, M. A. Off to Market We Go: A Content Analysis of Marketing and Promotion Skills in Academic Librarian Job Ads. [J]. Library Leadership & Management, 2012, 26 (2): 1 - 20.

[22] Kinkus, J. Project Management Skills: A Literature Review and Content Analysis of Librarian Position Announcements. [J]. College & Research Libraries, 2007 (68): 352 - 363.

[23] Khurshid, Z. The Impact ofInformation Technology on Job Requirements and Qualifications for Catalogers. [J]. Information Technology and Libraries, 2003, 22 (1): 18 - 21.

[24] Gold, M. L., Grotti, M. G. Do Job Advertisements Reflect ACRL's Standards for Proficiencies for Instruction Librarians and Coordinators? A Content Analysis. [J]. The Journal of Academic Librarianship, 2013 (39): 558 - 565.

[25] Carnevale, A. P., Jayasundera, T., Repnikov, D. Understanding online job ads data: A technical report. Washington, D. C.: Center on Education and theWorkforce. [EB/OL]. [2019 - 07 - 13]. https://cew. georgetown. edu/wp - content/uploads/2014/11/OCLM. Tech_. Web_. pdf.

[26] Kim, J., Angnakoon, P. Research Using Job Advertisements: A Methodological Assessment. [J]. Library & Information Science Research, 2016 (38): 327 - 335.

[27] Meng, X., Li, A. Scientific Data Literacy Education in Overseas Academic Libraries (in Chinese). [J]. Journal of Academic Libraries, 2014 (03): 11 - 16.

[28] Stephenson, E., Caravello, P. S. Incorporating Data Literacy into Undergraduate Information Literacy Programs in the Social Sciences: A Pilot Project. [J]. Reference Services Review, 2007, 35 (4): 525 - 540.

[29] Education Modules. [EB/OL]. [2019 - 07 - 13]. https://www. dataone. org/education - modules.

[30] Home. [EB/OL]. [2019 - 07 - 13]. http://datalib. edina. ac. uk/mantra/.

[31] Lessons Learned from a Two - year Experience in Science Data Literacy Education Proceeding of the International Association of Scientific and Technological University Libraries. [EB/OL]. [2019 - 07 - 13]. http://docs. lib. purdue. edu/iatul2010/

conf/day2/5.

[32] Wong, G. K. W. Facilitating Students' Intellectual Growth in Information Literacy Teaching. [J]. Reference & User Services Quarterly, 2010, 50 (2): 114 - 118.

[33] MacMillan, D. Sequencing Genetics Information: Integrating Data Into Information Literacy for Undergraduate Biology Students. [J]. Issues in Science and Technology Librarianship, 2010 (61): 4

[34] Data TrainArchaeology. [EB/OL]. [2019 - 07 - 13]. http://archaeologydataservice. ac. uk/learning/DataTrain

[35] Carlson, J., Fosmire, M., Miller, C. C., Nelson, M. S.: Determining Data Information Literacy Needs: AStudy of Students and Research Faculty. [J]. Libraries and the Academy, 2011, 11 (2): 629 - 657.

[36] Si, L., Zhuang, X., Xing, W., Guo, W. The Cultivation of Scientific Data Specialists: Development of LIS Education Oriented to E - science Service Requirements. [J]. Library Hi Tech, 2013, 31 (4): 700 - 724.

[37] New England Collaborative Data Management Curriculum. [EB/OL]. [2019 - 07 - 13]. http://library. umassmed. edu/necdmc/modules.

[38] Calzada, P, J., Marzal, M, á. Incorporating Data Literacy into Information Literacy Programs: Core Competencies and Contents. [J]. Libri, 2013, 63 (2): 123 - 134.

[39] Schneider, R. Research Data Literacy. Worldwide Commonalities and Challenges in Information Literacy Research and Practice. [J]. Springer International Publishing, 2013: 134 - 140.

[40] Australian Bureau of Statistics. Draft Statistical Capability Framework [EB/OL]. [2019 - 07 - 13]. http://www. abs. gov. au/websitedbs/a3121120. nsf/home/ABS + Statistical + Capability + Framework.

[41] Rules and Regulations on Libraries in Institutions of Higher Education (in Chinese) [EB/OL]. [2019 - 07 - 13]. http://www. scal. edu. cn/sites/default/files/attachment/bzgf/guicheng2015_1. pdf.

[42] Public Library Law of People's Republic of China (Version for Taking Advices) (in Chinese). [EB/OL]. [2019 - 07 - 13]. http://www. chinalaw. gov. cn/article/cazjgg/201512/20151200479628. shtml.

[43] Action Project of Education (2003 - 2007) (in Chinese) [EB/OL]. [2019 - 07 - 13]. http://www. szrtvu. com. cn/files/djgz/sdsf/05. htm.

[44] List of Project 985 (in Chinese) [EB/OL]. [2019-07-13]. http://www.moe.edu.cn/publicfiles/business/htmlfiles/moe/s238/201112/xxgk_128833.html.

[45] List of Project 211 (in Chinese) [EB/OL]. [2019-07-13]. http://www.moe.edu.cn/publicfiles/business/htmlfiles/moe/moe_1680/201002/xxgk_82762.html.

[46] Public Library Law of People's Republic of China (Version for Taking Advices) (in Chinese) [EB/OL]. [2019-07-13]. http://www.chinalaw.gov.cn/article/cazjgg/201512/20151200479628.shtml.

[47] Action Project of Education (2003-2007) (in Chinese) [EB/OL]. [2019-07-13]. http://www.szrtvu.com.cn/files/djgz/sdsf/05.htm.

16. 中国大学人文社科研究者数据素养能力模型建构*

持续的数字变革使科学研究中的数字化数据和信息以前所未有的速度产生与增长。[1] e-Science 于 20 世纪末应运提出，给传统的科学研究带来了概念和范式上的根本挑战。越来越多研究问题需要利用计算机进行高速计算，要求研究者们跨学科、跨地域地进行协同解决；与此同时，越来越多的科学研究建立在对已有数据的重新认识、组织、解析、分析和利用之上。早期关于 e-Science 的讨论和实践，主要发生在自然科学和工程领域，但随着 e-Science 的发展，社会科学和人文科学也加入其中。[2] 伴随着研究范式、路径和方法的转变，文科科研人员的数据素养开始受到重视，在大学中为之开设数据素养通识课程也逐渐被提上日程。然而，一则文科与 e-Science 之间不具备天然亲近，二则中国的文科有着以千年计的积累和传承，在这种双重稳定的架构下，e-Science 对于中国的文科学者的影响，与它对于自然科学和工程领域的科研人员以及与它对于欧美的人文社会科学学者的影响存在差异，而这一差异将决定在中国高校面向文科学生进行数据素养教育（Data Literacy Education）的模式和内容的独特性。

---

* 本文内容经作者同意，根据论文《Data Literacy Competency Model Building for Humanities & Social Science Researchers：Case Discussion in Chinese University Education Context》改写（作者：张靖，何靖怡，林佳萍，林琳）。

一　研究方法

数据素养教育的开展，首先需确定一个数据素养能力模型（或称“数据素养能力指标体系”），这一模型或指标体系将用于数据素养教育实践项目（课程/讲座/研讨班等）的教学计划设计和教学效果评估。论文拟以中国内地地区排名前十的、有着具有竞争力的文科研究传统和实力的一所综合性研究大学作为案例，通过对现有数据素养教育思路和经验的总结，并结合案例所反映的文科科研特点，建构面向文科科研人员的数据素养能力模型。

（一）当前数据素养能力模型及项目回顾

通过收集数据库、相关专业组织和网上研究社区的资料，笔者梳理了14个数据素养能力模型，并将之划分为能力导向模型和目标导向模型两类。两种类型代表了开展数据素养教育的两种思路，即将数据素养视作相对独立的整体实施专门的教育项目，或是将数据素养视作其他能力的组成而在相关的教育项目中设置数据素养教育模块。

（1）能力导向模型。是严格意义上的数据素养能力模型，该类模型以“数据”为核心明确了数据素养能力指标甚至建立了多级能力指标体系。围绕数据生命周期进行设计，是能力导向模型的基本特征。一般而言，这类模型中的数据素养能力指标较易被识别，常常直接以多级指标的形式呈现。具体包括：美国地球数据观测网络（DataONE）模型[3]、英国爱丁堡大学 MANTRA 模型[4]、美国雪城大学 Qin & D' Ignazio 模型[5]、美国普渡大学 Carlson 模型[6]、美国新英格兰协作数据管理课程（NECDMC）模型[7]、西班牙学者 Prado & Marzal 模型[8]、瑞典学者 Schneider 模型[9]以及澳大利亚统计局（ABS）模型[10]等。

（2）目标导向模型。是广义上的数据素养能力模型，大多与数据素养教育实践相结合，该类模型并未严格界定数据素养能力，但在教学模块及教学目标中反映了教育者对于数据素养能力的理解。与能力导向模型相比，目标导向模型的明显特征是它们通常结合实际教学需要而设定，不一定对整个数据生命周期进行考虑。具体包括：英国数据档案（UKDA）模型[11]、美国加州大学洛杉矶分校 Stephenson & Caravello 模型[12]、中国香港大学科技图书馆（HKUST）模型[13]、加拿大卡尔加里大学生物学课程 MacMillan 模型[14][15]、英国剑桥大学图书馆 Data Train 模型[16]以及中国武汉大学 Si 模型[17]等。

（二）文科科研特点案例调查

一个学科的科研特点和科研组织方式，往往可以通过对该学科内的期刊论文的发表情况、资助基金项目选题的梳理和分析得出。笔者通过对所选高校案例的 11 个文科院系的（1）2015 年中文期刊论文、（2）2014 年的国家社科基金立项课题、（3）官方网站上的学科建设及研究机构等信息进行内容分析，以了解案例所代表的中国高校文科科研特点。

调查显示，两成的科研以数据为基础进行。结合 2015 年中文期刊发表情况和 2014 年的国家社科基金项目申请情况来看，不同文科领域常用作分析的数据种类也有所差异。按照常用的数据种类使用情况，可将学科分为以下三类。（1）较为偏重对数值型数据的处理和分析的有图书馆情报与文献学、政治学、社会学、经济学。（2）常以文本数据为基础进行研究的主要有哲学、语言学、法学、新闻学与传播学、马克思主义、历史学。（3）涉及图像数据进行研究的院系有历史学、人类学。总体而言，数值型数据和文本数据是案例中的文科院系常用作研究的两类数据，图像数据和声音数据则少被使用。

二　研究发现

（一）文科科研人员数据素养能力模型建构思路

通过对现有数据素养教育思路和经验的总结，结合案例所反映的文科科研特点，笔者认为，中国高校教育语境下的文科科研人员数据素养能力模型建构需有以下四个方面的考虑。

1. 强调制定数据管理计划

从现有数据素养教育思路和经验来看，能力导向模型和目标导向模型之间的一个显著区别是，前者反映了需要让学习者对整个数据生命周期有总体了解的教育思路，而后者则着重某一或某些与数据处理或管理相关的技能，并将之融入到特定的教育体系中，亦即，能力导向模型体现了一种更为系统化的数据素养教育思路，而目标导向模型反映了一种更为专门化的教育思路。

案例调查显示，各文科院系均有研究成果涉及对各类数据的收集、处理和研究等不同环节。因此，科研人员应首先对整个数据生命周期有一定的了解和认知，然后再根据自己学科科研特点，重点关注某一（些）环节的意识和能力提升，即应采取系统化和专门化两种教育思路相结合的方式开展数据素养教育实践。显然，在文科领域，不同具体学科对数据收集和分析处理的程度不尽相同，但对于所有文科领域的科研人员而言，制定数据管理计划能够快速地使他们对整个数据生命周期乃至整个科研周期有总体了解和认识，而且能够意识到注意数据管理的重要性。

虽然“制定数据管理计划”环节仅在前述部分数据素养能力模型中有所涉及，但已有不少学者，尤其是从事一线教育工作的高校老师，强调了在科研项目之初制定数据管理计划对整个科学研究的开展，对（包括学生在内）的科研人员自身、其他科研人员以及社会均有非常重要的意义。首先，具备制定数据管理计划意识，意味着对数据生命周期有全面理解。对科研人员自身而言，良好的数据管理计划能够让其更好地理解如何处理和管理数据，以及在实际科研工作中，确保数据和记录的精确性、完整性及权威性和可信性[18]，便于其更高效地开展研究。科研过程中，由于数据存储不善或仅由于科研人员忘记原有数据的存储位置而导致数据丢失的现象时常出现，尤其是对于文科领域的科研项目而言，通过田野调查法或问卷调查法收集数据的情况不在少数，一旦数据丢失，重新开展调查则需承担高昂的人力和时间成本。而良好的数据管理计划则能够便于后续研究中对数据使用及再利用。[19]同时，也可更好地处理与数据引用相关的参考文献问题。[20]再者，对于受到资金资助的科研项目而言，在不涉及商业秘密或隐私的情况下，其他科研工作者以及公众均有获取和使用数据的权利。如果在科研项目开始前缺乏全面规范的数据管理计划，那么也会影响到后续向其他科研人员和公众的数据提供情况。在某种程度上说，制定数据管理计划也是一种社会责任。[21]

2. 注重数据长期保存意识和能力

根据统计，能力导向各模型对于数据生命周期中的数据创建（述及 8 次）、数据处理（7 次）、数据保存（7 次）、提供数据入口（7 次）等环节较为关注。其中数据创建又强调制定数据管理计划和数据收集，数据处理强调数据命名、格式转换及标准化，数据保存强调数据著录、元数据、备份与安全，提供数据入口强调数据共享以及伦理问题。由各模型所关注的重点来看，系统化的数据素养教育的最终目的是使数据能够得到良好的保存和高效的共享。

文科领域的研究往往需要对某一主题的数据资料进行长时间的积累和收集，尤其对于科研周期较长的语言学、文学、历史学、考古学等学科而言，对数据长期保存的意识和能力的掌握更是尤为重要。

就科研效率而言，结合笔者的科研体会，较自然科学的实验方法而收集的数据相比，文科领域的实证数据收集一则具有不可重复性（或难以重复性），二则需要花费更多的人力与时间。原因是人文社科领域在特定时期对特定人群进行问卷调查、访谈或田野调查，通过此过程收集而来的数据很大程度上能反映当时被调查者对某一问题的看法和理解。若这些数据由于人为或技术原因而不能得以长期保存，那么，轻则对调研结果有部分影响（部分数据缺失或不可用），重则需要重新收集数据（全部数据缺失或不可用）。而在重新收集数据的过程中，由于各种客观原因（如在使用访谈法时，特定的受调查对象失联，在使用实地调查法和问卷调查法在探究某活动满意度时，活动已不再举办等），导致难以还原首次收集的数据。因此，笔者认为，就文科领域而言，面向的研究问题更多的是人与社会的问题，不确定性因素比自然科学领域的研究问题更多，故更需要注重对数据的长期保存的意识与能力。

就数据重用角度来看，文科领域的科研项目周期长，对历史学、考古学等需要长期资料和数据积累的学科而言，该情况更为显著。一般来说，由立项至结项的时间周期短则 3 年，长则 5 年。在一个项目周期内，科研人员之间可能需要进行数据的交接。在此情况下，注重数据长期保存的意识及在科研项目进行时切实落实数据长期保存的操作，则起到不可或缺的作用。

3. 兼顾数据分析能力

能力导向模型中，就数据分析能力而言，面向不同专业不同人群的数据分析能力要求不同，因此较难用统一的能力指标界定，如 Carlson 模型在描述数据分析要求提及的是“熟悉学科内基本的分析工具”，说明数据分析需要与学科背景结合。其他述及数据分析的能力导向模型，也均有类似的反映：在系统化的数据素养教育中，着重培养学习者的解读数据、评估数据等数据思维模式，一般不会涉及太多专业背景，对学习者的数据分析能力要求不高。与能力导向模型不同，目标导向模型反映的是将数据素养教育融入到特定背景教育体系中进行的专门化教育思路。在这种思路下，数据素养的培养意味着某一项或某几项数据处理或管理能力的深入学习。例如，UKDA 模型关注数据分析和提供数据入口环节的能力培养，Stephenson & Caravello 模型关注理解数据并用图表呈现数据的能力，MacMillan 模型结合关注与生命科学专业相关的数据创建和分析等。

而根据上述分析，数值型数据和文本型数据是文科领域研究中较常涉及的两种数据类型。虽然不同学科专业对数据分析、数据挖掘能力要求有所不同，但在面向文科研究者的数据素养能力模型上，笔者认为，可针对统计分析法和质性分析法两种数据分析方法，向学习者介绍常用的软件工具，以便于科研人员高效处理和分析数据。

就统计分析软件而言，Excel 是广受欢迎的微软公司办公软件 Office 中的重要组件之一。Excel 软件具有制表、绘图、计算等基本功能，是统计分析最常用的软件。SPSS 是国际著名三大社会科学统计软件包之一。SPSS（Statistical Product and Service Solutions），意为“统计产品与服务解决方案”。SPSS 主要针对社会科学研究领域开发，为广大的非专业人士设计，操作简便，好学易懂，简单实用，统计功能强大，能实现简单描述性统计、相关分析、回归分析等各种统计分析功能。[22]

就质性分析软件而言，其中一款较常用的质性分析软件为 NVivo。它是一款支持定性研究方法和混合研究方法的软件，适用于团体讨论、访谈、调查、录像、音频、社交媒体等非数量信息的处理。通过节点和编码，完成不同格式文件资料的提炼和萃取。[23]

4. 普及数据重用意识

能力导向模型中对数据重用环节较少关注，笔者认为，对于 e-Science 科研环境而言，这是一种不足。在 e-Science 环境下，越来越多的研究建立在对已有数据的重用之上，因此，数据重用环节中的跟踪研究、实施研究综述等行为应该得到重视，并在数据素养能力模型中加以体现。Carlson 模型在这方面可视作典范，其在“数据管理与组织”中强调了“跟踪数据子集或已加工的数据与原始数据集的关系”，在“数据监护与再利用”部分提出“认识到数据在证实研究或供他人使用方面，有可能有超越初衷的价值”的学习要求。[24]

要说明的是，此处的数据重用意识有两方面含义。一方面，是注重一手数据的跟踪研究意识。就文科学科的科学研究而言，部分科研项目为了探讨某一问题的演变或改进过程，需要定期、持续地通过问卷调查、访谈等方式收集数据，如案例高校中的社会学与人类学学院的“中国劳动力动态调查（China Labor-force Dynamic Survey，CLDS）”，是985时期“社会科学特色数据库建设”专项内容，通过每两年一次的动态追踪调查，建立劳动力、家庭和社区三个层次的追踪数据库，从而为实证研究提供基础数据。[25]另一方面，是注重对各类二手数据的规范引用意识，并持续善于利用各类二手数据。就文科学科而言，较常用到的二手数据有政府公开数据（全国普查数据、统计年鉴数据等），数据管理机构发布的数据，以及他人研究中的相关数据等。在使用这些数据时，需要注意对数据的来源进行科学规范的著录和引用，以避免学术剽窃、抄袭他人研究成果的现象发生。

（二）SYSU 文科科研人员数据素养能力模型

综上分析，面向中国高校文科科研人员的数据素养能力模型，需在对完整数据生命周期有所关注的基础上，强调制定数据管理计划的重要性、注重数据长期保存意识和能力、兼顾数据分析能力以及提高学习者的数据重用意识。

由此，以数据生命周期为主线，笔者建构了 SYSU 文科科研人员的数据素养能力模型，如表 1 所示。

表 1　面向文科科研人员的数据素养能力模型及重点推荐学习群体

能力维度	能力细分（共计 11 项）	能力内容（共计 20 条）	重点推荐学习群体
1 数据意识	理解数据类型	能够按照不同的分类标准，了解数据种类及其用处	全体文科类科研人员
	制定数据管理计划	认识到制定数据管理计划的作用和意义 了解数据生命周期全过程 按照给定的框架，制定数据管理计划	
2 数据收集与处理	数据收集	能够按照具体情况，选定恰当的数据收集方法和途径 了解常用中外文数据库的基本使用方法	全体文科类科研人员
	数据处理	能够认识到规范的数据描述、命名和版本管理有助于数据长期保存和为他人提供使用 能够提出符合所在学科特征的数据描述、命名和版本管理的最优方案	全体文科类科研人员
3 数据分析	统计分析 1：Excel	能够使用 Excel，采用函数公式数据统计 能够使用 Excel 进行数据可视化，了解各类图表的特点与作用	图书馆情报与文献学、政治学、社会学、经济学等领域的科研人员
	统计分析 2：SPSS	了解 SPSS 各功能的作用，以检测数据的信度、效度、相关性等指标 能够使用 SPSS 进行数据录入与分析，以及呈现数据	图书馆情报与文献学、政治学、社会学、人类学、经济学等领域的科研人员
	质性分析：NVivo	了解 NVivo 各功能的作用 能够利用 NVivo 对文本或音频等内容进行导入、处理、编码和分析	哲学、语言学、马克思主义、历史学、考古学、人类学、法学、新闻学与传播学等领域的科研人员
4 数据长期保存	数据长期保存意识	意识到有效的数据长期保存对自身及他人研究的意义和作用 认识到数据备份的重要性	全体文科类科研人员

续表

能力维度	能力细分（共计 11 项）	能力内容（共计 20 条）	重点推荐学习群体
4 数据长期保存	数据长期保存方法	了解数据备份的方法	全体文科类科研人员
5 数据重用及相关伦理规范	数据重用意识	能够培养一手数据的跟踪研究意识 了解各类二手数据来源	全体文科类科研人员
	数据重用规范	能够科学规范地著录和引用数据	全体文科类科研人员

SYSU 模型设有数据意识、数据收集与处理、数据分析、数据长期保存、数据重用及相关伦理规范 6 个能力维度，继而细分 11 项能力指标以及对应的 20 条能力内容。需要说明的是，笔者在制定该模型时，对现有的数据素养能力模型有所参考，但也根据文科科研人员已有的知识背景，适当省去或替换较为技术性的能力内容。如前所述，在文科领域中，不同学科的科研特点不同，对科研人员的数据素养能力要求也有可能存在差异，因此 SYSU 模型中的各个能力维度也设有“重点推荐群体”一项以供学习者参考。

三 结论

论文对当前 14 个数据素养能力模型的梳理和分析，提取现有的数据素养教育思路，进而结合中国高校案例的文科学科科研特点，建构了面向文科科研人员的数据素养能力模型。

在研究过程中可了解到，科研人员的数据素养日益得到重视。制定相关数据素养能力模型及开展相应的教育实践必要性也与日俱增。SYSU 模型旨在让文科科研人员熟悉数据生命周期全过程，更好地做好科研项目中的数据收集、分析和管理工作。诚然，就不同的学科而言，可能会对应不同的数据处理和分析技术，因此该模型中只选取了较为常用的三个数据分析软件进行对应的能力要求，或许具有一定的局限性，实际过程中，需要根据具体需求在该模型的基础上进行调整。

另一方面，鉴于文科范围广阔，因此论文中只采用了对相关期刊论文、资助基金项目选题的梳理和分析，以探究对中国高校语境下文科学科的科研特点。同时，也只考察了较为新近的论文（2015）和项目数据（2014），得出的结论可能会存在偏差。在下一阶段，可继续通过访谈文科专业的相关科研负责人，并结合对文科科研人员的科研需求调查，以继续完善数据素养能力模型。

最后，需要说明的是，本研究中所设计的面向文科科研人员的数据素养能力模型，是在中国高校语境下开展的，放之于其他地区，对学习者的能力要求可能需要稍作调整，但在教育思路和文科整体科研特点上，相信是所有文科数据素养教育实践共通的。

参考文献

[1] Hockx – Yu H. Digital preservation in the context of institutional repositories [J]. Program: electronic library and information systems, 2006, 40 (3): 232 – 243.

[2] Schroeder R., Fry J. Social science approaches to e – Science: framing an agenda [J]. Journal of Computer – Mediated Communication, 2007, 12 (2): 563 – 582.

[3] DataONE. Education modules [EB/OL]. [2015 – 09 – 17]. https://www.dataone.org/education – modules.

[4] MANTRA. Home [EB/OL]. [2015 – 09 – 18]. http://datalib.edina.ac.uk/mantra/.

[5] Jian, Q., D'Ignazio, J. Lessons learned from a two – year experience in science data literacy education proceeding of the International Association of Scientific and Technological University Libraries, 31st Annual Conference, June 22, 2010 [C]. http://docs.lib.purdue.edu/iatul2010/conf/day2/5.

[6] Carlson, Jake R., Fosmire, Michael, Miller, Chris, et al. Determining data information literacy needs: a study of students and research faculty [J]. Libraries and the Academy. 2011, 11 (2): 629 – 657.

[7] New England Collaborative Data Management Curriculum [EB/OL]. [2015 – 09 – 17] http://library.umassmed.edu/necdmc/modules.

[8] Calzada Prado J., Marzal M. á. Incorporating data literacy into information literacy

programs: core competencies and contents [J]. Libri, 2013, 63 (2): 123 – 134.

[9] Schneider R. Research data literacy [M] //Worldwide Commonalities and Challenges in Information Literacy Research and Practice. Springer International Publishing, 2013: 134 – 140.

[10] Australian Bureau of Statistics. Draft statistical capability framework [EB/OL]. [2015 – 09 – 17]. http://www.abs.gov.au/websitedbs/a3121120.nsf/home/ABS + Statistical + Capability + Framework.

[11] Corti L. Survey data in teaching project (SDiT): enhancing critical thinking and data literacy [J]. IASSIST Quarterly, 2004, 28 (2 – 3): 39 – 54.

[12] Stephenson E., Caravello P. S. Incorporating data literacy into undergraduate information literacy programs in the social sciences: A pilot project [J]. Reference Services Review, 2007, 35 (4), 525 – 540.

[13] Wong, Gabrielle K. W. Facilitating students' intellectual growth in information literacy teaching [J]. Reference & User Services Quarterly, 2010, 50 (2): 114 – 118.

[14] MacMillan D. Sequencing genetics information: integrating data into information literacy for undergraduate biology students [J]. Issues in Science and Technology Librarianship, 2010 (61): 4.

[15] MacMillan, D. Developing data literacy competencies to enhance faculty collaborations [J]. Liber Quarterly: The Journal of European Research Libraries, 2015, 24 (3), 140 – 160.

[16] Archaeology Data Service. Data Train Archaeology [EB/OL]. [2016 – 2 – 18]. http://archaeologydataservice.ac.uk/learning/DataTrain.

[17] Si L, Zhuang X, Xing W, et al. The cultivation of scientific data specialists: development of LIS education oriented to e – science service requirements [J]. Library Hi Tech, 2013, 31 (4): 700 – 724.

[18] MANTRA. Why manage your data [EB/OL]. [2016 – 02 – 14]. http://datalib.edina.ac.uk/mantra/datamanagementplans/.

[19] Jamieson L. Importance of data management [EB/OL]. [2016 – 02 – 14]. http://datalib.edina.ac.uk/mantra/datamanagementplans/.

[20] Haywood J. Role of data management in research [EB/OL]. [2016 – 02 – 14]. http://datalib.edina.ac.uk/mantra/datamanagementplans/.

[21] Jamieson L. Importance of data management [EB/OL]. [2016 – 02 – 14]. ht-

tp://datalib. edina. ac. uk/mantra/datamanagementplans/.

[22] 颜端武，王曰芬. 信息获取与用户服务［M］. 北京：科学出版社，2010：80－81.

[23] 科学软件学习网. NVivo 定性研究分析软件使用课程［EB/OL］.［2016－03－29］. http://www. ssstudy. com/Network－course－detail. aspx? videoid＝0A67B3F74FD0E9E0.

[24] Carlson, Jake R., Fosmire, Michael, Miller, Chris, et al. Determining data information literacy needs: a study of students and research faculty［J］. Libraries and the Academy. 2011, 11 (2): 629－657.

[25] 中山大学社会科学调查中心. 中山大学"2012 年中国劳动力动态调查"数据开放［EB/OL］.［2016－03－10］. http://ssa. sysu. edu. cn/Item/5164. aspx.

专题四

难点热点探讨

我国图书情报硕士从2011年开始招生，2013年首批毕业生走向社会，在全国图书情报硕士专业学位教育指导委员会秘书处指导下，华东师范大学商学院信息学系从2013年开始每年对我国图书情报专业硕士教育发展状况以及研究生培养质量满意度进行调查，体现了图书情报领域对于专业硕士人才培养的高度重视，在培养单位状况及师资建设、招生生源情况、教材和案例库建设、培养成果考核以及就业等多方面的状况进行持续跟踪。[①②③④⑤] 我国图书情报专业硕士人才培养在学科定位、跨专业招生、专业特色、教育评价等多方面面临难题，其中跨专业研究生教育[⑥⑦]被探讨得最多。

在培养目标方面，图书情报专业教育缺乏自我意识，学科定位不清

---

① 段宇锋，董菲菲．图书情报硕士专业学位（MLIS）教育发展状况调查报告（2013）［J］．图书情报知识，2014（01）：121－127.

② 段宇锋，尹冠钧，吴晨宸．图书情报硕士专业学位（MLIS）教育发展状况调查报告（2014）［J］．图书情报知识，2015（04）：96－105.

③ 段宇锋，王超亚．图书情报硕士专业学位（MLIS）教育发展状况调查报告（2015）［J］．图书情报知识，2016（03）：116－128.

④ 段宇锋，赵佳慧．图书情报硕士专业学位（MLIS）教育发展状况调查报告（2016）［J］．图书情报知识，2017（04）：47－58.

⑤ 段宇锋，赵楠．图书情报硕士专业学位（MLIS）教育发展状况调查报告（2017）［J］．图书情报知识，2019（02）：60－73.

⑥ 尚新丽，黄若尧．图书情报硕士跨专业生源现状及成因分析［J］．图书馆学研究，2019（08）：9－13.

⑦ 尚新丽，黄若尧．图书情报硕士跨专业现状、困扰与对策研究［J］．大学图书馆学报，2019，37（01）：122－128.

晰，成为学术型学位的衍生品。① 在招生方面，大类招生使得跨专业学生比例过高，由于学生图书情报专业基础知识的缺失和培养机制不成熟，给教、学、研带来了困扰。② 在培养方式方面，由于大学教师队伍的主体为缺乏图书情报业务经验的学术性研究者，从书本到书本、从理论到理论、为教学而教学的现象将持续存在。③ 理论有余，实践不足的问题成为研究生培养上的难点。同时，图书情报专业培养同质化严重，没有突出专业特色。图书情报硕士培养体系很大程度上照搬了学术型硕士的培养方案，致使很多课程雷同，课程设置的满意度不尽如人意。④ 就业方面，专业教育学位和职业资格认证制度的衔接不够紧密。在我国图书情报界，既无行业准入制度⑤，又无行业资格考试制度⑥，专业人才培养和专业培训始终只能游离在行业发展之外，且现在的图书情报职务晋升制度也与图书情报教育制度相悖。⑦ 质量评价方面，专业学位教育的质量评价体系不完善，受学术学位教育的影响，专业学位教育的评价标准体现其应用型的导向作用不够突出。⑧

目前，图书情报专业硕士培养在培养目标、入学形式、培养方式和质量评价四个方面⑨均存在问题，有待学者进一步探讨和解决。

本专题收录论文 3 篇。

---

① 徐晴．MLIS 面向职业化的发展路径探讨［J］．图书情报工作，2014，58（08）：59－64.

② 尚新丽，黄若尧．图书情报硕士跨专业现状、困扰与对策研究［J］．大学图书馆学报，2019，37（01）：122－128.

③ 沈固朝，周志远．图书情报硕士“双学位”教育的一点思考［J］．中国图书馆学报，2011，37（01）：24－31.

④ 邹凯，马王荣，刘钊，蒋知义．图书情报硕士专业学位研究生人才培养的调研与分析［J］．图书馆学研究，2017（16）：24－31.

⑤ 蒋永福．制度缺位：中国图书馆事业发展的瓶颈［J］．国家图书馆学刊，2006（01）：32－33.

⑥ 王协舟，鄢嫦．图书情报硕士专业学位研究生培养的策略建议［J］．图书馆学研究，2017（06）：27－37，7.

⑦ 白才进，王红．图书情报专业硕士与图书馆学情报学学术硕士的培养模式探讨［J］．图书馆，2012（03）：92－94.

⑧ 马永双，郭飞君．我国图书情报硕士专业学位教育质量保障体系研究［J］．情报科学，2016，34（10）：117－121.

⑨ 胡玲琳．我国高校研究生培养模式研究［D］．上海：华东师范大学博士学位论文，2004. 18－20.

《硕士专业学位人才培养存在的问题：基于元分析的新设与先设学位比较研究》：采用元分析方法，分别选取 4 种 2010 年之前设置的先设硕士专业学位和 4 种 2010 年之后设置的新设硕士专业学位，通过对文献中关于人才培养存在问题的讨论进行比较分析，总结了硕士专业学位人才培养的两大类五子类 13 个具体问题，发现相同的问题在先设和新设硕士专业学位人才培养中重复出现，但具体问题也在硕士专业学位人才培养的实践积累中有所变化有所发展；进而从这些重复出现未能解决的问题中归纳我国专业学位人才培养下一步的发展方向和工作重点。

《图书馆学专业教育与公共图书馆员职业资格制度建设研究》：在了解目前我国制定公共图书馆员职业资格制度的历史发展、职业资格制度建设现状以及制度建设不成功的原因的基础上，总结我国的实践经验。对国外的成熟经验进行梳理学习，了解职业资格机制的发展沿革和实现机制。以广州地区公共图书馆人力资源发展现状为调研对象，以客观数据研究我国公共图书馆员职业资格制度的建设需求。根据以上所得，研究出我国公共图书馆员职业资格制度的实现模型，梳理出必要的组成要素，最后根据广州地区的发展情况，提出以专业教育为主线的公共图书馆员职业资格制度建设的策略。

《公共文化服务专业人才培养策略研究》：对公共文化服务专业人才保障的现状和需求进行分析，呈现我国公共文化服务相关专业教育现状。在这基础上探讨公共文化服务领域教育具有代表性的现代图书馆学专业教育及其经验以此为依据和思路。最后综合专业人才保障的现状和需求、相关专业教育的现状、图书馆学专业教育的经验，提出公共文化服务专业人才培养的可能策略，一方面，为我国的公共文化服务专业人才培养的策略提供参考，提高公共文化服务专业人才培养的水平；另一方面，丰富公共文化服务人才培养的理论和研究，为相关研究提供参考。

17. 硕士专业学位人才培养存在的问题：基于元分析的新设与先设学位比较研究*

一　问题陈述

我国自1990年开始实行专业学位教育制度，至今已形成博士、硕士、学士三个学位层次并举的专业学位教育体系，其中又以硕士学位为主。1997年起，我国专业学位教育进入快速发展时期，至2009年底，专业学位类别达19个。2010年1月，国务院学位委员会第27次会议审议通过新增19种硕士专业学位，是改革和完善我国学位与研究生教育培养制度的重要措施。自此，我国的专业学位教育发展进入全新阶段。[1]1990～2009年专业学位教育的成就和经验是促成2010年制度改革和完善的重要基础，2010年后新设的21种硕士专业学位的建设，得益于先设的19种硕士专业学位20年人才培养探索，从而能够更好更快地推进硕士专业学位发展。

那么，新设硕士专业学位（2010年之后设置者）在近十年人才培养实践中遇到的具体问题，能否又如何从先设硕士专业学位（2010年之前设置者）30年的经验积累中得到解决的思路或答案？抑或相同的问题在先设和新设硕士专业学位人才培养中重复出现？本文尝试通过元分析方法寻求解答。

---

* 本文系中山大学研究生教育创新计划项目“面向粤港澳大湾区文化人才培育的相关专业学位教育改革研究”成果。（作者：张靖，汪超敏，任佳艺）

二　研究设计

研究采用元分析方法。

（一）案例选择

我国目前共设置了40种硕士专业学位，学位名称和设置年份如表1所示。综合相关文献数量以及学科背景，笔者分别选取了4种先设硕士专业学位——工商管理硕士（MBA）、法律硕士（JM）、教育硕士（Ed. M）、公共管理硕士（MPA）和4种新设硕士专业学位——新闻与传播硕士（MJC）、文物与博物馆硕士（M. C. H. M）、旅游管理硕士（MTA）、图书情报硕士（MLIS）作为研究案例。

表1　我国硕士专业学位名称及设置年份

序号	先设专业学位	获批年份	序号	新设专业学位	获批年份
1	工商管理硕士	1990年	20	金融硕士	2010年
2	建筑学硕士	1992年	21	应用统计硕士	2010年
3	法律硕士	1995年	22	税务硕士	2010年
4	教育硕士	1996年	23	国际商务硕士	2010年
5	工程硕士	1997年	24	保险硕士	2010年
6	临床医学硕士	1998年	25	资产评估硕士	2010年
7	农业推广硕士	1999年	26	警务硕士	2010年
8	兽医硕士	1999年	27	应用心理硕士	2010年
9	公共管理硕士	1999年	28	新闻与传播硕士	2010年
10	口腔医学硕士	2000年	29	出版硕士	2010年
11	公共卫生硕士	2001年	30	文物与博物馆硕士	2010年
12	军事硕士	2002年	31	城市规划硕士	2010年
13	会计硕士	2004年	32	林业硕士	2010年
14	体育硕士	2005年	33	护理硕士	2010年
15	艺术硕士	2005年	34	药学硕士	2010年
16	风景园林硕士	2005年	35	中药学硕士	2010年

续表

序号	先设专业学位	获批年份	序号	新设专业学位	获批年份
17	汉语国际教育硕士	2007 年	36	旅游管理硕士	2010 年
18	翻译硕士	2007 年	37	图书情报硕士	2010 年
19	社会工作硕士	2008 年	38	工程管理硕士	2010 年
			39	审计硕士	2011 年
			40	中医硕士	2015 年

（二）文献收集

文献的收集按以下步骤进行。首先，综合采用中国知网系统检索以及重要期刊索引查找两种方式收集与专业学位相关的论文，检索及查找的时间范围为 1990 年 1 月至 2019 年 6 月；进而，对所得论文进行题名、关键词及摘要阅读，收集其中综论硕士专业学位人才培养之问题者，以及专门探讨上述 8 种硕士专业学位人才培养之问题者。最终确定分析文献 223 篇，如表 2 所示。

表 2　相关文献收集概况

主题	数量（篇）
论及硕士专业学位人才培养之综合性问题	16
论及 MBA 人才培养之问题	51
论及 JM 人才培养之问题	28
论及 Ed. M 人才培养之问题	42
论及 MPA 人才培养之问题	27
论及 MJC 人才培养之问题	16
论及 M. C. H. M 人才培养之问题	5
论及 MTA 人才培养之问题	15
论及 MLIS 人才培养之问题	23
总计	223

（三）分析框架

笔者进而通过阅读全文，按如表 3 所示的分析框架梳理论文中对于硕士专业学位人才培养问题的讨论。

表 3　分析框架

问题或难题	最早论及时间①	最近论及时间②	所涉先设学位	所涉新设学位

注：①指最早论及这一问题或难题的论文发表时间。
②指截至 2019 年 6 月最近论及这一问题或难题的论文发表时间。

三　基于文献的存在问题归纳

对前述 223 篇文献所论及的硕士专业学位人才培养存在的问题或难题进行聚类，笔者将之归纳为整体发展和具体实践两类问题。

（一）整体发展类问题

硕士专业学位人才培养存在的此类问题又可以分为向外和向内两个子类。向外的整体发展类问题包括：（1）人才培养与社会需求不匹配、（2）社会认知不充分。向内的整体发展类问题包括：（3）定位不清、（4）与学术学位区分不明。

人才培养与社会需求不匹配。人才培养与社会需求不匹配是指培养的学生和用人单位实际需求相差较大，导致学生毕业后没有合适的工作或需要较长时间以适应工作，而用人单位招不到合适的人选。该问题最早于 1999 年在我国第一个专业硕士学位工商管理硕士中被探讨[2]，之后被多次提及[3][4]，先设学位[5][6][7]及新设学位[8][9][10]均在设置之初及多年发展后对此问题予以反复关注，该问题始终是专业硕士人才培养的核心问题。社会认知不充分。专业硕士人才培养在我国虽然已有 30 年实践，但社会对专业硕士的认知仍不充分。早在 1997 年就有学者指出，出于对大学纯学术性质的认知偏差，导致以工商管理硕士为代表的一系列“实务型”人才的培养在国内被长期忽视。[11]法律硕士[12]、教育硕士[13]等也存在这一问题，人们认为专业硕士的含金量不如学术硕士。甚至到 2017 年，多数考生在报考前对专业学位的认知度也不高。[14]与此同时，还存在将专业硕士教育视作学历镀金[15][16]途径的情况。

定位不清。定位不清问题包括两个层面，一是专业学位在高等教育体系中的定位不清[17]，二是各院校对专业学位的定位不清。[18][19][20]与学术学位区分不明。专业学位与学术学位培养目标重叠[21]、培养模式雷同[22]甚至培养方案因袭[23][24]，是专业学位教育人才培养的关键问题。

（二）具体实践类问题

硕士专业学位人才培养存在的此类问题又可以按人才培养的环节分为招生、教学和毕业三个子类。招生环节的具体实践类问题包括：(5)① 生源质量参差、(6) 生源专业背景繁杂。教学环节的具体实践类问题包括：(7) 双导师制实际推行困难、(8) 课程设计重理论轻实践、(9) 教材缺乏、(10) 实践教学、案例教学不完善、(11) 实践/实习基地建设存在短板。毕业环节的具体实践类问题包括：(12) 质量评价体系不健全、(13) 与职业资格认证制度不相衔接。

生源质量参差。不论是在起步阶段[25]，还是在专业硕士成为研究生考试热门选择后[26]，生源质量参差问题一直存在，扩招和大一统的考试制度[27][28]被认为是重要原因。生源专业背景繁杂。在现有考试制度下，跨专业报读专业硕士的录取率远高于学术硕士，也因此专业硕士吸引并吸纳了大量不同专业背景的生源[29][30]，已然成为专业硕士人才培养中的教学难题。[31][32][33][34]

双导师制实际推行困难。师资队伍建设，尤其是具有实践经验和实践教学能力的师资建设也是影响专业学位人才培养的传统[35]和普遍[36][37][38][39][40][41]问题。为此，推行双导师制。然而双导师制的实际推行往往流于形式[42]，在校外导师指导意愿[43]、指导标准[44]、指导方式[45]以及校内外导师协作[46]等方面均存在困难。课程设计重理论轻实践。理论

① 接续整体发展类问题编号，并与表 4 中的问题编号相对应。

有余实践不足[47]的课程设计一直未能符合专业硕士面向实践培养高层次人才初衷。基本实践技能培养时间不够[48]、实务课程比例偏低[49][50][51]、课程考核仍以论文撰写为主要方式[52]等都是其具体表现。教材缺乏。从早期没有教材只能引进[53]，到自编教材[54]，或注重理论偏离实际[55]，或落后于实践前沿[56]，或不全面不成体系[57]，专业学位教材建设的问题一直存在。实践教学、案例教学不完善。实践教学和案例教学是专业学位人才培养的重要及特色方法。然而教学方法单一、缺乏实践和案例教学环节[58]，案例数量少、综合性代表性案例缺乏[59][60]，案例库建设不力[61][62]等情况较为普遍。实践/实习基地建设存在短板。实践/实习基地是专业学位人才培养的校外重要场所，通常以签订合同的方式建立合作，然而在基地数量[63][64]、基地学生接纳容量、实践内容与实践教学目标的匹配度[65]、实践内容多样性[66]、实践条件[67]、实践时间、学生满意度[68]等方面[69][70]都存在建设困难。

质量评价体系不健全。目前专业学位仍以学术论文作为主要的毕业考核方式，与专业学位面向实践领域培养人才的目标不匹配，评价体系单一，缺乏整体评价标准[71]，特别对实践能力的考核缺少刚性约束。[72]以法律硕士为例，其考核标准不能达到法律职业能力培养的要求，又缺乏统一的考核法律职业能力的指导性标准。[73]与职业资格认证制度不相衔接。目前34个专业学位类别有相应的职业资格认证考试，在准入门槛、认证方式、级别等方面有相对明确的规定[74]，但均未能与相对应的硕士专业学位建立直接的衔接，影响着硕士专业学位的行业认同[75][76]和社会认同。[77]

四 比较分析

（一）相同的问题在先设和新设硕士专业学位人才培养中重复出现

上述各点硕士专业学位人才培养存在的问题，如表4所示，大多在新设学位和先设学位的讨论中重复出现。

表 4　文献中同一问题重复出现的情况

问题（或难题）				最早论及时间	最近论及时间	所涉先设学位	所涉新设学位
类型		序号	表述				
整体发展类问题	向外	1	人才培养与社会需求不匹配	1999 - 03	2019 - 06	MBA、MPA、JM、Ed. M	M. C. H. M、MJC、MTA、MLIS
		2	社会认知不充分	1997 - 12	2017 - 08	MBA、MPA、JM、Ed. M	MTA、MLIS
	向内	3	专业定位不清晰	1995 - 01	2019 - 06	MBA、MPA、JM、Ed. M	MJC、MTA、MLIS
		4	与学术学位区分不明	1996 - 05	2019 - 03	MBA、MPA、JM、Ed. M	M. C. H. M、MJC、MTA、MLIS
具体实践类问题	招生环节	5	生源质量参差	1995 - 01	2019 - 06	MBA、MPA、Ed. M	MJC、MTA、MLIS
		6	生源专业背景繁杂	1999 - 07	2019 - 04	MBA、MPA、JM、Ed. M	MTA、MLIS
	教学环节	7	双导师制实际推行困难	2013 - 11	2019 - 06	MBA、MPA、JM、Ed. M	M. C. H. M、MJC、MLIS
		8	课程设计重理论轻实践	1997 - 03	2019 - 06	MBA、MPA、JM、Ed. M	M. C. H. M、MJC、MTA、MLIS
		9	教材缺乏	1995 - 01	2018 - 12	MBA、MPA、Ed. M	MJC、MTA、MLIS
		10	实践教学、案例教学不完善	1991 - 10	2019 - 06	MBA、MPA、JM、Ed. M	MJC、MTA、MLIS
		11	实践/实习基地建设存在短板	2006 - 11	2019 - 03	MBA、MPA、JM、Ed. M	MJC、MTA、MLIS
	毕业环节	12	质量评价体系不健全	1997 - 05	2019 - 06	MBA、MPA、JM、Ed. M	MJC、MTA、MLIS
		13	与职业资格认证制度不相衔接	2004 - 02	2018 - 06	MPA、JM	MLIS、MTA

从表 4 可以发现，研究所归纳的 13 个问题中，10 个早在 2000 年之前便在相关文献中被提及和讨论，除双导师制实际推行困难这一问题外，所有问题均于 2010 年之前有过探讨。而所有 13 个问题，在近三年依然受到关注。而从表 4 最右两列，也可以进一步判断，相同的问题在先设和新设硕士专业学位人才培养中重复出现。

（二）具体问题及其发展

虽然相同的问题在新设和先设硕士专业学位人才培养中重复出现，但在实践积累中具体情况有所变化也有所发展。下文通过对 4 个先设学位和 4 个新设学位的相关探讨进行具体分析。

1. 整体发展类问题及其发展

在专业学位教育发展初期，由于我国长久以来都以培养学术研究生为主，许多院校不清楚专业学位的内涵，混淆学术型和专业型硕士学位[78]，这些问题在先设专业发展过程中被逐渐发现并引起关注。1995 年，工商管理硕士刚刚兴起时，甚至出现被当作“创收”工具的情况[79]；1996 年，有学者指出工商管理硕士的培养和同为培养企业管理科学研究人员和师资而设置的学术型硕士学位趋同[80]；2004 年对教育硕士培养的反思中提到一些院校很大程度上将教育硕士等同于在职攻读学位人员，只是将入学标准和学位论文要求降低进行培养[81]；公共管理硕士的课程体系大多按照行政管理本科开设[82]；法律硕士与法学硕士、第二学士学位、法学本科的根本区别和类型要求在培养过程中不突出。[83]近年来随着研究生教育政策的重大调整，专业型学位授予比例大幅度提高[84]，特别是新设学位在建设之初便吸取了先设学位的经验，各建设单位在培养目标、重视程度方面有了较大改观。[85][86][87][88]2017 年有研究对图书情报专业学位与图书馆学、情报学学术学位研究生课程设置与教学安排进行对比，发现图书情报专业学位与学术学位研究生已基本实现差异化培养。[89]新闻与传播硕士相关研究提出在专业教育能力培养的基础上，增加通识教育的跨学科认知和价值培养打造“复合型”人才，实现新闻传播专业硕士培养模式与当前新闻信息传播人才社会实际需求的有效对接。[90][91]旅游管理逐渐形成特色化、正规化的发展趋势，一些高校如厦门大学、南开大学等提出清晰准确的培养目标体系。[92]新设专业发展的时间较短，各高校发展水平不一，比起工商管理硕士等有一定社会知名度的专业硕士，面临更多社会认知度不高的问题，同属于管理类联考，图书情报硕士和旅游管理专业硕士社会认知度远逊于工商管理硕士。一些社会认可度较高职业导向的专业学位如法律硕士主要面临与行业准入挂钩不强的问题[93]，而一些冷门专业学位如文物与博物馆更多的问题则是毕业生选择去博物馆工作的比例低，专业认可度不高的问题。[94]

2. 具体实践类问题及其发展

（1）招生环节相关问题

生源质量参差和专业背景繁杂的问题在专业学位建设之初和准入资格较低领域表现得尤为突出。由于录取标准不平衡，工商管理专业早期出现生源质量参差的问题[95]，后因为部分院校盲目扩招，造成生源质量下降以及高校教师队伍无法应付[96]，随着工商管理硕士的规范化发展和推免比例的增加，重点院校的生源情况近年来有了很大提升。[97]法律硕士鼓励不同学科背景的生源报考[98]，在建设初期对非法律专业学生降低标准，1999年后为保障招生质量，统一录取标准，但生源二元结构给教学造成困扰，因此实行分班教学分类培养。[99]教育硕士在发展过程中招生对象范围不断扩大，试点院校不断增加，2006年规范发展后将保证质量作为重点，不断改革招生制度，增加保送比例[100]，2015年有学者对24家高校教育硕士专业学位进行调查，发现教育硕士专业学位研究生培养中存在分类培养没有得到切实保障，对无师范教育背景或跨专业的研究生没有采取有效针对性措施的问题。[101]新设专业在开始时面临招生困难，调剂比例较高[102]，特别是冷门专业学位[103]；招生规模迅速增长也使生源质量有所波动，旅游管理专业院校规模不断扩大，但是重点院校比例偏低[104]；图书情报专业2011年至2013年“985”和“211”学校生源比例逐年降低，2014年有大幅提升[105]，2015年[106]、2016年[107]和2017年小幅回落，基本保持25%以上比例，跨专业比例则逐年升高，2017年达70%以上[108]，差异化培养成为共识。在跨专业比例极高的图书情报领域，经过几年的探索，各培养单位根据学生背景和学校传统逐渐形成办学特色，华东师范大学注重培养学生大数据分析能力，复旦大学和中山大学则开设文献保护与修复方向课程，山西医科大学、景德镇陶瓷大学、华中科技大学依靠自身突出的行业特色，在课程教学中紧密结合专业知识，培养专有领域的图书情报人才。[109]跨专业比例高是专业硕士人才培养的共性，一些专业也鼓励跨专业学生报考，如何对不同背景学生进行差异化培养成为专业硕士人才培养的重要课题。

（2）教学环节相关问题

教学环节的各个问题环环相扣，受高校学术性人才培养传统以及师资队伍结构的影响[110][111]，专业硕士人才培养课程设计重理论轻实践，这一点首先在工商管理专业引起重视[112]；在新设专业中也重复出现，如文物与博物馆硕士在基本实践技能方面（如文物摄影和绘图技术缺乏）培养时间不足。[113]为提高专业学位教育的实践性弥补师资队伍不足，工商管理硕士在建设初期，一些建设单位如北京大学、浙江大学、南开大学等都和一些国际大公司开展合作，并从企业中聘请导师特别指导，这种特聘导师制度反响热烈。[114]双导师制被认为是弥补师资队伍不足的重要机制，2010 年国务院发布的《国家中长期教育改革和发展规划纲要（2010 - 2020年)》[115]对双导师教学模式进行了要求和规范。[116]在国家政策的推动下，双导师制得到推广。2018 年，工商管理硕士专业学位研究生双导师制在全国 232 个 MBA 培养单位中普遍展开，但是在运行机制等方面还存在沟通交流机制不畅、校外导师的积极性相对低、协同培养模式流于形式等问题。[117]新设专业如图书情报硕士在兼职导师数量及其参与度上给予了一定的关注，并不断探索兼职导师在学生培养和教学实践中行之有效的工作方式和制度。[118][119][120]专业学位建设初期直接引进国外教材，国内教材存在闭门造车的问题[121]，虽然传承“学科知识 + 哈佛式案例”教学模式，但案例库建设滞后。[122]新设专业则一开始便比较重视教学资源建设，图书情报硕士 2016 年专业教材增至 37 部，并组织全国优秀教学案例评选。[123]实践基地建设方面，先设专业学位如公共管理硕士缺乏实践基地，2018 年相关研究表明公共管理硕士研究生对实习实践方面的安排满意度最低[124]；法律硕士很难得到实习的机会，没有长期稳定的校外教育实践场所，校外实践基地建设迟缓[125]，学校不提供类似法律援助、诊所教学、模拟法庭等进行实习训练的机会[126]；教育硕士实践基地难以保证实践任务、实践功能与本科生趋同、实践指导与大学教育理念相悖等现状在研究生培养单位中普遍存在[127]；新设专业如新闻与传播硕士就业岗位和实践基地的不一致，学生不愿到基地实习，且因基地接纳实习生的能力有限，新闻与传播硕士进入实践基地实习的难度较大[128]；由于经费有限异地沟通相对困难，旅游管理硕士在民族地区基地建设难以推进。[129]

（3）毕业环节相关问题

质量评价体系涉及“招生－教学过程－毕业考核”等各个环节[130]，专业学位教育和职业资格认证制度的衔接对专业硕士人才培养受到市场认可具有重要意义。目前我国专业学位考核以毕业论文为主，与职业资格认证制度的衔接不够。1997 年[131]工商管理硕士就质量评价体系进行探讨，2004 年有学者系统研究市场准入与高校专业认证制度。[132]在先设专业中，法律硕士理论课程考核、实践环节考核和学位论文考核等方面缺乏统一的考核标准，且教育质量评价依据缺乏指导性和操作性[133]，考核标准不能达到法律职业能力培养的要求，又缺乏统一的考核法律职业能力的指导性标准[134]，法律硕士教育和司法考试之间的衔接不够[135]；教育硕士由于培养院校的增加、招生规模的扩大，教学质量下滑，总体培养形式还是那种严进宽出[136]；公务员招募方式使公务员即使接受了公共管理硕士教育也难以顺利进入政府部门供职[137]，2018 年有研究指出公共管理硕士还存在课程考核方式不完善，研究生对课程满意度较低的问题。[138]虽然新设专业对这一问题有了一定的重视，但是实践中依旧面临困境，在媒介融合背景下，各高校新闻与传播硕士考核评价体系相对单一，主要侧重于科研能力及学术水平的考核，对实践能力的考核缺乏刚性约束。[139]图书情报硕士、文物与博物馆硕士既无行业准入制度，又无行业资格考试制度，专业人才培养和专业培训始终只能游离在行业发展之外。[140]

五 结语

2010 年国务院学位委员会第 27 次会议召开之前，“研究生专业学位总体设计研究课题组”发布了《研究生专业学位总体设计研究报告》。报告指出当时我国专业学位教育发展存在的主要问题包括[141]：（一）规模小、种类少，不能很好地适应经济社会发展需要；（二）沿袭学术学位教育模式，缺少创新；（三）办学条件不足；（四）管理体制和质量保障机制不健全，保障不力；（五）政策法规和相关制度建设滞后。之后国家在专业学位硕士研究生招生、培养、管理等方面出台了一系列文件，制定了相关的配套政策，充分反映了发展专业学位研究生教育的决心，也充分体现了对发展专业学位研究生教育的高度共识。[142]经过近十年的改革和发展，上述不少问题已然得到了解答或改善，例如规模的扩大，种类的增加，办学条件的优化，相关政策法规的出台等。总体而言，宏观布局基本就位。但在具体的人才培养实践中，如上所述，因袭过往的一些问题依然存在，这些重复出现未能解决的难题，如通过落实双导师制、加强实习实践基地建设、规范实践和案例教学从而全方位提升专业学位人才实践能力的培养，又如通过硕士专业学位与职业资格认证相衔接的制度建设从根本上改变专业学位人才培养的社会认知度等，也指出了我国专业学位人才培养下一步的发展方向和工作重点。

参考文献

［1］［141］研究生专业学位总体设计研究课题组．开创我国专业学位研究生教育发展的新时代——研究生专业学位总体设计研究报告［M］．北京：中国人民大学出版社，2010：29－33.

［2］［54］韩茁．MBA 教育中的隐忧［J］．经理人，1999（Z1）：100.

［3］杨行昌．工商管理硕士（MBA）教育的市场适应性研究［D］．浙江大学，2006：2.

［4］［15］袁丹，雷宏振．我国 MBA 教育培养的融合模式探索［J］．研究生教育研究，2014（04）：81－84.

［5］［76］［137］沈勇，程文浩．中国 MPA 教育：十年总结与未来展望［J］．清华大学教育研究，2009，30（03）：59－65.

［6］［100］吴刚．中国教育专业学位研究生教育回顾与前瞻［J］．中国教育科学，2017（02）：97－135，96，196.

［7］［133］黎莲芬．当前我国全日制法律硕士教育存在的主要问题与对策［J］．高教论坛，2016（10）：100－102，123.

[8]［28］［88］［104］刘佳，李莹莹．我国旅游管理硕士专业学位研究生教育发展的现实思考与对策探究［J］．学位与研究生教育，2016（10）：16 - 21.

[9] 张淑华，王红，苗彩霞，徐宁蔚．新媒体时代新闻传播专业硕士人才培养现状、问题及建议［J］．视听，2018（08）：196 - 197.

[10] 易蝶．我国图书情报硕士专业学位教育的问题及对策研究［D］．湘潭大学，2018：13.

[11] 赵纯均．方兴未艾的中国 MBA 教育［J］．中国人才，1997（12）：36 - 37.

[12]［60］郭亚全．法律硕士案例教学的缺陷与完善［J］．嘉兴学院学报，2014，26（04）：118 - 123.

[13]［58］陈科．教育硕士培养中的问题与对策［J］．西北成人教育学报，2005（04）：28 - 30.

[14]［44］［56］邹凯，马王荣，刘钊，蒋知义．图书情报硕士专业学位研究生人才培养的调研与分析［J］．图书馆学研究，2017（16）：24 - 31.

[16] 时花玲．教育硕士专业学位研究生教学质量保证体系研究［D］．华东师范大学，2008：5.

[17] 吕东伟．加快发展专业学位教育稳步提高培养质量——首次全国专业学位教育工作会议综述［J］．中国高等教育，2002（01）：33 - 34.

[18]［25］［35］［53］［79］［95］［110］［121］谢桂华，王亚杰，李丹阳．中国试办 MBA 的回顾、思考与展望［J］．学位与研究生教育，1995（01）：3 - 8.

[19] 仝允桓．认清发展趋势加快 MBA 教育改革和发展［J］．中国高等教育，2002（01）：25 - 27.

[20]［39］［49］李玉强，韩亚楠．全媒体语境下新闻与传播专业硕士（MJC）培养模式的创新研究［J］．滁州学院学报，2017，19（01）：116 - 119.

[21]［80］周三多．中国 MBA 入学综合考试改革初探［J］．学位与研究生教育，1996（03）：39 - 42.

[22]［37］徐胜萍，田海鑫．法律硕士（法学）培养的现状与思考——基于对北京 9 所高校问卷调查的分析［J］．学位与研究生教育，2014（12）：10 - 14.

[23]［42］［66］［67］［72］［128］孙保营．媒介融合背景下新闻与传播硕士培养体系的构建［J］．新闻爱好者，2013（11）：81 - 84.

[24]［45］［48］［113］钱益汇．文物与博物馆专业硕士人才培养与学科建设研讨会综述［N］．中国文物报，2016 - 05 - 06（007）.

[26]［36］［96］［111］MBA 教育与工商管理培训［J］．经济管理，1998（09）：

61 - 62.

[27] 叶引姣．我国教育硕士专业学位教育研究［D］．浙江师范大学，2006：30 - 31.

[29] 李德庆．对中国工商管理硕士（MBA）教育的思考［J］．云南高教研究，1999（03）：78 - 80.

[30]［89］［108］［120］段宇锋，赵楠．图书情报硕士专业学位（MLIS）教育发展状况调查报告（2017）［J］．图书情报知识，2019（02）：60 - 73.

[31] 尚新丽，黄若尧．图书情报硕士跨专业现状、困扰与对策研究［J］．大学图书馆学报，2019，37（01）：122 - 128.

[32] 刘彤．法律硕士专业学位教育及其完善——兼与美国 JD 教育制度比较［J］．河南教育学院学报（哲学社会科学版），1999（03）：56 - 58.

[33] 胡丹丹，杨超．浅谈不同类型的管理类研究生培养［J］．当代教育论坛（上半月刊），2009（07）：47 - 48.

[34]［101］周险峰．教育硕士专业学位研究生培养的进展、问题及对策——基于二十四所培养高校的调查分析［J］．学位与研究生教育，2015（02）：36 - 40.

[38] 李子江．我国教育硕士培养的学术化倾向及改革对策［J］．高等教育研究，2010，31（05）：62 - 66.

[40] 易蝶．我国图书情报硕士专业学位教育的问题及对策研究［D］．湘潭大学，2018：25 - 26.

[41] 侯雁．中外博物馆学专业教育比较研究［D］．中南大学，2011：51.

[43] 刘召山，李焕荣，张均燕．工商管理硕士专业学位研究生双导师制建设问题与策略探索［J］．教育现代化，2018，5（41）：94 - 95.

[46] 欧阳爱辉．全日制法律硕士“双导师制”培养模式完善方略研究［J］．新余学院学报，2019，24（03）：122 - 125.

[47]［112］顾永才．试析我国试点 MBA 教育存在的不足与发展走向［J］．学位与研究生教育，1997（02）：58 - 61.

[50] 王秀珍．在课程改革背景下的教育硕士课程设置研究［D］．西北师范大学，2003：41 - 42.

[51] 胡晓珊．我国旅游管理专业硕士课程设置优化设计初探［D］．四川师范大学，2012：23 - 26.

[52] 魏彦．对美国专业硕士培养模式的借鉴与思考——以密苏里大学新闻学院为例［J］．新闻世界，2014（10）：187 - 188.

[55] 孟洁．教育硕士教育专业理论课程建设问题与对策思考［J］．集美大学学报

（教育科学版），2003（03）：83－86.
[57] 王慧敏．2000年以来我国旅游管理专业硕士研究生教育发展综述 [J]．辽宁教育研究，2008（11）：67－69.
[59] 王树文．我国公共行政管理（MPA）教学方法的优化与改进 [A]．上海马克思主义研究会．“公共行政管理方法论创新”研讨会论文集 [C]．上海马克思主义研究会，2004：4.
[61] 张宏伟，祖彬．体育院校新闻与传播硕士专业学位培养现状的调查与探索 [J]．山东体育科技，2019，41（02）：64－69.
[62] 严贝妮，朱大伟．图书情报硕士（MLIS）专业教学案例库的建设研究 [J]．图书馆学研究，2016（23）：7－10.
[63] 刘学艳．我国高校MBA项目发展策略研究 [D]．贵州大学，2006：25.
[64] 王新娇．公共管理硕士（MPA）专业学位研究生课程满意度问题研究 [D]．华中师范大学，2018：63－64.
[65] [127] 刘丽艳，秦春生．协同与融合：全日制教育硕士研究生培养中的双导师制研究 [J]．学位与研究生教育，2016（12）：54－58.
[68] 王新娇．公共管理硕士（MPA）专业学位研究生课程满意度问题研究 [D]．华中师范大学，2018：37－64.
[69] [125] 武良军．全日制法律硕士人才培养机制的现状反思与路径探索 [J]．湖北函授大学学报，2018，31（18）：14－17.
[70] [129] 蔡建刚，胡晓琰．民族地区旅游管理硕士专业学位研究生培养的难点问题与对策建议 [J]．高教论坛，2019（04）：109－111.
[71] 陈静．我国专业学位研究生教育发展问题研究 [D]．西南大学，2013：79－80.
[73] [134] 袁碧华．法律硕士考核标准的反思与重构——基于法律职业能力培养的视角 [J]．高教探索，2013（05）：118－122.
[74] 张月，刘佳佳．职业资格认证对硕士专业学位研究生教育的启发研究 [J]．教育教学论坛，2019（12）：78－79.
[75] [140] 白才进，王红．图书情报专业硕士与图书馆学情报学学术硕士的培养模式探讨 [J]．图书馆，2012（03）：92－94.
[77] 周建国，陈谦．中国MPA教育中长期发展的困境与出路 [J]．中国行政管理，2015（11）.
[78] 陈静．我国专业学位研究生教育发展问题研究 [D]．西南大学，2013：63－65.
[81] 王克勤，盖立春．对教育硕士培养工作的反思及建议 [J]．中国高教研究，

2004（08）：39－41.

[82] 杨述厚．关于我国公共管理硕士（MPA）教育走出困境的对策［J］．科技与管理，2004（06）：141－142.

[83] 王健．中国法律硕士教育的创办、发展与成就：1996－2006［J］．法制与社会发展，2007（05）：58－65.

[84] 许长青．专业学位硕士研究生教育质量发展评估报告：以华南地区研究型大学为例［J］．现代大学教育，2012（03）：93－100.

[85] 沈固朝，周志远．图书情报硕士“双学位”教育的一点思考［J］．中国图书馆学报，2011，37（01）：24－31.

[86] 董天策．新闻与传播专业型硕士的培养目标与模式［J］．新闻与写作，2014（04）：65－68.

[87] 钟楠．旅游管理专业硕士研究生人才培养初探［J］．现代商业，2017（04）：109－110.

[90] 李荣．职业标准与通识素养的价值平衡——媒介融合环境下新闻传播专业硕士培养模式探析［J］．教育研究，2016，37（05）：92－98.

[91] 路俊卫，陈莉莉．专业标准与通识素养的融合——融媒时代新闻传播专业硕士的培养模式变革［J］．通识教育研究，2018（00）：95－101.

[92] 舒波，阚艳丽，曹旸．MTA 人才培养关键成功因素及人才培养模式研究［J］．教学研究，2017，40（01）：62－67.

[93] 陈芳烁．我国全日制法律硕士的历史、现状、问题［J］．法制与社会，2012（22）：187－188.

[94] 赵星宇．我国博物馆专业人才培养现状与问题［J］．中国博物馆，2016（02）：112－119.

[97] 冯璐．重点院校硕士研究生招生现状与对策分析——以 H 大学工商管理学院学术型硕士研究生的招生情况为例［J］．西部素质教育，2017，3（13）：121－122，124.

[98] 李玉虎．我国法律硕士专业研究生教育的目标定位及其改进途径［J］．法学教育研究，2012，6（01）：123－133，361.

[99] 樊军，程瑛．对我国法律硕士教育的思考［J］．北京成人教育，2001（09）：39－40.

[102] 蔡君，张茵．对我国旅游管理专业硕士教育的思考［J］．中国林业教育，2015，33（03）：36－39.

[103] 陆建松．论新时期博物馆专业人才培养及其学科建设［J］．东南文化，2013（05）：104－109，127－128.

[105] 段宇锋，尹冠钧，吴晨宸．图书情报硕士专业学位（MLIS）教育发展状况调查报告（2014）［J］．图书情报知识，2015（04）：96－105.

[106]［118］段宇锋，王超亚．图书情报硕士专业学位（MLIS）教育发展状况调查报告（2015）［J］．图书情报知识，2016（03）：116－128.

[107]［109］［119］［123］段宇锋，赵佳慧．图书情报硕士专业学位（MLIS）教育发展状况调查报告（2016）［J］．图书情报知识，2017（04）：47－58.

[114] 施杰，贾生华．论我国 MBA 教育的隐忧与创新［J］．学位与研究生教育，2002（05）：38－41.

[115] 国家中长期教育改革和发展规划纲要工作小组办公室．国家中长期教育改革和发展规划纲要（2010－2020 年）［EB/OL］．［2019－07－14］．http://old. moe. gov. cn/publicfiles/business/htmlfiles/moe/info_ list/201407/xxgk_ 171904. html.

[116] 杨莉，孙美平，刘慧慧，罗会明．我国高校专业硕士研究生双导师制的发展与启示［J］．中国继续医学教育，2019，11（15）：9－11.

[117] 刘召山，李焕荣，张均燕．工商管理硕士专业学位研究生双导师制建设问题与策略探索［J］．教育现代化，2018，5（41）：94－95.

[122] 张旭葵．浅析中国企业经营管理者的行为取向——从哈佛商学院工商管理硕士的教育培养谈开去［J］．河南社会科学，2004（04）：91－92.

[124] 王新娇．公共管理硕士（MPA）专业学位研究生课程满意度问题研究［D］．华中师范大学，2018：56－66.

[126] 聂其苗．论我国法律硕士教育的现状与改革［D］．首都师范大学，2005：24－25.

[130] 许林，王少媛．全日制专业学位研究生教育内部质量保障体系研究述评——基于中国知网 2009—2016 年的文献研究［J］．高等农业教育，2018（02）：97－102.

[131] 张文修．提高 MBA 培养质量是发展 MBA 教育的关键［J］．学位与研究生教育，1997（03）：56－59.

[132] 董秀华．市场准入与高校专业认证制度研究［D］．华东师范大学，2004：1－185.

[135] 陈芳烁．我国全日制法律硕士的历史、现状、问题［J］．法制与社会，

2012（22）：187 - 188.

[136] 时花玲．教育硕士专业学位研究生教学质量保证体系研究［D］．华东师范大学，2008：117 - 119.

[138] 王新娇．公共管理硕士（MPA）专业学位研究生课程满意度问题研究［D］．华中师范大学，2018：55 - 66.

[142] 黄宝印．我国专业学位研究生教育发展的新时代［J］．学位与研究生教育，2010（10）：1 - 7.

18. 图书馆学专业教育与公共图书馆员职业资格制度建设研究*

2019 年 2 月，中共中央、国务院印发的《中国教育现代化 2035》对我国教育现代化提出了新的目标与任务。终身学习被纳入到八大基本理念之一，把“建成服务全民终身学习的现代教育体系”作为 2035 年的主要发展目标。现代公共文化服务体系作为中国社会主义现代化建设的有机组成部分，应该与整个现代化进程发展逻辑保持基本一致。图书馆员作为全民终身教育服务主体之一，其职业化、专业化将面临更高的挑战。图书馆员职业化与专业化提升的问题，一直是图书馆界关注的焦点；完善图书馆员的职业资格制度，也一直是学界和业界的迫切需要。2018 年，我国第一部图书馆专门法《中华人民共和国公共图书馆法》开始实施，其中对公共图书馆员提出了“具备相应的专业知识与技能”的要求，所以目前如何使公共图书馆专业技术人员具有推动社会发展、增强文化素质、提升国家软实力所需要的专业知识与技能，并把这样的专业技能提升办法贯穿馆员的整个职业生涯；如何评估馆员的职业技能水平并对其进行有效的提升；如何建立符合我国国情的公共图书馆员职业资格制度，并确保该制度能真正提升公共图书馆员人才队伍，将是公共图书馆服务体系人力资源建设上急需解决的关键问题。

---

* 本文内容经作者同意，根据中山大学图书情报专业硕士学位论文《图书馆学专业教育与公共图书馆员职业资格制度建设研究》改写（作者：林芊里；指导教师：张靖）。

一　研究思路

为了探究以专业教育为主线的公共图书馆员职业资格制度建设的策略，本文首先需要了解到目前我国在制定公共图书馆员职业资格制度上做出的历史贡献，了解目前我国的职业资格制度情况，了解制度建设不成功的原因，从而得出我国的实践经验总结。然后研究我国公共图书馆员职业资格制度的建设需求，以广州地区公共图书馆人力资源发展现状为调研对象，用客观数据得出建设需求。由于国外的职业资格制度建设较为完善和先进，所以研究国外的成熟经验对中国的制度发展有借鉴的意义。所以需要梳理国外的经验总结，了解职业资格机制的发展沿革和实现机制。最后就是根据以上所得，研究出我国公共图书馆员职业资格制度的实现模型，梳理出必要的组成要素。最后根据广州地区的发展情况，提供可行的现阶段建设策略。

二　文献综述

程焕文教授在2019年发表的文章中指出图书馆学教育和人才培养滞后与我国公共文化事业的持续高速发展是国家文化事业发展的主要矛盾所在。我国图书馆学专业教育的滞后性主要表现之一是“图书馆学专业学生的实践能力与专业认同感不足”[1]。而图书馆学专业学生等对图书馆学专业学科的认同感低，是业界学者的普遍观点。邢文明等对湘潭大学图书馆学专业在校本科生进行专业认同现状调查，发现研究对象“对图书馆工作的社会价值评价较高，而认为图书馆员的社会地位较低”[2]。黄梦琪采用问卷和访谈的形式对中山大学图书馆学专业的大三、大四年级本科生进行调研，调研结果显示调查对象认为社会对图书馆工作的认可度低，影响了图书馆学本科生的就业选择。[3]值得注意的是，俞碧飏等利用单类内隐联想测验（ST-IAT）的实验范式，以社会大众、图书馆学在读生和图书馆员作为调查对象，对图书馆员内隐刻板印象进行测量。研究结果表明非图书馆学专业的在读生和图书馆员对图书馆员职业表现出积极的刻板印象，但是，图书馆学专业的学生该职业有消极刻板印象的倾向，这说明“图书馆学对图书馆员群体的态度非常矛盾”[4]。刘宇等对这一现象进行了研究与分析，解释了学生产生的学科认同危机的根本原因在于“理论与实践的脱节”[5]，具体表现为“教育学研究与教育实践的割裂”。为了走出这一困境，刘宇等提出的解决思路之一是倡导“图书馆学的实践派研究者在关注图书馆实践中专业问题的同时，要提高自身的学科严谨性”即提高理论研究水平，从而提升图书馆学的专业性。在提升图书馆员的理论研究水平上，完善图书馆员资质认证、加强专业教育与培训、制定岗位资格标准、建立激励与考核评价机制[6][7]都是目前主流的提升方案。[8]所以，要解决图书馆学专业教育的滞后性问题，需要使图书馆学专业学生提升专业认同感。而图书馆学专业学生对该专业认同感低的根本原因是图书馆学理论与图书馆学实践的不对等造成的。要减轻，甚至消除这种不对等现象的路径之一就是提升图书馆实践者的理论研究水平，加强理论结合实践的研究。然而，有效驱动图书馆员提升自身理论研究水平及专业水平的方法在于建立完善的图书馆员职业资格制度。[9]

王世伟在 2003 年提出了建立中国图书馆职业资格证书的命题，并提出了影响图书馆行业职业资格制度建立的 6 大问题，其中提到的制度建立困境有缺乏职业资格标准、图书馆员继续教育缺乏激励机制、图书馆学教育与图书馆实践相脱离。[10]其中，图书馆学专业教育滞后的原因之一是继续教育制度化机制尚未形成，这也是阻碍图书馆员职业化进程的原因之一[11]，所以越来越多学者强调制定公共图书馆员继续教育制度的重要性。

综上，无论是从推动图书馆学教育改革，还是从推进公共图书馆员职业资格制度建设的角度出发，学者们都呼吁图书馆学专业教育与图书馆实践消除不对等的现象。由此，在探讨制定公共图书馆员职业资格制度的建设时，应当结合图书馆学专业教育，脱离专业教育谈制度建设将难以实现图书馆学界业界对职业资格制度建立的愿望。

三　建设广州地区图书馆员职业资格制度之需求分析

广东省在公共文化服务体系建设上一直紧贴国家和党的指导方针，为响应国家在公共文化服务体系建设上的发展重点与前进方向，广东省政府也一直积极研究与制定地方政策与法规。为了推动广东省公共文化服务体系的发展与建设公共图书馆服务体系，广东省在2011年发布了全国首部就“保障公民的基本文化权益，促进公共文化服务”[12]制定的地方法规条例《广东省公共文化服务促进条例》。在该条例出台后，广东省公共文化事业建设得到了有效提升。[13]并且，从第六次全国县级以上公共图书馆评估定级的结果来看，广东省公共图书馆事业的发展处于先进水平，尤其是广州地区的成绩较为突出。无论是公共图书馆事业的政策保障体系、经费投入保障、设备设施保障、文献资源保障，还是人才队伍保障，广州地区都属于引领的角色。所以，分析广州地区公共图书馆员职业资格制度建设的需求，能为我国公共图书馆事业发展较发达地区起到借鉴启发的作用，从而带动欠发达地区共同发展。

（一）广州地区公共图书馆员人才队伍建设指标

根据文化部印发的《“十三五”时期全国公共图书馆事业发展规划》（以下简称《“十三五”规划》）中的主要指标可以了解到人才队伍建设是2020年的主要目标之一，并且具体要求是到了2020年，全国的高级职称专业技术人才比例应达到12.7%，中级职称的专业技术人才比例应达到33%。

2015年，我国人力资源社会保障部通过了《专业技术人员继续教育规定》，以“不断提高专业技术人员素质”为目标，规范了继续教育活动相关的内容。其中，对专业技术人员的继续教育时间作出了学时数的规定，即“每年累计应不少于90学时”。

(二) 广州地区公共图书馆员人才队伍建设现状

2017 年，我国文化和旅游部开展了第六次全国县级以上公共图书馆评估定级工作。所在的科研团队参与了广东省县级以上公共图书馆的评估定级工作，并根据实际情况，收集与统计了 2013 年至 2017 年广东省参与评估的县级以上公共图书馆的指标数据进行《广东省公共图书馆事业发展报告（2013—2017)》蓝皮书的撰写，以下数据均来源于广东省第六次全国县级以上公共图书馆评估定级和广东图书馆学会公共图书馆建设，并由项目课题组收集所得。从评估结果看，广东省公共图书馆整体的评估等级高于 2013 年。从评估数据以及收集的数据来看，珠江三角洲地区的各项指标均位于广东省的前列，并起到领头的作用。但是，《珠江三角洲地区改革发展规划纲要（2008—2020)》、《关于加快推进珠江三角洲区域经济一体化的指导意见》、《珠江三角洲基本公共服务一体化规划（2009—2020 年)》以及《广东省国民经济和社会发展第十二个五年规划纲要》均提出了公共文化服务要实现均等化和一体化。要实现服务均等化、一体化，首先就要实现人力资源的均等化，从数据可见广州地区市级和区级图书馆的人力资源现状差异较大。

首先，关于高水平的图书馆专业技术人员，从高级职称技术人员的占比可知（图 1)，广州地区只有 4 所图书馆达到了《“十三五”规划》为 2020 年人才队伍建设设置的高级职称专业技术人员比例达 12.7% 的目标，有 3 所区级馆仍没有高级职称专业技术人员。而从全市区级以上公共图书馆的人才专业发展总体水平看，高级职称人员的占比也仅达到 12%，若要达成 2020 年的全国目标，仍需大力推动公共图书馆员的专业能力提升。

另外，关于公共图书馆员的继续教育现状，虽然全市从 2013 年到 2016 年的年人均继续教育学时数呈持续上涨趋势，但在 2017 年出现了较大幅度回落（图 2)。而且，只有 2016 年的继续教育时数是超过了 90 个学时，2015 年接近 90 个学时，其余年份均离专业技术人员的继续教育要求存在着一定的差距。

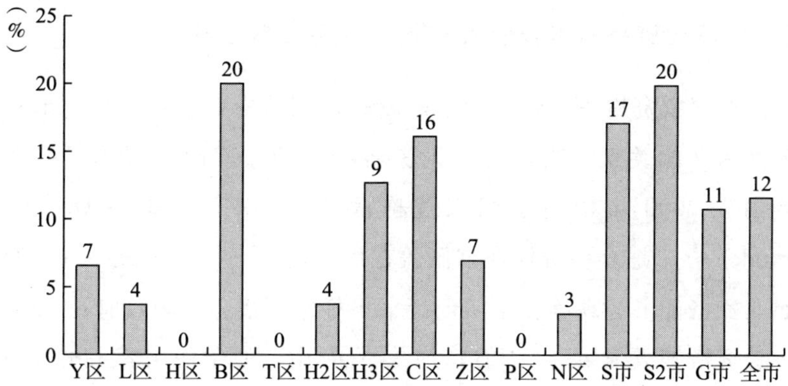

图 1　2017 年广州地区公共图书馆高级职称技术人员占比

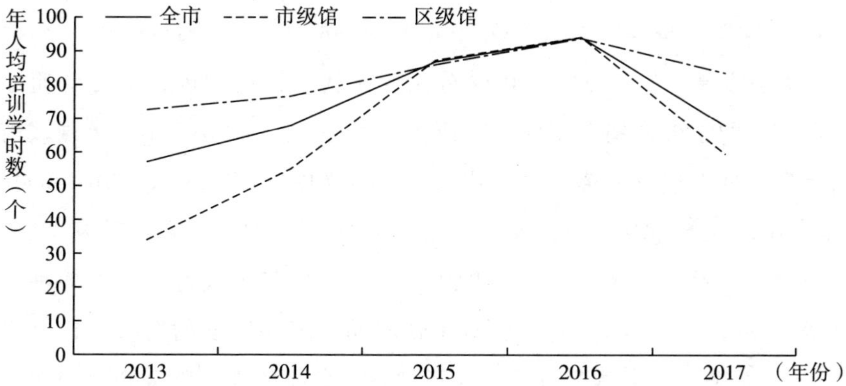

图 2　2013 年至 2017 年广州地区公共图书馆年人均培训学时数

四　图书馆员职业资格制度建设之国外实践总结

专业教育与职业资格有着密不可分的关系，起到了相互促进，互为保障的作用。我国国务院学位委员会在 2010 年发布了《硕士、博士专业学位研究生教育发展总体方案》，明确提出要“大力推进专业学位教育与职业资格考试的衔接”，“专业学位教育与职业资格考试的紧密衔接，是专业学位教育的突出特色，也是专业学位教育的重要发展方向。积极推动专业学位与职业资格考试的多种形式的衔接”。[14] 专业学位教育与职业资格的关系有以下三点。

（一）职业资格与专业教育有效衔接是必然之路

英国在国家资格框架建设的早期就意识到了专业学历学位与职业资格存在衔接的必然关系。为了统一国家各行各业、不同教育体系的资格证书，英国在 2000 年构建了国家资格框架（NQF，National Qualifications Framework）[15]，把众多资格证书涵盖在内，使证书得到了统一的管理。为了使职业资格证书与高等教育认证证书更好地衔接，英国政府在 2004 年把高等教育资格等级框架（FHEQ）加入 NQF 中，便于使用者了解并直观对比两种资格体系的证书对获取者的专业知识与技能的要求程度。[16]为改变不同证书之间考核内容重复性高、学习内容繁多的情况，在 2008 年英国又推出资格与学分框架（QCF，Qualifications and Credit Framework）来替代 NQF。该制度最大的特点在于用学分制度来代替证书制度，学习者通过课程认证获得的学分能用于获取一个或多个资格。到了 2015 年，英国政府再次对其资格框架进行改革，由规范资格框架（RQF，Regulated Qualifications Framework）取代 QCF，该框架也是目前英国使用的最新框架。从 NQF 第一版发展到 NQF 第二版、QCF、RQF，可以看出英国政府通过把各种资格制度柔性整合入统一框架内，从而达到不同证书和制度的衔接。证书整合是 NQF 建立时的一个重要目的，为了把各种繁杂的证书整合到一个统一标准的框架中。在 NQF 更改为第二版时，普通高等教育制度的加入，打破了 NQF 仅仅含括职业证书的格局，在一定意义上实现了职业教育与学历学位教育的衔接。为了让职业资格证书与学历学位证书实现真正意义上的衔接融合，从不同认证机构获得的学分，可以在不同的机构间相互承认，并且工作经验与学分一样是被认可的。[17]

美国的图书馆员职业资格制度的特点之一是资格认证存在有效期，即如果馆员的职业资格超过了认证的有效期限，就必须再次进行资格审核，才能使其资格认证重新生效。而资格审核的其中一个条件，就与继续教育有关。美国各州实行的图书馆员资格认证制度，47% 的职业资格项目都对馆员的继续教育提出了一定的要求，规定图情机构的工作者必须参加相关的继续教育培训。这些规定包括授课形式、培训时长、继续教育内容等。

由此，职业资格制度把资格的认证与继续教育紧密结合，激励了从业者参加继续教育的积极性，进一步实现了终身教育的理念，也在制度上保障了图书馆人才队伍的综合水平和业务能力。为了激励图书馆员参加继续教育培训，美国部分州的图书馆员职业资格设置了时效性，也就是在职业资质到期后，馆员需要重新提交材料进行审核评估。部分馆员的“续认证”就需要提供规定小时数的继续教育培训证明。图书馆员职业资格认证采用周期性认证制度与继续教育的结合，引导和激励了全体馆员进行再教育和培训的作用，保证了图书馆人才队伍对新知识、新技能的学习，进一步实现了馆员终身学习的趋势，有效提高了馆员的专业能力。

美国图书馆员职业资格制度的第二个特点在于重视 MLIS 学历学位。美国图书馆的 MLIS 教育之所以得到快速发展，很大程度是因为 ALA 制定了以 MLIS 为准入条件的行业准入制度。在美国，如果从业者想要申请成为专业馆员，拥有 MLIS 学位是申请的基本条件。ALA 为专业馆员制定的行业准入制度，是从专业教育成果与获得相应职业资格这样的形式进行的有效衔接。衔接方式在于把获取相应专业学位成为人才进入职业领域的必备条件之一或某一岗位的任职条件之一。由于 MLIS 得到了行业及社会的认可，激励了图书馆从业人员报考 MLIS，由此推动了大学专业教育。

而我国，在图书馆员职业化建设的道路上，也深深意识到专业教育的重要性。从中华人民共和国教育部对“专业学位”的定义可以看出，职业化是专业学位与学术学位的本质区别，也是设置该类学位的初衷。如果专业学位证书不是毕业生进入行业的认证之一，就不符合该学位设置的初衷。国际上很多国家都致力于制定科学合理的衔接方式，我国也有部分学科启动了该项工作。国务院学位委员会、教育部、人力资源和社会保障部在 2008 年发布了《翻译硕士专业学位教育与翻译专业资格（水平）证书衔接有关事项》，实行的衔接方式为“完全对接”以及“课程豁免”，硕士生通过了学校的科目考试后，可获得人力资源和社会保障部统一印制的《中华人民共和国翻译专业资格（水平）证书》。国务院学位委员会在 2015 年发布了《临床医学、口腔医学和中医硕士专业学位研究生指导性培养方案》。方案中分别对这三种专业学位制定了指导性的培养方案。三个专业学位的培养方案均提到硕士生要“取得《医师资格证书》”并“完成住院医师规范化培训并取得《住院医师规范化培训合格证书》”才能进行学位申请。以上实行的衔接方式是“把职业资格证书的获取作为专业学位申请的条件之一”。司法部在2018年发布了《国家统一法律职业资格考试实施办法（征求意见稿）》。该《实施办法》要求法律职业资格考试的报名人员须“具备全日制普通高等学校法学类本科学历并获得学士及以上学位；或者全日制普通高等学校非法学类本科及以上学历，并获得法律硕士、法学硕士及以上学位；或者全日制普通高等学校非法学类本科及以上学历并获得相应学位且从事法律工作满三年”。该《实施办法》对职业资格的申请者提出了学历学位的要求，并且在法律行业准入上，对非法学专业的人员作出了一定的限制。这些都是我国对专业学位与职业资格衔接的尝试与突破，也表示出两者实现有机衔接是符合发展规律的。

专业学位培养机构对教学方案的设置不仅参考我国的职业资格，同时也密切关注全球行业协会的职业素养发展动向。1992年，美国图书馆协会（American Library Association，ALA）在《图书馆与信息研究硕士计划认定标准》（Standards for Accreditation of Masters Programs in Library and Information Studies 1992）中把图书馆学改为图书情报研究，并重新界定了学科范围，这一举措使美国及全球都开始更改课程设置以及机构设置。[18]我国的专业学位设置方案，是由学位管理与研究生教育司拟定的，具有科学性，在一定程度上能在制定职业资格标准上起到参考与借鉴的作用。

（二）职业资质标准的确立有利于发展专业教育体系

专业学位的设置是为了适应现代社会的发展，培养特定职业领域的高层次应用型人才，有特定的职业指向性。[19]具有国家认证的职业资格标准能在专业领域的知识与技能上指导培养内容的方向以及程度。“专业学位教育与职业资格考试”要紧密衔接，意味着专业学位教育的培养内容以及考核标准应以行业的准入标准为底线，确保专业学位获得者的行业知识与技能符合行业的准入标准。具有国家认证的职业资格评价标准，有利于检验教学方案和课程设置、师资队伍、考核标准的科学性，从而提高专业学位的教育水平，以及专业学位证书的社会认可度。提升学生职业能力是培养专业型人才的核心目标，而对培养方案的发展方向则是使毕业生在获得毕业证书的同时获得该专业领域的任职资格。由于我国目前在多个行业实行就业准入标准，对行业从业人员进入就业市场提出必须具备相应的职业资格证书的要求，所以专业学位研究生教育发展改革的关键离不开与职业资格制度的有效衔接。再者，专业学位的培养标准如果能与职业资格的任职标准相匹配，就能很好地保证研究生教育的培养质量。最后，学位证书与行业准入资格“挂钩”，必定会提高学生对专业学位的报考热情，从而改善我国高级应用型人才短缺的问题。

CILIP 的图书馆注册会员认证制度虽然不是强制性的，但是由于 CILIP 在英国及国际的影响力较大，在图书情报行业有较高的地位，所以 CILIP 注册会员的资格认证有较强的社会认可度。CILIP 以 PKSB 为标准对图书情报培养项目进行认证，也以同样的标准对注册会员进行资质认证。如果申请资质认证的人员通过了 CILIP 授权的培养项目则可获得“专业图书馆员”的申请资格。这种对接的方式是通过统一专业学位教育的培养标准和图书馆职业人才的评价标准实现的。学生在完成大学专业学位教育课程后自动获得申请资格，做到完全对接。CILIP 的认证制度推动了专业学位教育的发展，图书情报专业教育机构积极提升自身教育水平，完善课程设置及评估标准以实现 PKSB 的培养目标。CILIP 规范了整个专业教育行业的培养标准，为图书情报受教育者提供了良好的教育环境。另外授权制度也大大减轻了行业协会的培训压力，为受教育者提供更多有质量保障的教育选择。而该认证制度也激发了图书情报专业学生对该专业进修的积极性，也加强了学生对该行业发展的信心。

ALA 的学位教育认证机制为保障图书情报教育的适用性有 3 个主要特点。第一，认证标准的修改紧贴时代发展。在美国图书情报学界的 90 年教育历程中，ALA 就对其教育认证标准作出了 7 次的修改，而且每一次的修改内容和方向都是紧跟着图书情报界及社会需求的改变而发展的。例如，在 1952 年、1972 年和 1992 年的认证变革中，ALA 灵敏地捕捉了图书情报行业在计算机技术、大规模集成电路、数字化网络技术领域的改变，给图书情报教学方式和培养目标带来了变化，从而调整了认证标准的部分细节，大篇幅地修正了课程开展的建议，提出把计算机操作技术、计算机基础汇编编程与计算机网络架构技术纳入到教学计划中。[20] 所以说，ALA 制定的教育认证标准为美国的图书情报教育指明了改革的方向。第二，认证资格有时效性。ALA 规定，申报教育认证的大学必须进行每年一次的资格复核，如果进行复核的大学达不到复核标准，或者没有参与复核的话，其认证的资格即被终止。为此，该机制将保证每一届 ALA 认证教育机构的学生受到的教育质量都是符合标准的，使每一位学生都在有保障的教育机制中接受教育。不仅如此，这种做法可以在最大程度上保证在这套教育认证机制下培养出来的学生符合图书馆发展的需求。第三，教育机构具有高度的办学自主权。因为 ALA 学位教育认证的设置目标是图书情报教育的合格标准，所以只要申请的学校达到基本的教学要求，即可取得认证。那么，教育机构就对教育的形式与内容具有高度的自主权，教育机构可以根据当地的社区发展和服务需求，因地制宜，为各地的图书情报事业发展的差异性和需求差异性提供良好的解决方案。

（三）完备的专业教育体系是职业资格制度建设的保障

根据英国、美国、日本的图书馆员职业资格制度可知，继续教育是职业资格制度的重要组成部分。各个层级的职业资格认证都需要健全的继续教育体系作为支持和保障。只有科学的培训目标、合格的师资力量、系统性的教材才能使培训的效果得到保障。继续教育作为一种补充学历教育、实现终身学习的有效途径，能为图书馆员持续提升业务水平、完备知识结构、形成先进工作理念。无论是 NVQ 认证还是 CILIP 会员资质认证，进行等级评估的申请者都必须提交指定的继续教育证明才可能通过评估。图书情报服务 NVQ 根据国家的职业资格标准，制定出对应的核心单元与选修单元。核心单元即申请者需要必修的课程，选修单元即需要申请者按要求从中选取一定数量的选修课程进行培训。申请者每完成一个单元，即可获取相应的考核证书，当进修的课程完成后，这些考核证书需要提交给认证中心作为评估的证据之一。CILIP 的会员资质认证也十分重视会员的持续学习情况，会在资质审核的初期及末期，根据 PKSB 进行自我评估，对比自身专业知识与技能的提升程度，也是考核的重要依据之一。

无论是高级专业馆员、专业馆员、还是专业辅助馆员的职业资格认证都明确规定了必修科目、选修科目，及应修学分。所有提供继续教育的培训机构，都是通过相关部门认证的、具有符合培养资格的组织。国家职业资格制度规定，申请专业馆员与专业辅助馆员的从业人员，必须通过获得“司书履修课程大学”认证的学校开设的图书馆课程。专业馆员需修满 22 分必修科目，包括 8 学分的基础科目、8 学分的图书馆服务相关科目、6 学分的图书馆情报资源相关科目及 2 学分选修科目。专业辅助馆员则需要完成 15 学分的必修科目即可。高级专业馆员的职业进修方式更加多样，无论是初次申请还是复审，都需要通过职业进修的方式获得足够的学分，才能提交申请。严格的规范化管理控制了图书馆员的职业素质与素养，提高了国家职业资格及学会职业资格的认可度。

日本有五大图书馆协会，分别是日本图书馆协会（JLA，Japan Library Association）、全国学校图书馆协会（SLA，Japan School Library Association）、国立大学图书馆协会（JANUL，Japan Association of National University Libraries）、专门图书馆协会（JMLA，Japan Special Libraries Association）、医学图书馆协会（JMLA，Japan Medical Library Association）。这些协会对所属类型的图书馆员制定职业资格标准，负责图书馆员的继续教育工作，提供继续教育机会，并且负责对应馆员的资格认证工作。细化图书馆员分类，为不同专业领域的图书馆员提供配套的继续教育培训与资格认证制度，有利于高级图书馆员的专业发展。专业化的图书馆协会负责图书馆职业资格的认证制度，提供有专业性的继续教育机会，对提升图书馆人才队伍的行业地位，增加图书馆员的社会认可度有着积极的作用。

五　以专业教育为主线建设图书馆员职业资格制度的策略讨论

根据以上章节的分析，建设以专业教育为主线的图书馆员职业资格制度需要包括以下 4 个元素：各等级公共图书馆员职业资质能力标准、学历学位教学机构的评估机制、继续教育机构的教学资格认证机制、职业资格制度。

（一）制定职业资质能力标准

公共图书馆员作为一种专业性的职业，其职业资质能力标准应该界定图书馆员的专业知识与专业技能。从能力等级划分，应该根据知识与技能的获取程度划分为入门级别和从业资质级别。根据调研结果，发现目前的主要问题在于缺乏职业资质能力标准作为专业教育体系和职业资格认证的评估依据。虽然目前我国有现行的《职业标准》，但是该标准有着一定的不足之处，并且制定的时间至今已有十余年，所以需要制定新的图书馆员职业资格认证标准以满足当今社会对图书馆员知识与技能的需求。职业资格能力模型可分层级制定，分别制定出针对馆员与管理层人员的职业能力。新的图书馆员职业资格能力模型，应该是建设公共图书馆员职业资格制度的基础。只有制定了能力模型，才能给专业教育培养目标的设置提供方向，为职业资格制度提供建设的依据。由于目前国外已有较多的职业资格评估标准，所以可以借鉴国际的、国外的成熟标准，拟定评估准则，再进行广州地区的图书馆员服务需求调研，分析广州地区的读者需要公共图书馆员提供如何的服务，根据调研结果，制定出适用于广州地区的公共图书馆员职业资质能力标准。

（二）制定学历学位教学机构的评估机制

从对图书馆学、图书情报学的教育体系调查结果来看，虽然我国先后出台了许多政策文件发展与完善图书馆学专业学历学位教育，但是仍然没有建立图书馆学学历学位教育的教学标准。拥有教学标准，才能制定和完善评估机制。评估机制应该包括培养目标、培养规模、课程体系、教师资质、教学质量等。目前，我国只有本科层次的图书馆学教育及图书情报硕士专业教育有政府明文规定的培养目标。我国图书馆学教育与图书情报学教育的评估机构主要是国家政府部门。学位管理与研究生教育司（国务院学位委员会办公室），主要根据研究生培养体系的完备性，如：师资队伍、人才培养、质量保证，进行学位点评估工作。教育部高等学校教学指导委员会，主要通过制定普通高等学校人才培养标准，制定教学质量国家标准，指导高校教学方向。教育部高等教育教学评估中心，负责组织实施高等学校本专科教育的评估工作，评估内容包括办学思路与领导作用、教师队伍、专业与课程建设、质量管理、教学质量。[21]

本科图书馆学教育和专业硕士图书情报学教育有着明确的培养目标，但图书馆学其他培养层次的培养方案没有明确的指导方针。同一学历学位，不同授予点之间的培养课程、培养方式、教学设置都有一定的差别，对于图书馆学教育的核心课程也有不同的理解。在教育体系完善的过程中，对图书馆学核心课程的研究是当务之急。核心课程培养是图书情报从业员的职业核心竞争力的来源，如果未能统一各个培养层次的核心专业课程，必然会失去图书馆学专业的独有优势，弱化了学生的职业竞争力，所以教育部门和图书馆学研究学者应该根据社会对图书情报人员的职业能力要求，加快制定核心课程体系，而教育机构应该针对人才培养目标开设核心课程。

（三）制定继续教育机构的教学资格认证机制

终身学习一直是图书情报业界和学界提倡的一种提升图书馆员职业素养的方式。ALA 在 2009 年发布的《图书馆员核心能力》（ALA’s Core Competences of Librarianship）中就把“继续教育与终身学习”（Continuing Education and Lifelong Learning）定为馆员的八大核心能力之一。[22] 从外部层面来说，职业继续教育是社会发展以及图书馆事业发展的需求；从内部层面来说，是馆员自身职业发展的需求。[23] 职业继续教育是行业内职业者自我专业知识与技能提升的一个重要途径，是实现终身学习的重要方法，所以继续教育应贯穿在职业资格认定的内容中。在全球多个国家的职业资格框架中，都有把职业继续教育证书获取情况或职业继续教育学时纳入其中。而且在我国第六次全国县级以上公共图书馆评估定级的工作把全馆员工年度接受继续教育的人均学时纳入评估标准中[24]，表现出继续教育对图书馆人力资源建设的重要性。

广州图书馆（中心馆）为履行科研管理，推进专业研究、交流与专业化队伍建设，支持图书馆创新服务与规划发展等职责，承担了市图书馆学会的日常工作，负责广州市图书馆专业继续教育基地的管理和运行，组织开展广州地区专业人员继续教育与培训的工作。据统计，2017 年广州市图书馆专业继续教育基地开展的培训课程有 24 场，共计 114 个学时，培训人数 4725 人次。2018 年，开展的继续教育培训课程有 20 场，共计 125 个学时。

但是由于缺乏完备的职业资质能力标准作为评估和指导，继续教育课程内容安排不成系统。由于缺乏有效的评估机制，大多数的继续教育课程设置没有考虑到培训效果。并且继续教育的课程内容多数是根据社会政策文化热点、受邀专家研究领域等进行安排，缺乏统筹规划，也没有针对特定人群设置授课内容，没有从真正意义上达到提升人才队伍专业知识与技能的继续教育目标。所以，首先应利用职业资质能力标准，进行课程设置，设置出每一层级的课程内容与学时要求。由于继续教育是提升在岗在职的图书馆员之专业知识与技能，所以还需要进行在岗在职人员的职业能力评估，才能根据现有的人力资源队伍的继续教育需求，制定继续教育开设的规模与频次。为给图书馆员提供多种途径的继续教育培训，也可对高等院校开设的课程或者培训项目进行项目认定。馆员在获得认定项目完成进修，即可获得相应学分。

参考文献

[1] 程焕文，潘燕桃，张靖，肖鹏，陈润好．新时代中国图书馆学教育的发展方向［J/OL］．中国图书馆学报，2019（03）：1－11［2019－05－17］．https://doi.org/10.13530/j.cnki.jlis.190019.

[2] 邢文明，周玉琴．图书馆学专业本科生专业认同现状及提升研究——以湘潭大学图书馆学专业为例［J］．图书情报工作，2017，61（06）：46－52.

[3] 黄梦琪．图书馆学本科生本专业就业认知与图书馆学教育探索［J］．图书馆

建设，2015（08）：80－84，89.

［4］俞碧飏，徐建华．群体比较视角下图书馆员内隐刻板印象实验研究［J］．中国图书馆学报，2014，40（05）：52－67.

［5］刘宇，谢欢，顾烨青．实践相关性与科学严谨性：论图书馆学理论与实践的脱节［J］．图书情报工作，2016，60（24）：32－41.

［6］王兆辉，王祝康．图书馆员绩效评价指标体系研究［J］．图书馆理论与实践，2015（04）：35－38.

［7］王宇．图书馆科研与实践创新的互动关系［J］．图书情报工作，2013，57（06）：70－72，96.

［8］胡绍君．面向科研数据管理的高校学科馆员能力建设研究［J］．图书情报工作，2016，60（22）：74－81.

［9］［23］陈传夫，王云娣，盛钊，丁宁．图书馆员去职业化问题、原因及对策研究［J］．中国图书馆学报，2011，37（01）：4－18.

［10］王世伟．论中国图书馆职业资格证书制度的建立［J］．图书情报工作，2003（01）：7－10，82.

［11］索站超．职业化：我国图书馆员未来发展的路径选择［J］．图书情报工作，2010，54（01）：83－86.

［12］广东省人民代表大会常务委员会．广东省公共文化服务促进条例［EB/OL］．（2011－09－29）．http://www.rd.gd.cn/lfzw/zxfg/cwffg/201110/t20111018_121427.html.

［13］张靖，李思雨，杨乃一，陈卫东，彭杰．广东省公共图书馆事业发展报告（2013－2017）［J］．图书馆论坛，2018，38（10）：1－16.

［14］［19］国务院学位委员会．关于印发《硕士、博士专业学位研究生教育发展总体方案》、《硕士、博士专业学位设置与授权审核办法》的通知［EB/OL］．（2010－09－18）．http://www.cdgdc.edu.cn/xwyyjsjyxx/zxkb/hyxx/yyxz/267719.shtml.

［15］Qualifications and Curriculum Authority. The National Qualifications Framework［EB/OL］．［2019－04－10］．https://webarchive.nationalarchives.gov.uk/20090605203250/http://www.qca.org.uk/qca_5968.aspx.

［16］Qualifications and Curriculum Authority. Changes to the National Qualifications Framework［EB/OL］．［2019－04－10］．https://dera.ioe.ac.uk/6091/1/nqf_changes.pdf.

[17] 孟勇，吴刚，戴丽兰．创新创意人才国家资质认证体系建构及培养模式研究——以英国资质认证体系为借鉴 [J]. 远程教育杂志，2017，35 (05)：64 - 74.

[18] 陈传夫．陈传夫：专业学位应面向宽广的图书情报职业需要 [J]. 图书情报知识，2011 (05)：17 - 19.

[20] 韦衣昶，郑铁豪．美国图书馆协会的图书情报学硕士教育认证机制 [J]. 大学图书馆学报，2017，35 (04)：73 - 78.

[21] 教育部高等教育教学评估中心．关于印发《对普通高等学校本科教学工作合格评估部分评估指标的调整说明》的通知 [EB/OL]. http://www.pgzx.edu.cn/modules/yuanxiaopinggu_d.jsp? id = 196324，2019 - 4 - 10.

[22] ALA. ALA's Core Competences of Librarianship (2009) [EB/OL]. [2008 - 06 - 06]. https://wikis.ala.org/professionaltips/images/e/e7/ALA_Core_Competences_June_6_2008.pdf..

[24] 文化部公共文化司．文化部办公厅关于开展第六次全国县级以上公共图书馆评估定级工作的通知 [EB/OL]. [2017 - 01 - 05]. http://zwgk.mct.gov.cn/auto255/201701/t20170117_477673.html? keywords =.

19. 公共文化服务专业人才培养策略研究*

2005年，《中共中央关于制定国民经济和社会发展第十一个五年规划的建议》指出，政府应加大对文化事业的投入，逐步形成一个比较完备的、覆盖全社会的公共文化服务体系[1]，这是“公共文化服务体系”第一次出现在政策声明中。随后几年，关于公共文化服务的政策密集出台，党和国家的重要会议多次强调公共文化服务。

一 文献综述

作为公共文化服务体系的重要组成部分，公共文化人才体系[2]为公共文化服务体系的建立、发展和完善提供保证，该体系包括提供公共文化相关服务的文化事业单位专业管理人员、由技术人员组成的专业人才队伍，也包括文化人才吸引、文化从业人员培训、激励机制等内容。[3]文化人才队伍建设是公共文化服务活动正常有效运行的保证和基础。[4]只有拥有数量足够和结构合理的人才队伍，公共文化服务才能具有良好的效能。[5]

随着公共文化服务建设在全国范围内的铺展，各地围绕公共文化服务专业人才的相关问题进行研究与实践探索，包括建立公共文化服务人才队伍的准入制度、创设公共文化服务领域志愿者制度[6]以及对公共文化服务人才实施教育培训。然而，人才队伍建设问题仍未得到彻底解决，人才队

* 本文内容经作者同意，根据中山大学图书情报专业硕士学位论文《公共文化服务专业人才培养策略研究》改写（作者：徐晓莹；指导教师：张靖）。

伍整体规模不足、专业化程度偏低、基层人才队伍流动性大、人浮于事与人手紧缺并存、职业准入门槛欠缺等问题依然存在。[7]

公共文化服务人才队伍建设涵盖了人才培养、引进、管理、交流等各方面的问题，而人才队伍的继续教育是公共文化服务人才队伍建设的重要问题之一。有学者对公共文化人才培训情况进行实证研究，发现继续教育存在总体时长不够、实施过程混乱无序、内容固化单一等问题，进而从培训机制、培训内容、培训技术、培训保障四个方面对培训机制提出建议对策。[8]但是专门针对公共文化服务继续教育的研究尚处于初步发展阶段。故在此问题上，可借鉴公共图书馆等具体公共文化机构在人员继续教育方面的研究成果。

二　研究目标与思路

在研究目标上，本文旨在探究公共文化服务专业人才培养的可能策略。一方面，为我国的公共文化服务专业人才培养的策略提供参考，提高公共文化服务专业人才培养的水平；另一方面，丰富公共文化服务人才培养的理论和研究，为相关研究提供参考。

首先，对公共文化服务专业人才保障的现状和需求进行分析，指出研究的重要性和必要性；其次，呈现我国公共文化服务相关专业教育现状，为策略的提出提供基础；再者，探讨公共文化服务领域教育具有代表性的现代图书馆学专业教育及其经验，将其作为策略提出的依据和思路；最后，综合专业人才保障的现状和需求、相关专业教育的现状、图书馆学专业教育的经验，提出公共文化服务专业人才培养的可能策略。

三　公共文化服务专业人才保障现状与需求

（一）基于文献的人才保障现状分析

国家出台的各类政策法规文献均提及人才保障现状，笔者梳理了13份政策法规文献，包括文化类、公共文化服务类的发展规划、指导标准、指导意见、发展规划纲要等，最早的相关表述出现在2005年，最近的出现在2018年。政策法规从建设人才队伍的重要性、目标、保障措施等方面说明人才保障的现状。

同时，学术文献亦提及公共文化服务专业人才保障的现状，笔者选取关于不同地域的实证研究文献，说明其公共文化服务人才保障存在的问题和解决办法。

在人才队伍的重要性上，政策法规文献强调了人才是重要的资源，人才为文化建设提供保障，为文化的繁荣发展提供支撑。在目标上，实现多个层次的人才保障，包括人才队伍规模壮大、人才素质提高、人才结构合理化、人才环境的优化、文化人才发展体制机制的健全。在保障措施上，一是强调公共文化服务队伍的教育培训，部分政策法规还提出了培训时长要求；二是强调了基层文化队伍的建设，完善基层公共文化服务人才激励和保障机制，多种方式为基层引进人才；三是强调了公共文化服务专业人才培养和交流的重要性和做法，《关于加快构建现代公共文化服务体系的意见》首次将公共文化服务专业人才培养与国民教育体系相联系[9]，《文化部“十三五”时期公共数字文化建设规划》提出“加强与公共文化服务机构、科研院所、高等学校、文化企业等合作，搭建专业技术人才交流平台”[10]。

从实证类的学术文献来看，总的来说，各地公共文化服务人才保障现状不乐观。由于保障机制不健全，专业人才匮乏、人才队伍结构不合理。保障机制的不健全具体体现在：选人用人制度不健全，社会保障欠缺。[11]一方面，公共文化服务人才的培训和教育现状与需求不相适应；另一方面，公共文化服务机构的现有地位和待遇低，无法吸引和留住高素质人才。[12]而在农村地区，待遇差、就业环境差、缺少晋升机会更加导致人才缺少保障。[13]在人才保障的对策上，各地提出有针对性的措施，包括加大专业人才的引进力度、通过培训提升文化人才的技能、完善职业资格准入和评价机制、完善公共文化人才管理机制等。

（二）基于文献的人才需求分析

国家出台的政策法规文献从文化人才队伍的建设目标表达了包括公共

文化服务人才在内的文化人才需求，包括人才发展规划、建设实施纲要、发展规划纲要，以及《公共文化服务保障法》和《公共图书馆法》这两部公共文化服务领域的重要法律。最早的相关表述出现在2010年，最近的出现在2017年。

学术文献则从人才的建设现状来表达公共文化服务的人才需求，笔者概括总结了文献中文化人才建设不足的具体表现，从中提炼出人才需求的来源。

政策法规从宏观、中观和微观层面对文化人才和公共文化服务人才表示了需求。从宏观上看，需要建立规模宏大、门类齐全的文化人才队伍，同时还要结构合理、梯次分明；既需要高层次和高素质的文化人才、青年拔尖人才，也需要服务于基层的文化人才队伍。《国家“十三五”时期文化发展改革规划纲要》还提出加大力度培养复合型人才和紧缺人才。从中观上看，如《公共文化服务保障法》所述，“地方各级人民政府应当按照公共文化设施的功能、任务和服务人口规模，合理设置公共文化服务岗位，配备相应专业人员”。[14]在公共数字文化建设上，需要建立符合多项要求的公共数字文化人才队伍。从微观上看，根据《国家基本公共文化服务指导标准（2015—2020年）》，公共文化机构（县级以上）、综合文化站（乡镇）都应根据国家标准配齐工作人员。

根据学术文献，目前在公共文化领域，人才队伍的规模和数量呈现增长的态势。但总的来说，公共文化服务领域的人才依然匮乏，基层、边疆少数民族尤为突出。具体表现在专业人才短缺、人才结构不合理、人员流动大、人才培训机制不够健全等[15]，由此产生相应的人才需求。

（三）基于公共图书馆评估定级广东省数据的人才保障现状分析

数据来源于第六次全国县级以上公共图书馆评估定级工作的广东省数据，选取其中副省级和地级市公共图书馆人员配置的相关数据，包括员工数量、大学本科及以上学历员工占比、高级职称员工占比、领导班子具有本科学历或副高职称以上占比、领导班子具有图书馆学及相关专业占比、领导班子45岁以下青年干部占比。

据统计分析，副省级以上公共图书馆人员配置较为充足，员工数量范围为 100 多人到 400 多人，大学本科及以上学历员工占比均超 45%，高级职称员工占比均超 10%。在领导班子中，人员均具有本科学历或副高职称以上，具有图书馆学及相关专业背景的员工在 50% 左右，青年干部占有一定比例。可见，副省级以上公共图书馆人员结构比较合理。

从地级市公共图书馆的人员配置情况来看，除个别图书馆外，多数图书馆人数不足 100 人。各馆之间学历情况、职称情况相差较大，水平参差不齐。在领导班子中，学历和职称情况较理想，青年干部占有一定比例，也有部分领导班子具有图书馆学及相关专业背景。但总的来看，相比副省级以上公共图书馆，地级市公共图书馆人员保障情况不一，面临着更严峻的员工数量不足、人员结构不合理的问题。

在公共图书馆的人才保障上，各级各地图书馆的差别较大。在副省级以上和部分地级市公共图书馆，通过多样化的用人方式，人员配置较为充足，人才结构较为合理。但在其他地级市公共图书馆，正式编制数量少[16]，专业人员匮乏，人员学历、职称、领导班子配备等情况不理想，难以有效地开展公共图书馆服务。而在更为落后的县区、各地区的街镇级图书馆，人员保障条件更差，人员缺口巨大。

（四）服务体系建设视角的人才保障现状与需求分析[17]

2015 年，《关于加快构建现代公共文化服务体系的意见》出台，它对现代公共文化服务体系进行了国家层面的制度设计，公共图书馆服务体系则成为其中最为重要的组成部分。同年底，广州市出台《广州市公共图书馆条例》及配套的《广州市“图书馆之城”建设规划（2015 - 2020）》。经过近三年的建设，广州市公共图书馆服务体系建设已然走在全国前列。2017 年，笔者跟随课题组对该市 2 个中心图书馆、11 个区级图书馆以及 43 个镇（街道）图书馆的人力资源情况进行了调查。本节以广州“图书馆之城”作为服务体系建设视角的公共文化服务专业人才保障现状与需求的案例。

根据调研结果，如表 1 所示，2 个市级馆在岗工作人员数为 599 人，人员数量缺口达 338 人，占在岗工作人员数的比例达 56.4%。在编制人员中，有图情档学科背景人数为 86 人，占编制人员数量 24%；非编制人员均无图情档学科背景。11 个区级馆在岗工作人员数为 646 人，人员数量缺口达 259 人，占在岗工作人员数的比例达 40.1%。在编制人员中，有图情档学科背景人数为 126 人，占编制人员数量 22%；非编制人员中仅有 4 人具有图情档学科背景。

表 1　市区级公共图书馆工作人员情况

图书馆	在岗工作人员数	人员数量缺口（人数/占比）	编制人员中有图情档学科背景（人数/占比）
2 个市级馆	599	338/56.4%	86/24%
11 个区级馆	646	259/40.1%	126/22%

综合市区级图书馆的非编制人员数据，非编制人员大多为非专业技术人员，市区两级公共图书馆共计 444 名非编制人员中仅有 94 名专业技术人员，占非编制人员总数的 21%。在专业技术人员职称结构上，非编制人员中无高级职称，大多数为初级以下或初级职称，仅有非常少数人员获得中级职称。在学历上，非编制人员的学历结构以未接受高等教育和大专学历为主，二者合计占比达到 79%，本科学历人员约占 1/5，无博士研究生和硕士研究生。

镇（街道）图书馆是各镇（街道）文化站的组成部分。根据调研结果，在镇（街道）文化站层面，22 个样本街镇的文化站工作人员共有 175 人，其中专职人员 138 人，占 79%，兼职人员 37 人，占 21%；学历结构以本科和大专为主，无硕士或博士研究生学历，少数人员未接受高等教育。而在图书馆人力资源配置方面，样本街镇共有 19 人作为专门的图书馆人力资源配置，占工作人员总数的 10.9%。其中有 7 个街镇没有专门的图书馆工作人员，占样本总量的 32%。有 6 个街镇配备了专业技术人员，但这些人员中没有图书资料系列专业技术人员（见表 2）。

表 2　镇（街道）文化站和图书馆工作人员情况

街镇	文化站工作人员（人）	文化站专职人员（人数/占比）	文化站兼职人员（人数/占比）	图书馆工作人员（人数/占比）
22 个样本街镇	175	138/79%	37/21%	19/10.9%

在继续教育上，市级中心馆的参与度不高且覆盖面不全，非编制人员未被纳入继续教育对象范围；大部分区级图书馆的继续教育参加人次未达到培训要求，更难作为培训主体为镇（街道）图书馆从业人员提供业务培训。

总的来说，无论是市区级图书馆还是镇（街道）图书馆，第一，人员数量存在巨大缺口；第二，人员在学科背景、职称、学历等方面的情况不理想，人员专业性不理想，特别是市区级公共图书馆的非编制人员和镇（街道）公共图书馆的人员；第三，继续教育组织情况未能满足专业性提升需求。

广州市自 2015 年起以地方政策法规推动"图书馆之城"建设，公共图书馆服务体系建设走在全国前列，其图书馆人力资源状况尚且如此，我国其他城市、公共文化服务体系的其他组成部分更面临巨大挑战，需要通过多种方式增强公共文化服务的专业人才保障，满足专业人才需求。受限于目前专业教育机构的人才培养规模，人才需求得不到满足，亟须加强公共文化服务的专业人才培养。

四　我国公共文化服务相关专业教育现状

（一）整体情况

学历教育是本文所论公共文化服务专业人才培养策略探索的重点。

在专科层面，依据《普通高等学校高等职业教育（专科）专业目录（2015 年）》[18]，开设了公共文化服务与管理专业（650403），属于文化服务类（6504）专业，主要对应的职业类别是群众文化活动服务人员，文化、娱乐、体育经纪代理人员，健身和娱乐场所服务人员，衔接的本科专业包括文化产业管理、公共事业管理、公共艺术。

在本科及以上层面，依据《普通高等学校本科专业目录（2012 年）》[19]，与公共文化服务相关的专业有 8 个，分别是文物与博物馆学（060104）、信息管理与信息系统（120102）、文化产业管理（120210）、公共事业管理（120401）、图书馆学（120501）、信息资源管理（120503）、文物保护技术（060105）、公共艺术（130506）。选取的专业来源于公共文化服务的重要机构（图书馆和博物馆）的招聘常设专业，以及公共文化服务与管理专科专业所衔接的本科专业。此外，硕士专业学位有文物与博物馆（0651）、公共管理（1252）、图书情报（1255）。

（二）相关专业专科学历教育发展现状

目前国内共有9所院校开设了公共文化服务与管理专业。本文选取了开设公共文化服务与管理专业的5所有代表性的院校进行调查，考察其培养目标和核心课程。同时，有7所院校开设了文化事业管理专业。第一，目前我国专科的公共文化服务与管理专业开设在不同的院系下，包括影视艺术学院、文化商学院、新闻传播系、学前教育与文化管理系等，培养的侧重点各不相同，均依赖于所在院系的课程和师资，独立性差。如影视艺术学院注重培养电视台、影视文化传播及公关公司、影视媒体公司的从业人员，新闻传播系注重培养各级电视台、电台节目的从业人员。第二，部分专科院校开设的公共文化服务与管理专业偏离了公共文化服务的轨道，与文化产业人才培养相混淆，培养目标和开设课程侧重影视产业、文化市场、演艺制作、院线经营等文化产业领域内容。还有部分院校将培养目标定为“培养办公室管理、会议管理、档案管理管理人才”，未突出该专业的特点。从课程设置来看，课程较为杂乱，缺乏公共文化服务与管理的学科支持，缺少系统性。第三，大部分专科院校对公共文化服务人才的培养定位处于中低层次，就业目标包括健身和娱乐场所服务人员、文化站工作人员等。该定位可以满足部分中低层次公共文化服务岗位的需要，但难以培养社会急需的高层次人才。

四川文化产业职业学院的公共文化服务与管理专业前身为文化事业管理专业，根据近年来文化领域对高职人才的需求变化，在2016年，该专业正式更名为公共文化服务与管理专业。可见，高职院校开设公共文化与服务专业是顺应时代发展的需要，而从目前的培养状况来看，仍不能满足公共文化服务专业人才的现有需要，有较大的提升空间。

（三）相关专业本科学历教育发展现状

本节选取开设相关本科专业的“985”“211”大学及其他有代表性的

院校，调研相关专业的人才培养目标和核心课程，说明相关学历教育与公共文化服务的关系，考察公共文化服务人才培养可借鉴的培养目标和课程。其中包括：文物与博物馆学（060104）本科专业、信息管理与信息系统（120102）本科专业、文化产业管理（120210）本科专业、公共事业管理（120401）本科专业、图书馆学（120501）本科专业、信息资源管理（120503）本科专业、文物保护技术（060105）本科专业、公共艺术（130506）本科专业。

（四）相关专业研究生学历教育发展现状

本小节选取与公共文化服务相关的专业硕士进行调研，分别是文物与博物馆（0651）专业硕士、公共管理（1252）专业硕士、图书情报（1255）专业硕士。各专业的专业硕士培养分为不同的研究方向，硕士研究生可根据自己的兴趣爱好选择方向。开设的课程同样划分方向，适用于不同的研究方向，进一步保证硕士培养的专业性。与本科课程相比，专业硕士的课程更注重研究方法类的学习，开设社会研究方法、问卷调查方法等课程；课程实用性强，与社会实践紧密结合，开设社会实践、实习课、实践领域案例分析等课程。无论是课程设计、实习实践还是毕业论文，与学术硕士的培养相比，均强调理论联系实际，着眼实际问题、面向工作实务，通过案例教学、模拟训练、参加讲座、与业界合作等多种形式和方式的学习提高学生分析和解决问题的实际能力。

五　公共文化服务领域代表性专业教育及其经验

为提出合理可行的公共文化服务专业人才的培养策略，可考察公共文化服务领域具有代表性的专业教育及其经验，即现代图书馆学的专业教育及其经验。第一，公共图书馆是开展公共文化服务最重要的机构之一，公共图书馆服务体系是公共文化服务体系的组成部分，两者密切相关，可将公共文化服务研究视为公共图书馆研究的上位类。[20]第二，由前文可知，图书馆学科出现了对于公共文化服务研究的关照，公共文化服务在近年被纳入图书馆学科的研究范围。第三，图书馆学在发展过程中培养了大量专业人才，进而对图书馆事业产生支持，学科与事业发展互相促进，形成良好的示范效应。基于以上三点，图书馆学专业教育是公共文化服务领域具有代表性的专业教育。现代图书馆学专业教育先行于公共文化服务专业教育，因此本文将从现代图书馆学专业教育出发，探讨其经验，为公共文化服务的专业人才培养，特别是学历教育，提供思路和保障。

（一）现代图书馆学专业教育的形成与发展

1. 威廉姆森调查

早期图书馆学的教育分为专业教育和职业技术培训两种类型。专业教育为期至少 5 年，并在正规图书馆学教育学校开展，但仅有 4 所大学开设，可授予学士学位；职业技术培训以提高馆员技能、提升工作效率为目标，早期图书馆学的教育大部分是这种类型。在 1915 年以后，图书馆学校在人才培养上出现课程缺少统一规范等各种问题，同时导致培养出来的毕业生无法满足图书馆业界的需要。由此，威廉姆森及其团队用 3 年的时间调研了 15 所图书馆学校，威廉姆森调查的根本目的是建立统一的、综合的图书馆学教育。“威廉姆森报告”提出了多条建议，包括图书馆学校不应简单地开展职业技术培训，而应该开设系统且有深度的专业教育；图书馆学专业教育应该拔高入学标准，应建立在大学及其同等学历之上；图书馆学校应该是多院系的大学的形式，管理者不是公共图书馆，而是大学；需要建立馆员资格认证标准、图书馆学校的统一标准。[21]

2. 芝加哥大学图书馆学研究生院

早期的图书馆学科仅强调图书馆经营方法，突出其管理性，以经验图书馆学的理论与方法为主，没有形成本学科的研究范式。在威廉姆森调查的影响下，1928 年芝加哥大学图书馆学研究生院成立。一方面，它标志着图书馆学研究范式向着社会学科靠拢[22]、作为科学的图书馆学在世界范围的诞生。科学的图书馆学注重理论和技能的培养，引进了正轨的社会科学研究方法，图书馆学今后的研究按照科学研究的规范进行。另一方面，它的成立让图书馆学教育按照专业化职业的教育模式来组织，改变了职业技术培训的教育方式。[23]同时，芝加哥大学图书馆学研究生院也是世界上首个拥有该学科博士授予权的单位。

值得注意的是，作为一个全新的学科，芝加哥大学图书馆学研究生院在成立之初，师资力量主要来源于社会学等其他学科。骨干教师将各个学科领域的知识和方法带到图书馆学，逐步形成图书馆学的知识体系和课程，扩展了图书馆学教育的内容，也提高了图书馆学的地位。[24]

3. 芝加哥学派的理性主义思潮

20 世纪初的图书馆学界，以巴特勒、谢拉、韦普尔斯等为代表的芝加哥学派推动了理性主义思潮，结束了经验主义的人才培养方式，现代图书馆学专业教育逐渐形成。芝加哥学派在人员构成上，除了图书馆学专业背景人员，社会科学知识背景的人员占据了主要地位。在学术观念上，他们开创图书馆社会学研究风气。在研究方法上，他们提倡社会科学调查方法，超越琐碎的图书馆具体事务和经验性的图书馆知识，将图书馆学科学化和理论化。在专业教育的观念上，他们提倡改变职业培训式的培养方式，而将图书馆学作为一门专门的学问进行人才培养。[25]

（二）当前国际图书馆学专业教育的基本情况

当前国际图书馆学专业教育的基本情况可以三条主线呈现，分别是 ALA 教育认证体系、CILIP 教育认证体系以及中国的图书馆学专业教育，它们都受到图书馆学高等教育质量保障机制的约束。从全球范围来说，目前有外部质量保障、内部质量保障[23]两种高等教育质量保障机制。其中，认证属于外部质量保障，分为院校认证和专业认证[24]，图书馆学情报学认证是高等教育机构和教学计划自愿参加的一种评价制度，由图书馆行业协会授予大学专业教育认可权，以自评和同行评议为基础，保证高等教育机构的学术质量和人才培养质量。[25]

1. ALA 的教育认证体系

美国图书馆协会（American Library Association，简称 ALA）是主导美国的图书馆职业资格认证的机构。其中，美国的“图书馆学高等教育认可”由 ALA 下属机构根据《认可过程政策与程序》对图书馆学和情报学硕士的教育机构进行认可。[26]认证制度为学生择校、互换学分提供了参照，保证图书馆学和情报学教育的质量。在1925年，美国图书馆协会制定了《图书馆学院标准》，随后进行了多次修订。其中，在1951年修订的新标准中，明确规定了图书馆学教育应该限于研究生水平，只有专业馆员才能担任图书馆的工作，图书馆录用的专业人员应该具有图书馆学情报学硕士或其他专业的硕士学位。[27]ALA只认可具有硕士学位授予权的院系，且硕士学位计划限于美国、加拿大和波多黎各。得到ALA的认可表明，其院系经历了自评的过程和同行评议，并满足《图书情报学硕士学位教育计划认可标准》的要求，认可委员会评价院系的使命、目标、任务、课程设置、学生、师资、管理和经费等是否符合标准。[28]ALA的教育认证体系可以保证图书馆学的教育质量，保证高等教育机构培养的图书馆学专业人才达到较高水平。

2. CILIP教育认证体系

2002年，英国图书馆协会与英国情报科学工作者协会合并，成立了英国图书情报专业人员特许协会（Chartered Institute of Library and Information Professionals），简称CILIP。CILIP拥有大学专业教育认可权，主要是对该国的图书信息学课程进行认可，只有完成CILIP认证的课程才能成为专业的图书馆馆员或信息从业人员。[29]2000年版的《课程认证程序》要求图书馆和信息学科课程涵盖几大领域的课程，包括信息产制、信息环境与政策等。[30]英国图书馆协会起初进行单一的资格考试，后来转变为开展以学历教育为基础的专业人员认证体系，主要原因之一是图书馆学专业教育的迅速发展。[31]CILIP认证的图情教育具有职业性强、注重综合素质的培养、面向全球的特点。[32]

3. 中国图书馆学专业教育

在我国，图书馆学已经形成本科、硕士、博士、博士后流动站多层次、较完整的人才培养体系。在师资方面，目前已经建立了一支高水平的教师队伍，他们有的来自图书情报专业，有的来自其他学科，通过引进多学科背景的师资建立一支结构合理的教师队伍。[33]在课程方面，确立了图书馆学基础、信息组织、数字图书馆、图书馆学研究方法等核心课程，保证课程质量。[34]在硕士和博士研究生的培养层次，在招收图书馆学专业的毕业生同时，兼顾招收非图书馆学专业的毕业生，如理工科、医科，使多学科背景的人才通过学历教育能胜任综合性图书馆以及专科性图书馆的岗位。[35]在硕士研究生层次，为了使图书情报专门人才的培养与新形势下图书情报事业发展相一致，促进图书情报人才培养体系的完善，拓展图书情报人才的培养模式，进一步提高该学科专业的人才培养质量[36]，在2011年，在学术型人才培养的基础上增加了图书情报专业硕士，培养应用型人才，与重理论研究的图书馆学术硕士研究生培养相辅相成、互为补充。

中国的图书馆学专业教育虽然没有形成专业教育认证，但其作为高等教育的一部分，在我国高等教育质量保障机制下开展。如上文所述，图书馆学专业教育的教师与导师队伍、生源、课程设置、学位论文等多方面都拥有质量保障。

（三）我国公共图书馆行业政策法规对专业教育的导向

政策法规在一定程度上体现了行业发展的态势。我国颁布的公共图书馆行业有关政策法规对人力资源做出相关规定，提出人才需求，为图书馆学的专业教育提供了导向。《中华人民共和国公共图书馆法》规定了公共图书馆馆长应具备的水平和能力、工作人员应具备的知识和技能。《关于推进县级文化馆图书馆总分馆制建设的指导意见》规定了在总分馆建设的过程中，人员如何配置的问题，为图书馆学的人才培养的必要性提供依据，为图书馆学人才的就业提供导向。《“十三五”时期全国公共图书馆事业发展规划》规定了专业技术人员的比例，提出依托相关高校等加强图书馆理论研究队伍建设，同时强调培养有重要事务能力的专业人才，为图书馆学加强理论研究、培养研究型人才提供依据，鼓励图书馆学教育走向国际化。《全国公共图书馆事业发展“十二五”规划》为图书馆学教育提供了重点领域的参考，将古籍保护、未成年人服务、信息资源建设、数字图书馆建设纳入重点领域；同时提出着重提高基层公共图书馆骨干的素质和能力。《公共图书馆服务规范》提出公共图书馆工作人员的要求，对人员配备中相关学科专业背景专业技术人员的比例提出要求，规定了公共图书馆专业技术人员的具体要求，还规定了人员数量，为图书馆学的人才培养规模提供了参考，为专业教育导向的职业准入制度提供依据。

（四）近现代中国图书馆学教育与社会的互动

中国图书馆学的教育发展并非一蹴而就，图书馆学教育从民国时期的起步到至今的繁荣，经历了漫长的过程，与图书馆事业形成互动，在受到图书馆事业的影响的同时也推动了图书馆事业的发展。

民国时期，公共图书馆在中国迅速发展，对专门人才的需求旺盛，由此催生了民国时期的图书馆学教育。这个时期为中国培养了一大批对图书馆事业作出巨大贡献的人才。以文化图专为例，在其并入武汉大学（1953年）之前，专家估计它在33年中培养了各类毕业生380～400人[37]，且一部分学生在新中国成立后成为中国图书馆界的中坚人物。1950～1977年，在图书馆事业迅速发展而专门人才短缺的情况下，院校培养的图书馆人才成为关键，他们推动图书馆事业持续发展，在20世纪八九十年代成为图书馆业界和学界的领军人物。1978年以来，图书馆学教育得以迅速发展，最重要的原因是图书馆事业的发展形成了巨大的人才需求。[38]顺应时代的潮流，中国图书馆学教育的硕士点和博士点在20世纪末从无到有、迅速增加。有学者指出，图书馆学专业博士点的增设，是整个图书馆学专业教育发展性的突破。[38]当前，为满足图书馆事业多样化的人才需求，多类型、多层次的图书馆学教育体系正在逐渐形成和发展。

（五）现代图书馆学专业教育的重要经验

1. 以专业教育作为职业准入门槛保障教育需求

目前西方发达国家已经建立了比较完善的图书馆员职业准入制度。职业准入制度，也叫职业资格认证制度，指的是需要通过政府指定机构举行的正规考试与严格审核，方授予从业资格的制度。[39]虽然我国目前尚未建立图书馆的职业准入制度，但在图书馆的选人用人过程中通常会将专业教育作为职业准入的门槛，保证图书馆员的专业性。例如，我国的《公共图书馆服务规范》设立了有关专业教育的职业准入门槛，要求公共图书馆的专业技术人员具有一定的学历或经过课程培训并且成绩合格。

以专业教育作为职业准入的门槛，可以保障教育需求，体现在两个方面。第一，职业准入门槛的存在肯定了图书馆学的学历教育，使得图书馆招聘、录用馆员有一定的学历背景要求，拥有图情档学科背景的人员方可获得从业资格，保障了图情档学科的教育需求。第二，职业准入制度规定了严格的考试制度[40]，且不同层级岗位实行差异化的准入，为了在竞争中取得执业资格，相关人员将不断提升自己的专业技能，以期在考试中脱颖而出。而提高自身技能的重要方式之一便是获取图书馆学的专业教育，因此，教育需求持续存在。

2. 以高等教育质量保障机制保证教育质量

图书馆学目前存在多种高等教育质量保障机制，包括我国的图书馆学内部质量审查、英国的 CILIP 教育认证、美国的 ALA 教育认证等。如前所述，通过高等教育质量保障机制可证明该馆员具有一定的专业能力，进而可以胜任一定的图书馆工作。在我国，为了取得图书馆学专业教育认可，在教育部的质量审查下，相关人员会积极接受图书馆学专业教育，达到获取学位证书的要求，保证教育质量。在英国，馆员接受 CILIP 认证的课程，在高质量的课程下发展自身的相关能力，达到专业性职业的要求；在美国，ALA 只认可具有硕士学位授予权的图情学院，当专业教育认证制度与职业准入制度相结合时，馆员会接受 ALA 认可的专业教育。英美两国通过实现专业认证保证教育质量。

3. 学科建设和行业支撑的双重导向

现代图书馆学专业教育依赖于图书馆学学科建设，同时以行业支撑作为导向。一方面，图书馆学科建设为图书馆学的专业教育提供了导向，一是图书馆学科建设产生丰富的学科理论，指导图书馆学专业和课程，进而提升图书馆学专业教育[41]；二是图书馆学科建设注重科研，科研与教学统一[42]，助推图书馆学专业教育；三是图书馆学科的建设催生众多研究人员[43]，其中不乏成为图书馆学教育者的研究人员，保证了图书馆学专业教育的师资力量。另一方面，国家出台了众多有关图书馆行业的政策法规，它们可以体现行业发展态势；从中国图书馆学教育与社会的互动关系也能看出，人才培养与行业发展息息相关。图书馆学教育只有紧跟行业发展态势，根据政策法规的指向不断调整教育教学目标和方式，根据图书馆事业的发展态势发展教育教学，才能不落后、不被淘汰。

4. 本科教育和研究生教育的全面建设

目前，我国现代图书馆学专业教育有本科、硕士、博士、博士后流动站层次齐备的教育体系，本科教育和研究生教育全面建设。在图书馆学专业的本科层次，培养从事信息服务与管理工作的一般性人才；在硕士和博士层次，相比本科层次，所培养人才的专业性进一步提升。同时，纵观美国的图书馆学专业教育发展史，图书馆学由职业技术培训发展为正规的专业教育，芝加哥大学图书馆学研究生院早在20世纪初就设立博士学位，且ALA仅认可硕士学位授予权的院系，可见高层次的学位教育不可缺少。在20世纪末，我国也随着图书馆事业的深入发展，逐步增设了图书馆学教育硕士、博士授权单位。图书馆事业对人才的需求是多层次的，图书馆学教育也需要本科和研究生等多个层次[44]，因此，我国从本－硕－博三个层次培养图书馆学专业人才，最大限度地满足现代图书馆职业的人才储备要求。

六　公共文化服务专业人才培养的可能策略

（一）公共文化服务专业人才培养主体建设策略

1. 整合相关学历教育设置公共文化服务与管理专业

目前公共文化服务与管理专业仅在专科层次开设，本科及以上学历未设置该专业。公共文化服务建设需要高层次的领军人物和高素质的文化人才队伍，而目前的公共文化服务与管理专科学历教育层次较低，难以培养“一专多能”的复合型人才，需要整合相关学历教育在本科及以上层次设置公共文化服务与管理专业。

具体来说，可整合文物与博物馆学、信息管理与信息系统、文化产业管理、公共事业管理、图书馆学、信息资源管理、文物保护技术专业的本科学历教育，整合对应以上本科专业的学术硕士人才培养、文物与博物馆专业硕士人才培养、公共管理专业硕士人才培养、图书情报专业硕士人才培养，设置公共文化服务与管理专业。《文化部“十三五”时期文化发展改革规划》提出“支持高校设立文化科技交叉学科和专业”，而经整合形成的公共文化服务与管理专业恰好满足这一条件。

设置公共文化服务与管理专业，第一，可借鉴公共文化服务与管理相关本科学历教育的课程、公共文化服务与管理专业的专科学历教育的课程，设置必修课程和分模块的选修课程，形成公共文化服务与管理专业，培养推进公共文化发展的复合型人才。第二，单一学科专业的师资难以支撑公共文化服务与管理专业的人才培养，因此，可借鉴芝加哥大学图书馆学研究生院的经验，通过整合相关学历教育从其他学科引入师资力量，带来多学科的研究内容和视角，提高公共文化服务与管理专业的地位。

2. 建设本科 - 硕士 - 博士完整教育层次

现代公共文化服务体系建设对专业人才的需求是多层次的，如前文所述，我国需要培养造就规模宏大、门类齐全的文化人才队伍，重点培育公共文化服务领域的战略科学家、学术带头人，需着力培养青年拔尖人才。显然，单一的专科或本科学历教育无法满足人才需求，特别是无法培育战略科学家、学术带头人等高层次人才。

从图书馆学的经验来看，随着图书馆学事业的迅速发展，开展研究生层次的学历教育是必然的趋势，只有全面建设本科教育和研究生教育，才能满足图书馆事业迅速发展的人才需求。因此，公共文化服务与管理专业应建设本科 - 硕士 - 博士完整教育层次，为公共文化服务输送多样化的人才，包括公共文化服务基层工作人员，也包括公共文化服务的管理人才、专业师资、研究人才等。

3. 建设科学学位 - 专业学位多元教育模式

专业学位与相应的学术学位处于同一层次，培养规格各有侧重。[45]公共文化服务与管理专业可建设科学学位 - 专业学位的多元教育模式。公共文化服务与管理学术学位主要满足学科专业需求，旨在培养在高校或科研机构从事教学科研工作的专业人才，注重学术创新；而公共文化服务与管理专业学位面向经济社会的发展需求[46]，培养胜任图书馆、博物馆、文化站等公共文化机构工作的实用性人才，职业指向性强，以满足公共文化服务的实践需要。

相比科学学位，专业学位的发展较晚，但专业学位对培养社会特定领域的实用性人才有着重要的意义，专业学位研究生教育已经被列入国家中长期人才发展规划纲要和教育发展规划纲要。[47]专业硕士培养通常划分为不同的研究方向，课程、论文、教学方式等均注重实践性。相应的，若设立公共文化服务与管理专业硕士学位，可根据公共文化服务的人才需求划分多个方向，包括图书馆学、博物馆学、公共文化数字服务、基层公共文化服务（由前文的人才需求调研可知，基层文化队伍严重短缺，故设立此方向，培养适合到基层工作的专业人才）等。院校根据不同方向开设多类型选修课，培养既有公共文化服务与管理基础知识、又精于某个专业方向的复合型人才。同时，公共文化服务专业学位的定位是培养针对公共文化服务的需要并能够从事实际工作的高层次应用型人才，其培养方式和内容应该注重实践性，做到职业性与学术性高度统一。[48]

（二）公共文化服务专业人才培养内涵建设策略

1. 以公共文化服务学科建设主导专业人才培养

学科可被视为相对独立的知识体系，公共文化服务学科建设是专业人才培养的主导力量。第一，由我国公共文化服务相关专业教育现状可知，目前相关学历教育出现了对于公共文化服务的关照，但是在缺少公共文化服务学科建设的条件下，一是师资力量受限，二是独立性差，无法形成专业的特色和优势，公共文化服务专业人才的培养质量难以得到保障。因此，需要公共文化服务学科建设支撑专业和课程建设，为课程提供丰富的知识，主导专业人才培养。[48]第二，由公共文化服务领域的继续教育情况可看出，与图书馆领域和博物馆领域相比，公共文化服务缺少行业协会组织的继续教育，不利于专业人才的培养。而行业协会的缺失与公共文化服务学科的缺失有密切联系。第三，由图书馆学教育发展的经验可知，早期的经验图书馆学发展为科学的图书馆学，形成本学科的研究范式，使用社会科学研究方法；学科的建设推动了图书馆学形成丰富的理论研究，学科的发展推动图书馆学专业人才的培养。

学科建设可以促进学科水平的提高，只有学科水平提高才能形成高水平的科研成果，进而转化为专业的课程，以课程促进专业人才的培养；只有学科水平提高才能吸引高层次人才，建设一流师资队伍。这就要求公共文化服务加强学科建设，形成丰富的理论研究，摆脱以往学科缺失的状态。同时，充分与其他学科交流，掌握前沿动态，最终形成具有特色的公共文化服务学科，以强有力的理论支撑专业、课程，以优秀学者引领人才培养，让人才在学科建设支持下迅速成长。

2. 以公共文化服务行业支撑影响专业人才培养

根据图书馆学的经验，行业支撑为图书馆学教育提供了重要的导向。同样的，应以公共文化服务行业支撑影响和带动专业人才培养。需要密切关注行业态势，发现潜在的科研方向，抓住重点领域，以行业动态作为风向标进行理论研究；考察人才培养的趋势，及时调整教学目标和方式，完善课程。公共文化服务专业人才培养的目的本就是为公共文化服务行业提供专业人才，而公共文化服务行业又具有实践性强、变化快的特点，因此，只有与公共文化服务行业保持密切联系，以行业支撑作为重要的影响因素，才能培养出适应公共文化服务行业发展的人才。

（三）公共文化服务专业人才培养外部建设策略

1. 建立指向专业教育的职业准入制度

一方面，由公共文化服务的人才需求来看，公共文化服务对人才专业性的要求越来越高，提出建立公共数字文化人才队伍，加大文化人才引进力度、优化人才队伍结构；同时提出建立职业准入制度，提出完善公共文化人才职业准入制度、资格认证制度，“完善职业资格准入与评价机制”。另一方面，从图书馆学教育的经验来看，职业准入门槛可以保障教育需求。因此，有必要建立公共文化服务行业的职业准入制度；同时，为了保证人员专业性、保障教育需求，职业准入制度应指向专业教育。

所谓建立指向专业教育的职业准入制度，是将接受专业教育作为职业准入的标准。第一，我国的公共文化服务从业者学历背景参差不齐，若能建立指向公共文化服务专业教育的职业准入制度，将有效地提升从业者的专业素质，为公共文化服务各个职位输送高质量人才，反过来鼓励专业教育的发展与提升，形成良性循环。第二，目前我国专业教育的设置未能与职业或行业相对应，若设立指向特定专业教育的职业准入制度，能保证接受该专业教育者在从业时的优势地位。如前所述，公共文化服务领域极度缺乏专业人才，而从业的优势地位恰好鼓励公共文化服务与管理毕业生进入对应领域，从事相应的工作，最大可能减少专业与职业背离的现象。

2. 在中国高等教育体系框架下完善高等教育质量保障机制

高等教育质量保障包括了对高等教育系统、院校、专业课程等进行评价的全部活动。[49]我国的高等教育质量保障机制以教学评估、学科评估、质量认证（各类专业认证）为支撑①，依然存在提升空间。

从图书馆学的经验看，专业认证等高等教育质量保障机制可以保证教育质量。相应的，在中国高等教育体系的框架下，完善高等教育质量保障机制有利于公共文化服务与管理专业的发展。第一，对于公众而言，质量保障机制可以确认公共文化服务与管理专业的教学计划具有明确和适当的目标，提供了所需的专业训练；第二，对于即将报考、在读的高校学生、毕业生的招聘单位而言，质量保障机制可以保证受教育者所具有的道德和专业水平合乎教学计划要求[50]，可以胜任公共文化服务相关工作。因此，中国高等教育框架下的高等教育质量保障机制对接受相应专业教育的毕业生形成质量保证，公共文化服务与管理专业的设立在这一机制的保障下更能凸显其对公共文化服务专业人才培养的价值。有必要在中国高等教育体系框架下完善高等教育质量保障机制，通过各项评估和认证提升专业的质量，提高相应专业人才的社会认可度。

参考文献

[1] 人民网．中共中央关于制定国民经济和社会发展第十一个五年规划的建议［EB/OL］．（2005－10－19）［2018－09－07］．http://theory.people.com.cn/GB/41038/3781990.html.

[2] 孔伟．社会教育视域下的公共文化服务研究［M］．济南：山东人民出版社．2014.

[3] 林金枫，赵琳．文教事业管理［M］．哈尔滨：哈尔滨工程大学出版社．2016.

[4]［25］［29］陈嵘．“苏州之路”诠释公共文化服务的现代化道路苏州市创建国家公共文化服务示范区的探索和实践［M］．苏州：苏州大学出版社．2017.

[5] 柳斌杰，雒树刚，袁曙宏．中华人民共和国公共文化服务保障法解读［M］．北京：中国法制出版社．2017.

[6] 高和荣．文化志愿者队伍的建设与完善——基于厦门的研究［J］．湖湘论坛，2012，25（06）：81－86.

[7] 冯佳．公共文化服务制度建设研究［M］．国家图书馆出版社，2015.

[8] 唐捷涵．四川省广安市公共文化人才培训研究［D］．西南大学，2017.

[9] 中央政府门户网站．中共中央办公厅、国务院办公厅印发《关于加快构建现代公共文化服务体系的意见》［EB/OL］．（2015－01－14）［2019－03－14］．http://www.gov.cn/xinwen/2015－01/14/content_2804250.htm.

[10] 华夏经纬网．文化部“十三五”时期文化发展改革规划［EB/OL］．（2017－02－24）［2019－03－14］．http://www.huaxia.com/zhwh/whxx/2017/02/5203091.html.

[11] 张贵凯．西安农村公共文化服务体系建设问题与对策［J］．合作经济与科技，2018（19）：170－172.

[12] 韦楠华，吴高．公共数字文化服务营销推广现状、问题及对策研究［J］．图书馆学研究，2018（17）：61－67.

[13] 柳东民．文化扶贫视域下农村公共文化服务问题研究［J］．文化学刊，2018（09）：6－8.

[14] 中国人大网．中华人民共和国公共文化服务保障法［EB/OL］．（2016－12－25）［2019－03－14］．http://www.npc.gov.cn/npc/xinwen/2016－12/25/content_2004880.htm.

[15] 柯平，胡娟，刘旭青．发展文化事业，完善公共文化服务体系［J］．图书情报知识，2018（05）：10－19.

[16] 刘洪辉，张靖．广东公共图书馆事业发展报告（2013～2017）［M］．北京：社会科学文献出版社．2018.

[17] 张靖，徐晓莹，谭丽琼，等．现代公共图书馆服务体系人力资源保障研究（一）：现状调查［J］．图书馆论坛，2019，39（01）：70－79.

[18] 中华人民共和国教育部．普通高等学校高等职业教育（专科）专业目录及专业简介（截至2018年）[EB/OL]．[2019-03-13]．http://www.moe.gov.cn/s78/A07/zcs_ztzl/2017_zt06/17zt06_bznr/bznr_ptgxgdzjml/.

[19] 中华人民共和国教育部．教育部关于印发《普通高等学校本科专业目录(2012年)》《普通高等学校本科专业设置管理规定》等文件的通知 [EB/OL]．(2012-09-14) [2019-01-20]．http://old.moe.gov.cn/publicfiles/business/htmlfiles/moe/s3882/201210/143152.html.

[20] 金武刚．偶然vs必然：公共文化服务研究的兴起与发展——兼论图书馆学人的贡献和崛起 [J]．图书馆论坛，2018，38 (11)：49-60.

[21] [34] [41] 中国科学技术协会．中国图书馆学学科史 [M]．北京：中国科学技术出版社．2014.

[22] 吴拓，傅文奇．美国图书情报学教育认证制度的演变及启示 [J]．大学图书馆学报，2018，36 (05)：107-115.

[23] Hallam G. Australian Library and Information Association Course Accreditation Review 2013 [R/OL]．[2019-05-01]．https://www.alia.org.au/sites/default/files/documents/Website%20ALIA%20Accreditation%20Environmental%20Scan%202013%20Dr%20Gill%20Hallam.pdf.

[24] 缪园．基于学科的中国科学院研究生教育质量保障研究 [D]．中国科学院研究生院（文献情报中心），2003.

[26] 马晓珍．美国教育技术学专业课程设置研究 [M]．南京：南京师范大学出版社．2016.

[27] 李芬林，王小林，尹琼．公共图书馆读者工作 [M]．兰州：甘肃文化出版社．2013.

[28] 高雄．现代图书馆管理概论 [M]．西安：西安地图出版社．2013.

[30] 武汉大学信息管理学院．变革·发展·前瞻第二届中美数字时代图书馆学情报学教育国际研讨会论文集 [M]．武汉：武汉大学出版社．2007.

[31] 王法．新的英国图书情报专业人员认证体系及其借鉴意义 [J]．图书馆杂志，2004 (05)：57-60.

[32] 黄丽珍．英国CILIP认证图书馆学信息科学教育研究 [J]．四川图书馆学报，2015 (04)：89-92.

[33] [35] [44] 马家伟，杨晓莉，姜洋．图书馆与图书管学概论 [M]．长春：吉林科学技术出版社．2016.

［36］图书情报硕士专业学位设置方案［EB/OL］．［2018－11－15］．http://mlis. whu. edu. cn/news. jsp? id=3.

［37］沈固朝，刘树民．涓涓成川有师承——1913－1948年间金陵大学图书馆学教育的发展历程［J］．图书情报工作，2005（11）：141－143.

［38］程焕文，潘燕桃，倪莉，等．1999－2003年中国图书馆学教育进展［J］．大学图书馆学报，2004（05）：77－82.

［39］陈曙光．我国图书馆职业资格认证制度研究［D］．黑龙江大学，2009.

［40］范开宏，丁建红．国外图书馆职业准入制度对我国的启示［J］．新世纪图书馆，2007（01）：86－88.

［42］倪亚红，王运来．“双一流”战略背景下学科建设与人才培养的实践统一［J］．江苏高教，2017（2）：7－10.

［43］张垒．我国图书馆学科建设与图书馆事业互动发展研究［J］．图书馆建设，2018（09）：13－17＋26.

［45］硕士专业学位全解读［EB/OL］．［2019－02－21］．http://www. cdgdc. edu. cn/xwyyjsjyxx/gjjl/.

［46］专业学位与学术学位的关系［EB/OL］．［2019－02－21］．http://www. cdgdc. edu. cn/xwyyjsjyxx/gjjl/szfa/267336. shtml.

［47］陈传夫，陈一，司莉，等．我国图书情报研究生学位授权“四个十年”研究［J］．中国图书馆学报，2017，43（01）：17－28.

［48］王贺．应用型本科高校“一流”学科建设中学科、专业、课程的关系探析［J］．高教学刊，2019（01）：12－14＋17.

［49］刘晖，李晶．我国高等教育质量保障政策变迁研究——基于1985—2016年的政策文本［J］．苏州大学学报（教育科学版），2018，6（02）：24－32.

［50］董秀华．市场准入与高校专业认证制度研究［D］．华东师范大学，2004.

第二篇
中山大学图书情报专业硕士培养改革实践

本篇收录与中山大学图书情报专业硕士培养改革实践相配合完成的教改论文4篇。

《实践教学探索之服务研习》：引入美国教育学界的服务研习理论，以中山大学汶川县、北川县图书馆灾后重建公益学习项目为例展开实证研究，探讨服务研习对图书馆学实践教育的具体功效。对参与项目的研究生志愿者的自我认识、团队合作、欣赏、责任感、专业技能等方面进行了全面的评估，发现服务研习在专业技能与工作技能、培养其服务精神与人文精神方面具有重要作用。

《实践教学探索之古籍整理实践教学》：以中山大学资讯管理学院联合中山大学图书馆，开展文献保护与修复方向的图书情报专业硕士研究生培养方案，主要研究方向是以文献修复和古籍整理与编目为背景，就“古籍编目与整理”这一图书情报专业硕士研究方向进行课程目标、课程设置、课程特色、实践特点、课程体系构想的介绍与探索。

《案例教学探索之数字化学习环境下的图书情报专业硕士翻转课堂研究》：以BlackBoard数字化平台为基础，结合讲座式教学方法，设计适合图书情报专业硕士必修课程之一——《实践领域案例分析》的翻转课堂教学模式。通过更新教育教学理念，改进教学结构，丰富教学形式，拓展教学空间，改革考核与评价学生的方式，探索数字化学习环境下有效实现课程目标的新型图书情报专业硕士课程教学模式。

《特色方向改革实践之中山大学文献保护与修复人才培养十年》：以中国内地文献保护与修复人才培养十年变化为背景，分析中山大学在其中的尝试和努力。将中山大学文献保护与修复人才培养发展历程分为前缘（2001－2003）、起步（2004－2008）、全面发展（2009－）三个阶段，介绍了中山大学展开的专业培训、专业课程、学历教育和师徒传习全方位的文献保护与修复人才培养工作。得出十年的改革形成了以图书情报与档案管理一级学科为依托，具有中西理路兼容、保护修复并重、理论实践同步等特色的中大模式这一结论。

21. 实践教学探索之服务研习*

近些年来，图书馆学研究生教育都陷入了“理论为先，实践缺位”[1]的困境中，由此引发了研究生学术视野狭隘、就业率下降、实践操作能力匮乏等诸多问题，困扰着研究生教育的进一步发展。2011 年 6 月 8 日至 6 月 11 日，笔者有幸参加了由香港岭南大学主办的第三届亚太地区服务研习会议，通过参加会议安排的会前工作坊、大会主题讲座、会议主题座谈会以及相关展览等活动，对“服务研习”这一在国外教育领域已广泛应用的教学理念和教学理论有了深入的了解和认知，由此开始了“是否能够借助服务研习理论改革图书馆学研究生实践教学”的思考。

其后不久，在中山大学研究生院和博雅教育计划项目的资助下，中山大学资讯管理学院重新设计了暑期公益学习项目，尝试将“服务研习”的理念融入图书馆学的实践学习之中。在这一过程中，项目团队对服务研习的基本理论进行了较为全面的学习，吸取已有的项目经验，并通过相关工具对参与项目的研究生进行评估，探讨服务研习引入图书馆学教育的可行性和成效性，试图为图书馆学研究生教育的改革提供一个可能的方向。

一　服务研习理论在图书馆学领域的应用

“服务研习（Service Learning)”是一种把学术知识及社区义务工作合

* 本文内容首刊于论文《服务研习：图书馆学研究生实践教学改革探索》（载于《中国图书馆学报》2013 年第 1 期第 22 - 30 页，作者：周旖，肖鹏）。收录时经作者同意，有所改写。

二为一的教学方法，让学生通过参与不同类型的义工服务，提供更多独立思考和反思的机会，深化其在书本理论中学习的知识，并同时建立大学与社区联系，让学生不但追求学术成就，把自己的专业知识回馈社会，亦从中培养学生关怀弱势群体及终身服务社会的态度，以及判断分析能力和领导才能。[2]

服务研习的历史可追溯自19世纪的美国，1862年《莫里尔法案》（Morrill Act）通过后，为了在工业课程中“推广博雅和实用教育”，美国成立了第一所赠地学院（Land Grant Institution），成为服务研习的先锋，这也是农业和机械艺术与传统的科学和经典文本学习的首次结合。1903年，约翰·杜威（John Dewey）发表了以逻辑理论为基础的文章 Thought and its Subject-Matter，从而形成了服务研习的知识基础。[3] 1938年杜威提出了体验性学习的概念，这一概念成为服务研习的理论基础，并且被服务研习的倡导者经常性地引用。根据 Carver 在1997年提出的观点，服务研习包含体验性教育的三大目标：（1）让学生成为改变社会的更有效力量，（2）培养学生作为社区成员的归属感，以及（3）发展学生的潜能。同时 Carver 和 Frankena 还认为，体验性学习的两个基本原则是持续性和互动性，是指学生的生活/学习经验和习惯会影响该名学生目前以及将来的学习经验。因此，学校必须为学生提供机会，让他们把所学知识运用到社区甚至世界。[4]

作为应用性学科，图书馆学对服务研习相关理论的接纳和引入是自然而然的。早在1997年，艾奥瓦州立大学的图书情报学的教育项目中，就开始运用服务研习的相关理论，试图让学生提升多媒体的使用技能、了解如何有效推进图书馆的多媒体应用，并加强他们在团队中的自主学习能力等[5]；得克萨斯大学奥斯汀分校的图情研究生，也曾积极参加一个国际性的阅读计划“阅读让我无所不能”，并在其中重新发现和思考“公民参与（civic engagement）”这一命题[6]，从某种程度上言之，对图书馆学生的民主意识培养，正是在奠定图书馆作为“民主基石”的根基。然而在祖国内地，尚未发现有全面融入服务研习的图书馆学实践项目。

事实上，在过去的图书馆学教学中并不缺少实践和实习的内容，但是由于在实践和实习的教学环节中，缺少专业教师将实操内容与专业理论相结合的设计，缺少教师专业指导下学生对实操内容的反思与检讨，缺少对学习效果的有效评估，导致现有的实践和实习内容流于形式、与专业知识和技能的学习脱节、效果难以预测和评价，无论对于教师还是学生，在主观感觉上都认为实践和实习纯粹是一项与就业相关的事务性工作。当然，必须承认，这样的问题，不仅仅普遍见于国内的图书馆学教育，更扎眼地存在于几乎所有中国的大学生教育项目之中。

近年来，在社会的呼吁下，在国际潮流的影响下，祖国内地开始了一波又一波的教育体制改革，这些改革几乎无一例外地强调实践知识和实践操作，在这样的趋势下，将服务研习及相关理论纳入教育体制，无疑有着重要的现实意义。它可以为“研究性教学与实践教学改革于一体”提供新的方法和方向。作为一种教学法，其积极意义在于：（1）让青年人从参与有系统的服务中学习和成长，这些服务既可以满足社区的实际需要，也是学校和社区的合作成果；（2）结合青年人的学术课程，或安排时间让年轻人思考、讨论或记录其在服务时间活动中做过和看见的事情；（3）提供机会给年轻人在社区运用新学习到的课堂知识和技能，以解决实际的生活问题；（4）把课堂学习从教室扩展到社区，培养学生关爱他人的情怀。由此可见，服务研习与目前国内大学提倡的“研究性教学与实践教学改革于一体”的新机制，在理念和目标上是近乎一致的，而服务研习在国外经过100多年的发展，已经拥有成熟的教育学理论、明确的合作组织角色和责任的定位、完善的实施程序以及系统的学习效果评估手段，这些都是十分值得借鉴和参考的内容。

在这样的考虑下，中山大学资讯管理学院的教学团队尝试着将服务研习及其基本理论融入到研究生的暑期公益学习项目之中，试图为服务研习理论向图书馆学研究生教育领域乃至其他学科教育领域的引入提供示范性的研究。

二　服务研习实践教学改革项目设计

（一）服务研习项目的博雅理念与设计思路

总结“服务研习”的相关理论可以发现，一项典型的服务研习教学项目的设计应遵循4个基本思路：（1）配备理论指导教师和实践指导教师全程辅导，（2）专业教师将实操内容与专业理论相结合，（3）在教师的专业指导下，学生对实操内容的反思与检讨，（4）对学习效果的有效评估。这4个基本思路共同指向博雅教育的核心理念ABC，即适应能力（Adaptability）、智力（Brainpower）和创新能力（Creativity）。所以一项合格的服务研习项目的设计首先需要思考教学议题的选择，所选议题必须既要与理论教学内容相联系，有比较明确的知识点的运用，又要能够设计出可行的实践内容，在社区中寻找到可以容纳一定数量学生的实践地点。

在理论指导教师和实践指导教师的全程辅导下，学生如何有效地对实操内容进行反思与检讨，则关乎到服务研习项目的成败。因为一项没有反思和检讨的服务研习项目就会变成一个机械化重复劳动的过程，从辩证唯物主义哲学的角度来看，机械化、重复性的简单刺激只能训练出人类在面临某一具体环境时的本能性的条件反射，即“有做法无理论”；而人类之所以可以透过事物的现象揭示其本质与规律，进而形成理论，在于人类在实践过程中充分发挥主观能动性、运用抽象思维，而主观能动性的发挥和抽象思维的运用正是体现在反思和检讨上。因此，服务研习之所以能够使学生运用课堂所学的理论知识材料，并进一步形成新的、内化的个人知识经验，正是在于学生对实操内容有系统地、有意识地进行反思和检讨的环节。反思与检讨的系统性和有意识性则需要依靠理论教师和实践教师的引导和强化。

辅导教师引导和强化学生对实践内容的反思这一过程通常是结合教学项目评估过程实现的。服务研习项目的目标在于实现对学生的博雅教育，全面培养学生的学术能力、批判思维能力、写作能力、口头交流能力、逻辑能力、解决问题能力、领导能力、人际交往能力、文化能力和参与社会的能力。其中如写作、口头交流、思考、解决问题、人际交往和参与社会等行为一般是同时贯穿于服务实践活动始终的，所以只要经过教师有目的、有意识的引导，学生在反思和检讨服务实践过程时自然而然会发现自身在上述能力方面的进步和可挖掘的空间。因此，在设计学习效果评估方法和评估工具时，需要注意与启发学生反思和检讨相结合，评估工具的指标设计应兼顾学科知识、沟通技巧、组织能力、社交能力、解难技巧和研究技巧等领域的能力测评。目前国外专门致力于服务研习教学研究的组织和机构已经开发出各种评估工具，尽管在量表设计和具体问题拟定方面不尽相同，但是在指标指向的能力领域方面基本是一致的。

（二）服务研习项目的方案与实施

服务研习项目在不同的国家和地区因教育体制的不同，设置的阶段亦不尽相同，而开设服务研习项目的学校一般也会设置专门的机构负责管理和运作。在美国，1989 年卡耐基基金会明确指出："每间高中学校的核心计划都应该包括青年服务——在指导下帮助社区里或学校里有需要的人士的活动。"[2] 20 世纪 90 年代，随着美国全国服务处的成立及国家和社区服务条例的宣布，"服务研习"已逐渐在美国全国实现制度化。[2] 在新加坡服务研习也是作为高中教育的核心计划。但是在我国台湾、香港地区，服务研习课程一般都是设置在大学阶段，如香港岭南大学于 2006 年设立了服务研习处，其宗旨及愿景在于实践岭大校训，推行学习与社区服务互惠的活动，为学生提供全面发展的学习环境，提高教与学的效量质素，具体做法如下：（1）每项服务研习计划附设在相关的学分学科内，（2）包括学生、课程导师、机构督导代表及课程统筹员的意见用作评估计划成效，（3）利用前测与后测问卷评估学生学习效能。

对于尚未将服务研习项目制度化的大陆高校来说，如果实施服务研习教学项目改革，则至少需要能够获得一定的教学经费支持，并建立起一个服务研习教学团队。现仅以中山大学资讯管理学院"汶川县、北川县图书馆灾后重建暑期公益学习项目"为例，探讨如何设计一项服务研习教学项目的方案并付诸实施。

中山大学资讯管理学院"汶川县、北川县图书馆灾后重建公益学习项目"作为研究生院暑期公益学习项目和博雅教育计划项目的组成部分，由资讯管理学院和博雅班承办，与汶川县图书馆和北川县图书馆合作举办。该项目以"发扬博学与笃行之学风，传承智慧与服务之精神"的思想为指导，面向对象为资讯管理学院研究生及博雅班学生，2011 年参加服务研习项目的学生为 36 人，2012 年参加服务研习项目的学生为 44 人。

教学团队在项目负责人程焕文教授的指导下，厘清服务研习的基础理论、制定相关工作的基本思路，并确立项目的主要目标如下：

- 优化知识结构，拓宽学术视野，激发创新意识与创新能力；
- 理论知识、研究能力和实践能力的水平得到提升，在相关理论和实践研究方面展开具体的探索和创新；
- 提升包括沟通技巧、组织能力、时间管理能力和解难技巧在内的工作技能；
- 理解图书馆职业的精髓与图书馆的社会角色，培养服务精神与人文精神；
- 提升利用专业知识服务社会的成就感和自信心；
- 提升投身于科研和社会工作的热情；
- 拓宽服务基地所在地区民众的文化视野，重建当地精神生活与社会记忆。

为了实现上述目标，项目团队参考、借鉴了香港岭南大学服务研习处设计的“服务学习”模式，为参加项目学习的学生确定了一系列的工作安排，项目总体实施方案及时间安排如图 1 所示。

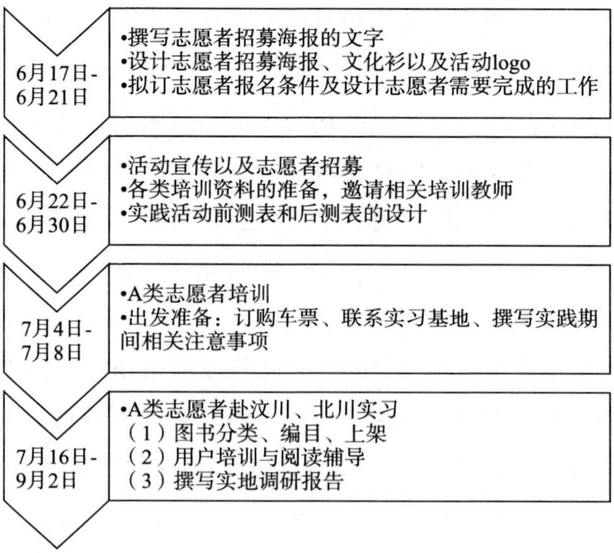

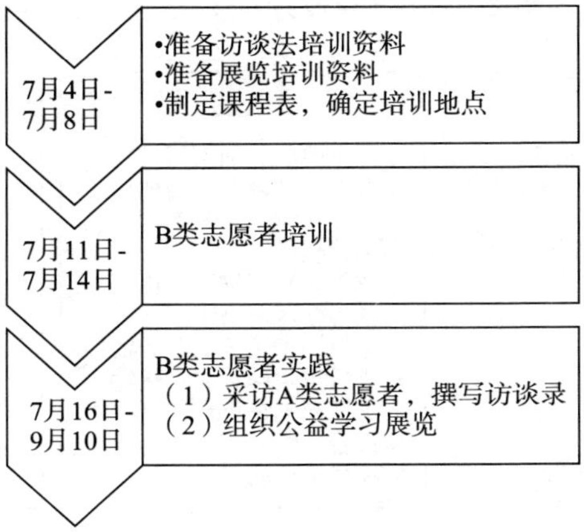

图 1　项目总体实施方案及时间安排

（三）服务研习项目设计思路的践行

首先，在配备理论指导教师和实践指导教师全程辅导方面，实践教学项目邀请了来自学院和图书馆的教师担任理论培训部分不同专题课程的授课教师；在实践环节聘请图书馆一线工作的馆员作为带队教师，带领学生赴汶川县和北川县图书馆开展实践工作，同时两县的馆长作为校外督导也承担指导学生工作的责任。

其次，在专业教师将实操内容与专业理论相结合方面，设计实践教学项目时会针对每一期实践项目的工作内容，设计为期一周的有针对性的理论培训系列课程。如在 2011 年的服务研习项目中，结合两县图书馆馆舍于 2011 年 5 月落成，大批图书文献亟待加工、组织和上架的需要，项目组设计的理论培训课程包括文献标引、图书的加工与排架、文献编目理论与操作；在 2012 年的服务研习项目中，因两县图书馆的常规工作已步入正轨，在实践工作方面提出了面向青少年和一般用户群体开展图书馆社区服务以及保存和收集地震重建资料的需求，因此项目组设计的理论培训课程包括图书馆社区服务设计、用户计算机技能辅导实务、信息素养教育、信息组织理论与实践、碑刻拓印。此外，服务研习项目要求每位参加实践学习的学生提交灾区重建调研报告、组织实践工作汇报展，所以理论培训环节还设计了社会研究方法、展览的设计与布置等课程内容。图 2 展示了 2012 年暑期服务研习项目在实操内容与专业理论相结合方面的设计思路。

培训课程	实践工作	技能提升
√信息组织理论与实践 √用户计算机技能辅导实务 √信息素养教育 √图书馆社区服务设计 √碑刻拓印 √社会研究方法 √展览的设计与布置	√图书验收、加工与排架 √计算机基础入门培训 √少年儿童信息素养培训 √阅读辅导 √图书馆和博物馆导览 √其他社区图书馆服务项目 √基层图书馆馆员业务辅导 √灾后重建碑刻文献建设 √灾区图书馆重建调研/访谈报告 √项目结项展览	√图书馆日常业务技能 √学科知识 √研究技能 √沟通技巧 √解难技巧 √组织能力

图 2　服务研习项目理论与实践内容设计思路

再次，在教师专业指导下学生对实操内容的反思与检讨方面，项目要求学生通过服务日记、调研报告、编制项目纪念册和组织项目汇报展等文字和图片形式反思理论学习和实践学习的内容。特别是服务日记一项内容，要求每位学生以“白描”的方式勾勒一天的服务内容，在此基础上写下当天的感悟和思考。服务日记要求文字朴素简练，篇幅短小精悍，但必须手写，不可用计算机录入文字。要求手写的原因在于，手写的过程与人脑思考的过程联系最为紧密，有助于学生反省一天的工作内容和感悟，并且在记录的过程中留下深刻印象。从上述形式的反思与检讨可以使志愿者们加强对专业的认知，优化知识结构，拓宽学术视野，激发创新意识与创新能力，同时提升他们利用专业知识服务社会的成就感和自信心，提升投身于科研和社会工作的热情。

最后，在对学习效果的有效评估方面，项目采用了量化评估与质化评估相结合的方法，对项目实施的整个过程进行测评，特别是对服务研习的整体效果进行追踪性的研究。不同于一般理论课程的以书本知识作为叙述材料进行陈述式的学习方式，反思性的服务研习更强调有计划地安排学习者的学习机会，将处境性的知识通过经验内化而形成知识。由于经验、体会和思想感情都是无形的，因此在考核学习效果时难以通过闭卷笔试的方式测评，但是有可能从经验所得者的认知和情感表达方面获得量化的数据，或从学习经过的文字描述和心得陈述获得质化评价。因此关于暑期服务研习项目的效果评估，主要分为“量化评估”和“质化评估”两部分。“量化评估”以问卷形式让参与项目的学生将成效量化，获得活动前后各方面能力的评分数据，进而进行比较分析，采用的是前测和后测两轮调查问卷的方式；“质化评估”则侧重观察参与项目的研究生在态度、行为、价值观方面的变化，注重个人知识和素质的提升，所以主要从服务日记、开放式问题、调研报告和访谈中了解学习的成效，“质化评估”所采用的分析方法为内容分析法。

三　项目效果评估

有鉴于论文的篇幅，且量化评估更容易以数据反映学生在项目实施前后的变化，所以在此仅以量化评估的数据分析为主加以分析。量化评估主要是希望了解三方面的内容：（1）研究生参加暑期公益学习项目前后，在自我认识、团队合作、沟通技能、专业技能等方面能力的变化，（2）项目参加者在责任感、服务社会意识和对周围世界感知方面的转变，（3）公益学习项目整体实施计划的完善性，项目执行过程中存在的问题。通过上述三方面内容的了解，分析暑期公益学习项目实施的意义和在研究生培养体系中可能发挥的作用，同时检讨项目实施过程中的不足，以便探讨解决的对策，使此类项目能够实现长期运作，取得更好的收效。

（一）评估工具的应用

目前国外专门致力于服务研习教学研究的组织和机构已经开发出各种评估工具，本项目选择使用了香港岭南大学服务研习处设计的测评工具，该评估量表自 2007 年设计并用于实际评估工作以来取得了良好的应用评价。同时结合本项目服务学习具体内容的特点，教学团队对专业技能指标方面加以调整，并增加了对“灾区印象”的考察指标。

根据香港岭南大学的评估理论，在活动前测和后测的自我评估问卷方面，共划分 5 个范畴，每个范畴分别订立 2 ~ 3 项素质指标，每个指标约有 5 道题目，共计 75 道题目由参加者作自我评估，见表 1。

表 1　自我评估的能力领域与素质指标

能力领域	自我认识	团队合作	欣赏	责任感	专业技能
素质指标	1. 沟通技能 2. 组织能力 3. 自省能力	1. 社交能力 2. 解难能力 3. 时间管理	1. 目标订立 2. 欣赏及鼓励他人	1. 尊重他人 2. 社会责任 3. 生活态度	1. 研究技巧 2. 实践技能 3. 与学科有关的知识技巧

量化评估采用 6 分量度，最低分为 1 分，满分为 6 分。此外，问卷还设计了参加者对“灾区印象”和“整体计划”两个领域的测评问题，试图从侧面了解学生在日常学习之余对于所处世界的感知情况和思考情况，以及对项目实施效果和意义的评价。上述前测问卷和后测问卷面向全体参加暑期公益学习项目的研究生发放。但需要特别说明的是，尽管服务研习是一项以综合培养学生各方面能力为目标的项目，但是学生之间存在着个体差异，需要提高的能力领域各不相同，其思维方式亦有差异，因此参加同一项服务研习项目的学生在最后测评时，各项指标不可能出现均衡提高的情况。就单个学生而言一般会出现某几个能力指标有显著提高，其他指标则略有改善；但是就整体而言，每名学生显著提高的能力领域各不相同，所以全体受测学生的平均数据就可以反映出一项服务研习项目在综合提升学生能力方面的作用。而单个学生各方面能力的全面提高则有赖于持续参加不同内容中心的服务研习教学项目。

（二）评估数据分析

1. 自我认识能力领域

在自我认识能力领域共设置沟通技巧、组织能力、自省能力和生存技能 4 项素质指标，每项指标下设置问题 5 道。具体统计结果如表 2 所示。

表 2　自我认识能力前测与后测结果

素质指标	前测（分）	后测（分）	差值（分）	进步（%）
沟通技巧	4.70	5.36	0.66	14.04
组织能力	4.45	5.04	0.59	13.26
自省能力	4.08	4.58	0.50	12.25

续表

素质指标	前测（分）	后测（分）	差值（分）	进步（%）
生存技能	4.80	5.18	0.38	7.92

根据表 2 中的数据可知，在自我认识能力领域的 4 项素质指标中，研究生对自省能力的前测评估分数最低，为 4.08 分，而后测分数为 4.58 分，能力总体提高了 12.25%。在固有的社会环境中，自省能力往往会遇到提升的瓶颈。这种环境下，学生们一方面缺乏自省的驱动力，另一方面，紧张、浮躁的校园生活与碎片式的网络活动压榨了深度交流的空间与时间，使得对自身思维体系的考察难以舒展。经过定性分析发现，本项目主要在两个方面帮助该项能力实现提升，首先，服务研习项目打破了参与者在校园中固有的社交圈，将他们放在崭新的环境之中，参与者对自己和他人的身份认同将经历一个“迷失—寻找—重塑”的过程，这个过程迫使他们重新认识自己、了解自己，这种认识和了解更多时候即是属于思维层次的；其次，该项目不仅为所有研究生提供了充分交流的机会，甚至将交流视为目的本身，其中包括与同辈的交流、与当地工作人员的交流等等，与外来思想的充分接触，无疑将对他们的思维模式产生“映射性”的影响。

与此同时，沟通技巧的差异打分最高，前测为 4.70 分，而后测打分为 5.36 分，能力提高了 14.04%。服务研习项目对沟通能力的培养，并非通过简单的灌输实现，而是让参与者在实践中获得成长。正如上文所言，“交流”在本项目中占据重要的地位，贯穿于培训、旅途、工作、调研等各个环节，与不同身份、不同背景的人员打交道，是无法回避的；此外，校内外督导老师乃是指导而非领导的身份，他们把主动权下放给参与者，促使内部形成民主讨论、民主决策、携手合作、共同解难的氛围，这种氛围对观点的自由表达、讨论的充分参与等有效沟通的实现有着重要的意义。

2. 团队合作能力领域

在团队合作能力领域共设置社交能力、解难能力和时间管理 3 项素质指标，每项指标下设置问题 5 道。具体统计结果如表 3 所示。

表 3　团队合作能力领域各项素质指标前测与后测结果

素质指标	前测（分）	后测（分）	差值（分）	进步（%）
社交能力	4.53	4.80	0.27	5.96
解难能力	4.63	5.09	0.46	9.91
时间管理	4.28	4.78	0.50	11.68

根据表 3 中的数据显示，在团队合作能力领域的 3 项素质指标中，研究生对时间管理能力的前测评估分数最低，为 4.28 分，而后测分数为 4.78 分，与此同时，其差异打分也是最高的，为 0.50 分，能力总体提高了 11.68%。

对时间管理能力的缺乏是大学生的通病。项目对时间管理能力的培养作用体现在以下几个方面：①对“时间表”作为一种必备工具的重视。项目开始之初，执行团队就制定了完整的时间表，并将“时间表”这一工具作为要求，安置到项目的具体实施之中，使得参与者逐渐培养起按时完成工作、重要工作优先的意识。②服务研习内容对于参与者有着“时间管理”客观要求。服务研习并非单纯的学习或者服务，两者之间有着深入的契合，服务工作与调研工作往往是并行的，而由于对完成各项工作的时间有着严格的要求，这使得参与者必须学会如何优先完成重要任务、如何利用零碎时间展开方案讨论与计划调整。③团队成员间的互相监督作用。靠自己形成时间管理意识并不容易，这是由于自我监督能力不足造成的，而本项目以数人为一个团队，营造起互相监督、共同进步的工作机制。

3. 欣赏能力领域

在欣赏能力领域共设置目标订立和欣赏及鼓励他人 2 项素质指标，每项指标下设置问题 5 道，共计 10 道问题由志愿者进行活动前后的自我评估。具体统计结果如表 4 所示。

表 4　欣赏能力领域各项素质指标前测与后测结果

素质指标	前测（分）	后测（分）	差值（分）	进步（%）
目标订立	4.38	4.87	0.49	11.19
欣赏及鼓励他人	5.18	5.62	0.44	8.49

根据表 4 中的数据可知，在欣赏能力领域的 2 项素质指标中，研究生对目标订立能力的前测评估分数最低，为 4. 38 分，而后测分数为 4. 87 分，与此同时，其差异打分也是最高的，能力总体提高了 11. 19% 。

目标订立能力的不足，小方向上容易导致工作中的倦怠情绪和生活中的挫折感；从大方向来讲，直接影响到职业规划的制定和人生的幸福程度。对自身认识不足、组织工作的缺位、无法恰当地评估风险和成果，没有清晰的方向性指导等等，都可能是目标订立能力不足的原因。本项目通过《学习大纲》等文件的实施，将每个志愿者的工作任务分解为多个子任务，制定了明确的工作和调研方向，使得参与者对自己的职责有了较为清晰的了解，为目标订立的实施奠定了良好的基础；倡导“时间表”等时间管理工具和时间管理意识，使得目标进一步拆分为具体的步骤，帮助提高参与者的目标执行能力；而小组成员间的互相鼓励，则培养了参与者面临困难时的良好心态和积极情绪。

4. 责任感领域

在责任感领域共设置尊重他人、社会责任和生活态度 3 项素质指标，每项指标下设置问题 5 道。具体统计结果如表 5 所示。

表 5　责任感领域各项素质指标前测与后测结果

素质指标	前测（分）	后测（分）	差值（分）	进步（%）
尊重他人	5. 18	5. 33	0. 15	2. 90
社会责任	5. 10	5. 29	0. 19	3. 73
生活态度	4. 83	5. 11	0. 28	5. 80

根据表 5 中的数据显示，在责任感领域的 3 项素质指标中，研究生对生活态度的前测评估分数最低，为 4. 83 分，而后测分数为 5. 11 分，与此同时，其差异打分也是最高的，能力总体提高了 5. 80% 。

项目参与者作为学生，相对而言，其生活范围还局限在非常有限的领域内，一般接触的对象也以学生为多，因而在生活态度的培养上有着一定的局限性；其次，当代研究生由本科直升入学的越来越多，导致研究生整体的社会经历和历练有所不足，接受挫折的能力也随之降低。本项目对生活态度方面能力的助益主要在以下几个方面：①在四川汶川、北川两地开展，与同学们平时接触的环境大为不同，大大拓宽了他们的视野，增加其生活经历。②与经历地震灾难的图书馆人与普通民众近距离接触，倾听他们灾后至今的心路历程，了解其生活中的困境与挫折，对参与者产生了不同一般的启发与震撼，促使他们认真面对并思考“生活”这一命题。③项目本身有着服务研习、志愿服务的性质，相关的工作和调研活动促使他们从社会立场培养个人责任感，正视“我是否有责任为社会上其他人的幸福而努力”“社会上绝大多数人是否幸福”等问题。

5. 专业能力领域

在专业技能领域共设置研究技巧、实践技能和与学科有关的知识技巧3项素质指标，共计15道问题。具体统计数据如表6所示。

表6　专业技能领域各项素质指标前测与后测结果

素质指标	前测（分）	后测（分）	差值（分）	进步（%）
研究技巧	4.23	5.36	1.13	26.71
实践技能	3.63	5.14	1.51	41.60
与学科有关的知识技巧	3.82	5.20	1.38	36.13

根据表6中的数据显示，在专业技能领域的3项素质指标中，研究生对实践技能的前测评估分数最低，为3.63分，而后测分数为5.14分，与此同时，其差异打分也是最高的，能力总体提高了41.60%。

将理论运用于实践，从校园走向社会，本就是项目的核心目标之一，从这个角度来讲，整个项目对实践工作能力的培养是较为全面的：①以图书馆的工作流程为中心，让研究生们能够参与到分类、编目等各个环节之中，要真正训练出专业素养并不现实，但对他们实践能力的锻炼起到了很好的启蒙作用。②轮岗制和小组式的工作模式，使得参与者对整体工作流程都比较熟悉。③在专业老师的指导和培训下，参与者全面地认识相关岗位的显性知识；而和专业馆员一起工作，则便于他们汲取工作经验和技巧等方面的隐性知识。

四　结语

本项目作为中国内地服务研习理论在图书馆学实践教育中的首次应用，不可避免地存在一定的不足，例如由于前期准备时间的限制，项目团队与服务对象缺乏全面而有针对性的沟通；又或者从参与者的数量言之，参与的对象还可以面向更多的研究生甚至本科生，服务区域也可以考虑走向更多的场所。这些问题都将成为后续实践活动中集中精力解决的焦点——事实上，对于中山大学资讯管理学院而言，对汶川县和北川县图书馆的支援与合作本就不是短期、一次性的合作，学院将与两县图书馆共同搭建公益学习平台，形成长效机制。本次援助和实践计划重点在于使两县图书馆尽快达到全面开放，为用户提供基本的文献借阅服务。而在今后的合作中，将把合作的重点放在完善图书馆服务方面，计划未来的实践活动立足于乡村社会，开展阅读辅导项目、读书会、信息素养讲座等项目；同时在基地督导的指导下，训练学生对民族民间文献的收集和整理能力，为研究生在当地开展社会调研提供指导和支持。

近年来，呼唤教育改革的声音越来越高，在这种情况下，服务研习无疑有望成为当前教育改革浪潮中的一星灯火，为新时代的教育实践开路导航。服务研习提倡让学生通过参加社会服务达至全面发展，促使其对学习和社会问题进行理性的反思，提升专业技能与工作技能，培养服务精神与人文精神，这种理念与博雅教育的 ABC 理念［即适应能力（Adaptability）、智力（Brainpower）和创新能力（Creativity）］是相吻合的；与此同时，服务研习的培训课程和实践设计可以使大学生加强对专业的认知，优化知识结构，拓宽学术视野，激发创新意识与创新能力，其最终成效可以提升大学生利用专业知识服务社会的成就感和自信心，提升投身于科研和社会工作的热情。推动图书馆学乃至整个大学生、研究生教育，服务研习理论的引入，都将产生积极的影响。

参考文献

[1] 腾讯新闻．路甬祥谈科研实践脱节：研究生成为导师打工仔［EB/OL］．［2012－08－12］．http://edu.qq.com/a/2006410/000102.htm.

[2] 陈玉树．前言（一）［R］//岭南大学服务研习处．服务研习计划：岭南模式．香港：岭南大学服务研习处，2008.

[3]［4］岭南大学服务研习处．服务研习计划：岭南模式［R］．香港：岭南大学服务研习处，2008.

[5] Elmborg J K，Heather Leighton，Holly Huffman，Jane Bradbury. Service learning in the library and information science curriculum：the perspectives and experiences of one multimedia/user education class［J］. Research Strategies，2001，18（4）：265－281.

[6] Roy L. Diversity in the Classroom［J］. Journal of Library Administration. 2008，12（8）：213－215.

22. 实践教学探索之古籍整理实践教学

2015 年中山大学资讯管理学院联合中山大学图书馆，在国家古籍保护中心的支持下，培养文献保护与修复方向图书情报专业硕士研究生。主要研究方向有文献修复和古籍整理与编目。前期统筹兼学，后期在“自主、自愿、公平”的原则下，2016 级 10 位全日制学生，6 位主修文献修复方向、4 位主修古籍整理与编目方向。下面就“古籍编目与整理”这一方向作相关介绍与探索。

一　课程目标

“以实际应用为导向，职业能力培养为目标，以综合素质和实践能力的提升为关键”是专业硕士培养目标。“古籍编目与整理”专业硕士的课程设置，重在培养文献保护领域古籍整理人才的专业素养和实际操作能力，以期培养出兼具研究能力与应用能力的综合型人才。理论课程旨在掌握古籍整理、书志写作等基础知识以及为实践教学提前储备文化常识。实践操作重在培养学生“学以致用”，在实践中锻炼提高古籍编目、整理的技艺。在实践中研究学术，增强工作技能。

二　课程设置

“理论结合实践”“量化细节”是古籍整理实践教学的理念与原则所

在，先普及掌握理论基础，后在理论指导下开展实践学习。根据这一原则，中山大学资讯管理学院依托中山大学图书馆特藏部古籍资源和专业人才团队，设置系列理论课程，包括古籍鉴定与编目、版本学、目录学、文献学、书史、造纸史与材料鉴别、特藏资源建设等。实践课程内容涉及古籍、民间历史文献、碑帖、西文古籍等类型文献的编目与整理，以及古籍书志编撰。

（一）古籍编目

开设不同专题的理论课程，包括纸张、印章、字体、讳字等进行古籍鉴定与编目。后期进行实践操作，“量化课程任务与指标”：对每位学习者进行学习目标和任务的量化考核，每人每天 2～3 部古籍的编目。主要还是卡片编目方式，著录项包括：分类、书名、卷数、作者、版本、板框信息及附注项，附注项为版本鉴定依据（图 1）。这是古籍整理最为基础的一个步骤，通过在卡片上填入最为基础且关键的信息，为古籍著录数据库及进一步研究提供便利。

“边做边学”。实际工作前先进行理论知识的巩固和编目步骤的讲解，以及所需工具书的查阅方式等。在实践编目过程中不断穿插问题的讲解，寻找问题并解决问题。

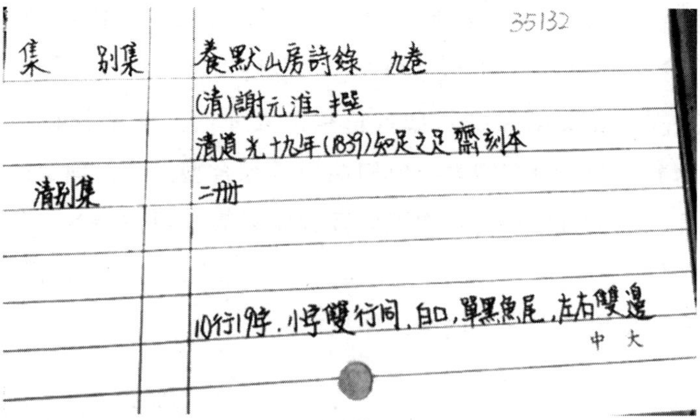

图 1　笔者所书写编目卡片之一

（二）古籍整理

“校书如扫落叶”。古籍整理是编目的提升。“古籍整理”是对古籍进行校勘、注释等加工整理，将古籍中艰奥难懂的内容整理成今人能够阅读的。主要包括：古籍标点、校勘、注释、今译、辑佚、索引、影印、字体转换等。选择“底本”以影印古籍为练习，完成一篇古文的标点、注释、今译的学习与工作。在实践中，以段落为标准，进行标点、注释的工作。

（三）书志写作

书志是对古籍的书名、卷数、作者、版本、行款、版式，以及著者简历、内容、牌记、序跋、题识、刻工、讳字、流传著录、藏书印等进行详细著录，是更系统化的古籍编目，更包含了部分古籍整理方法和工序，是集“古籍编目”与“整理”于一体的介绍古籍图书的一种写作方式。目的在于将一种书的情况写清楚，使读者在无法获取原书的情况下，即可知道这种书对其研究的必要性和研究价值。书志是一部书的客观记录和写作主观意见的结合，也是资料性和学术性的结合，使其蕴含更多的信息量，重点在于揭示图书形式和内容特点。

在整个教学中，遵循“先理论后实践”的原则，集中授课。由文献学老师传授 1 周与书志写作相关的理论知识，包括目录学、版本学、文献学等印章版本等相关知识，着重介绍“哈佛模式”的概念与组成。其后分别由 3 位擅长不同类别书志工作的老师，进行实践授课与指导。从实践中寻找问题并纠正，最后进行集中汇报反馈（表 1、图 2）。

表 1　书志课程安排

时间分配	授课内容
第 1 周	理论知识
第 2 周	实践写作（集部古籍）、（四部古籍）
第 3 周	实践写作（特色古籍）
最后	集中汇报反馈

图 2　授课老师讲解工具书的辅助查找

古籍编目、整理、书志编撰三者是一个承上启下的过程。编目是基础，是不可或缺的一步（图 3）。整理是在编目的基础上更深层次的古籍校勘、标点断句等。书志写作是更详细的编目、内容揭示、客观评价等。

（四）徽州文书整理与编目课程实践

徽州文书，是“古徽州遗存的历史上的徽州人在具体的社会生产、生活与交往过程中形成的原始记录”，具有丰富的科研价值与珍贵的文物价值。中山大学图书馆藏徽州文书种类和数量，名列全国前茅，并发展成为该馆的特色馆藏之一。故该馆在设置编目实践课程时，充分考虑自身特长，开设徽州文书整理实践课程。

財產登記號	題名	責任者	
A200040007	民國二十七年旌德二十一都一圖許沂生第一期田賦串票	許沂生	民國二十七年戶 畝一分九釐，本
A200070070	清光緒元年歙縣十二都四圖花戶葉志亮下忙執照	葉志亮	清光緒元年江南 據十二都四圖花 四錢三分五釐，
A200040002	民国二十五年歙縣舊十二區三段許元洛第二期田賦串票	許元洛	民國二十五年 三分七厘，本 期應完
A200040004	民國二十五年歙縣舊十二區三段許元洛第一期田賦串票	許元洛	民國二十五年 三分七厘，本 期應完

图 3　笔者在老师指导下对文书的著录截屏

在专业指导老师的带领下，先进行文书的清点工作，学习清点文书时的注意事项及需要掌握的专业技能；其后对已清点完成并拍摄成片的文书进行编目与著录。每周老师选取不同类型的文书，如契约合同、执照、税票等，在每次开始实践前，佐以实例讲解著录要求。

（五）碑帖鉴定课程实践

为进一步拓展学生实践领域与加强实践能力，中山大学图书馆以馆藏金石拓片为基础，开设碑帖鉴定实践课程。

课程安排为学生提供不同类型的金石拓片进行实践学习，涵盖石碑拓片、铜器拓片、镜砚花纹拓片等多种类型。在实践开始之前，指导老师认真讲解每种拓片的特点以及注意事项。老师会对填写的卡片认真审读，并给予修改意见。

相对于其他编目实践课程，碑帖鉴定课程难度较大。篆书的识别、题/刻/写者的考证等，都需要有扎实的基本功和丰富的经验。其中，拓本年代的确认最为复杂。需要查找相关工具书，核对细节及相关描述。对于工具书中未收录的拓片，需要花费更长的时间、更多的精力去进一步深究与挖掘。

三　课程特色

中山大学图书馆开设的编目实践课程，内容翔实，循序渐进，具有很强的专业性与实用性。在实践中，不仅能强化学生的理论知识，并能在理论与实践的结合中，进一步提升专业知识。该馆编目实践课程有以下几点突出优势：

1. 凸显特色。在安排实践课程时，并非盲目依照惯例，而是充分考虑本馆的特色与专长。中山大学图书馆藏徽州文书质量与数量均具有代表性地位，故而安排徽州文书整理实践课程，让同学能够学习更多的内容，扩展知识。此外，在古籍编目和书志写作的实践中，授课老师从多角度、多方位挖掘不同类型、各具特色的文献让学生尽可能多的练习。

2. 专业性强。中山大学图书馆师资力量雄厚，古籍编目与整理方向由著名版本鉴定专家沈津老师坐镇，各位授课老师亦系出名门，均为编目与整理领域的资深专家。高水准的师资力量决定了课程内容的专业性。

3. 重在引导。引导学生学会主动思考、自我怀疑、自我总结、自我鉴定。如馆藏《读书纪数略》（清宫梦仁撰）原一直定为普通古籍，但在学习过程中，在指导老师的引导下，通过其序跋、封面布帛材料、书中对“玄燁”进行了缺笔的避讳处理、而对乾隆皇帝的名字“弘曆”没有避讳的鉴定，再结合工具书与“高校古文献资源库读者检索系统”中的数据得知，这部书目前尚未发现在雍正年间进行过刊刻，即这部书籍当为康熙年间的刻本，为善本（图4）。

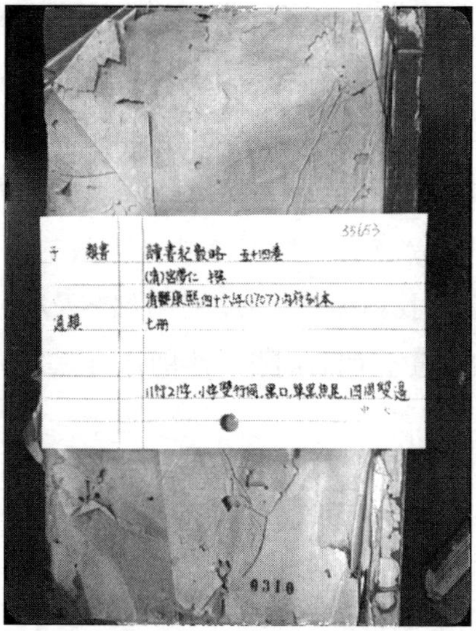

图4　清康熙四十六年刻本《读书纪数略》

4. 珠联璧合。虽然编目与修复两个子方向侧重点略有不同，但是却实现了双方的水乳交融。就编目方向而言，同样学习并掌握一定古籍修复技法，使得培养的人才能够达到珠联璧合，修复与整理兼顾的效果。

四　实践特点

古籍编目重在摸清馆藏古籍版本，避免重复资源购买，了解自我优势，对读者的研究起到引导作用。无论是古籍编目、整理还是善本书志写作均需要较强的历史文化积累。古籍工作是一个日积月累的行业，需要“多看善本、多摸原书、多做探索”。古籍工作的特点主要包括以下三点。

1. 专业性强。古籍的版权并非特别规范、明显，有些可能没有或者在后期保存环境中缺失。所以需要从业者根据书中序跋、避讳字、纸张特色、刻书风格等以及自身的知识储备综合考虑。不管是书中序跋还是文章的断句，避讳字、异体字的认读，都需要一定的专业知识和相关的经验积累。对版本的考定有时更需要集众家之智慧。

2. 学术性强。就其本质而言，古籍编目与书志写作是一个学术研究工作。从事古籍编目与整理的工作者，需要有深厚的文化底蕴及版本学、目录学、文献学等相关的知识储备。对古籍的字体、刻书风格、纸张特色的辨识需要对各个朝代的文化史、刻书史等有一定的了解和掌握。对于整理而言要求更高，需要对书中内容、作者的思想有全面的理解和把握。

3. 心静。古籍编目与整理是一项“安静”的工作，需要一份慢性的、严谨的研究态度。一般做文史研究的似乎大多都有一份“两袖清风”之感。同一种书可能有不同的版本，所以心要静下来去观察、挖掘书中的每一个细节。

五　课程体系构想

古籍编目与整理目前还未形成系统的学科体系，在高学历层次的培养也是刚刚兴起，处于初步摸索阶段。作为一个应用型较强、以培养专业实践人才为主的学科领域，理论与实践缺一不可。专业硕士的培养应该由被动接受到专业技能的主动吸收。确定最终成果目标，以目标反向引导课程体系设计，并通过实践检验学生成果成效。

成果导向教育（Outcome-Based Education，OBE）最早由美国学者威廉·斯派蒂（Spady，W. D.）提出，“成果”是指学生在最终学习过程后证明自己真正具备的能力，成果导向教育则是一种为教育系统所关注、界定每一个学生所达成的最终学习成果的教育。[1]作为理论与实践一体的专业学科，最终学生的科研与实践工作能力应达到一定程度的协调。结合成果导向理论和古籍编目整理的特点，首先确定行业工作和个人能力需求，从而确定最终学习成果即目标，再细分理论目标和实践目标，根据两个目标分别进行课程设计和实践教学安排。最后在实践中检验理论成果，在理论中挖掘实践经验真理。如图 5 所示。

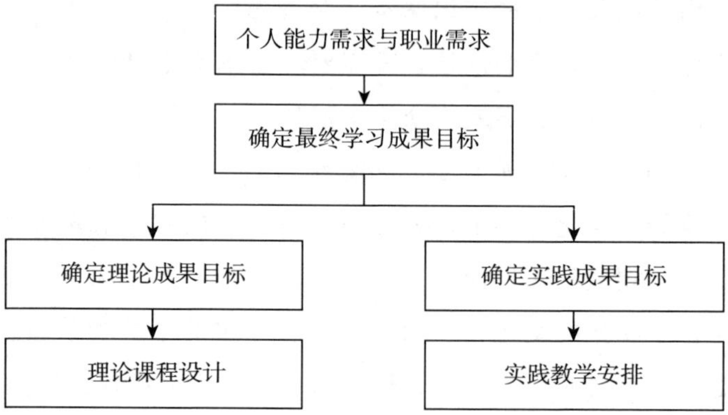

图 5

①个人能力需求与职业需求：古籍编目与整理的人才应能在工具书及现代网络的帮助下，独立完成古籍版本的鉴定、校勘、标点、注释、辑佚等，并能在该领域有所研究成果。职业需求同样如此。

②确定最终学习成果目标：提交成果展示，并进行研究主题讲解。

③确定理论成果目标：对古籍编目与整理的学术研究，论文一篇。

④确定实践成果目标：每人一本古籍，完成编目、整理、书志写作并形成书面报告。

⑤理论课程设计：学生自我学习为主，确定研究主题的自我学习。课堂理论授课主要以入门指导课程为主。

⑥实践教学安排：以培养工作能力为主。以不同类型的古籍进行整理练习。

有目的性的、有系统性的教学体系，不管是老师输出还是学生输入，都较容易接受，并在最后看到预期成果的同时能增加学生自身的归属感和自豪感，学生更易进入该领域、该行业。

六 结语

古籍整理作为连接历史与现代文化的桥梁工作，是挖掘和传扬中华民族优秀传统文化必不可少的重要途径，古籍整理工作显得尤为重要。古籍整理的高等教育人才的培养更是重中之重。在文献保护领域，不管是修复还是古籍整理，我国在这一方面的人才缺口还是很大。人才培养模式、课程体系设置都是亟待确定的事。

参考文献

[1] 吕帅，朱泓，赵磊．基于成果导向理念的教育改革实践与探索——以英国邓迪大学为例［J］．重庆高教研究，2017，5（02）：101－106.

[2] 刘向东．古籍版本鉴定必须加强对目验法的研究和总结——以活字印本鉴定方法为例［J］．版本目录学研究，2015，（00）：341－359.

[3] 张宇，沈乃文．冀淑英先生讲古籍版本和整理编目［J］．版本目录学研究，2012，（00）：7－16，3－6.

[4] 徐由由．古籍著录之五辨［J］．图书馆建设，2009，（04）：24－26.

[5] 许逸民．古籍整理释例［M］．北京：中华书局，2011.

23. 案例教学探索之数字化学习环境下的图书情报专业硕士翻转课堂研究

21 世纪全球进入信息技术时代，互联网和信息技术快速发展，不断完善和成熟的电子信息科技冲击着各个领域，对教育领域的影响也是十分明显的。世界各地都积极探索和研究在新时代新技术的背景下如何进行教育改革，探究教育在信息技术时代应该具备的新特质。我国《国家中长期教育改革和发展规划纲要（2010 - 2020 年）》明确指出“信息技术对教育发展具有革命性影响，必须高度重视，应通过教育信息化带动教育现代化的实现”，这是《纲要》三大战略目标之一：基本实现现代化教育，即在 2020 年，教育发展水平达到目前中等偏上收入国家的教育发展水平。[1] 教育部印发《教育信息化十年发展规划（2011 - 2020 年）》也指出建设教育信息化体系，促进优秀教育资源普及共享，推进信息技术与教育教学深度融合。[2] 促进对高等教育教学的数字化改造升级，培育优质师资力量，培养学生信息素养能力起到推动作用。努力实现优化教育教学模式，共享教育教学资源，推进教育教学模式改革，以适应构建学习型社会和人力资源强国。

教学技术和设备的革新给传统的教学带来巨大冲击，改变着传统的教育观念、学习方法、教学模式、教学资源等诸多方面。应运而生一系列创新的学习方式和教学模式，从早期的建构主义教学 e-learning，到行为主义与早期建构主义教学 blended learning 混合式学习，再到现在应用广泛的翻转课堂教学模式。[3] 多种在线学习资源平台也不断萌生，移动端视频在线学习、MOOC视频资源、微课程等多元化学习方式也在潜移默化地融入传统教学当中来，越来越多的学生选择使用这些优质教学视频作为自学的资源和课外拓展知识的途径。传统课堂不再是获取知识的单一途径，教师也不再是唯一的传道授业解惑者，传统教学模式在信息化教育时代下受到了巨大的冲击。

学生是教育的主体，也是整个教学过程中最重要的因素。教学模式是要切合受教育者的切身需求，适合受教育者的学习特征和学习环境。在数字化环境中成长的一代学习者主要包括1980年左右出生被称为“Y世代（Generation Y）”的人群，1990年之后出生被称为“千禧一代（Millennials）”的人群。[4]现今，包括“80后”和“90后”人群在内的“数字化一代”是社会发展的生力军，并且他们在劳动人口中所占的比例每一年都在增加。与“X世代”人群（1965~1979年出生）相比，“数字化一代”的学习特征有了质的差别。塔普斯特指出“数字化一代”喜欢快速接受新的信息，学习生活依赖信息技术设备，相较于繁复的“满堂灌”学习，他们更喜欢有趣、个性、精炼的教学方式。[5]“数字化一代”是被移动设备伴随长大的技术达人，他们在各种“屏幕”前成长，从思考和处理信息角度而言，他们更喜欢图像形式呈现、善于利用技术解决问题；从学习方式而言，他们喜欢微型学习、新媒体和交互合作式学习。所以课堂教学模式应该根据“数字化一代”的学习特征设计和规划，利用各种数字化信息技术和简洁高效教学流程以满足多元化的学习需求，使他们的创造力和潜能得到充分的发挥。

一　研究问题与研究价值

《实践领域案例分析》是图书情报专业硕士必修课程，从2012年开始建设，目的在于帮助学生了解实践领域前沿进展，培养学生分析问题并提出对策建议或解决方案的能力。授课形式为负责教师邀请在实践领域有突出成就人士，以专题的形式讲授实践案例，学生在老师指导下提交案例报告，并进行课堂展示及研讨。翻转课堂是现代教学理论与信息技术共同发展的产物，“翻转”源自于学校教学发展的内部驱动力，特别适用于提高研究生应对理论联系实际难题的能力、培养研究生自主研究学习的能力、提高分析复杂问题的高阶逻辑思维能力。

因此，论文的研究问题在于以 Blackboard 数字化平台为基础，结合讲座式教学方法，设计适合《实践领域案例分析》的翻转课堂教学模式。通过更新教育教学理念，改进教学结构，丰富教学形式，拓展教学空间，改革考核与评价学生的方式，探索数字化学习环境下有效实现课程目标的新型图书情报专业硕士课程教学模式。

图书情报专业硕士侧重实践型人才的培养，区别于注重知识体系化学习的图情领域本科教育，图情专硕需要培养在实践当中应对理论联系实际难题的能力、自主学习的能力、分析问题的能力、解决问题的思路、团队协作的能力和归纳总结的能力。不同的课程针对不同的上课群体应当选择不同的教学模式以适应教学目标和培养要求。本研究提出的课程设计主要针对《实践领域案例分析》这门课程的特征设计，为图情专硕教育提供一种新型教学模式，优化教学体系结构，提供多样化的教学模式选择。

自翻转课堂诞生以来，其教学模式在不同领域、不同行业都得到了很大的发展。这种先进的教育理念的适应性良好，并没有因专业差异而“水土不服，难以适用”。“翻转”的道路是多元化的，在“学习知识主要在课外、内化知识主要在课内”的新型教学结构下，结合不同的专业特点进行课程设计，具体实现方式是多种多样的，并且存在明显的差别。本研究着重结合图书情报专业硕士的教学特点来设计应用翻转课堂教学模式，探究翻转课堂教学模式在图情专硕教育领域的具体应用情况。

个性化教育在全球兴起，世界教育大会通过的《萨拉曼卡宣言》中提到“教育体系的设计和教育方案的实施应该考虑每个个体独一无二的个性”既个性化教育的需求；我国政府颁布的《国家中长期教育改革和发展规划纲要（2010—2020 年）》也提出“尊重教育规律和学生身心发展规律，为每个学生提供适合的教育”，“关注学生不同特点和个性差异，发展每一个学生的优势潜能”。

翻转课堂的教学模式有利于实现个性化学习的需求，满足个体差异导致的学习时长不同的需求、提供个体不同学习方式的途径、形成不同个体在遇到实际问题中的个性化解决方案。图情领域高等教育应通过培育学科专业特色，量身定制图情专硕个性化培养计划，加强理论与实践教学结合，实施针对性教学。[6]

二 翻转课堂的教学理念与发展历程

（一）翻转课堂的教学理念

“翻转课堂”（Flipped Classroom）或称“颠倒课堂”（Inverted Classroom）一词起源于美国，“翻转课堂”活跃于当前教育界的热门研究，但是学术界对翻转课堂还未有严格的定义。[7] Maureen J. Lage 和 Platt[8]在《经济学教育杂志》发表了两篇文章，认为翻转课堂是把传统课堂上发生的教学活动放在课堂外进行，原本课堂外完成的教学任务放在课堂上完成，利用课堂的时间使师生有更多面对面交流的机会、小组讨论等。Bergmann[9]、Larry Hurtubise[10]、Lakmal Abeysekera 和 Phillip Dawson[11]等人也对翻转课堂所应具备的特征进行了归纳总结。

不过，正如张萍[12]等指出的，现在许多翻转课堂实践实际上只是模仿了翻转课堂最简单形式，并没有对其中的教育理念、教育目标、教学方法进行深度研究。2014 年 3 月 12 日 FLN（Flipped Learning Network）正式宣布将翻转课堂定义为：翻转学习是一种教学方法，这种教学方法将直接教学的行为从小组学习空间转移到了私人学习空间，而小组讨论空间变成一个动态、互动的学习场所，在这个场所，学员们将概念应用于实践，更加积极主动地参与课堂主题，而教师的角色是指导者。[13]

综合国内外相关研究，结合已有的翻转课堂实践成果，本研究认为翻转课堂和核心是“以学生为中心”展开的教学模式。将教学环节中单向的知识传递移至线上课后学生自学，充分利用课堂教师和学生、学生之间面对面的实践实现互动式深度学习，培养学生独立思考、解决复杂问题的高阶思维能力和批判性观测事物的视角。

（二）早期以学生为中心的教学模式创新——“第一代翻转课堂”

追溯翻转课堂理念的本源，最早在这一领域开始研究是在20世纪90年代哈佛大学物理教授诶里克·马祖尔创立同侪互助教学（Peer Instruction）[14]。这种教学方式主要针对“知识传递”和“吸收内化”，两部分中“吸收内化”有良好的促进作用。并且马祖尔发现可以借助计算机来完成“知识传递”，教师可以跳脱讲者转化为指引者的角色，通过学生之间的互助学习来吸收内化知识才是教学重点，教师充当纠正和辅助学生学习的角色。Barrows等人[15]提出基于问题的学习，学生的学习以问题为起点，着重锻炼学生从解决问题的过程中学习。Clyde Freeman Herreid[16]于1994年提出案例教学（Case Study），案例教学中的目标不在于教学科学内容，而是教导如何科学地工作，并发展高等学习的技能。1999年Novak[17]提出及时教学法（Just In Time Teaching）。莫林拉赫，格伦·普拉特和迈克尔·特雷格拉在2000年发表了论文《颠倒课堂：建立一个包容性学习环境途径》。在美国迈阿密大学开设的“经济学入门”课程采用了翻转教学，着重探讨如何利用翻转教学促进差异化教学以适应不同学生的不同学习风格，不过文中未引用“翻转课堂”或“差异化教学”[18]。

翻转课堂产生和出现，源于教育发展的内部驱动力，中国课堂的“翻转”起步一点不落后于世界。20世纪80年代，江苏省木渎高级中学[19]进行了“任务驱动、问题导向”的自主学习模式，这种学习模式强调学生把握教学内容的整体结构，强化学生抽象概括的思维能力，形成结构化思考方式。山西新绛中学早在2008年也有类似创新。为了提高教学质量，新绛中学实行半天“自主课”半天“展示课”的创新教学流程。[20]

综上所述教学方法的本质都是“以学生为中心、问题导向、强调学生自主学习和合作探究”，具备“翻转课堂”的核心特征，但是并没有统一的词汇概括总结这类区别于传统教学模式的创新教学方法，在许多国家和教育领域取得了显著的教学实践成果。

（三）依托信息技术的翻转课堂——“第二代翻转课堂”

科学技术的发展，信息技术与教育的整合日渐深入，信息化环境催化了人们对教育理念、教育方式、教学目标、教学过程、媒介手段等诸多方面的思考。第二代翻转课堂中增加了课前学生在线观看视频这一要素。事实上，翻转课堂不一定在信息化的环境下运行（第一代翻转课堂），而信息化可以为翻转课堂提供更丰富的教学资源和交互形式（第二代翻转课堂）。

1. 国外翻转课堂应用现状

翻转课堂作为一种概念被明确提出始于2006年。“翻转课堂”一词是起源于美国科罗拉多州落基山林地公园高中的两位化学教师——乔纳森·伯格曼（Jonathan Bergmann）和亚伦·萨姆斯（Aaron Sams）的教学实践。随着“可汗学院”的发展热潮和“比尔和梅林达·盖茨基金会”以及“谷歌公司”的数百万美元资助，翻转课堂成为近年来全球教育界关注的热点。[21]J. 韦斯利·贝克在第11届大学教学国际会议上发表了论文《课堂翻转：使用网络课程管理工具（让教师）成为身边的指导》。现在广为流传的“让教师成为身边的指导替代以前的‘讲台上的圣人’”就是出自此文。贝克提出了基于网络管理平台学习，课堂交流讨论相结合的翻转课堂模式。[22]威斯康星大学麦迪逊分校从2000年秋季开始，使用eTeach软件的流媒体视频授课以取代教师现场讲座。[23]2006年乔纳森·伯格曼和亚伦·萨姆斯在美国林地公园高中实践基于项目学习PBL的翻转课堂教学模式。[24]

杰里米·斯特雷耶[25]在2007年的博士论文《翻转课堂在学习环境中的效果：传统课堂和翻转课堂使用智能辅导系统开展学习活动的比较研究》中，论述了利用Blackboard在线课程系统翻转课堂在大学应用情况。[26]2010年美国底特律的克林顿戴尔高中实行翻转学校，整个学校的所有课程全部采用翻转课堂的模式，最后发现受翻转课堂影响最大的原先成绩在最后的学生群体，他们的成绩和学习兴趣得到了很大的改观。[27]美国加州河畔联合学区的翻转课堂和KIPP学院采用了数字化互动教材，借用了丰富的媒体材料如文本、图片、动画等，节省了教师自己录制视频的时间更加吸引学生的关注。[28]斯坦福大学的翻转课堂中为了避免现在视频学习与传统教学模式一样枯燥，于是在视频教学中穿插了其他社交媒体元素，加强了学生之间的互动。[29]

2. 国内翻转课堂应用现状

2001 年我国教育部启动了新课程改革，在加速教育信息化进程以及实施新一轮课程改革的宏观背景下开展了一项长达十年的“基础教育跨越式发展创新试验”（简称“跨越式教学试验”），旨在通过信息技术与学科教学的深层次整合——在信息化教学创新理论的指引下，把以计算机和网络为核心的信息技术作为促进学生自主学习的认知工具、协作工具以及情感体验内化工具，用于改变传统的以教师为中心的教学结构，构建新型的“主导 - 主体”相结合的教学结构，从而实现基础教育课堂教学结构的根本性变革。中国的跨越式教学在中小学的教育实践中充分体现了其适用性和科学性，与美国的“翻转课堂”一样取得了显著效果，原因是两者都能“根本变革课堂教学结构”，也是整个教育系统结构性变革的主体和核心。[30]

2011 年 3 月 21 日，重庆市聚奎中学启动基于视频和学习管理平台的课余学习和课堂练习的翻转课堂模式。聚奎中学的翻转课堂结合本校的实际情况实施“四步”“五环”模式，从教学结构方面看，重庆聚奎中学借鉴了美国翻转课堂的成功经验，结合自身的具体情况翻转教学结构，最早在中国实践翻转课堂。[31]

2013 年由华东师范大学牵头成立了 C20 慕课联盟，成立联盟“借助慕课平台，实施‘翻转课堂’，实现学校教育模式的变革”已有 60 余所中小学加入，这是实现大规模教育资源共享的开始。[32]

清华大学将其精品课程《电路原理》制作成慕课，采用翻转课堂教学模式得到了很好的效果反馈。南京大学在 2014 年以《电路基础》为试点课程[33]，基于 SPOC 平台，利用慕课资源，采用翻转课堂的教学模式进行教学，学生的研究性学习、协作性学习和团队学习得到质的提升。青海大学用原先一半的课内学时来完成翻转课堂教学，同时实现降低课时数和培养创新性的目标。

三　翻转课堂的教学模式设计

翻转课堂的教学模式，需要充分结合图书情报专业硕士侧重实践教学、注重分析和创造力、解决复杂实际问题的高阶思维能力等培养特点和《实践领域案例分析》课程，帮助学生了解实践领域前沿进展的教学目标。

（一）教学模式设计的理论基础

本课题旨在以中山大学图书情报专业硕士必修课《实践领域案例分析》为例，通过科学的研究方法建构一个系统的、客观的、全面的适用于现代图书情报专业硕士教育的翻转课堂教学模式。打破现有“老师教，学生学”单一的传统的单向接收型课堂模式，利用现有丰富的在线教学视频资源（如：MOOC），基于 Blackboard 平台作为在线教学环境，采用 LBL（基于讲座的学习）作为教学方法的翻转课堂教学模式。以此作为图情专硕教育领域创新的教学模式，更加适应图情专硕的培养目标，更加贴合图情专硕学习的计划。

本研究以本杰明·布鲁姆提出的掌握学习理论、建构主义学习理论和混合学习理论为基础。掌握学习理论认为学生的学习成绩不应该成正态分布，不是只有少数“好学生”才能取得 99 分，取得 65 分就代表学生的学习能力不足，而是每个学生都可以 100% 掌握学习任务。因为学生自身的学习速度、学习时长不同，从而导致不同的学生在单位时间内学习效果存在差异。但对于大部分学生而言，只要他们按照适合自己的学习速度和时长来安排自己的学习计划，最终都可以保质保量完成学习任务。[34]

建构主义学习是需要学习主体和外界客体交互作用而完成的过程，包括情景、协作、交流和意义建构四大要素。[35]建构主义学习理论认为学生学习的过程不应当只是个体认知新事物、接收新知识的过程，还需要借助外界的支持如教师的指导、参与实践活动的体会等。

混合学习理论是在网络教学产生之后，主要内容包含将传统的面对面教学与互联网线上教学环境结合、学生参与学习与教师主导学习活动结合、学生个体自主学习与小组协作学习结合、数字化学习资源和书籍实物结合的学习模式。[38]参与教学活动的主体被重新划分和定义，学习环境是由线上线下相结合的多元化组合，学习方式多样化组合符合学生的学习规律和知识内化的过程。

（二）学习者分析

《实践领域案例分析》课程的教学对象是2017级图书情报专业硕士，共37人。根据布鲁姆的掌握学习理论应该根据具体学生的实际情况安排教学方式和教学进度，使得学生对知识的掌握更加完整、深入。分析学习者的自身学习背景和学习需求，制定适合本课程学习者的学习策略。图书情报专业硕士存在许多跨专业的情况，部分研究生本科专业并不是图书情报专业，所以基础专业知识相对较为薄弱甚至空白。如“古籍修复”专业的相关知识，研究图书馆学、档案学、情报学方向的学生对于文献保护与修复领域的了解相对来说就比较缺乏。《实践领域案例分析》课程是一门涵盖图书情报专业研究所涉及的方向和与专业就业相匹配的行业的主题，旨在将专业理论知识与实践活动中的实际情况相结合。邀请在实践领域有突出建树或是经验丰富者以专题的形式开展讲座。这要求学生在聆听讲座前对专题所涉及的专业知识有基本了解和掌握。鉴于教学对象本科专业教育背景的差异性，在课程环节和课程内容的设置上应当充分考虑到这一点。

（三）教学目标分析

《实践领域案例分析》课程需要紧密结合实践工作中的实际经验和困境难题，着重培养学生运用理论知识、分析现实问题和团队协作探讨学习的综合能力，为学生日后选择进一步学习和研究的主题提供“向导”作用。总体目标是通过本课程的学习，提高学生的专业课兴趣，让学生了解相关领域当前的实际发展情况，立足于实际情况选择自己的研究方向和目标。结合图书情报专业硕士的培养特征和学生专业背景特点从专业知识技能和学习过程方法制订本课程详细的学习目标。

1. 专业知识技能目标

课程学习目标设计参考布鲁姆教学分类理论中的6个进阶层次，分别是记忆、理解、应用、分析、评价和创造。例如，通过为期2周的《实践领域案例分析》之“满天星青少年公益阅读”专题讲座的课程学习，学生需要达到的目标包括：①叙述并解释公益阅读的基本概念；②了解公益阅读当前研究热点及研究现状；③列举当前国内公益阅读组织机构及运营模式；④了解当前国内公益阅读发展困境、瓶颈及其实际解决方法；⑤具体选择公益阅读实际发展中可研究问题进行探讨；⑥总结梳理公益阅读发展经验或提出公益阅读发展困境的解决方案；⑦对公益阅读将来发展模式以及发展方向有清晰的认识或独到的见解。

2. 学习过程方法目标

课程按照专题进行为期 2 周的学习，分为 5 个学习模块。①课前通过在线学习教师上传的文献、书籍，完成与“公益阅读”相关的基础理论知识储备，对基础知识理解掌握并提出自己学习过程当中产生的问题 Q1（基础概念理解问题）；②根据嘉宾讲座的实践案例中的问题进行思考形成初步可探究问题 Q2（经过思考后的可研究性主题）③分小组合作探究初步形成研究问题的思路和框架；④以小组为单位进行课题汇报，教师针对指导，集体讨论确定报告研究问题 Q3（确定为一个研究型问题）；⑤根据确定的研究思路和框架梳理前 4 个环节的学习成果形成书面主题报告（对公益阅读发展的学习经验总结或在公益阅读中研究一个具体问题的解决方法）。

（四）学生体验分析

整个教学环节的设计遵循“学生为主，教师为辅”原则，注重学生在学习过程中的表现和感受，了解各个环节学生的学习效果及学习体验尤为重要，特别是学生的反馈对于教学模式的设计和调整起到了深远影响。①学生根据自身对专题内容的把握，制定适合自己的学习节奏和学习时间的学习计划，保证全面透彻地掌握基础内容；②通过分组讨论的形式加强学生团队合作解决问题和整合信息的能力；③充分利用课堂师生面对面交流的机会，指导不同学生个性化学习需求，交流激发学生的发散性思维。

（五）学习资源设计与制作

1. 自主学习资源设计

自主学习是一个接受知识的认知过程，在这个过程学生是学习的主导，为了让学生能够储备与讲座专题相关的“元知识”，教师在课前根据讲座专题的主题内容设计教学框架，主要涵盖：问题导入、文献准备、学习目标的制定。教师在确定授课主题后，设计导入问题，如“青少年公益阅读”；收集整理有关公益阅读的文献、书籍、视频等10余个，学生通过Blackboard数字平台下载学习任务包，了解这一专题的学习主题和学习目标，根据自己的学习习惯和时间安排制订适合自己的学习计划表。学生可以充分按照自己的时间安排学习，以达到可以完全掌握专业知识的水平。

2. 视频资源录制开发

这是首次将数字化教学资源引入《实践领域案例分析》这门课程，教师将单周的讲座录制成视频，经过处理剪辑后上传至Blackboard平台，学生可以登陆数字平台进行观看学习。从这门课程长期的设计考虑，把每次讲座录制成视频可以供以后的学生在线学习，同时邀请新的嘉宾现场讲座，丰富了本课程的学习内容和资源。每段视频的时间为15~20分钟，多样化的教学资源和短时间的视频课程可以满足学生多样化的学习需求。学生可以利用碎片化时间来观看视频学习，不再拘泥于传统的现场学习，学习过程变得便捷和简单。

3. 作业报告总结设计

在线自主学习和聆听讲座是知识输入的过程，要检验学生学习效果学习体验需要通过作业输出来评定。在学生自主学习的数字化平台可以了解他们个人学习任务的完成情况，Blackboard平台可以记录学生登陆的阅览痕迹和学习过程中的问题记录，教师可以宏观掌握学生自学完成课前学习任务的情况。最终提交的课程报告由小组合作完成，学生大致被分为4~6人/组。在讲座之后，由小组集体讨论出一个2000~3000字研究问题的思路和框架，需要清楚阐释如何选择研究问题、打算用何种研究方法开展该研究、研究思路如何设计，从哪些方面进行深入研究。在课题汇报环节向教师和同学们展示小组的研究框架和思路，学生和教师可以面对面进行交流探讨，教师根据小组展示情况进行针对性指导，帮助修改同学们的初步研究思路。学生通过梳理自主学习环节的情况和集体讨论修改后的研究思路和框架完成小组课题报告。学生完成课题报告的过程是对整体学习过程的一次梳理和总结，在掌握知识和分析问题的基础上提出自己的创新思维。学生完成结合理论知识分析实践领域情况的内化过程，可以通过报告来判断学生在学习的过程中掌握知识的水平和分析问题的能力是否得到全面提升。

（六）学习环境分析

学习环境是开展教学活动一个重要的因素，不同教学环节需要配合不同的学习环境。学习环境包含硬件条件和软件条件，软件条件主要包括学习的电子资源、网络学习平台、师资力量等；硬件条件主要指上课教室、多媒体设备、开放电脑室等。①自主学习环节主要依托 Blackboard 数字教学平台进行学习，学生自由地安排学习的时间和地点，灵活地掌握自己学习的进度，不受时间和地点的约束，满足学生学习环境多样化、个性化的需求。②聆听讲座环节需要有足够的座位空间和多媒体设备支持。在讲学厅进行，学生可以与嘉宾面对面交流探讨所遇到的问题。③课题汇报环节是一个师生、生生的互动环节，所有学生和教师都参与到课题的讨论中，在圆桌会议室进行课题汇报，大家可以自由地表达自己的看法，促进新的灵感的产生；教师在这过程中可以观察每个学生的学习状态和思考方式，适时予以指导和纠正。④学生将整个学习过程进行反思总结梳理后完成课题报告，上传至 Blackboard 数字化教学平台，在 Blackboard 平台上可以完整地记录学生学习的轨迹，包括对文献资料的下载次数、阅读学习的笔记和交流讨论的记录、提交报告的信息等。数字化教学环境正在慢慢地渗透到学生的各个学习环节当中，有效地提高了学习的效率。

四　基于 Blackboard 平台的翻转课堂实施案例

（一）五环教学模式

研究者提出“学案准备—自主学习—聆听讲座—课题汇报—反思梳理”的五环教学模式，并在 Blackboard 数字教学平台上应用于图书情报《实践领域案例分析》课程。在教学模式设计过程当中，遵循“学生为中心，教师为指导”原则，根据不同的教学环节设定学习地点、学习目标、具体任务、参与主体（见图 1）。

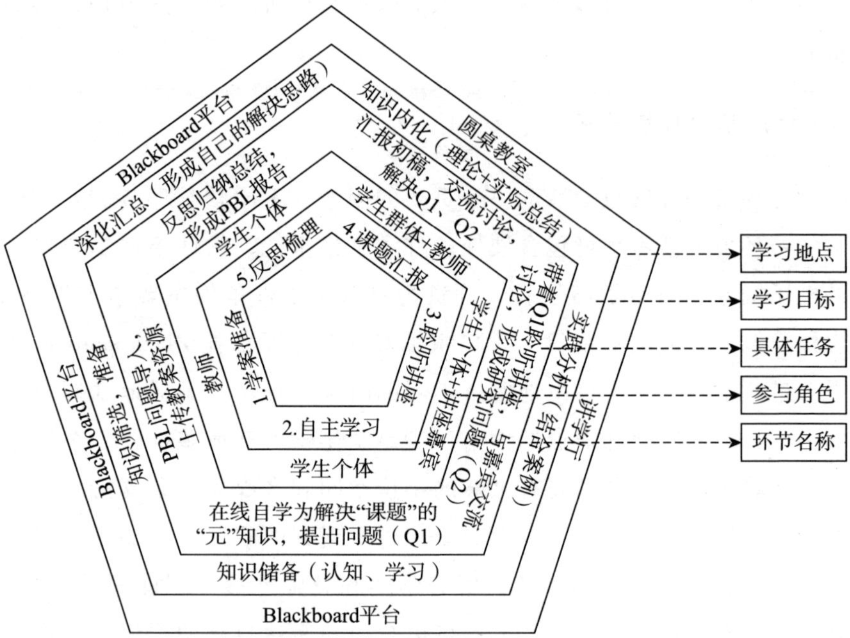

图 1　基于 Blackboard 平台的《实践领域案例分析》翻转课堂教学模型

翻转课堂的核心理念是改变学生在学习过程中的角色，通过设计教学环节来重新定义在不同的学习环节中教师和学生的角色及任务，使学生积极主动地投入研究和学习中。小组协作学习和探究性学习是两种主要的学习方式，将单向接受型知识学习转移至线上供学生们自主学习，这部分所涉及聆听讲座和交流探讨所需要的基础性知识，学生可以自主地安排自己学习的计划，以确保可以保质保量地完成“元知识”的储备。小组协作学习侧重培养学生协作解决问题的能力，多样化的思维碰撞有助于产生新的思路，可以开拓学生的发散性思维。探究性学习着重培养学生主动参与学习和研究的行为，这是一个依靠师生互动、生生互动的学习过程。学生以教师导入的专题为切入点，小组合作讨论确定研究的主题，学生围绕中心主题分工搜集整理相关信息材料，寻找合适的研究方法开展研究。整个学习过程以学生为主导，教师在学生的课题汇报中予以适当的指导，培养学生分析复杂问题、解决实际问题的综合探究能力。

本文以《实践领域案例分析》之“满天星乡村儿童阅读推广实践经验和挑战”专题讲座为案例，说明在图书情报专业硕士教育中翻转课堂的操作过程。本专题教学目标包括：①学生理解公益阅读及其发展的相关基本概念；②清楚掌握公益阅读当前研究热点及研究现状；③列举当前国内公益阅读组织机构及运营模式；④了解当前国内公益阅读发展瓶颈、困境和实际解决方法；⑤具体选择公益阅读实际发展中可研究问题进行探讨；⑥总结梳理公益阅读发展经验或提出公益阅读发展困境的解决方案；⑦对公益阅读将来发展模式以及发展方向有清晰的认识或独到的见解。

（二）学案准备

翻转课堂的设计将教师从讲授知识的角色中解放出来，教师作为整个课程的设计者和创造者应该发挥自己的创造性设计课堂。设计课程的导学案的关键作用是充分调动学生的学习主动性，引导学生自主获取知识的能力和培养学生习得能力。[36]在“学案准备”环节教师需要筛选学习资料、准备学案、上传学习资源、将研究问题引入至讲座的主题当中。

在第一周之前教师确定第--周周六讲座的专题内容，在进行学案准备前以问卷形式调查学生对“公益阅读”相关知识的了解情况，根据问卷反馈信息确定课前自主学习的文本、视频资料的难易程度和搜索范围。据问卷调查显示大多数学生对公益阅读的了解还停留在公益阅读的服务内容上，对公益阅读的整体发展情况和运营机构的情况并不是十分了解。在此基础上，教师从“公益阅读发展”“非政府组织 NGO”“公益阅读推广活动”“图书馆延伸服务”等方面进行相关信息资料收集，最终筛选出 10 篇左右的文献资料和视频资料。在第一周的周一将资料上传到 Blackboard 数字化教学平台。

（三）自主学习

学生在聆听讲座前对相关领域的专业基础性知识进行第一轮认知学

习，这是一个可以由学生独立完成的单向输入学习过程。由于学生个体存在学习效率和学习习惯的差异，学生制定适合自己学习节奏的计划表。在“自主学习”环节学生需要在线完成“讲座主题或问题元知识”[37]的知识储备。经过第一轮认知学习，记录自己的学习心得，总结学生还存在困惑的问题（Q1）。在此环节学生需要确保自己对基础知识完全理解和掌握，完成教师制定的学习任务，达到学案要求的学习目标。

自主学习环节旨在让不同学科背景的学生根据自身对“公益阅读”的了解和掌握情况和教师制定的教学要求，制订适合自己的学习计划。第一周内学生登陆 Blackboard 数字教学平台下载教师上传的学习资料，自主学习后掌握公益阅读的运营组织及其模式、当前国内较为成功的公益阅读活动典型案例、公益阅读发展所面临的问题及解决的对策等。学生通过学习教师提供的资料，对以上几个基础性问题有了较为全面的认识，并记录自己在自学过程中所遇到的问题（Q1）和笔记总结，为第一周周六的讲座内容做好前期的知识储备工作。

（四）聆听讲座

《实践领域案例分析》讲座旨在将实际工作、研究当中所涉及的问题或现象和理论基础相结合，总结经验或经历分享。学生在讲座之前已经完成了对理论知识的学习并带着初步问题（Q1），有针对性聆听讲座。嘉宾讲授关于“元知识”主题在相关实践领域应用中的情况或困境，学生与嘉宾进行深入的交流和讨论后形成研究型“问题”（Q2）。Q2 相对于 Q1 而言，是一个研究型的问题，不是简单的概念性认知问题，而是需要学生进行深层次分析、小组协作讨论探究的复杂问题。

第一周周六的讲座是由满天星青少年公益发展中心的创始人和学生分享“满天星乡村儿童阅读推广实践经验和挑战”。讲座内容主要包括当前乡村儿童阅读总体发展状况、满天星作为公益阅读组织如何开展阅读推广活动、在推广阅读的过程当中所遇到的挑战和解决策略等内容。学生通过在 Blackboard 数字平台上的自主学习公益阅读的相关知识，有助于学生对讲座内容有更深层次的理解和认识。满天星青少年公益发展中心在乡村儿童阅读推广活动的实践活动中是一个较为出色的典型公益阅读组织，有丰富的经验，在实践过程中形成了较为成熟的运营模式。学生与嘉宾可以面对面探讨在自学过程中遇到的问题和基于讲座内容自己对于乡村儿童阅读推广活动发展所产生的思考。理论知识源于实践也要反作用于解决实际问题，学生通过讲座学习可以检验自己所学理论知识体系的不足和空缺。学生根据讲座分享内容，了解实际情况和发现感兴趣的研究方向，以小组为单位确定研究问题（Q2）。

（五）课题汇报

在讲座环节后，学生对讲座专题内容有了较为全面的了解和认识，并通过小组协作学习讨论提出研究型问题（Q2），并以课题报告的形式呈现（研究内容或学习体验）。学生在“课题汇报”环节中与同学和教师面对面共同交流探讨，进行报告展示，把小组打算研究的问题和协作学习讨论的学习体会和总结进行分享。教师针对每组同学的报告内容予以指导和评价，协助学生解决问题（Q1、Q2）。教师在此环节中主要起指导和答疑作用，针对学生报告中存在的问题或是可继续深入展开的研究思路进行指导，同学充分利用和教师面对面的时间解决自己和小组团队无法解决的疑惑。充分地利用师生面对面互动的机会，提升授课深度和拓展思维广度。

学生以小组协作方式在第二周内设计关于研究性问题2000～3000字的研究提纲，主要内容包括研究问题、研究方法、研究思路等研究框架，并以PPT的形式展示报告内容。将37个学生分为7个小组，4～6人为一组，第二周周六由一名小组代表向同学和老师展示该小组的研究框架，要求学生清晰地展示选题背景、选题意义、研究方法、研究价值等内容（表1）。教师根据学生的展示，针对性地给出指导修改建议，其他组的学生也积极主动地参与到讨论中。培养学生探索新兴问题的思维能力和分析复杂问题的高阶思维能力。最终各小组根据教师的个性化指导建议修改研究框架，确定研究主题。

表 1　学生汇报主题

讲座次序	讲座主题	组别	汇报主题
1	满天星乡村儿童阅读推广实践经验与挑战	第 1 组	我国儿童公益阅读研究报告
		第 2 组	公益阅读推广中的民间个人力量 ——以“喆妈公益阅读”为例
		第 3 组	国外少儿阅读推广经验对我国公益少儿阅读推广的启示
		第 4 组	公益图书馆给全民阅读的启示——公益阅读案例研究报告
		第 5 组	公益图书馆利用社会力量进行馆藏资源建设研究
		第 6 组	NGO 援建民间图书馆研究报告
		第 7 组	社会力量参与阅读推广报告

（六）反思梳理

经过第一轮自主学习、第二轮讲座学习和第三轮展示汇报，学生已经完成一个完整的进阶式学习过程。梳理整个学习过程，在“深化汇总形成自己的解决问题的思路”环节将之前在学习过程中归纳总结、提出问题、解决问题、交流讨论的学习成果进行汇总，形成完整的 LBL（基于讲座学习）报告。在这个环节中学生需要把整体学习过程的自主认知学习所产生的疑惑和与教师面对面指导讨论后对问题产生的进一步认识和看法进行整合和梳理，形成一份完整的课题学习报告。

学生完成对公益阅读基础知识的记忆和理解后，通过讲座学习间接地了解在满天星青少年公益发展中心实际发展情况并选择一个切入点进行研究分析和评价，基本完成整个专题的学习过程。最后也是最重要环节，将所有学习过程的内容进行系统梳理，结合学生的研究主题完成课题报告。这是一个将所学知识进行整理内化的过程，也是学习的最后一个创造环节，报告内容可以针对公益阅读发展现状所面临的具体问题进行分析并提出建议；或是对乡村少儿阅读的发展进行经验总结。通过课题报告阐明自己的所学所得，在认知学习后进行深入的研究性学习。

五　总结与思考

翻转课堂教学模式的内涵是教学思维模式的改变和创新，并不局限于数字化教学的应用。没有一种完美的教学模式可以适合所有的课程，应该充分地考虑不同学科的教学背景和受教育群体的实际需求等差异性因素，利用多样化的教学资源和教学形式以适应不同课程的教学模式的需求。合适的教学模式需要在不断的教学实践中检验和发展，翻转课堂的创新教学思维相较于传统的教学模式具有很多优势，但是在实践教学的过程中还是存在一些弊端和待改进的地方。

在图书情报专业硕士教育领域实现翻转课堂教学模型设计还处于初步研究阶段，如何将这种教学模式在更广泛的图书情报教育领域推广应用，有针对性地选择适合不同课程的翻转课堂教学模式还需做进一步的研究和实践。注重理论和实践的结合是图书情报专业硕士教学的探究重点，也是我们日后研究和努力的方向。

参考文献

[1] 人民日报，国家中长期教育改革和发展规划纲要（2010—2020 年）［N］. 2010 - 07 - 30（013）.

[2] 中华人民共和国教育部．教育信息化十年发展规划（2011 - 2020）［Z］. 北京；教技〔2012〕5 号，2012

[3] 常培文．从 E - learning 到慕课教学模式的变革［J］. 长沙大学学报，2015，29（01）：139 - 141.

[4] Roberts S. Aslib Proceedings New Information Perspectives：UK library and information schools［J］. Acta Anaesthesiologica Scandinavica，2008，45（10）：1230 - 4.

[5] Tapscott D. Educating the Net Generation.［J］. Educational Leadership，1999，56（5）：31.

[6] 刘献君．高等学校个性化教育探索［J］. 高等教育研究，2011，32（03）：1 - 9.

[7] Tucker B. The flipped classroom：online instruction at home frees class time for

learning [J]. Education Next, 2012, 12 (1): 82 - 83.

[8] Lage M J, Platt G J, Treglia M. Inverting the Classroom: A Gateway to Creating an Inclusive Learning Environment [J]. Journal of Economic Education, 2000, 31 (1): 30 - 43.

[9] Bergmann J, Sams A. Flipped Learning: Gateway to Student Engagement [J]. International Society for Technology in Educa, 2014.

[10] Hurtubise L, Hall E, Sheridan L, et al. The Flipped Classroom in Medical Education: Engaging Students to Build Competency [J]. Journal of Medical Education & Curricular Development, 2015, 20152 (2): 35 - 43.

[11] Dawson P. Motivation and cognitive load in the flipped classroom: definition, rationale and a call for research [J]. Higher Education Research & Development, 2015, 34 (1): 1 - 14.

[12] 张萍, DING Lin, 张文硕. 翻转课堂的理念、演变与有效性研究 [J]. 教育学报, 2017, 13 (1): 46 - 55.

[13] 翻转课堂：把课堂“翻”过来的四大支柱 [J]. 中小学信息技术教育, 2014 (12): 7 - 7.

[14] Mazur E, Somers M D. Peer Instruction: A User's Manual [J]. Physics Today, 1997, 50 (4): 68 - 69.

[15] [18] [22] [23] 张渝江. 翻转课堂变革 [J]. 中国信息技术教育, 2012 (10): 118 - 121.

[16] Herreid C F. Case Studies in Science—A Novel Method of Science Education [J]. Journal of College Science Teaching, 1994, 23 (4): 221 - 229.

[17] Novak G M, Gavrin A, Wolfgang C. Just - In - Time Teaching: Blending Active Learning with Web Technology [J]. Pearson Schweiz Ag, 1999.

[19] 木渎中学政治教研组. 政治课教学改革的尝试 [J]. 苏州教育学院学报, 1985 (2): 28 - 30.

[20] 孙建. 学案式教学改革成败的案例对比分析——以山西新绛中学与江苏X中学为例 [J]. 科技风, 2013 (4): 181 - 182.

[21] 何克抗. 从“翻转课堂”的本质，看“翻转课堂”在我国的未来发展 [J]. 电化教育研究, 2014 (07).

[24] Bergmann J, Waddell D. To Flip or Not to Flip? [J]. Learning & Leading with Technology, 2012.

[25] Strayer J F. The effects of the classroom flip on the learning environment: a comparison of learning activity in a traditional classroom and a flip classroom that used an intelligent tutoring system [M]. Ohio State University, 2007.

[26] 金陵. 翻转课堂与微课程教学法 [M]. 北京师范大学出版社, 2015.

[27] Alvarez B. Flipping the Classroom: Homework in Class, Lessons at home. [J]. Education Digest, 2012, 77 (8): 18 – 21.

[28] [29] 王红, 赵蔚, 孙立会, 刘红霞. 翻转课堂教学模型的设计——基于国内外典型案例分析 [J]. 现代教育技术, 2013, 23 (08): 5 – 10.

[30] 何克抗. 从"翻转课堂"的本质, 看"翻转课堂"在我国的未来发展 [J]. 电化教育研究, 2014 (07): 5 – 16.

[31] 李敬川, 王中林, 张渝江. 让课改的阳光照进教育的现实——重庆聚奎中学"翻转课堂"掠影 [J]. 中小学信息技术教育, 2012 (03): 16 – 18.

[32] 田爱丽. 借助慕课改善人才培养模式 [J]. 中小学信息技术教育, 2014 (02): 13 – 15.

[33] 桑宇霞. 基于"SPOC"的翻转课堂大学生学习经历与学习效果研究 [D]. 南京大学, 2015.

[34] 李建新. 布鲁姆"掌握学习"理论在教学中的应用 [J]. 四川师范大学学报(社会科学版), 1999 (s1): 29 – 32.

[35] 何克抗. 建构主义的教学模式、教学方法与教学设计 [J]. 北京师范大学学报 (社会科学版), 1997 (5): 74 – 81.

[36] 罗届中. "学案导学—自主建构"教学模式初探 [J]. 基础教育研究, 2009 (1x): 13 – 14.

[37] Hill J R, Hannafin M J. Teaching and Learning in Digital Environments: The Resurgence of Resource – Based Learning [J]. Educational Technology Research & Development, 2001, 49 (3): 37 – 52.

24. 特色方向改革实践之中山大学文献保护与修复人才培养十年*

2007 年国务院办公厅颁布《关于进一步加强古籍保护工作的意见》，“中华古籍保护计划”正式启动，其中一项重要任务是“培养一批具有较高水平的古籍保护专业人员，加强古籍修复工作和基础实验研究工作，逐步形成完善的古籍保护工作体系”[1]。由此，我国包括古籍保护、古籍修复、档案保护等在内的文献保护与修复①人才培养日益受到重视。其形式主要分为学校教育、师徒传习、专业培训等三类；其中的学校教育又可分为学历教育和课程教育，前者目前已涵盖中专、高职、本科和硕士研究生几个层次；师徒传习包括传统的师带徒以及新近推广的传习所；专业培训通常以培训班的方式进行。不同形式的文献保护与修复教育各有其特点和优势，共同以最根本的方式——培养人才——支撑着古籍保护事业的长远发展。

一　中国内地文献保护与修复人才培养十年变化

专业人才队伍数量不足、结构不合理、高水平专业人才匮乏等问题，一直是制约古籍保护的短板。[2]

---

* 本文内容首刊于论文《Education & Training of Preservation & Conservation in Sun Yat-sen University (2001 – 2016)》（载于《Preservation, Digital Technology & Culture》2017 年 2 期第 61 – 68 页，作者：张靖，林佳萍，张盈，Madden Andrew）。收录时经作者同意，有所改写。

① 文章中所使用的“图书馆和档案资料的保存”的概念包括“古籍的保存”“档案资料的保存”等。

表 1 梳理了目前中国内地文献保护与修复相关学历教育的情况。2006 年之前，共有 13 家院校开设相关专业并招收学生：（1）主流专业为“文物鉴定与修复”，即并不专门面向古籍/文献，仅金陵科技学院在专业内的方向名称中使用了“古籍”；（2）培养层次分布为高职 7 家（54%），本科 3 家（23%）和中专 3 家（23%）。2007 年之后再有 11 家院校开设相关专业：（1）4 家机构的专业方向名称中使用了“古籍/文献”，人才培养的专指性显著增强；（2）5 家机构开始培养硕士研究生，培养层次显著提升；（3）复旦大学、中山大学等综合性大学加入。

表 1　2016 年中国内地文献保护与修复相关学历教育①[3]

序号	学校名称	专业名称	学历	学制	开始招生时间
1	吉林艺术学院	古画修复与装裱	本科	4 年	2002 年
2	苏州艺术学校	文物鉴赏与保护（修复工艺）	高职	5 年	2003 年
3	上海市商贸旅游学校	文物保护技术	中专	3 年	2003 年
4	天津轻工职业技术学院	文物鉴定与修复	高职	3 年	2004 年
5	山西旅游职业学院	文物鉴定与修复	高职	3 年	2004 年
6	浙江艺术职业学院	文物鉴定与修复	高职	3 年	2004 年
7	南京莫愁中等专业学校	文物鉴定与修复专业（文物古籍修复方向）	高职	5 年	2004 年
8	金陵科技学院（幕府校区）	古典文献（古籍修复方向）	本科	4 年	2004 年
9	保定师范专科学校	文物鉴定与修复	专科	3 年	2005 年
10	南京艺术学院	美术学（文物鉴赏与修复方向）	本科	4 年	2005 年
11	太原理工大学	文物鉴定与修复	专科	3 年	2005 年
12	天津艺术职业学院	文物鉴定与修复	高职	3 年	2006 年
13	上海公会管理职业学院	文物鉴定与修复	高职	3 年	2006 年
14	首都师范大学	文物鉴定与修复	专科	3 年	2007 年
15	莱芜职业技术学院	文物鉴定与修复	高职	3 年	2007 年
16	首都联合职工大学（国家图书馆分校）	文物鉴定与修复（古籍鉴定与修复方向）	专科	2 年	2008 年
17	廊坊东方职业技术学院	文物鉴定与修复	专科	3 年	2010 年
18	合肥科技职业学院	文物鉴定与修复	高职	3 年	2014 年

续表

序号	学校名称	专业名称	学历	学制	开始招生时间
19	湖北艺术学院	文物修复与保护	专科	3 年	2014 年
20	中山大学	图书情报专业硕士 （文献保护与修复方向）	硕士	2 年 在职 3 年	2015 年
21	复旦大学	图书情报专业硕士 （古籍保护与修复方向）	硕士	2 年	2015 年
22	天津师范大学	文物与博物馆专业硕士 （古籍修复与出版方向）	硕士	2 年	2015 年
23	中国社会科学研究院	文物与博物馆专业硕士 （古籍鉴定与修复方向）	硕士	2 年	2015 年
24	南京艺术学院	文物鉴赏与修复	硕士	3 年	2016 年

①是指“古籍修复现状统计及相关专业人员培训”。

课程教育方面，2006 年之前大部分相关课程设置在档案学本科培养方案下，常见课程名称为“档案保护技术学”；部分图书馆学本科专业开设了“图书保护技术”或“文献保护”课程，但教学内容基本与“档案保护技术学”没有明显的区别。[4] 由于缺少教学实验室[5]，课程以理论教学为主。2007 年之后，伴随着前述学历教育的发展，相关课程以及实验室建设也进入了全新的阶段。

此外，十年之前，传统的师带徒以技艺传授为主，专业培训也方兴未艾。而国家古籍保护中心在十年里，先后建立了 12 家国家级古籍保护人才培训基地、10 家国家级古籍修复技艺传习中心和传习所，并以这些基地、中心为平台，举办了超过 140 期古籍修复、普查、鉴定、管理等各类培训班，培训来自全国 1700 余家古籍收藏单位的古籍从业人员 7600 余人次，建立了古籍修复人才培养的长效机制。

短短十年，变化不可谓不大。适逢这一历史时期，中山大学抓住机遇，在文献保护与修复人才培养上展开了“中大模式”的尝试和努力。

二　中山大学文献保护与修复人才培养发展历程

中山大学是南国古籍重镇，收藏宏富，目前图书馆馆藏总量约 40 万册件，其中善本约 4.6 万册，普通古籍 30.5 万册，碑帖 3.8 万件（张），西文古籍1万余册，另有约12万件的民间文书收藏。中山大学图书馆（以下简称中大馆）先后被列为国家古籍重点保护单位、国家级古籍修复中心、国家级古籍保护人才培训基地。[6]除了图书馆的丰富馆藏及古籍保护实践之外，中山大学资讯管理学院（以下简称资讯学院）也联合图书馆积极开展文献保护与修复相关的课程教育和学历教育。

（一）前缘（2001—2003年）

2001年，中大馆争取到美国岭南基金会12.5万美元（当时约合人民币102.5万元）和新加坡校友32万元人民币的资助，正式启动馆藏古籍保护计划。作为该计划的一部分，2002年8月副馆长林明被选派前往美国得克萨斯大学奥斯汀分校卡尔嘉林文献保护与修复中心（The William and Margaret Kilgarlin Center for Preservation of the Cultural Record，School of Information，The University of Texas at Austin）进修，学习文献保护与修复技术，是为国内第一个被派往国外学习西文古籍保护与修复的图书馆人。该中心是全美最好的文献保护与修复教育和研究机构。当时，美国图书修复已经实现了从传统手工艺传承到大学正规教育的转变。得克萨斯大学的文献保护与修复研究是一个三年制的硕士培养计划，分为文献保护管理（Preservation Administration）和文献修复（Conservation）两个方向；两个方向的课程要求有所侧重，但都要求有半年到一年的实习时间。课程设置理论与实践并重，理论课有保护科学I和II、文献保护概论、文献保护管理、文献记录材料与技术、文献记录材料的保存与保护，灾难预防与馆藏管理等；实践课则包括纸张修复I、II、III，图书修复I、II、III，高级修复处理，修复实地调查和修复实习等[7]。2003年7月学成归国，林明开始致力于文献保护与修复的研究、教学和实践工作。同年3月，中大馆聘请上海图书馆古籍部原副主任潘美娣副研究馆员到馆工作，并正式成立古籍修复实验室，一边开展馆藏古籍的修复工作，一边以“传、帮、带”的方式培养古籍修复人才。[8]

（二）起步（2004—2008年）

1. 专业培训

针对国内西文文献保护与修复人才匮乏的情况，2004年12月，中山大学力邀卡尔嘉林文献保护与修复中心的 Donald G. Davis, Jr. Karen Pvvelka 和 Chela Metzger 到访，并举办中美文献保护与修复高级研讨班，为来自大陆和港澳地区的 30 余人讲授文献保护的环境控制、纸张等化学材料的衰变过程、纸张保护与修复技巧、西方文献结构和印刷技术、图书保护盒及其制作技术、西方图书的样书制作以及保护修复技巧。本次培训是为中山大学文献保护与修复专业培训形式人才培养的开端，亦是中国首次举办西文文献保护与修复培训，拓宽了古籍保护人才培养的思路。表 2 梳理了截至 2016 年 4 月的中山大学文献保护与修复专业培训开展情况。

表 2　中山大学文献保护与修复专业培训开展情况（2004 - 2016.4）

序号	培训时间	培训班名称	学员人数
1	2004 年 12 月	中美文献保护与修复高级研讨班	44 人
2	2006 年 5 月	文献保护与修复学术研讨会	70 人
3	2008 年 3 月	“中西方文献保护与修复”高级研讨班	40 人
4	2008 年 7 月	第三期全国古籍修复技术培训班	35 人
5	2008 年 11 月	德国古籍保护修复与数字化报告会	50 人
6	2009 年 11 月	第一期全国西方文献修复技术培训班	24 人
7	2010 年 5 月	第十二期全国古籍修复技术培训班	44 人
8	2010 年 6 月	西方文献修复实操高级研讨班	17 人
9	2011 年 6 月	第二期全国西方文献修复技术培训班	23 人
10	2011 年 11 月	第一期全国西文文献修复技术提高研修班	14 人
11	2012 年 11 月	第二期全国西文文献修复技术提高研修班	21 人
12	2013 年 8 月	第三期西文文献修复技术培训班	29 人
13	2014 年 11 月	第三期全国西方文献修复技术培训班提高班	26 人
14	2015 年 8 月	第四期全国西方文献修复技术培训班	33 人

2. 专业课程

2005 年 2 月，资讯管理系成为中山大学的一个实体系，随即展开各培养方案的修订工作，2006 年，档案学和图书馆学本科课程“文献保护技术学”的课程建设和教学改革正式启动。2009 年，获得中山大学双语教学课程建设项目和教学改革研究项目立项；2010 年，张靖、林明撰文[9]讨论中英术语对照，随后课程更名为“文献保护与修复”；2011 年，获得中山大学重点建设教材项目和广东省高等教育教学改革项目立项；2012 年，林明、周旖、张靖等主编的教材《文献保护与修复》由中山大学出版社出版，是为该领域国内首部中英双语教材，其中的理论部分以中文编写，案例及资料部分主要以英文编写；2013 年，该课程的综合改革获得中山大学第七届校级教学成果奖二等奖。

中大资讯学院另有两门本科课程涉及文献保护与修复相关知识。一是图书馆学专业必修课“图书与图书馆史”，该课程的教学计划中有 12 学时（总 54 学时）的书籍装帧与形制实践教学；二是图书馆学专业必修、档案学专业及信息管理与信息系统专业选修课“信息资源共享”，该课程的教学计划中有 3 学时（总 54 学时）的信息资源的保存与保护理论教学。

（三）机缘

2009 年 12 月，文化部公布首批 12 家[①]国家级古籍修复中心名单，中大馆古籍修复中心名列其中，也是全国高校系统中唯一入选单位。数年积累，最初仅有 50 平方米、2 名工作人员的古籍修复室，已经发展成为占地 450 平方米、拥有 13 名工作人员，且设备设施齐全，技术力量雄厚，能够进行中西文古籍、碑帖、字画等修复和装裱实践，更集人员培训、教学实习、科学实验为一体的综合性学术研究机构。

2014 年 1 月，资讯学院成为中山大学专业学位硕士研究生教育综合改革试点。改革的措施之一便是联手中大馆、与国家古籍保护中心联合培养文献保护与修复方向图书情报专业硕士。2015 年 9 月，首批（亦是全国首批）10 名学生入学。

中山大学文献保护与修复人才培养 2009 年后的全面发展，得益于这两个难得的机缘。

（四）全面发展（2009 年）

除了继续前述起步阶段的专业培训和专业课程外，这一阶段，中山大

---

① 国家图书馆、天津图书馆、山西图书馆、辽宁图书馆、上海图书馆、南京图书馆、浙江图书馆、山东图书馆、云南图书馆、天一阁博物馆、中山大学图书馆、中国中医科学院图书馆。

学的文献保护与修复人才培养在学历教育和师徒传习两个方面有所突破。

1. 率先开展文献保护与修复方向图书情报专业硕士培养

2013 年 10 月，中山大学着手开展专业学位硕士研究生教育综合改革试点工作。11 月，资讯学院决定将与国家古籍保护中心联合培养文献保护与修复方向的图书情报专业硕士（以下简称“图情专硕”）作为改革的重点项目。2014 年 1 月，资讯学院图情专硕获批成为改革试点；4 月，完成改革试点实施方案的设计和专家论证工作；11 月 10 日，国家古籍保护中心、中大资讯学院、中大馆三家单位正式签署联合培养协议。根据协议，合作各方共同成立专业硕士培养指导与管理委员会，对专业硕士的培养进行全方位和全过程的指导和管理；并从 2015 年起每年在全国范围内，通过合作单位推荐、提前面试的方式联合选拔和培养“文献保护与修复”方向图书情报专业硕士 5 ~ 10 人。该方向主要面向全国文献/古籍保护与修复、古籍整理与鉴定相关领域在职人员进行招生，同时也择优选拔有志于从事相关领域专业工作及学术研究的优秀应届本科毕业生。2015 年 8 月，10 名新生正式入学，开启文献保护与修复硕士人才培养新篇章。

该方向下设“古籍保护与修复”和“古籍整理与鉴定”两个子方向；基本学制为全日制 2 年、在职 3 年；实行双导师制，其中一位导师来自学术领域，另一位导师来自实践领域；采用课程学习、实践实习和学位论文相结合的培养方式，其中实践实习教学学分占总学分的 59%，实践实习教学学时占总学时的 78%。重要理论课程包括：保护与修复科学、文献保护管理、书史、文献记录材料技术、文献学、版本学、目录学史、特藏建设与管理；重要实践课程包括：文献保护与修复实践案例分析，文献修复基础，中级文献修复，高级中文古籍修复，高级西文古籍修复，古籍鉴定与编目，古籍书志写作，印刷、传拓与载体转换。

2. 国家级古籍修复技艺中心中山大学传习所开张授徒

2013 年 6 月 8 日“国家级古籍修复技艺传习中心”（以下简称传习中心）在国家图书馆古籍馆挂牌成立，国家图书馆研究馆员杜伟生作为国家级非物质文化遗产“国家图书馆古籍修复技艺项目”代表性传承人，向学员传授古籍修复技艺。这是国家古籍保护中心在古籍修复人才培养方面的创新之举，旨在建立古籍修复人才培养的长效机制。[10]

为充分发挥传习中心和国家级专家在古籍修复领域的学术带头和技艺传承作用，2014 年年底，中山大学图书馆作为首批试点单位，被国家古籍保护中心设立为国家级古籍修复技艺传习所，潘美娣、林明两人被聘为传习导师。2015 年 6 月 30 日，国家古籍保护人才培训基地挂牌暨国家级古籍修复技艺传习中心中山大学传习所挂牌及拜师仪式正式在中山大学图书馆学人文库举办。国家古籍保护中心为潘美娣、林明两位导师颁发聘书，并同时聘请肖晓梅为导师助理。挂牌仪式上同时举行了 8 名徒弟的拜师仪式，从此正式以中山大学图书馆古籍修复中心古籍保护人才培养基地作为授课点，开展以师带徒的方式进行古籍保护与修复的人才培养实践，将古籍修复项目与技艺传承相结合，在实际工作中培养高质量人才队伍。

三　文献保护与修复人才培养的中大模式

国家图书馆副馆长、国家古籍保护中心副主任张志清在 2016 年 3 月的“全国古籍保护学科建设研讨会”上，将以图书情报与档案管理一级学科为依托的中山大学文献保护与修复人才培养总结为中大模式并予以肯定。“中大模式”也受到了与会专家的一致好评，上海图书馆副馆长周德明评价道：中山大学的文献保护教育“是目前全国体系最为全面、积累最为悠久的”、“十分重视实践”、教育模式与其想象中的文献保护教育最为接近。十年回顾，中大模式或许在以下几个方面有其特色。

（一）中西理路兼容

中文语境下的文献保护与修复，常常等同于中文古籍保护与修复，这一点在表 1 的专业名称中便有所反映。国内各相关机构的文献保护与修复，不管是实践还是人才培养，也以中文古籍作为主要工作对象。而从选派林明前往美国进修起，中山大学便将西文古籍纳入了工作范围。这一举措，不仅仅是文献保护与修复工作对象的拓展，更重要的是，伴随着对西文古籍的关注，不同于中文古籍保护与修复技艺的西方文献保护与修复专业知识得以在中国引介，补充并丰富了中国的文献保护与修复理论体系。双语教材《文献保护与修复》不论在内容还是形式上，均对此有充分的体现。西文古籍修复也成为中山大学文献保护与修复教育的一大特色，中山大学成为全国唯一一家能够提供西文古籍修复培训的人才基地，迄今已举办 4 期西方文献修复技术培训班和 3 期西方文献修复技术提高研修班。2012 年，更聘请了 4 位德国古籍修复专家和西文古籍编目专家担任客座教授，在国内文献保护与修复界实属创举。知识的交流自然是双向的，这些西方专家在中山大学传播西方理路的同时，也为中国独特的古籍保护与修复技艺为国外同行所知创造了条件。

（二）保护修复并重

文献保护和文献修复在国际业界和学界是有明晰划分的两个术语和领域。如在美国高校的文献保护与修复课程体系中，文献保护相关课程主要关注文献保存状况调查、文献保护需求评估、不同载体文献的结构、不同载体文献的退变及原因分析、文献保存环境监控、文献载录格式转换、文献保护意识的培养、文献保护项目的建立与管理、灾难预案与恢复等，文献修复相关课程主要探讨纸张修补、书籍装帧等文献修复处理方法的原理、考量、选择和操作。[11]文献保护侧重于预防性措施，文献修复侧重于补救性措施。[12]

国内的文献保护与修复教育在教学内容的设计上存在“重补救轻预防”的倾向。中山大学参考借鉴美国高校文献保护与修复教育课程体系设置及其通论性课程的教学设计，对文献保护、特别是文献保护管理这一知识模块予以强调。在本科课程文献保护与修复的教学内容安排上，秉持国际文献保护界“预防为主”的理念，重点讲授预防性措施和文献保护项目管理。在文献保护与修复方向图书情报专业硕士培养方案的课程设置上，除专门开设文献保护管理课程外，还在保护与修复科学、特藏建设与管理等课程中强调文献预防性保护的理念，更设有为期 3 个月的古籍保护技术与管理实习，以培养文献保护与修复高层次人才。

（三）理论实践同步

如果要将文献保护与修复提升至学科建设的高度，就必须要正视理论与实践的关系。

重视实践是国内同行对于文献保护与修复人才培养中大模式的一致肯定。以硕士研究生培养为例，如前所述，一是双导师制，二是实践实习教学所占总学分（59%）和总学时（78%）的比例，都充分反映了中山大学对于实践的强调。文献保护与修复源于实践，人才培养的根本目的也是为了解决制约文献保护与修复实践更快更全面更长远发展的瓶颈。

然而，高层次人才与非高层次人才的区别，或者简单地说，研究生培养层次的人才与较低培养层次的人才之间的区别，并不在于实践技能的高低，而在于理论素养的有无。因此，中大模式对于文献保护与修复的理论传授与建构同样重视。以研究生课程“书史”的教学设计为例，教师并没有将重点放在书籍发展历史的梳理上，而是从中西方不同书史研究理路入手，通过教师的理论讲授和经典导读，以及学生的经典阅读和阅读汇报，熟悉书史这一学术领域的重要文献、了解其主要学术流派和观点，并在这一过程中，引导学生领悟学术研究的逻辑和方法，培养其作为研究生和未来研究者所应具备的学术能力和理论素养。

综上，近十年来，中山大学开展了专业培训、专业课程、学历教育和师徒传习全方位的文献保护与修复人才培养工作，形成了以图书情报与档案管理一级学科为依托，具有中西理路兼容、保护修复并重、理论实践同步等特色的中大模式。展望未来，文献保护与修复的学科建设、文献保护与修复方向图书情报专业硕士与文献保护与修复职业资格的衔接，将是中山大学需与国家古籍保护中心、与其他人才培养单位、与全国同行一道，努力推进的方向。

参考文献

[1] 国务院办公厅关于进一步加强古籍保护工作的意见［EB/OL］.［2016－04－26］. http://www.gov.cn/zwgk/2007－01/29/content_511825.htm.

[2] 薛帅. 三所全国重点高校增设硕士点［EB/OL］.［2016－03－20］. http://www.zjww.gov.cn/news/2014－11－10/949505634.shtml.

[3] 胡万德，孙鹏．古籍修复人才培养现状调研报告［J］．图书馆论坛，2012，32（02）：175－178，181.

[4] 何祯．我国文献保护与修复教育现状及特点剖析［J］．图书馆，2013（06）：92－94.

[5]［9］［11］张靖，林明．美国得克萨斯大学文献保护与修复课程体系分析——兼论 Preservation 与 Conservation 的中文译法［J］．图书情报工作，2010，54（05）：94－97，82.

[6] 程焕文．欢迎报考中山大学历史文献学专业博士［EB/OL］．［2016－03－28］．http://blog.sina.com.cn/s/blog_4978019f0102w5yk.html.

[7] 林明．我在美国得克萨斯大学学习古籍修复［M］．国家图书馆出版社，2016：89－98.

[8] 中山大学图书馆国家级古籍修复中心介绍［EB/OL］．［2016－03－18］．http://202.116.65.78/article－detail.html? id＝22.

[10] 国家古籍保护中心编．古籍保护研究第1辑［M］．郑州：大象出版社，2015：13－14.

[12] 周旖，林明．美国高校文献保护与修复通论课程教学设计研究——以得克萨斯大学、密歇根大学和匹兹堡大学为例［J］．图书情报知识，2011（01）：36－42.

图书在版编目（CIP）数据

图书情报专业硕士培养研究与实践 / 张靖，周旖，陈定权主编．-- 北京：社会科学文献出版社，2020.3
ISBN 978-7-5201-5969-2

Ⅰ.①图… Ⅱ.①张… ②周… ③陈… Ⅲ.①图书情报学-硕士生-人才培养-研究-中国 Ⅳ.①G250

中国版本图书馆 CIP 数据核字（2020）第 012203 号

图书情报专业硕士培养研究与实践

主　　编 / 张　靖　周　旖　陈定权
副 主 编 / 肖　鹏　林苄里

出 版 人 / 谢寿光
组稿责辑 / 宋月华　杨春花
责任编辑 / 孙以年

出　　版 / 社会科学文献出版社 · 人文分社（010）59367215
地址：北京市北三环中路甲 29 号院华龙大厦　邮编：100029
网址：www.ssap.com.cn
发　　行 / 市场营销中心（010）59367081　59367083
印　　装 / 三河市龙林印务有限公司

规　　格 / 开　本：787mm × 1092mm　1/16
印　张：24.5　字　数：373 千字
版　　次 / 2020 年 3 月第 1 版　2020 年 3 月第 1 次印刷
书　　号 / ISBN 978-7-5201-5969-2
定　　价 / 148.00 元

本书如有印装质量问题，请与读者服务中心（010-59367028）联系